AÑO 2004: TU HORÓSCOPO PERSONAL

Joseph Polansky

Año 2004:
Tu horóscopo personal

Previsiones mes a mes
para cada signo

URANO

Argentina - Chile - Colombia - España
Estados Unidos - México - Uruguay - Venezuela

Título original: *Your Personal Horoscope 2004*
Editor original: Aquarium, An Imprint of HarperCollins Publishers
Traducción: Amelia Brito A.

© 2003 *by* Star Data, Inc.
   73 Benson Avenue
   Westwood, NJ 07675
   U.S.A.
   www.stardata-online.com
   info@stardata-online.com
© de la traducción: 2003 *by* Amelia Brito
© 2003 *by* EDICIONES URANO, S. A.
   Aribau, 142, pral. - 08036 Barcelona
   www.mundourano.com

ISBN: 84-7953-535-0
Depósito Legal: B. 32.213 - 2003

Fotocomposición: Ediciones Urano, S. A.
Impreso por Romanyà Valls, S. A. - Verdaguer, 1 - 08786 Capellades (Barcelona)

Printed in Spain - Impreso en España

Índice

Introducción

He escrito este libro para todas aquellas personas que deseen sacar provecho de los beneficios de la astrología y aprender algo más sobre cómo influye en nuestra vida cotidiana esta ciencia tan vasta, compleja e increíblemente profunda. Espero que después de haberlo leído, comprendas algunas de las posibilidades que ofrece la astrología y sientas ganas de explorar más este fascinante mundo.

Te considero, lector o lectora, mi cliente personal. Por el estudio de tu horóscopo solar me doy cuenta de lo que ocurre en tu vida, de tus sentimientos y aspiraciones, y de los retos con que te enfrentas. Después analizo todos estos temas lo mejor posible. Piensa que lo único que te puede ayudar más que este libro es tener tu propio astrólogo particular.

Escribo como hablaría a un cliente. Así pues, la sección correspondiente a cada signo incluye los rasgos generales, las principales tendencias para el 2004 y unas completas previsiones mes a mes. He hecho todo lo posible por expresarme de un modo sencillo y práctico, y he añadido un glosario de los términos que pueden resultarte desconocidos. Los rasgos generales de cada signo te servirán para comprender tu naturaleza y la de las personas que te rodean. Este conocimiento te ayudará a tener menos prejuicios y a ser más tolerante contigo y con los demás. La primera ley del universo es que todos debemos ser fieles a nosotros mismos; así pues, las secciones sobre los rasgos generales de cada signo están destinadas a fomentar la autoaceptación y el amor por uno mismo, sin los cuales es muy difícil, por no decir imposible, aceptar y amar a los demás.

Si este libro te sirve para aceptarte más y conocerte mejor, entonces quiere decir que ha cumplido su finalidad. Pero la astrología tiene otras aplicaciones prácticas en la vida cotidiana: nos explica hacia dónde va nuestra vida y la de las personas que nos rodean. Al leer este libro comprenderás que, si bien las corrientes cósmicas no nos obligan, sí nos impulsan en ciertas direcciones. Las secciones «Horóscopo para el año 2004» y «Previsiones mes a mes» están destinadas a orientarte a través de los movimientos e influencias de los planetas, para que te resulte más fácil dirigir tu vida en la dirección deseada y sacar el mejor partido del año que te aguarda. Estas previsiones abarcan orientaciones concretas en los aspectos que más nos interesan a todos: salud, amor, vida familiar, profesión, situación económica y progreso personal. Si en un mes determinado adviertes que un compañero de trabajo, un hijo o tu pareja está más irritable o quisquilloso que de costumbre, verás el porqué cuando leas sus correspondientes previsiones para ese mes. Eso te servirá para ser una persona más tolerante y comprensiva.

Una de las partes más útiles de este libro es la sección sobre los mejores días y los menos favorables que aparece al comienzo de cada previsión mensual. Esa sección te servirá para hacer tus planes y remontar con provecho la corriente cósmica. Si programas tus actividades para los mejores días, es decir, aquellos en que tendrás más fuerza y magnetismo, conseguirás más con menos esfuerzo y aumentarán con creces tus posibilidades de éxito. De igual modo, en los días menos favorables es mejor que evites las reuniones importantes y que no tomes decisiones de peso, ya que en esos días los planetas primordiales de tu horóscopo estarán retrógrados (es decir, retrocediendo en el zodiaco).

En la sección «Principales tendencias» se indican las épocas en que tu vitalidad estará fuerte o débil, o cuando tus relaciones con los compañeros de trabajo o los seres queridos requerirán un esfuerzo mayor por tu parte. En la introducción de los rasgos generales de cada signo, se indican cuáles son sus piedras, colores y aromas, sus necesidades y virtudes y otros elementos importantes. Se puede aumentar la energía y mejorar la creatividad y la sensación general de bienestar de modo creativo, por ejemplo usando los aromas, colores y piedras del propio signo, decorando la casa con esos colores, e incluso visualizándolos alrededor de uno antes de dormirse.

INTRODUCCIÓN

Es mi sincero deseo que *Año 2004: Tu horóscopo personal* mejore tu calidad de vida, te haga las cosas más fáciles, te ilumine el camino, destierre las oscuridades y te sirva para tomar más conciencia de tu conexión con el Universo. Bien entendida y usada con juicio, la astrología es una guía para conocernos a nosotros mismos y comprender mejor a las personas que nos rodean y las circunstancias y situaciones de nuestra vida. Pero ten presente que lo que hagas con ese conocimiento, es decir, el resultado final, depende exclusivamente de ti.

Glosario de términos astrológicos

Ascendente

Tenemos la experiencia del día y la noche debido a que cada 24 horas la Tierra hace una rotación completa sobre su eje. Por ello nos parece que el Sol, la Luna y los planetas salen y se ponen. El zodiaco es un cinturón fijo que rodea la Tierra (imaginario pero muy real en un sentido espiritual). Como la Tierra gira, el observador tiene la impresión de que las constelaciones que dan nombre a los signos del zodiaco aparecen y desaparecen en el horizonte. Durante un periodo de 24 horas, cada signo del zodiaco pasará por el horizonte en un momento u otro. El signo que está en el horizonte en un momento dado se llama ascendente o signo ascendente. El ascendente es el signo que indica la imagen de la persona, cómo es su cuerpo y el concepto que tiene de sí misma: su yo personal, por oposición al yo espiritual, que está indicado por su signo solar.

Aspectos

Los aspectos son las relaciones angulares entre los planetas, el modo como se estimulan o se afectan los unos a los otros. Si dos planetas forman un aspecto (conexión) armonioso, tienden a estimularse de un modo positivo y útil. Si forman un aspecto difícil, se influyen mutuamente de un modo tenso, lo cual provoca alteraciones en la influencia normal de esos planetas.

Casas

Hay doce signos del zodiaco y doce casas o áreas de experiencia. Los doce signos son los tipos de personalidad y las diferentes maneras que tiene de expresarse un determinado planeta. Las casas indican en qué ámbito de la vida tiene lugar esa expresión (véase la lista de más abajo). Una casa puede adquirir fuerza e importancia, y convertirse en una casa poderosa, de distintas maneras: si contiene al Sol, la Luna o el regente de la carta astral, si contiene a más de un planeta, o si el regente de la casa está recibiendo un estímulo excepcional de otros planetas.

Primera casa: cuerpo e imagen personal.
Segunda casa: dinero y posesiones.
Tercera casa: comunicación.
Cuarta casa: hogar, familia y vida doméstica.
Quinta casa: diversión, creatividad, especulaciones y aventuras amorosas.
Sexta casa: salud y trabajo.
Séptima casa: amor, romance, matrimonio y asociaciones.
Octava casa: eliminación, transformación y dinero de otras personas.
Novena casa: viajes, educación, religión y filosofía.
Décima casa: profesión.
Undécima casa: amigos, actividades en grupo y deseos más queridos.
Duodécima casa: sabiduría espiritual y caridad.

Fases de la Luna

Pasada la Luna llena, parece como si este satélite (visto desde la Tierra) se encogiera, disminuyendo poco a poco de tamaño hasta volverse prácticamente invisible a simple vista, en el momento de la Luna nueva. A este periodo se lo llama fase *menguante* o Luna menguante.

Pasada la Luna nueva, nuestro satélite (visto desde la Tierra) va creciendo paulatinamente hasta llegar a su tamaño máximo en el momento de la Luna llena. A este periodo se lo llama fase *creciente* o Luna creciente.

GLOSARIO DE TÉRMINOS ASTROLÓGICOS

Fuera de límites

Los planetas se mueven por nuestro zodiaco en diversos ángulos en relación al ecuador celeste (si se prolonga el ecuador terrestre hacia el Universo se obtiene el ecuador celeste). El Sol, que es la influencia más dominante y poderosa del sistema solar, es la unidad de medida que se usa en astrología. El Sol nunca se aparta más de aproximadamente 23 grados al norte o al sur del ecuador celeste. Cuando el Sol llega a su máxima distancia al sur del ecuador celeste, es el solsticio de invierno (declinación o descenso) en el hemisferio norte y de verano (elevación o ascenso) en el hemisferio sur; cuando llega a su máxima distancia al norte del ecuador celeste, es el solsticio de verano en el hemisferio norte y de invierno en el hemisferio sur. Si en cualquier momento un planeta sobrepasa esta frontera solar, como sucede de vez en cuando, se dice que está «fuera de límites», es decir, que se ha introducido en territorio ajeno, más allá de los límites marcados por el Sol, que es el regente del sistema solar. En esta situación el planeta adquiere más importancia y su poder aumenta, convirtiéndose en una influencia importante para las previsiones.

Karma

El karma es la ley de causa y efecto que rige todos los fenómenos. La situación en la que nos encontramos se debe al karma, a nuestros actos del pasado. El Universo es un instrumento tan equilibrado que cualquier acto desequilibrado pone inmediatamente en marcha las fuerzas correctoras: el karma.

Modos astrológicos

Según su modo, los doce signos del zodiaco se dividen en tres grupos: *cardinales*, *fijos* y *mutables*.

El modo *cardinal* es activo e iniciador. Los signos cardinales (Aries, Cáncer, Libra y Capricornio) son buenos para poner en marcha nuevos proyectos.

15

El modo *fijo* es estable, constante y resistente. Los signos fijos (Tauro, Leo, Escorpio y Acuario) son buenos para continuar las cosas iniciadas.

El modo *mutable* es adaptable, variable y con tendencia a buscar el equilibrio. Los signos mutables (Géminis, Virgo, Sagitario y Piscis) son creativos, aunque no siempre prácticos.

Movimiento directo

Cuando los planetas se mueven hacia delante por el zodiaco, como hacen normalmente, se dice que están «directos».

Movimiento retrógrado

Los planetas se mueven alrededor del Sol a diferentes velocidades. Mercurio y Venus lo hacen mucho más rápido que la Tierra, mientras que Marte, Júpiter, Saturno, Urano, Neptuno y Plutón lo hacen más lentamente. Así, hay periodos durante los cuales desde la Tierra da la impresión de que los planetas retrocedieran. En realidad siempre avanzan, pero desde nuestro punto de vista terrestre parece que fueran hacia atrás por el zodiaco durante cierto tiempo. A esto se lo llama movimiento retrógrado, que tiende a debilitar la influencia normal de los planetas.

Natal

En astrología se usa esta palabra para distinguir las posiciones planetarias que se dieron en el momento del nacimiento (natales) de las posiciones por tránsito (actuales). Por ejemplo, la expresión Sol natal hace alusión a la posición del Sol en el momento del nacimiento de una persona; Sol en tránsito se refiere a la posición actual del Sol en cualquier momento dado, que generalmente no coincide con la del Sol natal.

GLOSARIO DE TÉRMINOS ASTROLÓGICOS

Planetas lentos

A los planetas que tardan mucho tiempo en pasar por un signo se los llama planetas lentos. Son los siguientes: Júpiter (que permanece alrededor de un año en cada signo), Saturno (dos años y medio), Urano (siete años), Neptuno (catorce años) y Plutón (entre doce y treinta años). Estos planetas indican las tendencias que habrá durante un periodo largo de tiempo en un determinado ámbito de la vida, y son importantes, por lo tanto, en las previsiones a largo plazo. Dado que estos planetas permanecen tanto tiempo en un signo, hay periodos durante el año en que contactan con los planetas rápidos, y estos activan aún más una determinada casa, aumentando su importancia.

Planetas rápidos

Son los planetas que cambian rápidamente de posición: la Luna (que sólo permanece dos días y medio en cada signo), Mercurio (entre veinte y treinta días), el Sol (treinta días), Venus (alrededor de un mes) y Marte (aproximadamente dos meses). Dado que estos planetas pasan tan rápidamente por un signo, sus efectos suelen ser breves. En un horóscopo indican las tendencias inmediatas y cotidianas.

Tránsitos

Con esta palabra se designan los movimientos de los planetas en cualquier momento dado. En astrología se usa la palabra «tránsito» para distinguir un planeta natal de su movimiento actual en los cielos. Por ejemplo, si en el momento de tu nacimiento Saturno estaba en Cáncer en la casa ocho, pero ahora está pasando por la casa tres, se dice que está «en tránsito» por la casa tres. Los tránsitos son una de las principales herramientas con que se trabaja en la previsión de tendencias.

Aries

♈

El Carnero
Nacidos entre el 21 de marzo y el 20 de abril

Rasgos generales

ARIES DE UN VISTAZO
Elemento: Fuego

Planeta regente: Marte
    Planeta de la profesión: Saturno
    Planeta del amor: Venus
    Planeta del dinero: Venus
    Planeta del hogar y la vida familiar: la Luna
    Planeta de la riqueza y la buena suerte: Júpiter

Colores: Carmín, rojo, escarlata
    Colores que favorecen el amor, el romance y la armonía social:
      Verde, verde jade
    Color que favorece la capacidad de ganar dinero: Verde

Piedra: Amatista

Metales: Hierro, acero

Aroma: Madreselva

Modo: Cardinal (= actividad)

Cualidad más necesaria para el equilibrio: Cautela

Virtudes más fuertes: Abundante energía física, valor, sinceridad, independencia, confianza en uno mismo

Necesidad más profunda: Acción

Lo que hay que evitar: Prisa, impetuosidad, exceso de agresividad, temeridad

Signos globalmente más compatibles: Leo, Sagitario

Signos globalmente más incompatibles: Cáncer, Libra, Capricornio

Signo que ofrece más apoyo laboral: Capricornio

Signo que ofrece más apoyo emocional: Cáncer

Signo que ofrece más apoyo económico: Tauro

Mejor signo para el matrimonio y/o las asociaciones: Libra

Signo que más apoya en proyectos creativos: Leo

Mejor signo para pasárselo bien: Leo

Signos que más apoyan espiritualmente: Sagitario, Piscis

Mejor día de la semana: Martes

La personalidad Aries

Aries es el activista por excelencia del zodiaco. Su necesidad de acción es casi una adicción, y probablemente con esta dura palabra la describirían las personas que no comprenden realmente la personalidad ariana. En realidad, la «acción» es la esencia de la psicología de los Aries, y cuanto más directa, contundente y precisa, mejor. Si se piensa bien en ello, este es el carácter ideal para el guerrero, el pionero, el atleta o el directivo.

A los Aries les gusta que se hagan las cosas, y suele ocurrir que en su entusiasmo y celo pierden de vista las consecuencias para ellos mismos y los demás. Sí, ciertamente se esfuerzan por ser diplomáticos y actuar con tacto, pero les resulta difícil. Cuando lo hacen tienen la impresión de no ser sinceros, de actuar con falsedad. Les cuesta incluso comprender la actitud del diplomático, del creador de consenso, de los ejecutivos; todas estas personas se pasan la vida en interminables reuniones, conversaciones y negociaciones, todo lo cual parece una gran pérdida de tiempo cuando hay tanto trabajo por hacer, tantos logros reales por alcanzar. Si se le explica, la persona Aries es capaz de comprender que las conversaciones y negociaciones y la armonía social conducen en último término a acciones mejores y más eficaces. Lo interesante es que un Aries rara vez es una persona de mala voluntad o malévola, ni siquiera cuando está librando una guerra. Los Aries luchan sin sentir odio por sus contrincantes. Para ellos todo es una amistosa diversión, una gran aventura, un juego.

Ante un problema, muchas personas se dicen: «Bueno, veamos de qué se trata; analicemos la situación». Pero un Aries no; un Aries piensa: «Hay que hacer algo; manos a la obra». Evidentemente ninguna de estas dos reacciones es la respuesta adecuada siempre. A veces es necesario actuar, otras veces, pensar. Sin embargo, los Aries tienden a inclinarse hacia el lado de la acción, aunque se equivoquen.

Acción y pensamiento son dos principios totalmente diferentes. La actividad física es el uso de la fuerza bruta. El pensamiento y la reflexión nos exigen no usar la fuerza, estar quietos. No es conveniente que el atleta se detenga a analizar su próximo movimiento, ya que ello sólo reducirá la rapidez de su reacción. El atleta debe actuar instintiva e instantáneamente. Así es como tienden a comportarse en la vida las personas Aries. Son rápidas e instintivas para tomar decisiones, que tienden a traducirse en acciones casi de inmediato. Cuando la intuición es fina y aguda, sus actos son poderosos y eficaces. Cuando les falla la intuición, pueden ser desastrosos.

Pero no vayamos a creer que esto asusta a los Aries. Así como un buen guerrero sabe que en el curso de la batalla es posible que reciba unas cuantas heridas, la persona Aries comprende, en algún profundo rincón de su interior, que siendo fiel a sí misma es posible que incurra en uno o dos desastres. Todo forma parte del juego. Los Aries se sienten lo suficientemente fuertes para capear cualquier tormenta.

Muchos nativos de Aries son intelectuales; pueden ser pensadores profundos y creativos. Pero incluso en este dominio tienden a ser pioneros y francos, sin pelos en la lengua. Este tipo de Aries suele elevar (o sublimar) sus deseos de combate físico con combates intelectuales y mentales. Y ciertamente resulta muy convincente.

En general, los Aries tienen una fe en sí mismos de la que deberíamos aprender los demás. Esta fe básica y sólida les permite superar las situaciones más tumultuosas de la vida. Su valor y su confianza en sí mismos hacen de ellos líderes naturales. Su liderazgo funciona más en el sentido de dar ejemplo que de controlar realmente a los demás.

Situación económica

Los Aries suelen destacar en el campo de la construcción y como agentes de la propiedad inmobiliaria. Para ellos el dinero es menos importante de por sí que otras cosas, como por ejemplo la acción, la aventura, el deporte, etc. Sienten la necesidad de apoyar a sus socios y colaboradores y de gozar de su aprecio y buena opinión. El dinero en cuanto medio para obtener placer es otra importante motivación. Aries funciona mejor teniendo su propio negocio, o como directivo o jefe de departamento en una gran empresa. Cuantas menos órdenes reciba de un superior, mucho mejor. También trabaja más a gusto al aire libre que detrás de un escritorio.

Los Aries son muy trabajadores y poseen muchísimo aguante; pueden ganar grandes sumas de dinero gracias a la fuerza de su pura energía física.

Venus es su planeta del dinero, lo cual significa que necesitan cultivar más las habilidades sociales para convertir en realidad todo su potencial adquisitivo. Limitarse a hacer el trabajo, que es en lo que destacan los Aries, no es suficiente para tener éxito económico. Para conseguirlo necesitan la colaboración de los demás: sus clientes y colaboradores han de sentirse cómodos y a gusto. Para tener éxito, es necesario tratar debidamente a muchas personas. Cuando los Aries desarrollan estas capacidades, o contratan a alguien que se encargue de esa parte del trabajo, su potencial de éxito económico es ilimitado.

Profesión e imagen pública

Se podría pensar que una personalidad pionera va a romper con las convenciones sociales y políticas de la sociedad, pero este no es el caso de los nacidos en Aries. Son pioneros dentro de los marcos convencionales, en el sentido de que prefieren iniciar sus propias empresas o actividades en el seno de una industria ya establecida que trabajar para otra persona.

En el horóscopo solar de los Aries, Capricornio está en la cúspide de la casa diez, la de la profesión, y por lo tanto Saturno es el planeta que rige su vida laboral y sus aspiraciones profesionales. Esto nos dice algunas cosas interesantes acerca del carácter ariano. En primer lugar nos dice que para que los Aries conviertan en realidad todo su potencial profesional es necesario que cultiven algunas cualidades que son algo ajenas a su naturaleza básica. Deben ser mejores administradores y organizadores. Han de ser capaces de manejar mejor los detalles y de adoptar una perspectiva a largo plazo de sus proyectos y de su profesión en general. Nadie puede derrotar a un Aries cuando se trata de objetivos a corto plazo, pero una carrera profesional es un objetivo a largo plazo, que se construye a lo largo del tiempo. No se puede abordar con prisas ni «a lo loco».

A algunos nativos de Aries les cuesta mucho perseverar en un proyecto hasta el final. Dado que se aburren con rapidez y están continuamente tras nuevas aventuras, prefieren pasarle a otra persona el proyecto que ellos han iniciado para emprender algo nuevo. Los Aries que aprendan a postergar la búsqueda de algo nuevo hasta haber terminado lo viejo, conseguirán un gran éxito en su trabajo y en su vida profesional.

En general, a las personas Aries les gusta que la sociedad las juzgue por sus propios méritos, por sus verdaderos logros. Una reputación basada en exageraciones o propaganda les parece falsa.

Amor y relaciones

Tanto para el matrimonio como para otro tipo de asociaciones, a los Aries les gustan las personas pasivas, amables, discretas y diplomáticas, que tengan las habilidades y cualidades sociales de las que ellos suelen carecer. Nuestra pareja y nuestros socios siempre representan una parte oculta de nosotros mismos, un yo que no podemos expresar personalmente.

Hombre o mujer, la persona Aries suele abordar agresivamente lo que le gusta. Su tendencia es lanzarse a relaciones y matrimonios. Esto es particularmente así si además del Sol tiene a Venus en su signo. Cuando a Aries le gusta alguien, le costará muchísimo aceptar un no y multiplicará los esfuerzos para vencer su resistencia.

Si bien la persona Aries puede ser exasperante en las relaciones, sobre todo cuando su pareja no la comprende, jamás será cruel ni rencorosa de un modo consciente y premeditado. Simplemente es tan independiente y está tan segura de sí misma que le resulta casi imposible comprender el punto de vista o la posición de otra persona. A eso se debe que Aries necesite tener de pareja o socio a alguien que tenga muy buena disposición social.

En el lado positivo, los Aries son sinceros, personas en quienes uno se puede apoyar y con quienes siempre se sabe qué terreno se pisa. Lo que les falta de diplomacia lo compensan con integridad.

Hogar y vida familiar

Desde luego, el Aries es quien manda en casa, es el Jefe. Si es hombre, tenderá a delegar los asuntos domésticos en su mujer. Si es mujer, querrá ser ella quien lleve la batuta. Tanto los hombres como las mujeres Aries suelen manejar bien los asuntos domésticos, les gustan las familias numerosas y creen en la santidad e importancia de la familia. Un Aries es un buen miembro de la familia, aunque no le gusta especialmente estar en casa y prefiere vagabundear un poco.

Para ser de naturaleza tan combativa y voluntariosa, los Aries saben ser sorprendentemente dulces, amables e incluso vulnerables con su pareja y sus hijos. En la cúspide de su cuarta casa solar, la del hogar y la familia, está el signo de Cáncer, regido por la Luna. Si en su carta natal la Luna está bien aspectada, es decir, bajo influencias favorables, la persona Aries será afectuosa con su familia y deseará tener una vida familiar que la apoye y la nutra afectivamente. Tanto a la mujer como al hombre Aries le gusta llegar a casa después de un arduo día en el campo de batalla de la vida y encontrar los brazos comprensivos de su pareja, y el amor y el apoyo incondicionales de su familia. Los Aries piensan que fuera, en el mundo, ya hay suficiente «guerra», en la cual les gusta participar, pero cuando llegan a casa, prefieren la comodidad y el cariño.

Horóscopo para el año 2004

Principales tendencias

El 2003 ha sido un año difícil, Aries. Un año de echarse al hombro cargas y responsabilidades, de reestructurar el escenario hogareño, familiar y doméstico y de poner orden en la vida emocional. La energía general no ha estado a la altura acostumbrada y has tenido que enfrentar la realidad con tu energía física, ¡el dinámico Aries también tiene sus límites! No podías estar en todas partes, hacerlo todo ni ser el superhombre o la supermujer. Has tenido que fijar prioridades y concentrarte en lo que era realmente importante para ti. Esta tendencia continúa en 2004.

Este año, como gran parte del año pasado, va de superar obstáculos, resolver problemas, aprender a tener paciencia (lección difícil para ti, que lo quieres todo para ayer) y llegar a los objetivos mediante procesos evolutivos, no de inmediato.

Comprende que tu horóscopo es el plan divino de tu vida y, en último término, es un plan para la felicidad, el éxito y la realización. Pero el Cosmos te pone ciertos retos para hacerte más fuerte, para educarte y mantener interesantes las cosas. El exceso de facilidades y armonía ciertamente podría ser aburrido. Y existe eso que se llama «cansarse de la felicidad».

Muchos Aries conseguisteis trabajos de ensueño el año pasado y muchos los conseguiréis este año. Las perspectivas de empleo son francamente fabulosas.

El año pasado, el planeta Urano estuvo entrando y saliendo del signo Piscis: cambio importante. Este año se establece en Piscis, tu casa doce, de la espiritualidad, donde estará todo este año y muchos por venir. Esto te trae muchos cambios espirituales. Primero te traerá amigos orientados a la espiritualidad, y ellos te conducirán a las mayores profundidades de la grandeza interior. Si ya estás en un camino espiritual es probable que hagas cambios importantes en ese camino, por ejemplo, cambio de maestro, de técnicas, de prácticas o programas. Es posible que te desprendas de todo maestro y te lances por tu cuenta. Hay mucha experimentación en lo espiritual.

El año pasado no fue particularmente fuerte en el amor, pero esto va a cambiar a fines de septiembre. Llega el amor, sin duda. Si estás soltero es probable que te cases o tengas oportunidades de boda. También entran amigos nuevos e importantes en el cuadro.

Tus principales intereses este año serán: el hogar, la familia y los asuntos domésticos; los asuntos emocionales; la amistad y las actividades de grupo; la espiritualidad, la religión, la educación superior y los viajes; la salud y el trabajo (hasta el 25 de septiembre); el amor, el romance y las actividades sociales (después del 25 de septiembre).

Los caminos hacia la mayor satisfacción este año serán: la salud y el trabajo; las finanzas; el amor y el romance.

Salud

Saturno está en el signo Cáncer todo el año, y te forma aspectos difíciles. Esto no basta para que enfermes, pero sí te obliga, como hemos dicho, a respetar tus límites físicos. Tu energía general no es tan abundante como la que acostumbras a tener, por lo tanto tendrás que utilizar con más eficiencia la que tienes. Esto aún lo verás más después del 25 de septiembre, cuando Júpiter entra en una alineación desfavorable para ti.

Gran parte de los consejos que te dimos el año pasado continúan válidos en este. Concéntrate en las prioridades y en lo esencial. Menos actividades, pero más importantes, te llevarán a lo que desea tu corazón, sin agotarte. Escucha a tu cuerpo; descansa cuando estés cansado. Procura alternar las actividades en lugar de estar horas y horas haciendo una misma cosa. Haz unas cuantas horas de trabajo mental, luego cambia a actividades físicas, y después pasa a las emocionales. Esta alternancia permite que se recarguen los diferentes centros energéticos.

ARIES

Estando Saturno en Cáncer, que rige la familia y las emociones, has de cuidarte de la depresión. Estás en un periodo en que sabes que no puedes expresar todo lo que sientes, pues podría no ser seguro, o ser dañino para otros. Sientes la necesidad de controlar tus emociones. Muchas veces el dominio de las emociones puede llevar a la represión de los sentimientos, y esto, a su vez, a la depresión u otras dolencias físicas. Así pues, cuando notes que tienes sentimientos reprimidos, o bien exprésalos a una persona amiga o a un terapeuta, o escríbelos y luego tira el papel. A algunas personas les da buen resultado grabar sus sentimientos en un casete y luego borrar la cinta. Estas técnicas son buenas, pues se liberan los sentimientos sin herir ni hacer daño a nadie.

La presencia de Saturno en el signo Cáncer también indica la necesidad de tener más cuidado en los asuntos dietéticos. El estómago, los pechos y la digestión están más vulnerables este año. Consulta con un nutricionista acerca de lo que te conviene comer; las necesidades dietéticas varían de una persona a otra. Pero aun cuando comas los alimentos correctos, es importante que los comas del modo correcto, es decir, en calma, apaciblemente y en espíritu de oración. La acción de gracias antes y después de la comida (con tus palabras y a tu manera) tendrá potentes beneficios para la salud este año.

Hay muchas maneras naturales, no medicamentosas, para fortalecer el estómago y los pechos (muchos lectores ya estarán familiarizados con ellas), como la reflexología podal y de manos, la digitopuntura, la acupuntura, la fisioterapia, el masaje, la herbolaria, por nombrar unos pocos. Mantener en buena forma el estómago y los pechos será una potente medicina preventiva.

La salud de familiares, en especial de los padres, ha sido una preocupación durante un buen número de años. Se beneficiarán de programas de desintoxicación. Y en este periodo se ven más inclinados a adoptar un régimen disciplinado.

La salud de los hijos también parece preocupante; como tú, necesitan tomar conciencia de la dieta.

Hogar y vida familiar

Este es un ámbito muy importante, aunque algo difícil, este año. Saturno, el Sargento Cósmico, estará todo el año en tu cuarta casa, la del hogar y la familia. Así pues, la atención está muy centrada allí.

En esencia, te vas a educar en el manejo de arduos asuntos emocionales y responsabilidades familiares. Los aspectos concretos variarán de una persona a otra, pero la finalidad es reestructurar y reorganizar tus hábitos emocionales y el modo de manejar los estados de ánimo. Aprenderás lo que realmente significa el deber tratándose de la familia. Para algunos Aries, este tránsito entrañará una separación de la familia, probablemente no agradable. También podría indicar distanciamiento debido a un deber superior o al sentido de tener un deber superior para con la vida.

La vida familiar y las relaciones familiares van a experimentar una «verificación de la realidad». Tal vez tus actitudes eran demasiado permisivas, o bien debido a suposiciones erróneas sobre la familia o vida doméstica o debido a otras falsas creencias. Ahora tendrás que imponer cierto orden y disciplina, y esto podría ser desagradable. Tienes que tomar decisiones difíciles. Tal vez tengas que aplicar razonamientos o métodos empresariales a la vida familiar: presupuestos, gastos, asignación de misiones y tareas a los miembros de la familia.

Es posible que hayas sido demasiado controlador con tu familia; si es así, ahora verás las consecuencias de esto y te verás obligado a aplicar métodos más realistas.

Este tránsito podría indicar nuevas responsabilidades y cargas familiares: llega un familiar a alojarse en tu casa; cae enfermo un progenitor o un hijo y debes encargarte de su cuidado; se instala en tu casa un progenitor o suegro/suegra y tiene necesidades especiales o empieza a imponer su autoridad. Has de enfrentar las cosas tal y como se presentan; no puedes eludir tu deber, pues el Cosmos no te lo permitirá. Pero si llevas o manejas esto bien y con justicia crecerás y te desarrollarás.

Igual que el año pasado, muchos Aries os sentís estrechos en vuestra casa actual; sentís claustrofobia. Pero cambiar de casa en estos momentos es difícil, y la mejor solución podría ser aprovechar mejor el espacio que tienes o, como hemos dicho, imponer más orden en la casa, en relación con el espacio.

Lo más importante ahora es discernir primero qué deberes familiares te corresponden a ti, y cuáles no. Los que sean tuyos deberás llevarlos con alegría, y los que no, evitarlos. A veces no es fácil poner alegría en los deberes desagradables, requiere un poco de esfuerzo, pero poner alegría te los hará más fáciles. Te irá bien decirte algo así: «Puesto que tengo que hacer esto y no hay manera de eludirlo, más me vale disfrutar haciéndolo».

Amor y vida social

Las cosas se están conformando para hacer de este un año fabuloso en la vida amorosa y social. Prosperan el romance y la amistad. En primer lugar, Venus, tu planeta del amor, hace uno de sus raros movimientos retrógrados (que ocurren cada dos años más o menos), del 17 de mayo al 29 de junio. Esto significa una reevaluación de una relación actual o de la vida amorosa en general. Y esto va muy bien; necesitamos revisar nuestras relaciones cada dos años más o menos. Es posible que se disuelva una relación amorosa actual, o incluso un matrimonio; no logrará superar el examen. También es posible que lo supere y continúe. Si en estos momentos no estás en una relación amorosa, revisarás tus necesidades y deseos en el amor, aclararás lo que realmente deseas. Esto dejará despejada la mesa para el hermoso tránsito de Júpiter por tu séptima casa, la del amor y el matrimonio, que comienza el 25 de septiembre. Si estás soltero conocerás a esa persona importante y es probable que haya matrimonio o casi matrimonio. Si estás casado tendrás más romance en la relación conyugal, te atraerás nuevas amistades, asistirás a más bodas y fiestas y es posible que también viajes más con tu pareja.

El periodo social más activo y feliz comenzará unos días antes de que entre Júpiter en tu séptima casa, es decir, el 22 de septiembre, cuando entra el Sol en tu casa del matrimonio; Júpiter entrará el 25, y luego Marte (tu planeta regente), el 26. Como el Aries clásico, no esperarás sentado a que suene el teléfono; estarás haciendo saber a la gente que estás disponible o dando a conocer tus sentimientos a la persona que te atrae. Eres el osado en el amor. Éste será un periodo de intensa actividad social, y se ve muy feliz.

Ya sea que estéis trabajando por vuestro primer, segundo o incluso tercer matrimonio, todos los nativos de Aries tenéis fabulosos aspectos y oportunidades. Todas las relaciones parecen ser con personas del «tipo atractivo»: ricas, educadas, refinadas y amantes del viaje. Si estás empeñado en un tercer matrimonio, conocerás a una persona más espiritual y creativa. La riqueza en sí no es un factor importante para ti.

Si bien hay mucha felicidad en el amor este año, el camino no está totalmente despejado. El 14 de octubre, un eclipse solar pondrá a prueba el amor actual. Ese amor podría ser una salida nula, un simple cañonazo cósmico de advertencia que te prepara para algo mejor en el futuro. Tus aspectos sociales son fuertes hasta bien entrado el próximo año, y a veces es necesario prepararse para conocer el verdadero amor. Es posible también que el eclipse despeje el aire de malos entendidos y vacilaciones; obliga a la relación a continuar adelante o a romperse; obliga a tomar decisiones.

La vida amorosa de un hijo en edad casadera se hace mucho más estable de lo que lo ha sido hasta ahora. Hay una relación seria, con una persona de tipo atractivo, y podría llevar a boda, o bien este año o el próximo.

Los nietos en edad casadera han de tener paciencia este año. Probablemente las cosas tenderán a continuar como están.

La principal dificultad para el amor este año serán las obligaciones familiares de las que ya hemos hablado. De alguna manera tienes que equilibrarlas con tus impulsos sociales. Lograr la aprobación de uno de los padres podría ser un problema; el sentimiento de culpabilidad por dedicar tanto tiempo a la vida social podría presentar otro. Pero el verdadero amor prevalecerá.

Profesión y situación económica

Tu segunda casa, la del dinero, no está poderosa, Aries, de modo que el dinero en sí no tiene gran importancia este año. Esto yo lo interpreto como una buena señal, tus finanzas están donde deseas que estén y no tienes ninguna necesidad de concentrarte demasiado en ellas. El Cosmos te da vía libre (pero no el interés) para forjar este aspecto de tu vida como quieras. Es probable que las cosas sigan como están.

Pero otras señales sutiles del horóscopo indican prosperidad. El benéfico Júpiter estará en tu sexta casa, la del trabajo, hasta bien entrado septiembre (hasta el 25). Esto es bueno para los Aries que buscáis trabajo y para los que empleáis a otros. Tienes suerte en el frente laboral y consigues empleos del tipo ensueño. Si eres empleador amplías la fuerza laboral. Todo esto denota prosperidad.

Si eres inversor profesional te convendrá buscar oportunidades de beneficios en los sectores servicio sanitario, empresas farmacéuticas y de suplementos o vitaminas (aunque ten presente que tu horóscopo personal, hecho según la fecha, hora y lugar de tu nacimiento, podría modificar lo que decimos aquí). Si buscas trabajo también deberías explorar estos campos para oportunidades de empleo.

Venus es tu planeta del dinero y del amor. Es un planeta de movimiento rápido y este año transitará por la mayoría de los signos y casas de tu horóscopo. Así pues, las finanzas tenderán a fluctuar mensualmente; las oportunidades financieras vendrán de diversos lugares y diversas personas. Estas tendencias de corto plazo las trataremos en las previsiones mes a mes.

Este año Venus estará cuatro meses en el signo Géminis, tiempo excepcionalmente largo para que esté en cualquier signo. Esto indica oportunidades de beneficio en actividades de ventas, comercialización, relaciones públicas, publicidad, enseñanza y escritura. Si eres inversor te convendrá explorar las industrias de telecomunicación, transporte y medios de información durante este periodo (3 de abril a 7 de agosto).

Venus estará retrógrada del 17 de mayo al 29 de junio, por lo que en este periodo los asuntos financieros podrían ir más lentos y causar más frustraciones. Este movimiento retrógrado no impedirá la entrada de ingresos, pero introducirá retrasos y contratiempos en el cuadro. Será necesario hacer un estudio más detenido antes de cerrar compromisos financieros, compras o inversiones importantes.

El 28 de octubre ocurre un eclipse lunar en tu casa del dinero. Este eclipse podría sacar a la luz defectos, razonamientos y planes poco realistas, para que puedas corregirlos. Muchas veces esto se presenta en forma de una crisis financiera que «ilumina la ropa sucia». Pero el resultado final deberá ser mejorar lo que había.

En el frente profesional, este es un año para establecer los cimientos del éxito futuro. Es un año para planificar más que para lograr. Los asuntos emocionales y familiares tendrán prioridad sobre la profesión (y así debe ser). Es posible que puedas desarrollar tu profesión en casa, la situación ideal este año. O tal vez hagas más hogareño tu ambiente (oficina) o estilo de trabajo. Cuando el señor de la décima casa está en la cuarta casa (como está en tu horóscopo todo el año) suele ser difícil distinguir entre la casa y la oficina; la una comienza a parecerse a la otra. El principal desafío este año es trabajar en la profesión desde un espacio de agrado emocional. No sólo se trata de llegar a la cima, sino de disfrutar del viaje allí también. Esto requiere cierta planificación.

Los asuntos de impuestos y deudas se ven mucho más fáciles que en años anteriores. Hay mayor capacidad para acceder a capital ajeno, o bien mediante préstamos o bien mediante inversiones de otras personas. Las deudas resultan más fáciles de pagar, pero también de contraer.

Los hijos y el cónyuge prosperan este año. Los ingresos de los padres continúan como están.

Progreso personal

El tránsito del benéfico Júpiter por tu sexta casa, la de la salud y el trabajo, trae consigo muchas oportunidades para el trabajo soñado. Pero es importante comprender por qué ocurre esto. Estas oportunidades llegan porque te has hecho más productivo en el trabajo. Júpiter te ha revelado (y continuará revelándote) los secretitos y principios que te hacen más productivo, tal vez inconscientemente. Así te atraes mejores oportunidades de trabajo. Es mejor centrar la atención en la revelación de Júpiter que en la manifestación física. Con las revelaciones de Júpiter tendrás la manera de atraerte siempre buenos trabajos (y/o trabajadores). Un verdadero regalo.

Lo mismo vale en el campo del romance. No se trata tanto de que Júpiter te traiga un amor concreto (aunque ocurrirá) como de que te revelará algunos de los secretos, de las energías sutiles, que te atraen el amor. Aprenderás a ser más generoso, jovial, extrovertido y osado en el amor y así serás más magnético. Lo importante es retener ese conocimiento para el futuro.

El Cosmos te educa de dos maneras, con el palo y la zanahoria: Júpiter es la zanahoria y Saturno el palo. Júpiter te da el juguete gratis, pero Saturno te enseñará a conservarlo; sin Saturno, lo bueno que recibes en la vida sería efímero. Así pues, Saturno te hará experimentar las consecuencias de los comportamientos, actitudes y pautas emocionales erróneos, y a veces estas experiencias son dolorosas. El dolor no tiene otra finalidad que la educación. Y hemos de reconocer que el dolor triunfa como maestro donde fracasan otros métodos. El dolor es el verdadero camino de salida del dolor, porque al trabajar por salir de él comprendemos nuestros errores y los corregimos. Es con el método del «palo» que vas a reorganizar y reestructurar tu vida familiar y emocional este año que comienza. El dolor será tu guía y maestro. Las actitudes emocionales erróneas producirán dolor inmediato, y así sabrás que no has acertado. Haz la corrección y el dolor desaparecerá, puesto que no hay ninguna necesidad cósmica para que continúe. A medida que corrijas, corrijas y corrijas tu conducta emocional y tu conducta doméstica, desaparecerá todo el dolor y tendrás estabilidad emocional y felicidad hogareña duraderas, y los cimientos para un éxito profesional duradero.

Previsiones mes a mes

Enero

Mejores días en general: 9, 10, 18, 26, 27
Días menos favorables en general: 6, 7, 13, 14, 19, 20
Mejores días para el amor: 3, 4, 5, 13, 14, 24, 25
Mejores días para el dinero: 1, 2, 3, 4, 5, 11, 12, 13, 19, 20, 24, 25, 28, 29, 30

La mayoría de los planetas (60-70 por ciento) están sobre el horizonte de tu carta, y está muy fuerte tu décima casa, la de la profesión. La ambición profesional es intensa, pero todavía necesitas prestar atención al hogar, la familia y a tus necesidades emocionales. El desafío es triunfar mientras todavía te sientes cómodo emocionalmente. Los límites entre el hogar y la oficina son particularmente borrosos en este periodo; ambos lugares empiezan a parecerse. Estando retrógrado tu planeta de la profesión, evita las prisas y los cambios profesionales importantes. Es probable que las cosas no sean lo que parecen. Analiza más la situación.

La mayoría de los planetas están en tu sector oriental, en especial después del 14, y el dinámico Marte, tu planeta regente, está en tu signo. Estás cada vez más independiente, dueño de tu destino, menos dependiente de los demás. Este es un periodo, sobre todo después del 14, para crear tus condiciones o circunstancias en la vida, hacer que ocurra lo bueno, y poner por obra tus planes.

En general, la impaciencia es una de las piedras con las que tropiezas; lo quieres todo para ayer. Pero este mes tu impaciencia es más intensa aún. Te será difícil dejar que las cosas sigan su curso natural y «simplemente ocurran». Haz todo lo necesario (éste es el periodo para actuar) y luego deja que tus actos produzcan sus recompensas.

Procura descansar y relajarte más del 1 al 20. Esto no será fácil pues Marte en tu signo desea un ritmo veloz. El exceso de trabajo es el principal peligro para la salud. Puedes favorecerla cuidando más del hígado y los muslos (hasta el 14), y la columna, las rodillas, los dientes y la alineación esquelética después del 14. El movimiento retrógrado de Mercurio hasta el 6 recomienda cautela para hacer cualquier cambio en tratamiento, programa de salud o dieta en este periodo. Explora y estudia estas cosas y actúa en conformidad después del 6.

Las finanzas serán fuertes este mes. La intuición está muy afilada y lo único que necesitas para la prosperidad es un simple momento de verdadera intuición. Teniendo eso, todo lo demás tiende a cobrar sentido. Alrededor del 14 llegan buenas noticias financieras. Los amigos, grupos y organizaciones apoyan tus objetivos económicos o te ofrecen oportunidades. Los astrólogos, videntes, gurus y pastores religiosos tienen importante información financiera para ti. Aumentan las donaciones benéficas este mes.

Si buscas trabajo ahora necesitas tener más cautela, en especial hasta el 6. Las oportunidades de trabajo podrían no ser lo que parecen, por lo tanto investiga más y haz más preguntas.

El amor es tierno e idealista en este periodo. La pareja o persona amada está mucho más sensible y es más fácil herirla; vigila tu lenguaje corporal, tono de voz e incluso tus pensamientos. Se abren nuevas vistas y dimensiones en el amor, ya sea con la relación actual o una nueva. La sensibilidad genera problemas, pero también te permite experimentar mayor éxtasis. Si estás soltero encuentras oportunidades románticas entre amistades, grupos y organizaciones, o en funciones religiosas o benéficas.

Febrero

Mejores días en general: 5, 6, 14, 16, 22, 23, 24
Días menos favorables en general: 3, 4, 9, 10, 11, 16, 17
Mejores días para el amor: 4, 5, 9, 10, 11, 14, 15, 22, 23
Mejores días para el dinero: 4, 5, 7, 8, 14, 15, 16, 17, 22, 23, 25, 26

Este mes se trasladan más planetas hacia el sector oriental. Todavía sigues en un periodo para la acción independiente. La salida de Marte de tu signo el 3 te facilita el tener más paciencia. Fórjate la vida de tus sueños ahora. Crea tus condiciones según tus especificaciones. Si esas condiciones no hacen daño a otros, tendrás su apoyo sin pedirlo.

La profesión sigue importante hasta el 7, pero continúa retrógrado Saturno, tu planeta de la profesión. Apresúrate, pero sin correr.

Tus casas once y doce son las más importantes este mes, de modo que tu principal foco de interés está en las amistades, las actividades en grupo y la espiritualidad. Después del 19, un poco de soledad sería normal y sana. Necesitas tu espacio para reflexionar sobre el pasado y planear el futuro.

Venus entra en tu signo el 8. Esto indica muchas cosas. El amor y el dinero te persiguen y no es mucho lo que tienes que hacer aparte de estar presente. La pareja o persona amada se desvive por complacerte. Está sólidamente a tu lado, a la expectativa de tus deseos o intereses. En lo personal estás fabuloso; es fuerte tu sentido estético y de la elegancia. Te llegan accesorios personales, tal vez ropa elegante o joyas. Es un buen periodo también (a partir del 8) para comprar ropa, joyas o adornos personales.

Este mes inviertes en ti. Comprendes, y con razón, que en último término la mejor inversión eres tú. Así pues, gastas en ti, en tu apariencia e imagen. Te mimas. Pero esto tiene su lógica: los ingresos tienen mucho que ver con tu apariencia e imagen personales este mes, de modo que invertir en la imagen es inversión lucrativa.

Las finanzas son del mayor interés este mes también, ya que tu regente Marte entra en tu casa del dinero el 3. Esto indica que deseas «hacer ocurrir» la riqueza, que eres osado y arriesgado (más que de costumbre) y te haces cargo personalmente de tus asuntos financieros, no los delegas. Hacer dinero es una gran aventura este periodo, tal como a ti te gusta. Hay prosperidad.

La salud mejora mucho respecto al mes pasado. Puedes favorecerla prestando más atención a la columna, las rodillas, los dientes y la alineación esquelética (hasta el 7), los tobillos (desde el 7 al 25) y a los pies (después del 25).

Marzo

Mejores días en general: 3, 4, 12, 13, 21, 22, 31
Días menos favorables en general: 1, 2, 8, 9, 14, 15, 28, 29
Mejores días para el amor: 4, 5, 8, 9, 14, 15, 23, 24
Mejores días para el dinero: 4, 5, 7, 8, 14, 15, 23, 24

Es de esperar que el mes pasado hayas corregido viejos errores, reflexionado y aclarado tus objetivos. Si no, todavía tienes hasta el 20 para hacerlo. El 20 ya estarás preparado para ponerlos en marcha. La mayoría de los planetas continúan en tu sector oriental (entre el 60 y el 70 por ciento), y tu primera casa, la del yo, está muy poderosa. Tienes autoestima, seguridad en ti mismo y estás preparado para superar todos los obstáculos a tu felicidad y seguir adelante.

Incluso los asuntos profesionales se enderezan, porque tu planeta de la profesión, Saturno, retoma el movimiento directo el 7. Desaparecen los atascos y misteriosos obstáculos a tu profesión. Mejora mucho tu juicio en este sentido. Ahora por lo menos ves hacia donde tienes que ir y que hacer. Sigue la necesidad de hacer emocionalmente agradable la profesión. Combina la vida hogareña con la profesional, cogiendo lo mejor de cada una y haciendo una nueva «mezcla».

Los principales intereses este mes son la espiritualidad, las actividades voluntarias, el placer personal y las finanzas. Hay mucha revelación espiritual. Si estás en un camino espiritual tu progreso será rápido e importante. Los Aries artistas y creativos estáis extraordinariamente inspirados, sobre todo hasta el 20.

La salud es excelente ahora, pero muy especialmente después del 20. Puedes favorecerla aún más prestando más atención a los pies (hasta el 12) y a la cabeza (después del 12). Respondes bien a los masajes de pies y de cuero cabelludo en este periodo, mejor que de costumbre. Este mes la salud tiene un componente de vanidad, sobre todo después del 12; salud significa algo más que la simple ausencia de enfermedad; significa verse bien. Hay una fuerte conexión entre la salud y la apariencia física, más que de costumbre. Si la salud es buena, te ves bien; si sufre, también sufre tu apariencia. Puedes sacar provecho de esa conexión también. Si te sientes mal o indispuesto, cómprate algo bonito, algo que te favorezca, y mejorará la salud. Las hidroterapias son potentes antes del 12; las terapias con calor son más potentes después del 12. Así pues, si te sientes mal, toma un baño en la bañera o ve al mar, a un lago o un río y quédate allí un tiempo. Toma el sol también. Te sentirás mucho mejor.

Si buscas trabajo, estás de suerte, porque los empleadores necesitan bastante personal; después del 12 se presentan oportunidades interesantes. De todos modos, dado que Júpiter está retrógrado en tu casa del trabajo, estudia más a conciencia estas oportunidades.

El romance continúa bien. Después del 6, se te presentarán oportunidades de romance cuando estés trabajando en tus objetivos económicos, o con personas involucradas en tus finanzas. El amor se expresa por medios «materiales», haciendo regalos y no sólo manifestando sentimientos. El cónyuge o pareja te apoya más en lo económico.

Las finanzas son fuertes este mes; es un mes de prosperidad. Con la salida de Marte de tu casa del dinero el 21 y la entrada de Venus un poco antes, tendrás menos necesidad de ser agresivo en las finanzas; te arriesgarás menos. Tus conexiones sociales influyen en atraerte riqueza. La riqueza llega de modo más placentero y con menos dificultad.

Abril

Mejores días en general: 1, 8, 9, 17, 18, 27, 28
Días menos favorables en general: 4, 5, 10, 11, 24, 25, 26
Mejores días para el amor: 4, 5, 13, 14, 22, 23
Mejores días para el dinero: 2, 4, 5, 8, 10, 11, 13, 14, 19, 20, 21, 22, 23, 29, 30

Entre el 70 y el 80 por ciento de los planetas están en movimiento directo, y el poder planetario continúa instalado principalmente en tu sector oriental. Tu signo Aries sigue fuerte. Todo esto apunta a una gran independencia, seguridad personal, elevada autoestima y voluntariedad para hacer las cosas a tu manera. Puedes seguir tu ruta por la vida con muy poca oposición de los demás.

El 19 hay un eclipse solar en tu signo, de modo que reduce tus actividades unos pocos días antes y después. Este eclipse trae consigo un proceso de cambios en tu imagen y apariencia personal. Tendrás que redefinir tu personalidad y por lo tanto cómo te presentas ante los demás. Puesto que este eclipse también afecta a Mercurio, no te hará ningún daño hacer revisar tu coche y tu equipo de comunicación; podrían revelarse defectos ocultos (el movimiento retrógrado de Mercurio, desde el 6 al 30, también podría producir averías en estas cosas). Para muchos Aries, este eclipse indica cambio en el trabajo; esto podría ser cambio de trabajo o cambio drástico en las condiciones de trabajo. Si empleas a otros, podría haber reorganización o cambios en el personal.

La salud continúa siendo buena. Tu rendimiento es excelente en deportes y gozas de muchísima energía. Con el eclipse del 19 sentirás fuertes tentaciones de cambiar de dieta o de programa de salud, pero refrénate de hacer estos cambios hasta que Mercurio haya retomado el movimiento directo el 30.

Puedes favorecer más la salud prestando mayor atención a la cabeza, cuello y garganta.

Este periodo es de muchísima diversión hasta el 19. El énfasis está en la satisfacción sensual. Sea cual sea tu edad, estás más joven en actitudes y energía. La vida es para disfrutarla.

Las finanzas son fuertes todo el mes. Después del 19 son favorables las especulaciones bursátiles, aunque, lógicamente, jamás debes hacerlo a ciegas, sólo has de hacerlo guiado por la intuición. La creatividad personal lleva a beneficios. Si eres artista vendes tus productos. El dinero se gana de manera placentera, o mientras estás dedicado a actividades creativas o de ocio.

El amor continúa persiguiéndote ardientemente. La comunicación es un factor y necesidad importante en el amor. Piensas que si tu pareja no te habla es que no te quiere, y lo mismo piensa esta persona. Deseas estar enamorado del «proceso de pensamiento» de la persona tanto como de su cuerpo físico.

La comunicación es importante económicamente también, aunque estando retrógrado Mercurio la mayor parte del mes esto podría ser complicado. Si es posible, reprograma la publicidad y cartas importantes hasta después del 30.

Mayo

Mejores días en general: 6, 7, 14, 15, 24, 25
Días menos favorables en general: 2, 3, 8, 9, 22, 23, 29, 30
Mejores días para el amor: 2, 3, 10, 11, 19, 20, 29, 30
Mejores días para el dinero: 2, 3, 8, 9, 10, 11, 17, 18, 19, 20, 27, 28, 29, 30

Una abrumadora mayoría de planetas (entre el 60 y el 70 por ciento) están bajo el horizonte de tu carta este mes, Aries, y el 7 entra tu regente Marte en tu cuarta casa, la del hogar y la familia. Mientras tu cuarta casa está muy poderosa (y lo estará aún más en los próximos meses), tu décima casa, la de la profesión, está vacía (aparte de la visita de la Luna los días 8 y 9). El mensaje es claro: puedes restar importancia a la profesión y centrar la atención en la vida familiar y doméstica. La armonía emocional es más importante para ti que el éxito profesional. Y lo interesante es que aunque muchos Aries tendréis oportunidades profesionales este mes (y el próximo), estaréis muy selectivos. Tal vez declines ofertas por las que otros matarían si suponen alterar tu armonía emocional. Sentirte bien es mucho más importante que el simple éxito.

Los planetas continúan principalmente en tu sector oriental, pero el equilibrio de poder se está preparando para cambiar. El mes que viene se hará dominante el sector occidental de tu carta. Mientras tanto, continúa tu camino y confía en ti mismo. Puedes hacer realidad tus sueños por iniciativa personal; tienes el poder para actuar independientemente.

Si buscas trabajo este mes lo tienes más fácil, porque Mercurio ya retomó el movimiento directo y Júpiter lo retoma ahora, después de estar varios meses retrógrado en tu casa del trabajo.

Las finanzas continúan potentes, pero las cosas se complican porque Venus inicia un no frecuente movimiento retrógrado el 17. Este movimiento retrógrado de Venus no impedirá que lleguen ingresos, pero te obligará a estudiar e investigar las cosas con mucho más detenimiento. Tu situación económica no está como crees. No te precipites a cerrar compromisos financieros ni a hacer inversiones ni compras importantes. La claridad mental es esencial para el éxito financiero, de modo que estudia los asuntos y haz muchas preguntas. Al parecer, el dinero llega del trabajo y de la diversión. Pero después del 19 te llega del trabajo, de tu capacidad para ofrecer servicios prácticos a otros. La especulación bursátil es favorable hasta el 19.

Tu vida amorosa también se complica debido al movimiento retrógrado de Venus. En cierto sentido, es una gran bendición. Cada dos años más o menos se nos brinda la oportunidad de revisar nuestra relación y amistades actuales para ver en qué podemos mejorar las cosas. El amor parece retroceder en este periodo, pero este retroceso sólo se produce para hacerlo más fuerte a la larga. Después del 17 no es un periodo para programar boda ni divorcio. Es mejor retrasar las decisiones amorosas importantes, en uno u otro sentido, hasta pasado el 29 de junio.

Junio

Mejores días en general: 2, 3, 11, 12, 21, 22, 30
Días menos favorables en general: 4, 5, 18, 19, 25, 26
Mejores días para el amor: 6, 7, 16, 17, 25, 26
Mejores días para el dinero: 4, 5, 6, 7, 13, 14, 16, 17, 23, 24, 25, 26

Como el mes pasado, es la mitad inferior de tu horóscopo la que está fuerte. Tu cuarta casa, la del hogar y la familia, está más poderosa que el mes anterior, mientras tu décima casa, la de la profesión, está casi vacía (sólo la visitará la Luna los días 4 y 5). Esto quiere decir que tu vida interior es más importante que la exterior. Este es un mes para visualizar tus objetivos profesionales, para nutrirlos desde dentro. Así como durante el invierno la Tierra nutre sus visiones de lo que va a producir en primavera y en verano, así tú también alimentas sueños para el futuro. Estás disponiendo el escenario para futuros logros profesionales, pero sin ponerlos por obra todavía. Ahora, más que en meses anteriores, haces un maravilloso progreso en integrar la familia y la profesión. Te llegarán oportunidades para trabajar en casa, en un negocio familiar.

Este es un mes para el progreso psíquico, para poner en forma la vida familiar y doméstica y para pasar más tiempo con la familia.

El 21 de este mes el poder planetario ya se habrá trasladado de tu sector oriental al occidental. Así pues, hay menos independencia y mayor necesidad de cultivar las dotes sociales. Es de suponer que en los meses pasados has hecho las cosas a tu manera y ahora llega el momento de ver lo bien que has construido; porque ahora vas a vivir las circunstancias que te has creado. Si has construido bien, disfrutarás de tu estado actual. Si no, comprenderás tus errores y podrás volver a crear en un tiempo futuro. Ahora obtienes las cosas por consenso, no por tu cuenta. La buena voluntad de los demás es más importante que de costumbre. Tu manera podría no ser la mejor y deberás poner oído atento a lo que dicen los demás.

Venus continúa retrógrada casi todo el mes (hasta el 29), de modo que el amor y las finanzas están más complicados y en revisión. Esta revisión es muy saludable si la aprovechas bien. Puedes corregir errores y mejorar tu producto o tu relación. Tendrás que saberte tomar los retrasos financieros; no te inquietes ni te pongas nervioso. Algunos tratos o proyectos podrían fracasar, pero llegarán otros y mejores en el futuro.

Hay oportunidades románticas en el barrio o con vecinos; también se presentan en ambientes educacionales, en el colegio, en conferencias y en seminarios. Pero el romance serio necesita mucha cautela.

Este mes es necesario vigilar más la salud, en especial después del 21. Por todos los medios, descansa y relájate más. Favorece la salud prestando más atención al cuello, la garganta, los pulmones, los intestinos, los brazos y los hombros.

Julio

Mejores días en general: 8, 9, 18, 19, 27, 28
Días menos favorables en general: 2, 15, 16, 23, 24, 29, 30
Mejores días para el amor: 4, 13, 14, 23, 24, 31
Mejores días para el dinero: 2, 4, 10, 11, 13, 14, 20, 21, 23, 24, 29, 30, 31

Como el mes pasado, la mayoría de los planetas continúan bajo el horizonte de tu carta, Aries. Tu cuarta casa, la del hogar y la familia, no sólo está fuerte sino que este mes es una de las más poderosas de todo el horóscopo. Así pues, este es una vez más un periodo para centrar la atención en el hogar y en los objetivos domésticos y psíquicos, para encontrar la zona de agrado emocional y funcionar desde allí, para soñar con futuros logros profesionales. Aprender a soñar bien y conscientemente (a voluntad) es una de las grandes consecuciones de la vida que aprenderás este mes. La mayoría de las personas sueñan al azar, los sueños las sueñan a ellas en lugar de a la inversa. El reto está en estar al mando de tus sueños. El hogar y la profesión continúan mezclados y esto podría causar confusión. Pero la Luna nueva del 17 aportará más claridad, trayéndote la información que necesitas para tomar las decisiones correctas.

El mes pasado el poder planetario se trasladó a tu sector occidental, y esta tendencia es aún más fuerte ahora. Por lo tanto, refrena las actitudes independientes y no te lances solo. Necesitas de los demás y de su buena voluntad. Antepón los intereses de los demás a los tuyos por un tiempo y esa buena voluntad la tendrás con poco esfuerzo de tu parte.

Este mes está muy poderosa también tu quinta casa, la de los hijos, y después del 22, aún más. Esto significa que hay más intimidad con los hijos, es mayor (que de costumbre) la capacidad de llevarte bien con ellos y de reconocer a tu niño o niña interior. Dado que la quinta casa también rige los deportes, las aventuras amorosas y las actividades creativas, todos estos asuntos serán más importantes ahora. Este mes está lleno de diversión.

Es necesario vigilar la salud hasta el 22. Descansa y relájate más, usa los colores y aromas de tu signo y procura organizar tus actividades con más eficiencia. Centra la atención en las cosas que son de verdad importantes. La salud mejora espectacularmente después del 22. Mientras tanto, puedes favorecerla con una dieta correcta y cuidando mejor del estómago, el corazón y los intestinos.

Venus, tu planeta del amor y del dinero ya está por fin en movimiento directo (lo retomó a fines del mes pasado), de modo que también empiezan a avanzar los asuntos amorosos y económicos. Hay una nueva claridad en el amor y en las finanzas. Si estás soltero, encuentras el amor en el barrio, con vecinos, y en ambientes educacionales (esta ha sido la tendencia desde hace unos meses). Las oportunidades económicas también se presentan cerca de casa. Las ventas, la comercialización y la buena comunicación son esenciales para hacer beneficios. La buena comunicación es ultraimportante en el amor también.

Agosto

Mejores días en general: 4, 5, 14, 15, 23, 24
Días menos favorables en general: 12, 13, 19, 20, 25, 26
Mejores días para el amor: 1, 11, 12, 19, 20, 21, 22, 30
Mejores días para el dinero: 1, 7, 8, 11, 12, 17, 18, 21, 22, 25, 26, 30

Venus, planeta importantísimo en tu carta, ya que rige tus casas del amor y del dinero, sale de Geminis (donde ha estado cuatro meses) y entra en Cáncer el 7. Ocurren importantes cambios en el amor y en las finanzas. Venus se une con Saturno, tu planeta de la profesión, en tu cuarta casa, aumentando la importancia del hogar, la familia y los asuntos domésticos. Todo lo importante, amor, profesión y finanzas, parece centrado en el hogar, y con la familia.

No sólo dejarás pasar lucrativas oportunidades profesionales si estas significan un obstáculo para tu armonía emocional, sino que también dejarás pasar tentadoras oportunidades sociales y financieras, por el mismo motivo. La armonía emocional, la paz interior, la zona de agrado emocional, se anteponen a todo lo demás. Quieres sentirte a gusto, no ser rico ni tener una rutilante vida social. Ciertamente puedes conseguir riqueza y éxito social este mes, pero desde tu espacio de armonía interior.

La mayoría de los planetas continúan en tu sector occidental, de modo que sigue refrenando tu individualidad y busca consenso en todos tus trabajos y proyectos. Cultiva tus dotes sociales.

Los estados de ánimo son un factor importante en los ingresos y en el amor este mes. Gastarás o invertirás según sea tu estado de ánimo, por lo tanto es importante que te mantengas tranquilo y controlado. No tomes decisiones financieras importantes cuando estés deprimido o alterado. Consulta las cosas con la almohada hasta que te sientas más en paz. Cuando estés tranquilo descubrirás que tu intuición es excelente, algo con lo que puedes ir al banco.

Las oportunidades financieras o el apoyo vendrá de familiares, tal vez los padres, o relaciones familiares. Si eres inversor deberías estudiar oportunidades de beneficio en los sectores inmobiliario, de la restauración y hotelero. También conviene explorar la industria de la construcción y las empresas proveedoras de artículos para el hogar.

El amor va bien este mes, pero es muy tierno y sensible. La pareja o cónyuge está extraordinariamente sensible y se resiente con facilidad. En el amor deseas apoyo y sustento emocional, lo deseas y lo das.

Como el mes pasado, hay mucha diversión en la relación con los hijos. Pero el trabajo adquiere importancia avanzado el mes, después del 23.

Si buscas trabajo deberías hacer las solicitudes antes del 10. Después Mercurio estará en movimiento retrógrado y complica estas cosas. Después del 10 estudia más detenidamente las oportunidades de trabajo; las cosas no son lo que parecen.

La salud es fabulosa este mes. Después del 10 evita hacer cambios drásticos en tu dieta o programa de salud; analízalos más concienzudamente.

Septiembre

Mejores días en general: 1, 2, 10, 11, 12, 20, 28, 29
Días menos favorables en general: 8, 9, 15, 16, 22, 23
Mejores días para el amor: 10, 15, 16, 17, 18, 26, 27
Mejores días para el dinero: 3, 4, 10, 13, 14, 17, 18, 23, 26, 27, 30

La salud, el trabajo y el amor dominan este mes. Si buscas trabajo ahora tienes oportunidades maravillosas, y Mercurio, tu planeta del trabajo, retoma el movimiento directo el 2. La situación laboral se ve muy feliz también, aunque trabajas arduo. Podría haber un viaje relacionado con el trabajo, y una feliz oportunidad de formación.

El poder planetario se está acercando a su posición occidental máxima. Tu primera casa, la del yo, está prácticamente vacía (sólo la visitará la Luna los días 1 y 2, y 28 y 29), mientras que tu séptima casa, la del amor, el matrimonio y demás, se hace muy potente después del 22. Entonces estarán en tu séptima casa el 40 por ciento de los planetas (algunos de ellos, planetas lentos). Esto quiere decir que estás en un periodo muy social, periodo para anteponer a los demás y ponerte en un segundo plano. Afortunadamente, ahora pareces capaz de hacerlo; tu regente Marte entra en tu séptima casa el 26. Tu popularidad personal está elevadísima en todo momento.

El 25, Júpiter inicia un importante tránsito por tu séptima casa, la del amor y el matrimonio. Este es, pues, el comienzo de todo un nuevo ciclo en el amor y lo social. La vida amorosa prospera y habrá muchos matrimonios de Aries en los próximos meses (y próximo año). Hay probabilidades de una relación importante este mes. El amor es muy feliz, parecido a una luna de miel. Sea cual sea tu edad, el amor te rejuvenece. El amor se puede presentar de muchas maneras, tal vez en el colegio, universidad, iglesia, mezquita o sinagoga. Puede presentarse en otro país, o con una persona extranjera. Puede ocurrir en fiestas y reuniones sociales (y habrá muchas este mes).

Con Marte en tu séptima casa, estás lanzado en el amor; tomas la iniciativa para acercarte a otros. Si te gusta una persona, se lo dices. Y no te quedas sentado esperando a que suene el teléfono. Estás en la modalidad amor a primera vista.

Este es un mes de prosperidad también. El dinero llega del trabajo pero también de la creatividad personal y de la especulación. Si eres inversor profesional deberás estar atento a oportunidades en los sectores de juego, casinos, balnearios, compañías eléctricas y empresas de servicios públicos; el oro también se ve interesante.

Hacia fines de mes los planetas se trasladan a la mitad superior del horóscopo. Esto cambiará tus actitudes psíquicas, porque ahora te vuelves más ambicioso. Posiblemente ya habrás encontrado tu zona de agrado emocional y estás preparado para cierto éxito externo. Esta tendencia se irá reforzando en los meses siguientes.

Octubre

Mejores días en general: 8, 9, 17, 18, 25, 26
Días menos favorables en general: 5, 6, 12, 13, 19, 20
Mejores días para el amor: 10, 11, 12, 13, 19, 20, 29, 30
Mejores días para el dinero: 1, 2, 3, 10, 11, 19, 20, 21, 28, 29, 30

Este mes hay dos eclipses, Aries, uno solar el 14, y uno lunar el 28. El eclipse solar es el más fuerte en lo que a ti respecta; reduce tus actividades durante ese periodo. Este eclipse produce cambios a largo plazo en la vida social y situación marital, ciertamente para mejor. Pero habrá agitación. Se eliminan los obstáculos a tus objetivos sociales y bien social. El eclipse lunar trae cambios a largo plazo en tu vida financiera; revela defectos en tus planes o inversiones para que puedas corregirlos.

Entre el 70 y el 80 por ciento de los planetas están en la mitad superior de tu horóscopo, el sector de las ambiciones externas. A fines de mes el porcentaje será aún más elevado, entre el 80 y el 90 por ciento. Así pues, si bien serán importantes la armonía emocional y los intereses familiares, puedes comenzar a prestar más atención a la profesión.

Como en los meses pasados, la acción está en el sector occidental, social, de tu carta. Esto quiere decir que aunque hay mucha dicha social también hay mucha menos independencia personal. Lograr que se hagan las cosas es un proceso complicado dado que hay que consultar muchas opiniones y preferencias. Si bien esto no está en tu naturaleza normal, parece que ahora lo disfrutas.

Como el mes pasado, el principal titular del mes es el amor. Todos los planetas benéficos de tu horóscopo están reunidos en tu séptima casa, la del amor y el matrimonio. El 60 por ciento de los planetas (enorme porcentaje) o bien están en esta casa o transitarán por ella este mes. El amor y las actividades sociales son el centro de tu vida. El amor es dichoso y afortunado. Entran en el cuadro amistades nuevas y prominentes. El romance prospera; se ensanchan increíblemente tus horizontes, incluso a otros países. Como el mes pasado, hay muchas fiestas e invitaciones; tal vez hasta asistas a bodas.

Las finanzas también son fuertes este mes. Desde el 3 al 29 los ingresos y las oportunidades de ingresos vienen del lugar de trabajo. Los compañeros de trabajo te ofrecen importantes ideas y oportunidades económicas. Pero ahora la productividad es la manera de hacer riqueza. Más avanzado el mes, tu planeta del dinero también entra en tu séptima casa, la del amor, lo que indica que los contactos sociales tienen un importante papel en la economía. Podría materializarse una sociedad de negocios.

El impulso planetario es abrumadoramente hacia delante. El 24, el 90 por ciento de los planetas estarán en movimiento directo, por lo tanto estás en un periodo de enorme avance hacia tus objetivos. Las cosas ocurren rápido.

Aunque estás muy feliz, no te excedas en tus actividades. Descansa y relájate más, y escucha a tu cuerpo. Mejorarás tu salud si prestas más atención a los riñones y órganos sexuales. Los programas de desintoxicación son eficaces después del 14.

Noviembre

Mejores días en general: 4, 5, 13, 14, 22, 23
Días menos favorables en general: 2, 3, 9, 10, 15, 16, 29, 30
Mejores días para el amor: 9, 10, 17, 18, 29, 30
Mejores días para el dinero: 9, 10, 17, 18, 24, 25, 26, 27

Como el mes pasado, el sector occidental o social de tu carta está más poderoso que tu sector oriental. Tu séptima casa, la del amor y el matrimonio, sigue llena de planetas benéficos. Hay un intenso interés, y suerte, en el amor y el romance. En tu vida hay menos independencia, pero pareces dispuesto a pagar el precio. Tu osadía social tiene sus recompensas; eres arriesgado en el amor, pero los riesgos compensan. Rara vez has sido tan popular. A veces es agradable perderse de vista y centrar la atención en otras personas. Esto ensancha la perspectiva y permite que entre la inteligencia superior.

Como a fines del mes pasado, la vida social es el centro de todo; es la fuente de ingresos y oportunidades financieras, de educación, de iluminación religiosa y espiritual y de seguridad en ti mismo, autoestima y placer personal. Aunque la vida social es fuerte todo el mes, después del 11 el interés pasará a cosas más profundas, a la autotransformación, a la reinvención personal, pago de deudas, hacer prosperar a otros y eliminar los rasgos o posesiones indeseables.

La mitad superior de tu carta continúa aumentando su poder. Habrá ocasiones en que el 90 por ciento de los planetas estarán en ese sector. En ningún momento habrá menos del 80 por ciento. Así pues, este es un periodo para trabajar en las ambiciones, y para materializar y hacer realidad los sueños profesionales. Tranquilamente puedes restar importancia a los asuntos hogareños y domésticos, aunque no debes desatenderlos del todo.

Este mes descubres que la riqueza en amigos se traduce en riqueza tangible. El dinero se gana a través de contactos sociales, en fiestas y reuniones, o a través de alianzas de negocios. Después del 22 la atención se centra en hacer prosperar a otros, en anteponer los intereses financieros de otras personas a los tuyos. Cuando lo logras, los ingresos te llegan de modo natural y fácil.

La salud está mucho mejor este mes, y mejorará aún más después del 11. Puedes favorecerla con los regímenes normales o de tipo herbolario, y cuidando mejor los órganos sexuales, el hígado y los muslos. La oración y otros tipos de técnicas de curación metafísicas son especialmente potentes después del 4.

La formación superior y otros países te llaman este mes. Se te presentarán oportunidades de viaje y de formación superior; deberías aprovecharlas. Se ven felices.

Este mes es fabuloso para pagar o refinanciar deudas. Si eres inversor profesional deberás explorar el mercado de obligaciones o bonos. Si buscas inversores o capital ajeno para tus proyectos, tienes oportunidades maravillosas.

Diciembre

Mejores días en general: 1, 2, 3, 11, 19, 20, 29, 30
Días menos favorables en general: 6, 7, 13, 26, 27
Mejores días para el amor: 6, 7, 8, 9, 19, 29, 30
Mejores días para el dinero: 6, 7, 8, 9, 14, 15, 19, 21, 22, 23, 24, 29, 30

Tenemos muchos planetas en Fuego (tu elemento nativo), y entre el 80 y el 90 por ciento de los planetas están en movimiento directo. Así es como te gustan las cosas, Aries. Este es un mes de acción y de mucho impulso hacia tus objetivos; los consigues con rapidez. Los cambios son rápidos. Es un mes de avance veloz. Ningún Aries puede pedir más.

La mitad superior de tu horóscopo continúa fuerte, y hacia finales de mes (el 21) adquiere poder tu décima casa, la de la profesión. De nuevo las ambiciones son fuertes y hay oportunidad para mucho y rápido progreso profesional. Puedes restar importancia a los asuntos familiares y domésticos por un tiempo.

El sector occidental o social de tu carta continúa poderoso este mes, pero esto está a punto de cambiar. Todavía necesitas restringir tu independencia y hacer las cosas por consenso. Sigue cultivando tus dotes sociales. La buena voluntad de los demás es más importante que tu iniciativa personal.

El principal titular de este mes es el insólito poder que hay en tu novena casa. Entre el 50 y el 60 por ciento de los planetas o están instalados ahí o transitarán por ella este mes; es un porcentaje pasmoso. La novena casa es toda acerca de la sabiduría y su consecución. En un plano superficial trae un estilo de vida tipo «jet set», mucho viaje de un lugar a otro, mucha aventura en el mundo exterior. Pero en realidad estas cosas sólo son experiencias formativas. Se aprende sobre otras culturas yendo a conocerlas o alternando con personas extranjeras. Se ensanchan tus horizontes mentales y filosóficos. Ves las cosas desde una perspectiva nueva y más amplia. Normalmente, con este aspecto cósmico hay un mayor interés por la religión y la formación superior, hay más trato con sacerdotes y pastores religiosos, o con ese tipo de personas.

La sabiduría se consigue de dos maneras esenciales: o bien mediante «golpes fuertes» (pruebas difíciles y experiencias negativas) o mediante la inteligencia y la alegría. En este periodo vas a aprender mediante la inteligencia y la alegría. Tienes un optimismo ilimitado, lo cual de suyo tiende a producir éxito. El optimismo suele ser bueno por sí mismo, no necesita ningún motivo externo. Mientras lo mantengas «realista», será excelente.

Como el mes pasado, este periodo es ideal para pagar o refinanciar deudas; es un buen periodo para reducir gastos y eliminar el despilfarro, para hacer prosperar a otros y anteponer sus intereses financieros a los tuyos. Cuando estés más sano financieramente (eliminando el despilfarro) estarás preparado para la expansión financiera que llega después del 16.

La vida amorosa continua brillante. El amor es apasionado e intenso hasta el 16. La intimidad sexual y física es el principal centro de atención. Pero después también hay otras formas interesantes de dar y recibir amor. Un viaje al extranjero con el ser amado mejorará la relación actual. Hacer un mismo curso u orar juntos también mejorará las cosas.

Tauro

El Toro
Nacidos entre el 21 de abril y el 20 de mayo

Rasgos generales

TAURO DE UN VISTAZO
Elemento: Tierra

Planeta regente: Venus
   Planeta de la profesión: Urano
   Planeta del amor: Plutón
   Planeta del dinero: Mercurio
   Planeta de la salud: Venus
   Planeta de la suerte: Saturno

Colores: Tonos ocres, verde, naranja, amarillo
   Colores que favorecen el amor, el romance y la armonía social:
    Rojo violáceo, violeta
   Colores que favorecen la capacidad de ganar dinero: Amarillo,
    amarillo anaranjado

Piedras: Coral, esmeralda

Metal: Cobre

Aromas: Almendra amarga, rosa, vainilla, violeta

Modo: Fijo (= estabilidad)

Cualidad más necesaria para el equilibrio: Flexibilidad

Virtudes más fuertes: Resistencia, lealtad, paciencia, estabilidad, propensión a la armonía

Necesidades más profundas: Comodidad, tranquilidad material, riqueza

Lo que hay que evitar: Rigidez, tozudez, tendencia a ser excesivamente posesivo y materialista

Signos globalmente más compatibles: Virgo, Capricornio

Signos globalmente más incompatibles: Leo, Escorpio, Acuario

Signo que ofrece más apoyo laboral: Acuario

Signo que ofrece más apoyo emocional: Leo

Signo que ofrece más apoyo económico: Géminis

Mejor signo para el matrimonio y/o las asociaciones: Escorpio

Signo que más apoya en proyectos creativos: Virgo

Mejor signo para pasárselo bien: Virgo

Signos que más apoyan espiritualmente: Aries, Capricornio

Mejor día de la semana: Viernes

La personalidad Tauro

Tauro es el más terrenal de todos los signos de tierra. Si comprendemos que la tierra es algo más que un elemento físico, que es también una actitud psicológica, comprenderemos mejor la personalidad Tauro.

Los Tauro tienen toda la capacidad para la acción que poseen los Aries. Pero no les satisface la acción por sí misma. Sus actos han de ser productivos, prácticos y generadores de riqueza. Si no logran ver el valor práctico de una actividad, no se molestarán en emprenderla.

El punto fuerte de los Tauro está en su capacidad para hacer realidad sus ideas y las de otras personas. Por lo general no brillan por su inventiva, pero sí saben perfeccionar el invento de otra persona, hacerlo más práctico y útil. Lo mismo puede decirse respecto a todo tipo de proyectos. A los Tauro no les entusiasma particularmente iniciar proyectos, pero una vez metidos en uno, trabajan en él hasta concluirlo. No dejan nada sin terminar, y a no ser que se interponga un acto divino, harán lo imposible por acabar la tarea.

Muchas personas los encuentran demasiado obstinados, conservadores, fijos e inamovibles. Esto es comprensible, porque a los Tauro les desagrada el cambio, ya sea en su entorno o en su rutina. ¡Incluso les desagrada cambiar de opinión! Por otra parte, esa es su virtud. No es bueno que el eje de una rueda oscile. Ha de estar fijo, estable e inamovible. Los Tauro son el eje de la rueda de la sociedad y de los cielos. Sin su estabilidad y su supuesta obstinación, las ruedas del mundo se torcerían, sobre todo las del comercio.

A los Tauro les encanta la rutina. Si es buena, una rutina tiene muchas virtudes. Es un modo fijado e idealmente perfecto de cuidar de las cosas. Cuando uno se permite la espontaneidad puede cometer errores, y los errores producen incomodidad, desagrado e inquietud, cosas que para los Tauro son casi inaceptables. Estropear su comodidad y su seguridad es una manera segura de irritarlos y enfadarlos.

Mientras a los Aries les gusta la velocidad, a los Tauro les gusta la lentitud. Son lentos para pensar, pero no cometamos el error de creer que les falta inteligencia. Por el contrario, son muy inteligentes, pero les gusta rumiar las ideas, meditarlas y sopesarlas. Sólo después de la debida deliberación aceptan una idea o toman una decisión. Los Tauro son lentos para enfadarse, pero cuando lo hacen, ¡cuidado!

Situación económica

Los Tauro son muy conscientes del dinero. Para ellos la riqueza es más importante que para muchos otros signos; significa comodidad, seguridad y estabilidad. Mientras algunos signos del zodiaco se sienten ricos si tienen ideas, talento o habilidades, los Tauro sólo sienten su riqueza si pueden verla y tocarla. Su modo de pensar es: «¿De qué sirve un talento si no se consiguen con él casa, muebles, coche y piscina?».

Por todos estos motivos, los Tauro destacan en los campos de la propiedad inmobiliaria y la agricultura. Por lo general, acaban poseyendo un terreno. Les encanta sentir su conexión con la tierra. La riqueza material comenzó con la agricultura, labrando la tierra. Poseer un trozo de tierra fue la primera forma de riqueza de la humanidad; Tauro aún siente esa conexión primordial.

En esta búsqueda de la riqueza, los Tauro desarrollan sus capacidades intelectuales y de comunicación. Como necesitan comerciar con otras personas, se ven también obligados a desarrollar cierta flexibilidad. En su búsqueda de la riqueza, aprenden el valor práctico del intelecto y llegan a admirarlo. Si no fuera por esa búsqueda de la riqueza, tal vez no intentarían alcanzar un intelecto superior.

Algunos Tauro nacen «con buena estrella» y normalmente, cuando juegan o especulan, ganan. Esta suerte se debe a otros factores presentes en su horóscopo personal y no forma parte de su naturaleza esencial. Por naturaleza los Tauro no son jugadores. Son personas muy trabajadoras y les gusta ganarse lo que tienen. Su conservadurismo innato hace que detesten los riesgos innecesarios en el campo económico y en otros aspectos de su vida.

Profesión e imagen pública

Al ser esencialmente terrenales, sencillos y sin complicaciones, los Tauro tienden a admirar a las personas originales, poco convencionales e inventivas. Les gusta tener jefes creativos y originales, ya que ellos se conforman con perfeccionar las ideas luminosas de sus superiores. Admiran a las personas que tienen una conciencia social o política más amplia y piensan que algún día (cuando tengan toda la comodidad y seguridad que necesitan) les gustará dedicarse a esos importantes asuntos.

En cuanto a los negocios, los Tauro suelen ser muy perspicaces, y eso los hace muy valiosos para la empresa que los contrata. Jamás son perezosos, y disfrutan trabajando y obteniendo buenos resultados. No les gusta arriesgarse innecesariamente y se desenvuelven bien en puestos de autoridad, lo cual los hace buenos gerentes y supervisores. Sus cualidades de mando están reforzadas por sus dotes naturales para la organización y la atención a los detalles, por su paciencia y por su minuciosidad. Como he dicho antes, debido a su conexión con la tierra, también pueden realizar un buen trabajo en agricultura y granjas.

En general, los Tauro prefieren el dinero y la capacidad para ganarlo que el aprecio y el prestigio públicos. Elegirán un puesto que les aporte más ingresos aunque tenga menos prestigio, antes que otro que tenga mucho prestigio pero les proporcione menos ingresos. Son muchos los signos que no piensan de este modo, pero Tauro sí, sobre todo si en su carta natal no hay nada que modifique este aspecto. Los Tauro sólo buscarán la gloria y el prestigio si están seguros de que estas cosas van a tener un efecto directo e inmediato en su billetero.

Amor y relaciones

En el amor, a los Tauro les gusta tener y mantener. Son de los que se casan. Les gusta el compromiso y que las condiciones de la relación estén definidas con mucha claridad. Más importante aún, les gusta ser fieles a una sola persona y esperan que esa persona corresponda a su fidelidad. Cuando esto no ocurre, el mundo entero se les viene abajo. Cuando está enamorada, la persona Tauro es leal, pero también muy posesiva. Es capaz de terribles ataques de celos si siente que su amor ha sido traicionado.

En una relación, los Tauro se sienten satisfechos con cosas sencillas. Si tienes una relación romántica con una persona Tauro, no hay ninguna necesidad de que te desvivas por colmarla de atenciones ni por galantearla constantemente. Proporciónale suficiente amor y comida y un techo cómodo, y será muy feliz de quedarse en casa y disfrutar de tu compañía. Te será leal de por vida. Hazla sentirse cómoda y, sobre todo, segura en la relación, y rara vez tendrás problemas con ella.

En el amor, los Tauro a veces cometen el error de tratar de dominar y controlar a su pareja, lo cual puede ser motivo de mucho sufrimiento para ambos. El razonamiento subyacente a sus actos es básicamente simple. Tienen una especie de sentido de propiedad sobre su pareja y desean hacer cambios que aumenten la comodidad y la seguridad generales de ambos. Esta actitud está bien cuando se trata de cosas inanimadas y materiales, pero puede ser muy peligrosa cuando se aplica a personas, de modo que los Tauro deben tener mucho cuidado y estar alertas para no cometer ese error.

Hogar y vida familiar

La casa y la familia son de importancia vital para los Tauro. Les gustan los niños. También les gusta tener una casa cómoda y tal vez elegante, algo de que alardear. Tienden a comprar muebles sólidos y pesados, generalmente de la mejor calidad. Esto se debe a que les gusta sentir la solidez a su alrededor. Su casa no es sólo su hogar, sino también su lugar de creatividad y recreo. La casa de los Tauro tiende a ser verdaderamente su castillo. Si pudieran elegir, preferirían vivir en el campo antes que en la ciudad.

En su hogar, un Tauro es como un terrateniente, el amo de la casa señorial. A los nativos de este signo les encanta atender a sus visitas con prodigalidad, hacer que los demás se sientan seguros en su casa y tan satisfechos en ella como ellos mismos. Si una persona Tauro te invita a cenar a su casa, ten la seguridad de que recibirás la mejor comida y la mejor atención. Prepárate para un recorrido por la casa, a la que Tauro trata como un castillo, y a ver a tu amigo o amiga manifestar muchísimo orgullo y satisfacción por sus posesiones.

Los Tauro disfrutan con sus hijos, pero normalmente son estrictos con ellos, debido a que, como hacen con la mayoría de las cosas en su vida, tienden a tratarlos como si fueran sus posesiones. El lado positivo de esto es que sus hijos estarán muy bien cuidados y educados. Tendrán todas las cosas materiales que necesiten para crecer y educarse bien. El lado negativo es que los Tauro pueden ser demasiado represivos con sus hijos. Si alguno de ellos se atreve a alterar la rutina diaria que a su padre o madre Tauro le gusta seguir, tendrá problemas.

Horóscopo para el año 2004

Principales tendencias

El 2003 ha sido un año esencialmente feliz, Tauro. Has prosperado, lo has pasado bien y has tenido muchas oportunidades afortunadas y felices. Esta tendencia continúa en 2004, y te mereces todo este bien. Sufriste bastante los últimos años noventa y los primeros de esta década y es hora de las compensaciones. Así pues, este va a ser un año de muchos viajes, fiestas y actividades de ocio. Muchos Tauro podréis casar estas actividades de ocio con el trabajo y hacer dinero.

La profesión ha sido importante durante muchos, muchos años; ha sido activa, frenética, ha estado llena de cambios repentinos y drásticos, pero positivos. Este año, con el cambio de signo y casa de Urano, puedes esperar más cambios, aunque menos frenéticos. Ha habido mucho idealismo en tu profesión durante años, y ahora, y en los años futuros, ese idealismo aumentará, será puesto en práctica. Es posible que haya cambio en el camino profesional este año (o en los venideros). La profesión será más gratificante y no sólo un medio de hacer dinero. Se te conocerá más por tu buen trabajo y actividades benéficas que por la cantidad de dinero que ganas.

Como el año pasado, la presencia de Saturno en tu tercera casa obliga al desarrollo mental e intelectual. Reducirás tus intereses intelectuales y profundizarás más en unos pocos temas. El aprendizaje será más lento pero más completo. Si eres estudiante tendrás que aplicarte más en los estudios, pero el trabajo arduo te recompensará al final. Este es un periodo para disciplinar la mente, para ordenar los pensamientos, la expresión oral y los procesos lógicos. Tu mente es un instrumento pasmoso pero hace falta templarla.

Los principales aspectos de interés este año son: el intelecto y la comunicación; la profesión; las amistades y las actividades en grupo; la ciencia y la astrología; la sexualidad, la transformación personal, las cosas más profundas de la vida, hacer prosperar a otros, las deudas y el pago de deudas; los hijos, la diversión, las actividades de ocio, la creatividad y el romance (hasta el 25 de septiembre); la salud y el trabajo (después del 25 de septiembre).

Los caminos para la mayor satisfacción son: los hijos, la creatividad, las actividades de ocio, los asuntos amorosos (hasta el 25 de septiembre); la salud y el trabajo (después del 25 de septiembre); el cuerpo, la imagen, la apariencia y el placer personales.

Salud

Puesto que casi todos los planetas lentos o bien te forman buenos aspectos o te dejan en paz, la salud es excelente este año. Y aunque tu sexta casa, la de la salud, adquiere poder después del 25 de septiembre, esto lo interpreto por un mayor interés de la educación en la salud y en los programas de salud. Te interesa la salud por sí misma, no porque tengas problemas.

Siendo Venus tu planeta de la salud (y, además, regente de tu horóscopo), para ti la salud significa mucho más que la sola «ausencia de enfermedad»; significa una vida social y amorosa sana, significa «verse bien» y sentirse bien. Hay una fuerte conexión entre amor, vanidad y salud (ten presente que tu horóscopo personal, hecho según la fecha, hora y lugar de nacimiento, podría modificar lo que decimos aquí). Cuando la vida amorosa va bien, la salud tiende a ser buena. Cuando la salud es buena la vida amorosa tiende a ir bien. Cuando la salud es buena te ves bien, se refleja casi inmediatamente en tu apariencia física. Cuando la salud sufre, tu apariencia también sufre, y de un modo más llamativo de lo que le ocurre a la mayoría. Muchas veces el remedio para un problema de salud es sanar primero un problema en una relación amorosa. Con igual frecuencia, significa acicalar tu imagen, comprarte ropa o accesorios hermosos o hacerte arreglar el pelo. Y muchas veces, simplemente entraña dar al cuerpo algo del placer sensual que necesita.

En general, la buena salud se puede mejorar aún más prestando más atención a los riñones, caderas y nalgas. Las caderas y las nalgas necesitan masajes periódicos (aun cuando no haya nada mal en ellas). Los riñones se pueden fortalecer de muchos modos naturales, no medicamentosos: reflexología podal y de manos, quiropráctica, fisioterapia, herbolaria, digitopuntura, acupuntura, masaje y shiatsu, por nombrar sólo unos pocos.

Con la entrada del señor de tu octava casa en tu sexta casa, la de la salud, el 25 de septiembre, obtendrás buenos resultados de los regímenes de desintoxicación y eliminación (la presencia de Plutón en tu octava casa lo refuerza). Estos métodos de desintoxicación y eliminación pueden ser herbolarios, nutricionales o mecánicos (enemas y limpieza del colon, por ejemplo).

La salud se pone más interesante a partir del 25 de septiembre. Supongo que el interés está más motivado por la «vanidad» que por una enfermedad. Si tienes algún problema de salud, tendrás buenas noticias. Muchos Tauro os interesaréis por el estudio de los aspectos metafísicos y filosóficos de la salud. Exploraréis y comprenderéis a fondo el papel de la mente en el cuerpo.

La salud de los hijos se ve bien: la dieta y la nutrición correctas tienen un papel importante en ella. Especial importancia tienen el estómago, los pechos, la columna, las rodillas y los dientes.

No se ven novedades en la salud del cónyuge ni de los nietos.

La salud de un progenitor parece ser motivo de preocupación, y una buena dieta tendrá un papel importante en su curación.

Tu planeta de la salud estará en movimiento retrógrado del 17 de mayo al 29 de junio: este no es un periodo para hacer cambios importantes en tu programa de salud ni para hacer gastos en productos para la salud, aunque te sientas tentado a ello. Es un periodo para estudiar más detenidamente estos temas, no para actuar.

Hogar y vida familiar

Tu cuarta casa, la del hogar y la familia, no está poderosa este año, Tauro, por lo que tienes libertad para conformar este aspecto como tú quieras. El Cosmos no te impulsa en un sentido ni en otro. Normalmente esto indica que la situación familiar y doméstica está como la deseas y no tienes ninguna necesidad de intentar arreglarla. Por lo general, las cosas tienden a continuar como están.

La acción, y el interés, se centran este año en la profesión y no demasiado en la familia. Así pues, si hay cambios en los asuntos familiares o domésticos, probablemente se deben a la profesión; son efectos secundarios de la profesión.

Los periodos de actividad doméstica más intensa serán del 20 de enero al 18 de febrero; del 23 de junio al 23 de agosto, y del 6 de septiembre al 3 de octubre.

El periodo comprendido entre el 6 de septiembre y el 3 de octubre se ve particularmente bueno para ofrecer y asistir a reuniones familiares, hacer las paces con familiares, comprar objetos para el embellecimiento del hogar o para redecorar la casa.

El periodo del 23 de junio al 22 de agosto es especialmente bueno para hacer «obras pesadas» en la casa: traslado de muebles, renovaciones importantes, obras de construcción, tirar paredes, cambiar tuberías viejas y cosas por el estilo.

Un progenitor o figura parental que lleva un tiempo mostrándose bastante voluble comienza a asentarse, o está menos interesado en la «libertad personal» y empieza a centrar la atención en las finanzas. Se ve bien su prosperidad financiera.

Los hermanos tienen un año difícil. Deben trabajar más, aceptar más responsabilidades, aprender la virtud de la paciencia y comenzar a responsabilizarse de sus vidas. La disciplina es la tónica para ellos este año. Necesitan mirar las cosas a largo plazo y obtener sus objetivos de modo gradual, paso a paso.

Las relaciones con los hijos se ven bien. Dan mucha felicidad y satisfacción. Disfrutas más de tus hijos. En el caso de que no tengas hijos, este año tendrás un enorme interés por los niños y comprobarás que te llevas mejor con ellos.

Las relaciones con los nietos (si los tienes) se ven más dificultosas este año. Pero el problema no es tuyo; ellos tienen que crecer un poco y enfrentar los deberes y responsabilidades que les corresponden. Podrían mejorar mucho su autoestima. Su ego y autoestima están pasando por una «verificación de la realidad» y se ajustará a un grado realista. El Cosmos es experto en este tipo de cosas.

Amor y vida social

Tu séptima casa, la del amor y el matrimonio, está vacía la mayor parte del año, por lo tanto el amor y el romance no son una gran prioridad. La amistad parece mucho más importante que una relación seria comprometida. Este vacío en la casa siete indica que tienes mucha libertad para conformar este aspecto de tu vida como quieras; el problema es la falta de interés.

Normalmente esto indica que la situación continúa como está; si estás soltero tiendes a continuar soltero; si estás casado tiendes a continuar casado.

La vida social en general es más estable de lo que lo ha sido estos años pasados. La expansión del círculo social es lenta pero segura. Las relaciones que entablas son más profundas de lo habitual.

Si bien no suenan campanas de boda para los Tauro solteros, de todos modos hay muchas oportunidades románticas la mayor parte del año. Pero estas oportunidades son para romances tipo «diversión y juego», aunque tal vez muy eróticos, no para un amor serio, duradero, comprometido. Es un año para aventuras amorosas.

En realidad, Tauro está contemplando las ventajas de un tipo de relación respecto a la otra. ¿Para qué casarse y enredarse en todo tipo de legalidades, compromisos, acuerdos, cuando se puede tener el amor sin nada de eso? Sin embargo, la estabilidad de la relación comprometida también tiene su atractivo. Tauro quiere saber con quién va a pasar el Año Viejo y las vacaciones; no quiere quedar atrapado entre amiguitos o amiguitas.

Si estás casado, el matrimonio será puesto a prueba por las oportunidades románticas. Esto no significa que tú o tu cónyuge vayáis a ser infieles; sólo significa que la oportunidad estará allí y tendréis que elegir, decidir. Aunque a veces estas decisiones pueden ser dolorosas, son buenas, porque ves si tu amor y compromiso son reales. ¿Cómo puedes conocer la profundidad de tu compromiso si jamás tienes una tentación?

El eclipse lunar del 4 de mayo podría hacer que estos problemas entraran en crisis.

La relación en que estás ahora será puesta a prueba de verdad dentro de unos años; será una prueba más seria y duradera, ya que la de ahora es de poca monta.

Este es también un año para aumentar las amistades y las actividades de grupo. Muchas de las amistades nuevas que hagas este año estarán relacionadas con la profesión. Son personas que o bien intervienen en tu profesión o conoces cuando estás ocupado en tus objetivos profesionales; son personas que apoyan tu profesión y pueden ayudarte. Hay amistad con los «altos y poderosos»: jefes, mayores, personas de posición más elevada que la tuya. En lo social, estás en la estratosfera.

La actividad social se ve más movida del 23 de octubre al 31 de diciembre. Parece que estás más lanzado socialmente este periodo.

El cónyuge o pareja está muy interesado en hacer dinero y en las finanzas. Pero esos intereses se fusionan bien con los tuyos.

La vida amorosa o el matrimonio de un hijo o hija se ve muy inestable; no es aconsejable el matrimonio por unos años. Atrae el amor, tiene autoestima y prosperidad, pero es muy voluble en sus afectos por el momento.

Los nietos en edad casadera buscan pareja activa y prudentemente. Tienen buenas oportunidades. Han de superar el miedo y el exceso de cautela.

Los hermanos tienen buenas oportunidades de matrimonio. Los hermanos ya casados sienten el peso de la relación: la carga es pesada.

Si piensas en contraer un segundo matrimonio, tienes buenas oportunidades este año; deberás buscar cerca de casa, en el barrio. Si estás interesado en un tercer matrimonio, tienes una emocionante vida social pero no es probable que haya boda, ni es aconsejable.

Profesión y situación económica

Tu segunda casa, la del dinero, no es casa de poder este año, de modo que tienes mucha libertad para forjar tu vida financiera como quieras. Pese a esto (o tal vez debido a esto), vemos prosperidad este año: mayores ingresos, viaje y oportunidades de viaje, aumento de salario, ascenso y más reconocimiento de tu trabajo. Te ves relajado y despreocupado en asuntos de dinero, y eso elimina la ansiedad y la tensión, que tienden a bloquear los ingresos.

Tu planeta del dinero, Mercurio, es un planeta rápido que transitará por todos los signos y casas de tu horóscopo este año, por lo tanto las tendencias financieras serán de corto plazo y hablaremos de ellas en las previsiones mes a mes.

Como siempre, tú, más que la mayoría, has de tener cuidado durante los movimientos retrógrados de Mercurio: tres veces al año.

Esos son periodos en que el juicio financiero puede estar confuso o no hallarse a la altura; la confianza financiera no es lo que debiera tampoco. Hablaremos de esto en las previsiones mes a mes.

Tu décima casa, la de la profesión, sí está poderosa, y este año habrá cambios importantes en este frente. El año pasado sentiste los comienzos, pero ahora el cambio está en plena movida. La profesión va a entrañar más creatividad; necesitas libertad para progresar de modo «intuitivo y libre»; no quieres estar sentado tras un escritorio todo el día, o atascado en una rutina. Sientes la necesidad de seguir un camino profesional que te permita expresar tus más elevados ideales. Necesitas sentir que tu trabajo ayuda al mundo, que tiene un sentido y finalidad. En este periodo las amistades y red de contactos son extraordinariamente importantes para progresar en la profesión. Esta ha sido la tendencia desde hace muchos años y ahora es aún más fuerte. Te rodeas de importantes amistades, personas de elevada posición, personas que pueden y quieren ayudarte a progresar profesionalmente. Tienes un don para saber cuáles son las personas adecuadas y esto te sirve muchísimo. Muchos Tauro vais a optar por una profesión espiritual o artística; muchos vais a buscar trabajo en organizaciones de tipo espiritual o benéfico.

Si buscas trabajo, tienes aspectos maravillosos todo el año.

Progreso personal

Igual que el año pasado, este es un periodo para mejorar tu mente y tu capacidad de comunicación. La mente es como un caballo salvaje, potente. Tienes que cabalgarlo tú, no él a ti. Si no lo domas y entrenas te llevará a todo tipo de lugares indeseables. Así pues, este año entrena la mente para aprender a pensar en profundidad y con método, y para someter tus ideas y procesos lógicos a una verificación de la realidad. Si no lo haces tú, lo harán otros.

Si eres estudiante tendrás que trabajar más en el colegio durante este periodo. Una parte del problema es que hay tantas fiestas, tantas ocasiones de diversión, que esto te distrae. Es necesario vencer la tentación y concentrarse. La otra parte del problema es que probablemente te encontrarás con profesores exigentes, y tal vez por muy buenos motivos.

Previsiones mes a mes

Enero

Mejores días en general: 1, 2, 11, 12, 19, 20, 28, 29, 30
Días menos favorables en general: 9, 10, 15, 16, 22, 23
Mejores días para el amor: 3, 4, 5, 9, 10, 13, 15, 16, 18, 24, 25, 26, 27
Mejores días para el dinero: 1, 2, 3, 4, 5, 9, 10, 11, 12, 19, 20, 28, 29, 30, 31

Comienzas el año con el 70-80 por ciento de los planetas en la mitad superior de tu horóscopo, Tauro. Tu décima casa, la de la profesión, es la más poderosa de tu carta, en especial después del 20, mientras que tu cuarta casa, la del hogar y la familia, está casi vacía (sólo la visitará la Luna los días 9 y 10). Este es un importante mes y periodo profesional; progresas mucho. Incluso tu familia apoya tus objetivos profesionales y colabora con ellos. Tu éxito eleva a la familia en su conjunto, no vas a perder puntos con ellos centrando la atención en tus objetivos externos.

La mayoría de los planetas están en el sector oriental o personal de tu carta, en especial después del 20. Esto quiere decir que estás en un periodo de mayor independencia e iniciativa personal. Tienes el poder para crear tus condiciones o circunstancias como te gustan. Ahora la iniciativa produce resultados; los demás se adaptarán a tu voluntad.

La principal actividad este mes ocurre en tus casas nueve, diez y once. Estas casas representan la formación superior, la religión, los viajes al extranjero (la nueve); la profesión (la diez), y las amistades y actividades de grupo (la once).

Mercurio, tu planeta del dinero, está retrógrado hasta el 6, de modo que procura dejar para después las decisiones financieras, compras e inversiones importantes. No hay que preocuparse por los retrasos en contratos o pagos, pues estas cosas se arreglarán después del 6.

Si eres inversor te convendrá explorar los sectores de la banca, inversiones en el extranjero, obligaciones y gestorías o agencias de inversiones aseguradas (sobre todo después del 14). Después del 14 habría que mirar las empresas inmobiliarias. Este periodo, gastas más en formación y en viajes. La riqueza se aumenta reduciendo costes y despilfarro, haciendo prosperar a otros, y gracias a la generosidad del cónyuge o pareja, socios o accionistas. La profesión se dispara este mes; aumenta tu prestigio personal y posición. Obtienes más reconocimiento. Hay probabilidades de aumento de sueldo y ascenso, en especial alrededor del 14.

En el amor no hay novedades este mes, pero es más fácil antes del 14 que después. Después del 14 tú y tu pareja tendréis que hacer muchos ajustes y concesiones mutuas; hay cosas en que no estáis de acuerdo. Pero estos pequeños conflictos son temporales. Las amistades parecen ser más importantes para ti que el romance.

Aunque la salud en general es buena, descansa y relájate más después del 20. Favorécela prestando más atención a los tobillos y pies.

Después del 14 llegan nuevos accesorios personales, y tal vez un viaje inesperado.

Febrero

Mejores días en general: 7, 8, 16, 17, 25, 26
Días menos favorables en general: 5, 6, 12, 13, 18, 19
Mejores días para el amor: 4, 5, 6, 12, 13, 14, 15, 22, 23, 24
Mejores días para el dinero: 1, 7, 8, 9, 10, 11, 16, 17, 18, 19, 25, 26, 27, 28, 29

El dinámico Marte entra en tu signo el 3, y el poder planetario está principalmente en tu sector oriental. Tu voluntad está extraordinariamente fuerte y tiendes a imponerla y a salirte con la tuya. Muchas veces, hacer lo que se quiere tiene sus pros y sus contras; cuando el Cosmos desea aleccionar (nunca castiga, sólo enseña), deja al tonto hacer lo que quiere y que luego sufra las consecuencias. Pero este es un mes en que hacer tu voluntad está bien. Es un periodo para la acción dinámica, para poner por obra planes e ideas. Estando el 80 por ciento de los planetas en movimiento directo, el avance será rápido.

Como el mes pasado, está fuerte tu décima casa, la de la profesión, mientras sigue prácticamente vacía tu cuarta casa, la del hogar y la familia (sólo la visitará la Luna los días 5 y 6). Por lo tanto, el interés y el poder están en la profesión. Puedes desatender tranquilamente los asuntos familiares y domésticos.

La principal actividad del mes ocurre en tus casas diez (profesión), once (amistades y actividades en grupo) y doce (espiritualidad). Estos son los intereses importantes ahora.

La profesión prospera y hay probabilidades de aumento de sueldo. Los familiares están muy bien en sus profesiones, y un progenitor o figura parental tiene una repentina oportunidad profesional después del 19. Tu buen nombre y prestigio profesional es un importante factor en los ingresos. El dinero puede llegar del gobierno o de algún tipo de contrato con el gobierno, de los padres y figuras parentales. Los superiores apoyan tus objetivos financieros. Comunicarse con grupos también favorece la riqueza. Si eres inversor te convendrá explorar las industrias de tecnología, ciencias y medios de información. Está fuerte la prosperidad general, en particular desde el 7 al 25. La intuición financiera está potente todo el mes, aprende a fiarte de ella.

Los conflictos amorosos se arreglan alrededor del 8; el mes pasado estabas demasiado susceptible y eso podría haber contribuido a los problemas. Gran parte de esta hipersensibilidad se acaba alrededor del 8. Si tienes deseos de casarte por primera o tercera vez, ahora tienes oportunidades interesantes. Las oportunidades románticas se te presentan cuando estás dedicado a objetivos de tipo espiritual, benéficos o en grupos de oración y meditación.

Necesitas vigilar la salud hasta el 19. El principal peligro es el exceso de trabajo. Trata de moderar la marcha. La destreza atlética o deportiva aumenta ahora que Marte está en tu signo. Pero es necesario temperar el mal genio. Favorece la salud prestando más atención a los pies y la cabeza. Los masajes de pies y del cuero cabelludo parecen ser particularmente eficaces.

El éxito profesional te atrae nuevos amigos (y prominentes). Son personas que también te pueden ayudar en la profesión.

Marzo

Mejores días en general: 6, 7, 14, 15, 23, 24
Días menos favorables en general: 3, 4, 10, 11, 16, 17, 31
Mejores días para el amor: 3, 4, 5, 10, 11, 12, 13, 14, 15, 21, 22, 23, 24, 31
Mejores días para el dinero: 1, 2, 7, 8, 11, 12, 14, 15, 21, 22, 23, 24, 26, 27, 31

Los planetas siguen instalados principalmente en tu sector oriental, y la mayoría están sobre el horizonte de tu carta. Esto significa que tu independencia e iniciativa producen buenos resultados. Es un periodo para hacer ocurrir las cosas, tanto en lo personal como en lo profesional.

Este mes la principal actividad se desarrolla en tus casas once (amigos y actividades de grupo), doce (espiritualidad) y primera (cuerpo e imagen, placer personal). Estos son los aspectos más interesantes de tu vida ahora. Como el mes pasado, haces nuevas amistades, que llegan o bien a través de contactos familiares o de tus actividades profesionales. Muchos de los amigos que conoces son «como de la familia» para ti. Te estás forjando una sólida red social.

Dado que hay tanta independencia y poder personal, la espiritualidad se hace aún más importante. Necesitas claridad en tu dirección. Cuando se conduce un coche deportivo es más fácil desviarse de la ruta que si se conduce un cacharro viejo. Cuanto más poder tienes más dirección y control necesitas. Así pues, pasar más tiempo en soledad, dedicado a la meditación, a la revisión del pasado año, a corregir errores pasados, es un ejercicio útil. Una sincera revisión del año anterior te esclarecerá la mente y te acercará más a la gracia del Poder Superior. No hay castigo por los errores pasados, la penitencia son las consecuencias negativas. En estos momentos sólo es necesario reconocer y corregir. Todo esto te traerá revelaciones interiores y claridad para el futuro.

Este es un mes para actividades benéficas y voluntarias, para participar en causas altruistas que te motivan.

La salud está mucho mejor que el mes pasado. La energía es elevada. La impaciencia y el exceso de trabajo siguen siendo el principal peligro. La destreza atlética está fuerte. Te ves fabuloso y en excelente forma. En realidad, para ti buena salud significa buena forma y buena apariencia física; la salud es algo más que la simple ausencia de enfermedad. Favorecerás la salud cuidando más de los pies, la cabeza (como el mes pasado) y el cuello y la garganta.

Tu magnetismo personal es fuerte. Irradias mucho atractivo sexual y el sexo opuesto lo nota. El amor es armonioso. Las oportunidades amorosas abundan, en especial si andas en busca de un primer o tercer matrimonio. El amor te persigue.

Igual que el mes pasado, hay una fuerte conexión entre intuición e ingresos. Tu intuición se educa en asuntos financieros durante este periodo. Cuando sigas tu intuición muchos te considerarán arriesgado, pero lo cierto es lo contrario. El verdadero riesgo está en no hacer caso de la intuición. Este mes eres más osado en materia financiera, sobre todo después del 12. Las gestiones y decisiones serán rápidas y las harás con enorme seguridad en ti mismo, y lo más probable es que den buenos resultados. Es un mes para «hacer ocurrir» la riqueza. Ahora tienes que poner por obra tus planes financieros.

Abril

Mejores días en general: 2, 3, 10, 11, 19, 20, 21, 29, 30
Días menos favorables en general: 1, 6, 7, 13, 14, 27, 28
Mejores días para el amor: 1, 4, 5, 6, 7, 8, 9, 13, 14, 17, 18, 22, 23, 27, 28
Mejores días para el dinero: 2, 8, 10, 11, 17, 18, 19, 20, 22, 23, 27, 28, 29, 30

Este mes los planetas hacen un importante traslado desde la mitad superior a la inferior de tu horóscopo. Esto representa un cambio psíquico en ti. La profesión y los logros externos van perdiendo importancia mientras el hogar, la familia y los asuntos emocionales adquieren más prominencia. Como tu planeta de la familia pasará por tu Ascendente a partir del 19, los asuntos familiares adquieren aún más importancia. La familia no sólo es importante por sí misma, sino que es parte de tu «imagen»; un hijo al pecho o en los brazos es mucho más que un accesorio como podría serlo una joya o un vestido de última moda. El cochecito del bebé transmite tu imagen tanto como un peinado. Puesto que Mercurio también revolotea en torno a tu Ascendente (hasta el 14 aproximadamente), transmites tanto valores familiares como una imagen de «inteligente».

Continúa muy poderoso tu sector oriental, por lo tanto este es un mes para tener las cosas a tu manera, para actuar con independencia, para dejar que el mundo se adapte a ti, y no a la inversa.

La salud es excelente ahora. La autoestima y la seguridad en ti mismo son fuertes. Resplandeces. Eres una estrella. Emanas luz dondequiera que vayas, nubes de gloria te circundan. Tienes la energía para lograr cualquier objetivo y superar cualquier obstáculo. Puedes favorecer más la salud prestando más atención al cuello, la garganta, los pulmones, los intestinos, los brazos y los hombros. Gastas más en productos de salud este mes: alimentos dietéticos, suplementos o aparatos. Pero es posible que también obtengas beneficios de este campo. Si eres inversor deberías investigar el sector de la salud. Puesto que tu planeta del dinero estará retrógrado del 6 al 30, es mejor estudiar los asuntos financieros a fondo antes de tomar posiciones. Si no eres inversor profesional es probable que experimentes retrasos, contratiempos en las finanzas. Tal vez un pago con tarjeta de crédito no es aprobado a tiempo, o un pago que se te debe no llega, o llega con retraso, o el banco devuelve un cheque cuando no debía; tienden a ocurrir cosas de esta naturaleza. Pero en general, llegarán los ingresos.

El 19 hay un eclipse solar en tu Ascendente; técnicamente ocurre en tu casa doce, pero justo en el límite de tu Ascendente. Esto indica que ocurren cambios importantes en tu vida espiritual, tal vez en tu programa espiritual o entre tus maestros, o en una organización espiritual a la que perteneces. Pero este eclipse también afecta a tu imagen. Probablemente haces cambios en tu forma de vestir. Tal vez adoptes un «new look»; tal vez redefinas tu personalidad.

Tu planeta del amor inició movimiento retrógrado el mes pasado (el 24), pero ahora sientes los efectos. El amor se vuelve más complicado; se reevalúa una relación actual. Esto también es bueno, ya que te permitirá mejorarla. Eres más cauteloso en el amor, sobre todo si estás soltero. Dado que tu planeta del amor, Plutón, estará retrógrado muchos meses, no es un periodo para programar ni bodas ni divorcios.

Mayo

Mejores días en general: 8, 9, 17, 18, 27, 28
Días menos favorables en general: 4, 5, 10, 11, 24, 25, 31
Mejores días para el amor: 2, 3, 4, 5, 6, 7, 10, 11, 14, 15, 19, 20, 24, 25, 29, 30, 31
Mejores días para el dinero: 6, 7, 8, 9, 15, 16, 17, 18, 19, 20, 27, 28

La mitad inferior de tu carta aún está más fuerte que el mes pasado, Tauro, sobre todo después del 16. Tu planeta del hogar y la familia continúa en tu primera casa hasta el 20. Por lo tanto, gran parte de lo que dijimos para el mes pasado continúa en vigor. Los asuntos familiares y hogareños están junto a tu corazón y en los primeros lugares en tu lista de intereses. Las relaciones familiares se ven felices. La familia te apoya y probablemente te regala muy buenos accesorios personales. Tu imagen continúa siendo buena. Ahora adoptas la imagen de la «persona de su familia».

Tu planeta del dinero ya está en movimiento directo y el juicio y confianza financiera es excelente, en especial después del 16. Hasta el 16 eres extraordinariamente caritativo y generoso, y después de esta fecha recibes el buen karma de esto. Inviertes en ti; tú eres tu mejor inversión en estos momentos. Inviertes en ropa, accesorios y en tu imagen. Tu apariencia personal es un importante factor en tus ingresos.

El dinero siempre es importante para ti, pero este mes aún lo es más. Tu casa del dinero está fuerte todo el mes, pero en especial después del 20. Las oportunidades económicas vienen de la familia, bienes inmobiliarios o de contactos familiares. La intuición financiera es fuerte hasta el 7. El movimiento retrógrado de Venus en tu casa del dinero a partir del 17 sugiere cierta indecisión y confusión en estos asuntos. No es que no ganes, la prosperidad es potente, sólo ocurre que podrías confundirte en cuanto a qué dirección tomar, o acerca de tus objetivos personales. Esto tardará uno o dos meses en aclararse. Pero se aclarará.

El movimiento retrógrado de Venus (que sólo ocurre cada dos años más o menos) afecta a las actitudes hacia la salud. No te enferma, pero hace que te replantees el programa de salud, la dieta, etcétera. Después del 17 no es buen periodo para hacer cambios drásticos en el régimen de salud. Estudia las cosas con más detenimiento. Los diagnósticos habrá que tomarlos con reservas. Busca una segunda y una tercera opinión siempre que sea posible.

El movimiento retrógrado de tu planeta del amor, más un eclipse lunar el 4 en tu casa del amor y el matrimonio, sugieren que se pone a prueba una relación actual. Salen a luz los trapos sucios. Problemas que llevaban mucho tiempo soterrados comienzan a aflorar para que se puedan corregir. El verdadero amor y compromiso sobrevivirá, y problemente quedará mejor que antes. Dado que este eclipse cae con fuerza sobre ti, será mejor que reduzcas tus actividades unos días antes y unos días después de que se produzca.

Como en los últimos meses, el poder planetario está en tu sector oriental, por lo tanto este es un periodo para forjarte la vida tal como la deseas. No necesitas adaptarte a las cosas; puedes crearte las condiciones como las quieras. Sigue siendo un periodo en que la iniciativa personal es útil. El único problema es que Venus, tu planeta regente está retrógrado. Es difícil crearse condiciones si uno no sabe bien cuáles son. Pero si has hecho tu trabajo en los meses anteriores, deberías poder superar las dudas acerca de ti mismo.

Junio

Mejores días en general: 4, 5, 13, 14, 23, 24
Días menos favorables en general: 1, 6, 7, 21, 22, 28
Mejores días para el amor: 1, 2, 3, 6, 7, 11, 12, 16, 17, 21, 22, 25, 26, 28, 30
Mejores días para el dinero: 4, 5, 6, 7, 13, 14, 16, 17, 23, 24, 27, 28

Este mes tiene mucho del cielo de Tauro. La actividad está en la casa del dinero, tu zona favorita, y los aspectos para la salud son buenos. Prosperas en medio de tus dudas sobre ti mismo, justo cuando crees que vas hacia atrás.

La imagen personal continúa siendo un factor importante en los ingresos. Invertir en ti mismo sigue siendo bueno (especialmente hasta el 5). Pero ahora ganan en importancia las ventas, la comercialización y la comunicación. Debes usar bien los medios de comunicación y anunciar tu producto o servicio. La familia tiene un papel importante en las finanzas hasta el 21. Muchos Tauro gastáis más en el hogar y la familia. Pero también los contactos familiares o los propios familiares ofrecen ingresos u oportunidades económicas. Si eres inversor profesional especulas más fuerte este mes. Esto se ve exitoso. Es aguda la percepción de las tendencias a corto plazo. Te llega un coche o un equipo de comunicación o programas informáticos nuevos. Son buenos los aspectos a corto plazo para comprar o vender una casa.

Aunque Venus continúa retrógrada en tu casa del dinero, gran parte de la confusión respecto a los objetivos económicos te la aliviará la Luna nueva del 17; viene en camino una gran claridad y nueva información financiera.

Este mes el acento está en los intereses intelectuales. Están fuertes el signo Géminis (comunicación e intereses intelectuales) y tu tercera casa (la de la comunicación e intereses intelectuales). Se te presentan oportunidades de formación y deberías aprovecharlas. Apúntate a cursos de temas que te interesan. Lee esos libros que siempre has deseado leer. Tu mente está muy aguda ahora; te es más fácil aprender. Si eres estudiante, debería irte mejor en el colegio.

La mayoría de los planetas están bajo el horizonte de tu carta (como el mes pasado), y Urano, tu planeta de la profesión, inicia movimiento retrógrado el 10. Por lo tanto, puedes dejar en suspenso la profesión mientras te centras en establecer la infraestructura de tu futuro éxito profesional. La entrada de Marte en tu cuarta casa el 24 indica el deseo de renovar o reconstruir la casa.

La salud es buena, aunque no deberías hacer ningún cambio drástico en tu programa de salud hasta después del 29. Favorécela prestando más atención a los pulmones, intestinos, brazos y hombros.

El sector oriental de tu carta sigue poderoso. Así pues, toma medidas para crearte la vida como la deseas. Quizá no tengas claros todos tus deseos, pero pon por obra los que sí tienes.

Estando retrógrados todo el mes los dos planetas del amor del horóscopo, necesitarás mucha paciencia en el amor. Harás progresos en planos sutiles, aunque tal vez no los veas. Si estás soltero, este es el momento de preparar el terreno para el futuro romance.

Julio

Mejores días en general: 2, 10, 11, 20, 21, 29, 30
Días menos favorables en general: 4, 18, 19, 25, 26, 31
Mejores días para el amor: 4, 8, 9, 13, 14, 18, 19, 23, 24, 25, 26, 27, 28, 31
Mejores días para el dinero: 2, 8, 9, 10, 11, 13, 14, 18, 19, 20, 21, 29, 30

Este es un mes tipo «punto decisivo». Ocurren importantes cambios en el firmamento, que generarán cambios psíquicos en ti. En primer lugar, tu regente Venus está en movimiento directo; en segundo, el poder planetario se está trasladando al sector occidental, el social, de tu carta. Entras en un periodo más social. Ahora los demás son más importantes para ti. La iniciativa personal ya no es tan eficaz como antes. Es el momento para pasar la atención a los demás y a sus intereses. Este sutil cambio ocurrirá después del 22, y se irá reforzando en los meses futuros.

La mitad inferior de tu horóscopo está aún más fuerte que el mes pasado, y tu planeta de la profesión continúa retrógrado. Así pues, como el mes anterior, mantén la atención en el hogar. Haz planes, formula y visualiza objetivos si quieres, pero pon en buen orden la vida familiar y doméstica.

Este mes tenemos dos Lunas llenas; fenómeno muy poco habitual. La segunda Luna llena se llama «Luna azul» por este motivo. Las cosas que ocurren en una «Luna azul» se consideran acontecimientos excepcionales. La primera Luna llena ocurre el 2 en tu novena casa, y te aporta energía extra para tus intereses de formación y religiosos. La Luna azul ocurre el 31 en tu décima casa, y te da más energía para llevar los asuntos profesionales; aunque tu atención está centrada en la familia, de todos modos tienes tu profesión (muchos Tauro, al menos la tienen).

Este mes las principales actividades giran en torno a los asuntos familiares y domésticos, los intereses intelectuales, la comunicación y las finanzas. Como el mes pasado, este periodo sigue siendo bueno para hacer renovaciones en la casa. Siguen buenos los aspectos para la compra o venta de la casa. Es probable también que haya inversiones en la casa o compra de artículos importantes para el hogar.

Es un mes de mucha prosperidad. Tu planeta del dinero, Mercurio, avanza raudo (transita por tres signos y casas de tu horóscopo), lo que indica confianza financiera, rapidez en la toma de decisiones y rápida consecución de los objetivos. Pero más importante aún es la conjunción de Mercurio con Júpiter después del 25; esto señala un golpe de suerte, una oportunidad lucrativa o una especulación exitosa. Es dinero feliz. Es probable que muchos Tauro os compréis un equipo deportivo o de entretenimiento durante este periodo.

El amor continúa delicado. Sencillamente no hay acuerdo entre tú y la persona amada; tenéis puntos de vista opuestos de las cosas. Si lográis considerar esto como un punto fuerte y no uno débil, el amor prosperará. Las uniones más potentes y sólidas son aquellas que se forman entre opuestos. Cuanto mayores son las diferencias que se logran solucionar más fuerza genera la unión. Pero si os quedáis atascados en vuestras diferencias, este podría ser un periodo difícil.

Agosto

Mejores días en general: 7, 8, 16, 17, 18, 25, 26
Días menos favorables en general: 1, 14, 15, 21, 22, 27, 28
Mejores días para el amor: 1, 4, 5, 11, 12, 14, 15, 21, 22, 23, 24, 30
Mejores días para el dinero: 7, 8, 9, 10, 16, 17, 18, 24, 25, 26

El movimiento retrógrado del 40 por ciento de los planetas después del 10 sería un problema para muchas personas, pero a ti tu paciencia innata te da la energía para sobrellevarlo. La sensación de estar bloqueado sólo significa que tienes la oportunidad de perfeccionar más tus planes y proyectos.

Muchas de las tendencias del mes pasado siguen en vigor. El poder planetario continúa instalado principalmente bajo el horizonte de tu carta. Tu cuarta casa, la del hogar y la familia, sigue fuerte e importante. Tu planeta de la profesión continúa retrógrado. La mayoría de los planetas están en tu sector occidental. Tu bien te llega gracias a la buena voluntad de otros y no debido a tus propios esfuerzos. Has de dejar que ocurra ese bien, no puedes hacer que ocurra.

Este periodo es también para preparar el futuro éxito profesional. Generar estabilidad y armonía en el hogar y en tu vida emocional sigue siendo lo más importante. Esto lo refuerza aún más la salida de Venus de Géminis (después de cuatro meses de estar ahí) para entrar en Cáncer.

Las finanzas pierden prioridad mientras que los intereses intelectuales siguen importantes. Continúa prestando atención a tu formación. En cuanto a la imagen, te interesa más parecer «inteligente» que parecer «rico», y ese es tu criterio para vestirte.

Después del 23 hay que vigilar más la salud. Como siempre, vigila tu energía. La falta de energía es la principal causa de enfermedad, no los gérmenes ni substancias. Descansa y relájate más, y procura trabajar con ritmo. Puedes favorecer la salud mediante una dieta correcta, tranquilidad emocional y prestando más atención al estómago y los pechos.

Tu planeta del dinero, Mercurio, estará retrógrado del 10 hasta el 1 de septiembre. Como ya sabes, esto no impide que entren ingresos, pero introduce complicaciones. Estudia con más detenimiento todos los compromisos financieros y las compras importantes durante ese periodo. Es mejor retrasar las decisiones importantes, pero si no puedes hacerlo, al menos resuelve todas las dudas. Es mejor aprovechar este periodo retrógrado para perfeccionar los planes, tus productos o tus servicios.

Como hay tantos retrasos en el mundo, ahora bien podrías disfrutar de tu vida. Aprovecha esta oportunidad para tomarte unas vacaciones o dedicarte a actividades de ocio.

El amor mejora, aunque en este periodo estás más sensible. Hay más armonía en una relación actual. Si estás soltero, tienes muchas oportunidades de amor de tipo «diversión y juego». Ahora no es aconsejable que te cases.

Septiembre

Mejores días en general: 3, 4, 13, 14, 22, 23, 30
Días menos favorables en general: 10, 11, 12, 17, 18, 24, 25

Mejores días para el amor: 1, 2, 10, 11, 12, 17, 18, 20, 26, 27, 28, 29

Mejores días para el dinero: 2, 3, 4, 5, 6, 7, 12, 13, 14, 23

Como el mes pasado, la mayoría de los planetas están bajo el horizonte de tu carta, y tu planeta de la profesión continúa retrógrado; sigue, pues, centrado en el hogar, la familia y tu vida emocional. Cuando tienes armonía interior estás en terreno sólido para el éxito futuro.

También como el mes pasado, la mayoría de los planetas están en el sector occidental o social de tu carta. Sigue cultivando tus dotes y buen talante sociales y busca el consenso en todo lo que hagas. Adáptate a las situaciones, no trates de cambiarlas.

La actividad principal este mes está en tus casas quinta y sexta. Es decir, el trabajo y la diversión son lo más importante, cosas a las que te entregas en exceso.

Ocurren muchas cosas positivas en las finanzas. Tu planeta del dinero, Mercurio, retoma el movimiento directo el 2, con lo que mejora el juicio y la confianza financieros. La presencia de muchos planetas (en su mayoría benéficos) en tu sexta casa indica que hay maravillosas oportunidades de trabajo. Ahora podría materializarse el trabajo con el que soñabas. Tendrás mucha suerte en el frente laboral.

Dado que Mercurio avanza raudo este mes, el dinero y las oportunidades de ingresos pueden llegar de muchas maneras: de familiares o contactos familiares, de especulaciones, y del trabajo. Si eres inversor profesional deberías explorar las industrias de la salud, inmobiliaria y belleza: cosméticos, perfumes, moda, etcétera.

La salud ahora se ve estupenda, y también pareces muy interesado en ella. Supongo que esto entraña programas de ejercicio y de puesta en forma, tal vez nuevas prácticas dietéticas. Te informarás acerca de todo tipo de cosas nuevas sobre la salud, tal vez te apuntes a cursos o leas libros sobre el tema.

La vida amorosa progresa, desde fines del mes pasado; tu planeta del amor, Plutón, retomó el movimiento directo el 30 de agosto. Así pues, una relación actual reanuda la marcha. La confianza social está más fuerte. A partir del 7 pareces más sintonizado con tu cónyuge o pareja. Si estás soltero tienes oportunidades de romance serio y de tipo «diversión y juego». El romance tiene aún mejores aspectos después del 22. El 40 por ciento de los planetas estarán en el romántico Libra; las personas en general se verán más inclinadas hacia el romance, y lo notarás. Las oportunidades románticas pueden presentarse en el lugar de trabajo (habrá muchos romances entre compañeros de trabajo en este periodo), cerca de casa o en actividades orientadas a la salud. Siendo Plutón tu planeta del amor, incluso los lugares lúgubres, o cosas que jamás se considerarían románticas, pueden tornarse románticos.

La Luna nueva del 14 trae claridad acerca de los hijos y las relaciones con ellos, acerca del amor y las actividades creativas. La Luna llena del 28 te dará energía extra para conseguir objetivos espirituales y/o benéficos.

Octubre

Mejores días en general: 1, 10, 11, 19, 20, 28, 29
Días menos favorables en general: 8, 9, 15, 16, 21, 22
Mejores días para el amor: 8, 9, 10, 11, 15, 16, 17, 18, 19, 20, 25, 26, 29, 30
Mejores días para el dinero: 2, 3, 4, 13, 14, 21, 23, 24, 30, 31

El amor, el romance y las actividades sociales forman el principal titular del mes. No sólo hay muchos planetas en tránsito por el romántico Libra sino que también está fuerte tu séptima casa, la del amor y el matrimonio, en especial después del 23. Plutón, tu planeta del amor, está en movimiento directo y recibe aspectos hermosos todo el mes. Podría haber un romance serio. Aunque trabajarás arduo también habrá mucha diversión.

Si estás soltero encontrarás oportunidades románticas cerca de casa, a través de contactos familiares y tal vez con una persona involucrada en tus finanzas. Pero también se ven buenas oportunidades en los ambientes de costumbre: fiestas, diversiones, actividades de ocio.

Los planetas están situados principalmente en tu sector occidental, poniendo el énfasis en la vida social y en la necesidad de adaptarse a los demás. No puedes lanzarte solo en este periodo, ni te conviene ni lo deseas.

El plano de la amistad también se presenta interesante; tu planeta de los amigos, Neptuno, retoma el movimiento directo el 24. Pero lo más importante es que recibe aspectos sorprendentemente buenos. Por lo tanto, entran nuevos e importantes amigos en el cuadro. Podrían ser compañeros de trabajo o personas vinculadas con tu profesión, tal vez jefes o superiores.

Tu regente Venus avanza extraordinariamente rápido este mes, transita por tres signos y casas de tu horóscopo. Esto indica confianza en ti mismo, una dirección clara en la vida, progreso rápido hacia tus objetivos (también contribuirá a esto que el 90 por ciento de los planetas que están en movimiento directo), y cubres mucho terreno. En general no eres el tipo de persona veloz, pero este mes lo serás.

Si buscas trabajo, todavía tienes muy buenos aspectos. El dinero proviene del trabajo, de compañeros de trabajo (tal vez tengan ideas o contactos), de personas relacionadas con tu salud y, más adelante, del cónyuge o pareja, o de contactos sociales. La prosperidad es fuerte.

La salud es buena la mayor parte del mes, pero después del 23 descansa y relájate más. Puedes favorecerla más prestando más atención al corazón, los intestinos, riñones y caderas.

Este mes hay dos eclipses. Uno es el eclipse solar del 14, que ocurre en tu sexta casa. Así pues, habrá cambios laborales. Pero como los aspectos son buenos en este frente, ciertamente son para mejor. Recibe con alegría una repentina reorganización en el trabajo, es un preludio de cosas mucho mejores. Muchos Tauro también cambiaréis de médico, dieta o programa de salud en los seis próximos meses.

El eclipse lunar del 28 ocurre en tu signo y parece mucho más fuerte en ti que el solar. No olvides reducir las actividades durante ese periodo. Este eclipse producirá en ti un cambio de imagen, de forma de vestir y de lo que piensas de ti mismo. Pueden aflorar impurezas del cuerpo para hacer limpieza, pero esto no es una enfermedad.

TAURO

Noviembre

Mejores días en general: 7, 8, 15, 16, 24, 25
Días menos favorables en general: 4, 5, 11, 12, 17, 18
Mejores días para el amor: 4, 5, 9, 10, 11, 12, 13, 14, 17, 18, 22, 23, 29, 30
Mejores días para el dinero: 3, 4, 9, 10, 13, 14, 17, 18, 22, 23, 26, 27, 28

El 22 de este mes ya estarán entre el 70 y el 80 por ciento de los planetas en la mitad superior de tu horóscopo: cambio importante respecto a los meses pasados. Urano, tu planeta de la profesión, reanuda el movimiento directo el 11, después de meses de estar retrógrado. Ha llegado el momento de prestarle más atención a la profesión. Por ahora los asuntos familiares y domésticos están como los deseas y puedes tranquilamente restarles importancia. Has pasado unos meses soñando con tus objetivos profesionales y ahora se inicia el periodo para hacerlos realidad.

Entre el 90 y el 100 por ciento de los planetas están en movimiento directo, lo que indica que este es un mes de enorme impulso hacia delante y de rápida consecución de objetivos. Tu vida avanza; se acabó el bloqueo.

Como el mes pasado, la mayoría de los planetas están en el sector occidental de tu carta, y tu séptima casa, la del amor y el matrimonio, es probablemente la más poderosa del horóscopo este mes. Esto significa que has de continuar refrenando tu voluntad personal y anteponiendo las necesidades de otros. Es un periodo para valorar la gloria y el esplendor de los demás. Tu manera de hacer ahora no es la mejor; busca consenso en todo lo que hagas. Lo que desean los demás es probablemente lo que se debe hacer (mientras no sea destructivo o vaya en contra de tus principios morales).

Como el mes pasado, el amor, el romance y las actividades sociales forman el principal titular del mes, y son los asuntos de mayor interés. Te encuentras en uno de los periodos sociales más fuertes del año. Si estás soltero quizá conozcas a esa persona especial en este periodo. Si estás casado, habrá más romance en tu relación conyugal y, en general, asistirás a más fiestas, bodas y reuniones sociales. Estás muy osado en materia social; tomas la iniciativa. Si te gusta una persona, se lo harás saber. No te quedarás sentado esperando que suene el teléfono. Con tu planeta regente en Libra hasta el 22, estás de humor para el romance; el sexo opuesto lo nota. Te ves bien, en forma y sano, y tu sentido de la elegancia es excepcionalmente bueno.

La prosperidad también es fuerte este periodo. Te llega un golpe de suerte financiera alrededor del 4 o 5. Tal vez el cónyuge o pareja tenga un repentino gesto de generosidad; o quizá un compañero de trabajo te ofrezca una buena idea; o tal vez te llegue una oferta para otro trabajo (lucrativa). Son muchas las posibilidades en que podría ocurrir esto.

No sólo antepones a los demás en lo social sino también en lo financiero. Cuando haces prosperar a otros tú también prosperas de forma natural. El dinero podría venir de reclamaciones de seguro, derechos de patentes o propiedades. Los Tauro mayores haréis algo más que planear acerca de propiedades. Los impuestos y derechos por propiedades tienen un importante papel en la toma de decisiones financieras. Si eres inversor profesional te conviene investigar el mercado de bonos y obligaciones.

Aunque este es un mes social muy interesante, procura no hacer de la noche el día. Descansa cuando estés cansado. No es necesario asistir a todas las fiestas. Favorece la salud cuidando más de los riñones, caderas, nalgas y órganos sexuales.

Diciembre

Mejores días en general: 4, 5, 13, 21, 22, 31
Días menos favorables en general: 1, 2, 3, 8, 9, 15, 29, 30
Mejores días para el amor: 1, 2, 3, 8, 9, 11, 12, 19, 20, 29, 30
Mejores días para el dinero: 1, 2, 6, 7, 11, 12, 14, 15, 19, 20, 23, 24, 25, 29, 30

Los planetas continúan congregados principalmente sobre el horizonte de tu carta; tu planeta de la profesión está en movimiento directo, y, en general, la mayoría de los planetas (80-90 por ciento) están en movimiento directo. Deja en paz los asuntos familiares y domésticos por un tiempo. Es un mes de importantes cambios profesionales. Es posible que haya reorganización en la jerarquía de la empresa. Cualquier reorganización de estas será buena para ti. Se te despeja el camino hacia el éxito. También podrías recibir una tentadora oferta de otra empresa, o de otro puesto.

El poder planetario está en tu sector occidental, de modo que continúas cultivando tus dotes sociales y la buena voluntad de otros. Al parecer tienes mucho éxito en esto y eres muy popular. Sigues siendo osado en lo social, te acercas a los demás, buscas amistad, romance y conexiones sociales. Te desvives por complacer. Si estás casado, estás al ciento por ciento de parte de tu cónyuge, apoyando sus intereses totalmente.

Muchas de las tendencias económicas que explicamos el mes pasado siguen en vigor. El dinero te llega mientras haces prosperar a otras personas. El cónyuge o pareja es fuente de ingresos y parece generoso contigo, más que de costumbre. Es un mes para pagar deudas y reducir costes y gastos frívolos. Hay oportunidades financieras en empresas con problemas o propiedades con problemas; tienes el don de ver posibles beneficios en estas cosas. Pero Mercurio, tu planeta del dinero, estará retrógrado hasta el 20, de modo que deberás analizar más detenidamente todas estas cosas. No te comprometas a nada si hay preguntas sin contestar en tu mente. Ve si puedes retrasar las compras de Navidad hasta después del 20. Muchos Tauro buscaréis formas o medios de lograr desgravaciones fiscales, o haréis planes con propiedades; las cosas podrían no ser lo que parecen. Así que espera hasta después del 20.

Si buscas trabajo, todavía tienes aspectos fabulosos. El trabajo se ve placentero. Eres un trabajador más productivo y por lo tanto ganas más.

Tu octava casa es la más poderosa este mes. Así que la libido está disparada (Tauro es famoso por su fuerte libido, pero este mes lo es más). Este es un periodo maravilloso para eliminar de la vida lo no esencial, ya sea exceso de peso, toxinas del cuerpo, o demasiadas posesiones o rasgos de carácter no deseados. La transformación es el interés principal, así como la exploración de las cosas más profundas de la vida: vidas anteriores, la vida después de la muerte, la reencarnación, y las profundidades del subconsciente. En cuanto a la salud, responses bien a los regímenes de desintoxicación, normales o con hierbas. Favorece la salud prestando más atención a los órganos sexuales, el hígado y los muslos.

El amor continúa muy feliz, pero ahora se expresa de modo más físico y sexual. Si estás soltero, ahora será el atractivo sexual lo que te funcione. A través del romance podrás reinventarte, dar a luz a la persona que deseas ser y las condiciones o circunstancias en las que deseas vivir.

Géminis

♊

Los gemelos
Nacidos entre el 21 de mayo y el 20 de junio

Rasgos generales

GÉMINIS DE UN VISTAZO
Elemento: Aire

Planeta regente: Mercurio
  Planeta de la profesión: Neptuno
  Planeta de la salud: Plutón
  Planeta del amor: Júpiter
  Planeta del dinero: la Luna

Colores: Azul, amarillo, amarillo anaranjado
  Colores que favorecen el amor, el romance y la armonía social:
    Azul celeste
  Colores que favorecen la capacidad de ganar dinero: Gris, pla-
    teado

Piedras: Ágata, aguamarina

Metal: Mercurio

Aromas: Lavanda, lila, lirio de los valles, benjuí

Modo: Mutable (= flexibilidad)

Cualidad más necesaria para el equilibrio: Pensamiento profundo en lugar de superficial

Virtudes más fuertes: Gran capacidad de comunicación, rapidez y agilidad de pensamiento, capacidad de aprender rápidamente

Necesidad más profunda: Comunicación

Lo que hay que evitar: Murmuración, herir con palabras mordaces, superficialidad, usar las palabras para confundir o malinformar

Signos globalmente más compatibles: Libra, Acuario

Signos globalmente más incompatibles: Virgo, Sagitario, Piscis

Signo que ofrece más apoyo laboral: Piscis

Signo que ofrece más apoyo emocional: Virgo

Signo que ofrece más apoyo económico: Cáncer

Mejor signo para el matrimonio y/o las asociaciones: Sagitario

Signo que más apoya en proyectos creativos: Libra

Mejor signo para pasárselo bien: Libra

Signos que más apoyan espiritualmente: Tauro, Acuario

Mejor día de la semana: Miércoles

La personalidad Géminis

Géminis es para la sociedad lo que el sistema nervioso es para el cuerpo. El sistema nervioso no introduce ninguna información nueva, pero es un transmisor vital de impulsos desde los sentidos al cerebro y viceversa. No juzga ni pesa esos impulsos; esta función se la deja al cerebro o a los instintos. El sistema nervioso sólo lleva información, y lo hace a la perfección.

Esta analogía nos proporciona una indicación del papel de los Géminis en la sociedad. Son los comunicadores y transmisores de información. Que la información sea verdadera o falsa les tiene sin cuidado; se limitan a transmitir lo que ven, oyen o leen. Enseñan lo que dice el libro de texto o lo que los directores les dicen que digan. Así pues, son tan capaces de propagar los rumores más infames como de transmitir verdad y luz. A veces no tienen muchos escrúpulos a la hora de comunicar algo, y pueden hacer un gran bien o muchísimo daño con su poder. Por eso este signo es el de los Gemelos. Tiene una naturaleza doble.

Su don para transmitir un mensaje, para comunicarse con tanta facilidad, hace que los Géminis sean ideales para la enseñanza, la literatura, los medios de comunicación y el comercio. A esto contribuye el hecho de que Mercurio, su planeta regente, también rige estas actividades.

Los Géminis tienen el don de la palabra, ¡y menudo don es ése! Pueden hablar de cualquier cosa, en cualquier parte y en cualquier momento. No hay nada que les resulte más agradable que una buena conversación, sobre todo si además pueden aprender algo nuevo. Les encanta aprender y enseñar. Privar a un Géminis de conversación, o de libros y revistas, es un castigo cruel e insólito para él.

Los nativos de Géminis son casi siempre excelentes alumnos y se les da bien la erudición. Generalmente tienen la mente llena de todo tipo de información: trivialidades, anécdotas, historias, noticias, rarezas, hechos y estadísticas. Así pues, pueden conseguir cualquier puesto intelectual que les interese tener. Son asombrosos para el debate y, si se meten en política, son buenos oradores.

Los Géminis tienen tal facilidad de palabra y de convicción que aunque no sepan de qué están hablando, pueden hacer creer a su interlocutor que sí lo saben. Siempre deslumbran con su brillantez.

Situación económica

A los Géminis suele interesarles más la riqueza del aprendizaje y de las ideas que la riqueza material. Como ya he dicho, destacan en profesiones como la literatura, la enseñanza, el comercio y el periodismo, y no todas esas profesiones están muy bien pagadas. Sacrificar las necesidades intelectuales por el dinero es algo impensable para los Géminis. Se esfuerzan por combinar las dos cosas.

En su segunda casa solar, la del dinero, tienen a Cáncer en la cúspide, lo cual indica que pueden obtener ingresos extras, de un modo armonioso y natural, invirtiendo en propiedades inmobiliarias, restaurantes y hoteles. Dadas sus aptitudes verbales, les encanta regatear y negociar en cualquier situación, pero especialmente cuando se trata de dinero.

La Luna rige la segunda casa solar de los Géminis. Es el astro que avanza más rápido en el zodiaco; pasa por todos los signos y casas cada 28 días. Ningún otro cuerpo celeste iguala la velocidad de la Luna ni su capacidad de cambiar rápidamente. Un análisis de la Luna, y de los fenómenos lunares en general, describe muy bien las actitudes geminianas respecto al dinero. Los Géminis son versátiles y flexibles en los asuntos económicos. Pueden ganar dinero de muchas maneras. Sus actitudes y necesidades en este sentido parecen variar diariamente. Sus estados de ánimo respecto al dinero son cambiantes. A veces les entusiasma muchísimo, otras casi no les importa nada.

Para los Géminis, los objetivos financieros y el dinero suelen ser solamente medios para mantener a su familia y tienen muy poco sentido en otros aspectos.

La Luna, que es el planeta del dinero en la carta solar de los Géminis, tiene otro mensaje económico para los nativos de este signo: para poder realizar plenamente sus capacidades en este ámbito, han de desarrollar más su comprensión del aspecto emocional de la vida. Es necesario que combinen su asombrosa capacidad lógica con una comprensión de la psicología humana. Los sentimientos tienen su propia lógica; los Géminis necesitan aprenderla y aplicarla a sus asuntos económicos.

Profesión e imagen pública

Los Géminis saben que se les ha concedido el don de la comunicación por un motivo, y que este es un poder que puede producir mucho bien o un daño increíble. Ansían poner este poder al servicio de las verdades más elevadas y trascendentales. Este es su primer objetivo, comunicar las verdades eternas y demostrarlas lógicamente. Admiran a las personas que son capaces de trascender el intelecto, a los poetas, pintores, artistas, músicos y místicos. Es posible que sientan una especie de reverencia sublime ante las historias de santos y mártires religiosos. Uno de los más elevados logros para los Géminis es enseñar la verdad, ya sea científica, histórica o espiritual. Aquellas personas que consiguen trascender el intelecto son los superiores naturales de los Géminis, y estos lo saben.

En su casa diez solar, la de la profesión, los Géminis tienen el signo de Piscis. Neptuno, el planeta de la espiritualidad y el altruismo, es su planeta de la profesión. Si desean hacer realidad su más elevado potencial profesional, los Géminis han de desarrollar su lado trascendental, espiritual y altruista. Es necesario que comprendan la perspectiva cósmica más amplia, el vasto fluir de la evolución humana, de dónde venimos y hacia dónde vamos. Sólo entonces sus poderes intelectuales ocuparán su verdadera posición y Géminis podrá convertirse en el «mensajero de los dioses». Es necesario que cultive la facilidad para la «inspiración», que no se origina «en» el intelecto, sino que se manifiesta «a través» de él. Esto enriquecerá y dará más poder a su mente.

Amor y relaciones

Los Géminis también introducen su don de la palabra y su locuacidad en el amor y la vida social. Una buena conversación o una contienda verbal es un interesante preludio para el romance. Su único problema en el amor es que su intelecto es demasiado frío y desapasionado para inspirar pasión en otra persona. A veces las emociones los perturban, y su pareja suele quejarse de eso. Si estás enamorado o enamorada de una persona Géminis, debes comprender a qué se debe esto. Los nativos de este signo evitan las pasiones intensas porque estas obstaculizan su capacidad de pensar y comunicarse. Si adviertes frialdad en su actitud, comprende que esa es su naturaleza.

Sin embargo, los Géminis deben comprender también que una cosa es hablar del amor y otra amar realmente, sentir el amor e irradiarlo. Hablar elocuentemente del amor no conduce a ninguna parte. Es necesario que lo sientan y actúen en consecuencia. El amor no es algo del intelecto, sino del corazón. Si quieres saber qué siente sobre el amor una persona Géminis, en lugar de escuchar lo que dice, observa lo que hace. Los Géminis son muy generosos con aquellos a quienes aman.

A los Géminis les gusta que su pareja sea refinada y educada, y que haya visto mucho mundo. Si es más rica que ellos, tanto mejor. Si estás enamorado o enamorada de una persona Géminis, será mejor que además sepas escuchar.

La relación ideal para los Géminis es una relación mental. Evidentemente disfrutan de los aspectos físicos y emocionales, pero si no hay comunión intelectual, sufrirán.

Hogar y vida familiar

En su casa, los nativos de Géminis pueden ser excepcionalmente ordenados y meticulosos. Tienden a desear que sus hijos y su pareja vivan de acuerdo a sus normas y criterios idealistas, y si estos no se cumplen, se quejan y critican. No obstante, se convive bien con ellos y les gusta servir a su familia de maneras prácticas y útiles.

El hogar de los Géminis es acogedor y agradable. Les gusta invitar a él a la gente y son excelentes anfitriones. También son buenos haciendo reparaciones y mejoras en su casa, estimulados por su necesidad de mantenerse activos y ocupados en algo que les agrada hacer. Tienen muchas aficiones e intereses que los mantienen ocupados cuando están solos. La persona Géminis comprende a sus hijos y se lleva bien con ellos, sobre todo porque ella misma se mantiene joven. Dado que es una excelente comunicadora, sabe la manera de explicar las cosas a los niños y de ese modo se gana su amor y su respeto. Los Géminis también alientan a sus hijos a ser creativos y conversadores, tal como son ellos.

Horóscopo para el año 2004

Principales tendencias

Mientras Saturno estuvo en vuestro signo desde 2001 a 2003, muchos Géminis os sentisteis estancados en una rutina, bloqueados, sin poder hacer los cambios que deseabais. Pero ahora, y durante muchos años más, vais a experimentar más cambios de los que deseabais. Es el típico caso de «cuidado con lo que pides, porque podrías conseguirlo». Urano, el planeta de los cambios repentinos, entra en Piscis para quedarse; el año pasado simplemente coqueteó con este signo. Así que prepárate, Géminis, para muchos y bruscos cambios, en la profesión, en tu imagen y en tus objetivos. Si aprendes a hacer del cambio tu amigo, a sentirte cómodo con él, lo llevarás muy bien.

Plutón, el planeta de la transformación, lleva muchos años en tu séptima casa, la del amor. Así pues, muchas relaciones se han roto pero han entrado otras nuevas en el cuadro. Tus actitudes amorosas y sociales se renuevan totalmente, y este es un proceso a largo plazo, de modo que es comprensible que muchas amistades y relaciones amorosas se vean afectadas. Cuando cambian las necesidades en el amor, cambia la vida amorosa.

Igual que el año pasado, estás en un periodo de reorganización y reducción en el aspecto financiero. Debes administrar mejor lo que tienes, sanear las finanzas y ser más racional; necesitas no exceder ni minimizar los gastos, sino gastar de modo proporcionado y equilibrado.

Las finanzas podrían ser difíciles hasta septiembre pero después verás recompensada tu disciplina, ya que el 25 de septiembre el benévolo Júpiter entrará en Acuario, trayendo prosperidad y buena vida. Más adelante volveremos sobre esto.

El principal desafío del año que comienza será equilibrar la vida hogareña, la vida amorosa y la profesión. Todo el mundo tiene cierto grado de dificultades, pero en esto tú las tienes espectaculares.

Los principales intereses este año son: las finanzas; el hogar y la familia (hasta el 25 de septiembre); las aventuras amorosas, la diversión, la creatividad, las actividades de ocio (después del 25 de septiembre); el amor y el romance; los viajes, la formación superior, la religión y la filosofía; la profesión.

Ahora bien, muchas personas podrían pensar que esto es excesivo. Pero Géminis se encuentra a las mil maravillas con muchos intereses, así es como le gustan las cosas.

Los caminos hacia la mayor satisfacción este año son: la espiritualidad, los intereses benéficos y filantrópicos; el hogar y la familia; las actividades de ocio, la creatividad, los hijos, las aventuras amorosas.

Salud

La salud está más delicada este año, Géminis, porque tres planetas lentos, Plutón, Urano y Júpiter, te forman aspectos desfavorables. Además, tu sexta casa vacía indica que podrías descuidarla y no prestarle la atención que se merece. Esto sería un error ahora, sobre todo si naciste en la primera parte del signo (23 de mayo al 2 de junio).

Esencialmente, has de vigilar tu energía general; descansar más cuando estés cansado; usar tu energía para obtener los mejores resultados y no desperdiciarla en trivialidades o frivolidades. Es fantástico tener muchos intereses, eso le da emoción a la vida, pero debes elegir los más importantes y centrar la atención en ellos.

La profesión es excepcionalmente activa este año y el exceso de trabajo un peligro para la salud. Delega responsabilidades siempre que sea posible y organiza tu tiempo con más eficacia. No lo olvides, si físicamente no estás a la altura o tienes la mente cansada, el trabajo tampoco estará a la altura. Tómate descansos, desperézate y bosteza. Después vuelve a tu trabajo.

Siendo Plutón el regente de tu salud, te benefician los programas de desintoxicación en general. Para ti la buena salud va más de eliminar los excesos (o impurezas) del cuerpo que de añadirle cosas.

Desde hace muchos años ha habido una fuerte conexión entre el amor y la salud. Para ti, la salud es mucho más que la ausencia de enfermedad; significa tener una vida amorosa sana y también relaciones sanas. Ambas cosas se influyen mutuamente. Si hay dificultades en la vida amorosa, se resiente la salud. Si sufre la salud, la vida amorosa tiende a sufrir. Así que si hay problemas de salud, es posible que provenga de falta de armonía en el amor o en las amistades. Procura corregir esas faltas de armonía antes de acudir a un profesional de la salud. Si lo haces, es posible que el problema de salud desaparezca solo; e incluso si son necesarios los servicios de un profesional de la salud, la curación será mucho más rápida y fácil.

Puesto que el Sol de tu horóscopo recibe lo más fuerte del estrés, es necesario prestar más atención al corazón (regido por el Sol). Como muchos lectores ya saben, hay muchas formas naturales, no medicamentosas, de fortalecer el corazón: reflexología podal y de manos, digitopuntura, acupuntura, asanas yóguicos, shiatsu, herbolaria, quiropráctica, reiki, masaje y muchas más. Y como los problemas de salud tienden a comenzar en el corazón (aunque tu horóscopo personal, hecho según tu fecha y hora de nacimiento, podría modificar esta cuestión) mantenerlo bien es una potente medicina preventiva.

Usar los colores, la piedra y los aromas de tu signo también te irá bien en los planos sutiles.

La salud mejorará después del 25 de septiembre, pero de todos modos necesitas vigilarla.

Ten la mente abierta a las terapias y programas de salud nuevos, pero evita el exceso de experimentación o la experimentación compulsiva.

Hogar y vida familiar

Tu cuarta casa, la del hogar y la familia, está poderosa hasta el 25 de septiembre. La vida familiar se ve feliz y gratificante. Llegan objetos importantes para el hogar. Muchos Géminis os vais a mudar a casas más grandes o compraréis nuevas propiedades. Hay buena suerte en la compra de inmuebles. Cuentas con un maravilloso apoyo de la familia, tanto en lo económico como en lo emocional. Se amplía el círculo familiar, debido a nacimientos, bodas o la amistad de personas que son como de la familia para ti. Pero parece que lo más probable son matrimonios en la familia.

Muchos habéis comenzado (o comenzaréis) a vivir en relaciones amorosas. El hogar no sólo se agranda sino que también se embellece. Llegan objetos ornamentales. Los proyectos de decoración van bien hasta el 29 de octubre. Tienes un ojo excelente para la belleza y diseño del hogar en este periodo.

Este es un año para más reuniones familiares, más relación con la familia y para mejorar las relaciones con ella.

Este año podría haber muchas mudanzas o traslados, motivados por cambios profesionales y nuevos trabajos surgidos de repente.

Si bien este año será frenético, de mucho cambio, tu estado de ánimo se mantendrá fundamentalmente optimista. La familia te ayudará a arreglártelas con todos los cambios.

Los familiares parecen más interesados en la religión y la formación superior. Se expanden sus mentes y horizontes.

Los padres podrían mudarse este año, tal vez de repente. Uno de los progenitores parece nómada, nunca está mucho tiempo en un mismo sitio. Es una tendencia a largo plazo. Uno de los progenitores cambia su imagen y el concepto de sí mismo de forma radical; se suelta y se convierte en un «espíritu libre». Los dos padres (o figuras parentales) se ven felices y entusiasmados.

Los hijos podrían mudarse a casas más grandes después del 25 de septiembre. En general, las relaciones con ellos son buenas. Prosperan.

La pareja o cónyuge parece llevarse bien con tu familia. El cónyuge se ocupa más de la familia en este periodo también.

La salud de los padres se ve bastante bien, aunque uno de ellos debería prestar más atención a la columna, las rodillas y la dentadura.

La salud de los hijos mejora después del 25 de septiembre; les iría bien prestar más atención a los pies y usar calzado cómodo.

Amor y vida social

Como hemos dicho, tu vida amorosa y social ha estado experimentando cambios profundos y transformadores desde hace muchos años, y este proceso continuará muchos años más. Para transformar algo es preciso primero explorar a fondo, ahondar bajo la superficie de las cosas. Necesitas explorar tus actitudes, miedos y deseos en el amor. Necesitas repasar la historia de tu vida amorosa, retrotrayéndote a la infancia e incluso más allá, a vidas anteriores. Comienzas a comprender que siempre has sido tú quien se creaba la situación amorosa, ya fuera feliz o dolorosa. Y una vez adquirido este conocimiento, ves la forma de «re-crear» una nueva situación amorosa o social que esté más en línea con lo que realmente deseas y necesitas.

Las penas del pasado son simples puertas a un conocimiento y una comprensión más profundos; señales de errores cometidos que ahora se pueden corregir.

Muchos Géminis estáis analizando, o tal vez analizando en exceso, vuestras relaciones actuales. Como hemos dicho, a Géminis le interesa tanto tener relaciones sanas como tener salud física. Así pues, buscas impurezas con el fin de erradicarlas. Es un rasgo maravilloso que lleva a una mayor felicidad tanto en la situación amorosa actual como en el futuro. Pero has de cuidar de no excederte. La mayoría de los amantes desean divertirse y disfrutar de la relación tal como es, mientras que tú, es posible que ni siquiera estés con la persona, sino en tu mente, analizando y sopesando. Corres el riesgo de no disfrutar de lo que sea que tengas.

Una relación actual está en crisis, tal vez por ese motivo. Tal vez te estés preocupando por la salud de la pareja o cónyuge, o por las impurezas de la relación. El trabajo y las exigencias del trabajo también ponen a prueba la relación. Es posible que la relación acabe antes que finalice el año. Claro que el verdadero amor y la voluntad de compromiso sobrevive a todo. Pero saldrán a la luz las flaquezas de la relación actual, muchos trapos sucios, para que se les ponga remedio.

Pese a todo esto, las perspectivas amorosas son prometedoras. Hay un método detrás de la locura, un programa detrás del aparente caos. Tu planeta del amor cambia de signo este año; pasa del hipercrítico Virgo al romántico Libra; pasa de la cuarta casa a la quinta, la casa de la afición a la diversión. Así pues, las pruebas y tribulaciones en el amor llevan a experiencias nuevas y más felices. El matrimonio que sobrevive a la prueba se renueva, se transforma casi en una luna de miel. En el caso de que estés divorciado, encuentras otro amor feliz. La tesitura de la vida amorosa cambiará del todo y para mejor.

Si estás soltero (no te has casado nunca), este año tienes ventajas por ambos lados; tienes muchísimas oportunidades para un amor serio y comprometido y para uno no comprometido. Puedes elegir. Y en el caso de que elijas el compromiso, todo será estilo luna de miel.

Las oportunidades románticas se presentan cerca de casa, tal vez a través de familiares, tal vez con un viejo amor. Cuando el planeta del amor está en la cuarta casa, la del pasado, suele traer romance con una persona amada en otro tiempo que no correspondía al amor, o con alguien que se parece a esa persona, en apariencia y actitud; la unión funciona como si fuera con esa misma persona. Después del 25 de septiembre las oportunidades se presentarán en los lugares de costumbre: fiestas, diversiones, balnearios, bodas o cuando estés dedicado a actividades de ocio.

Si andas en busca de un segundo matrimonio este año también tienes buenas oportunidades. Entra en el cuadro una persona de elevada posición, que ocupa tal vez un puesto superior, de jefe o supervisor. La oportunidad romántica se presentará cuando estés trabajando en tus objetivos profesionales. Esta persona te ayudará en la profesión; el matrimonio es un potente avance profesional.

Si andas tras un tercer matrimonio, las cosas tienden a continuar como están.

Para los hijos y nietos en edad casadera este año no hay novedades. Los solteros tenderán a continuar solteros y los casados, casados.

Profesión y situación económica

Como hemos dicho, vas a tener que poner orden en tu vida financiera, Géminis, imponerte disciplina en los gastos, para poder cosechar las recompensas de la prosperidad que llegará después del 25 de septiembre.

El Cosmos es muy eficiente. No le gusta verter agua en un recipiente con agujeros. Te pide que los tapes para que el recipiente retenga el agua que va a verter. Esta es la historia de los primeros nueve meses de este año que comienza.

Así pues, el aparente desagrado de apretarse el cinturón, ceñirse a un presupuesto, controlar los gastos, reorganizar las finanzas y todo eso, tendrá un resultado positivo que verás después.

Las deudas este año al parecer son un problema. Esto será particularmente oneroso para aquellos Géminis que habéis pedido préstamos frívolamente, por motivos banales. Ha llegado el momento de cargar con los gastos y aprender de los errores pasados. Pagar las deudas también fortalece el carácter; el peso que sientes será un recordatorio para no repetir el error. Pero para aquellos que habéis pedido préstamos justificada y juiciosamente, el pago de la deuda no será un problema; en realidad, podría aumentar los ingresos; tendréis más oportunidades de pedir préstamos y de hacer dinero con el dinero de otros.

Si eres inversor profesional deberías estudiar las oportunidades de beneficios en empresas de inversiones e inmobiliarias. También deberías explorar el mercado bursátil de bonos y obligaciones.

GÉMINIS

Si tienes buenas ideas y planes de negocio sólido, y digo sólido, realista, no deberíais tener ningún problema para atraer inversores. Los planes de negocio han de someterse a un estudio concienzudo.

El dinero puede llegar de una herencia y propiedades aunque nadie tiene que morir. Quizás alguien te nombre en su testamento; se establezca un fondo de fideicomiso; o te nombren ejecutor de un testamento y ganes dinero con eso. Son muchas las posibilidades para lo que puede ocurrir.

Los Géminis mayores planearéis qué hacer con vuestras propiedades en este periodo. Esta planificación y el pago de impuestos es fundamental en la toma de decisiones.

En general, este es un año para contemplar la riqueza desde una perspectiva realista a largo plazo. Tienes que preguntarte dónde quieres estar (financieramente) de aquí a treinta años y actuar en conformidad. Es un periodo para ahorrar e invertir de modo sistemático, aun cuando las cantidades mensuales sean mínimas. La idea es desarrollar el hábito y la disciplina del ahorro.

Después del 25 de septiembre el dinero llega de un modo feliz; aumentan los ingresos y las oportunidades de hacer ingresos. La especulación bursátil es favorable. Los proyectos creativos atraen dinero. Y, lo mejor de todo, para entonces ya sabrás la manera de administrar tu nueva riqueza.

La profesión también se pone muy interesante en este periodo. Habrá cambios profesionales seguidos. No habrás encontrado el trabajo de tus sueños cuando se te presentará otro aún mejor. Muchos Géminis optaréis por el estilo de vida de trabajador autónomo: trabajaréis más, pero os haréis vuestros horarios y tendréis más libertad en general. Llegan ofertas de trabajo en docencia, tal vez en el extranjero. También se presentan oportunidades en los medios de comunicación. Abandonas la seguridad de un trabajo profesional con contrato en una empresa, o incluso una profesión, por lo desconocido. Te zambulles en las aguas profundas de la fe: hay alguien ahí que desea tus servicios; hay alguien que necesita tu creatividad y originalidad; puedes triunfar en tu profesión sin estar atado.

La libertad personal es quizás el factor profesional más importante en estos momentos, tal vez más que el dinero o el prestigio.

Este año se ve mucho viaje al extranjero relacionado con la profesión.

Progreso personal

Como el año pasado, la vida económica y la actitud financiera son los principales frentes para progreso personal. Como el año pasado, y hasta bien entrado el próximo, aprenderás todo lo que puedas acerca del dinero y sus usos. Te irá bien apuntarte a un cursillo de contabilidad, de inversión, de planificación financiera, de manejo de deudas, de confección de presupuestos, y cosas por el estilo. Este es también un buen año para aprender más acerca de impuestos y leyes sobre la propiedad inmobiliaria, porque estos asuntos adquirirán notoriedad. Las leyes concernientes a impuestos complican muchas decisiones financieras. Muchas veces las consecuencias impositivas de un trato o inversión anulan el valor lógico y de sentido común del trato. Así pues, para muchos Géminis, llega la hora de introducir estos temas en el razonamiento y planificación financieros.

Pero como ya hemos dicho, este año va de disciplina en lo financiero. Va de desarrollar las actitudes y métodos correctos hacia la riqueza y convertirla en parte del carácter. La actitud correcta y el conocimiento llevarán inevitablemente a la riqueza, a la larga. Al margen del lugar de la escala en que estés ahora, seas archivero o financiero, te será útil tener más disciplina financiera.

La vida amorosa también experimenta variaciones. Se te hará mucho más fácil el proceso si entiendes que te lleva a actitudes amorosas y sociales más felices. ¿Has sido demasiado egoísta? ¿Demasiado unilateral? ¿Cuando juzgabas a la otra persona, la entendías en lo referente a su destino? ¿Intentas controlar el comportamiento de la otra persona? ¿Te das cuenta cuando lo haces? ¿Te motiva el poder masculino/femenino, o el amor? ¿Es el amor o el poder la fuerza motivadora en tu relación? ¿Eres capaz de perdonar o guardas rencor? Estos y otros muchos asuntos saldrán a la luz. El proceso de transformación no es bonito; sus coordenadas no son de colores ni están impregnadas con aroma a rosas. Es un proceso confuso, desaliñado, pero el resultado final es muy hermoso.

Si tienes proyectos de hacer mejoras en la casa, verás que este año es excelente para eso. Tu sentido estético está extraordinariamente agudizado, y al parecer tienes el interés y los recursos para ese tipo de cosas. Hay muy buenos aspectos para el embellecimiento de la casa y jardín, para hacer de la casa una obra de arte personal.

Este año es excelente también para iniciar una actividad creativa, algo que hagas por el gusto de hacerlo; la pintura, la música y la escritura son, al parecer, las mejores.

Previsiones mes a mes

Enero

Mejores días en general: 3, 4, 5, 13, 14, 22, 23, 31
Días menos favorables en general: 5, 11, 12, 18, 24, 25
Mejores días para el amor: 1, 2, 3, 4, 5, 11, 12, 13, 18, 19, 20, 24, 25, 28, 29, 30
Mejores días para el dinero: 1, 2, 6, 7, 11, 12, 19, 20, 21, 28, 29, 30, 31

Tanto el hogar como la profesión son importantes este mes (y todo el año), Géminis, pero los intereses profesionales llevan la ventaja por el momento. La mayoría de los planetas (70-80 por ciento) están sobre el horizonte, en la mitad superior de tu carta. Tu décima casa, la de la profesión, está ligeramente más fuerte que la cuarta después del 14. Si bien vas a estar oscilando entre el hogar y la profesión, tratando de mantener el equilibrio, darás un poquito más de peso a la profesión. Y así es como debe ser. Los dos planetas relacionados con el hogar y la familia están retrógrados este mes. Júpiter estará retrógrado todo el mes en tu casa de la familia (la cuarta), y Mercurio, tu planeta de la familia, estará retrógrado hasta el 6. Por lo tanto, recapacita más acerca de los asuntos familiares antes de tomar medidas importantes.

La mayoría de los planetas están en el sector occidental o social de tu carta (entre ellos Mercurio, tu regente). Tu séptima casa, la de las actividades sociales, está fuerte mientras que tu primera casa, la del yo, débil. Esto significa que estás en un periodo en que has de adaptarte a las situaciones, anteponer a los demás, desarrollar las dotes sociales y hacer las cosas por consenso, no de modo arbitrario.

El amor este mes está complicado. Es cierto que lo que haces es correcto; estás presente, te desvives por complacer a los demás, tomas la iniciativa en los asuntos sociales, pero parece que el problema es la falta de seguridad o confianza. Esto se alivia después del 6, cuando Mercurio reinicia el movimiento directo, pero no acaba del todo. Se reevalúa una relación actual. Al amor no se le puede meter prisa. Si estás soltero podría ocurrir que no sepas bien lo que quieres en realidad ni qué te conviene. Las personas que conoces ahora podrían no ser lo que parecen. Necesitas conocerlas mejor.

Las oportunidades románticas se presentan cerca de casa; tal vez con personas de tu pasado; tal vez la familia actúa de casamentera. Alguien del campo de la salud entra en tu vida. Las oportunidades románticas pueden presentarse cuando estás atendiendo a tus objetivos de salud, o con personas involucradas en tu salud; también en el trabajo. Pero ahora lo esencial es la cautela.

Aunque este año tienes que vigilar la salud, este mes está bastante bien. Afortunadamente, parece que estás al tanto de las cosas hasta el 14. Prestas más atención a tu salud. Puedes favorecerla con programas de desintoxicación. La falta de armonía con amigos o con la persona amada también puede afectar la salud.

En las finanzas no hay novedad hasta el 14. El dinero puede llegar de diversas maneras y por diversos medios. La Luna, tu planeta del dinero, transitará por todas tus casas, como todos los meses. La Luna llena del 7 ocurre en tu segunda casa y trae un golpe de suerte o una oportunidad importante. Los ingresos tenderán a ser más fuertes del 1 al 7 y del 21 al 31, cuando la Luna está en fase creciente. El 24 llega un inesperado golpe de suerte. La intuición financiera está ultrafuerte alrededor del 14, el 22 y el 23.

Febrero

Mejores días en general: 1, 9, 10, 11, 18, 19, 27, 28, 29
Días menos favorables en general: 7, 8, 14, 15, 20, 21
Mejores días para el amor: 4, 5, 7, 8, 14, 15, 16, 17, 22, 23, 25, 26
Mejores días para el dinero: 1, 2, 3, 4, 7, 8, 9, 10, 11, 16, 17, 19, 25, 26

GÉMINIS

Entre el 70 y el 80 por ciento de los planetas siguen sobre el horizonte de tu carta, y tu décima casa, la de la profesión, se va haciendo más poderosa día a día. Las exigencias de la profesión son intensas; estás más ambicioso. Llegan nuevas e interesantes oportunidades profesionales; te ves obligado a centrar la atención en la profesión aunque esto pueda deteriorar las relaciones amorosas y familiares.

Si estás soltero, este es el momento para tener sueños de amor, para forjar la infraestructura interior, los cimientos, para una felicidad romántica. Hay un tiempo para el desarrollo interior y uno para la materialización externa. Ahora es el momento para el desarrollo interior. ¿Qué tipo de vida social deseas? ¿Qué tipo de persona es la mujer o el hombre ideal? ¿Cuál es tu idea de éxtasis romántico? ¿Cómo se puede mejorar la relación actual? Da rienda suelta a tu mente y sueña. Llegará el momento en que podrás hacer realidad tu sueño. Ahora el amor requiere paciencia. A partir del 19 se pone a prueba una relación actual (una prueba rigurosa), pero prueba no significa necesariamente ruptura.

Tu regente Mercurio avanza raudo, y tú también. Cubres muchísimo terreno. El avance hacia tus objetivos es rápido (el 80 por ciento de los planetas en movimiento directo te ayudan).

Este mes los planetas se trasladan de su sector occidental al oriental, y esto representa un cambio psíquico en ti. Se va reforzando la independencia y la seguridad en ti mismo, y debilitando la necesidad de consenso y de aprobación de los demás. Muy pronto tu manera de hacer será la mejor. Entras en un ciclo en el que puedes crear las condiciones en lugar de adaptarte a ellas. Esto no sucede de la noche a la mañana, sino gradualmente, a medida que avanza el mes. El 25, el traslado ya estará completo.

Este mes es para dedicarlo a la formación, y eso es algo que te encanta, Géminis. Hay muchas, muchísimas oportunidades ahora, tal vez incluso en otro país. Hay muchas oportunidades de viaje también. El viaje podría tener relación con la profesión.

La salud necesita más atención después del 19. Nunca trabajes hasta el agotamiento, aunque sientas la tentación. El trabajo hecho cuando se está cansado tiende a no servir; normalmente hay que rehacerlo porque el cansancio hace cometer más errores mentales. Mantén firme la atención en tus prioridades.

La capacidad de comunicación e intelectual (siempre fuerte) es aún más fuerte hasta el 19. Es un buen periodo para los Géminis estudiantes, profesores y escritores. Del 7 al 21 llegan honores y reconocimiento. Aumenta tu fama personal y profesional. Hay cambio de imagen después del 25.

La capacidad de hacer ingresos será más fuerte del 1 al 6 y del 20 al 28, cuando la Luna estará en fase creciente. Tu entusiasmo e interés por los asuntos financieros también serán más intensos. La Luna nueva del 20 trae golpes de suerte e ideas de riqueza; también aporta más claridad en los asuntos profesionales. La intuición financiera es extraordinariamente favorable los días 18, 19, 23 y 24. El 3 y el 4 el dinero puede venir del cónyuge o pareja.

Marzo

Mejores días en general: 8, 9, 16, 17, 26, 27
Días menos favorables en general: 6, 7, 12, 13, 19, 20
Mejores días para el amor: 4, 5, 6, 7, 12, 13, 14, 15, 23, 24
Mejores días para el dinero: 1, 2, 7, 8, 10, 11, 14, 15, 20, 21, 23, 24, 28, 29, 30, 31

La salud deberá ser la prioridad número uno hasta el 20. Descansa y relájate más. Ocúpate de tu profesión delegando autoridad siempre que sea posible. Tienes que trabajar, pero procura hacerlo de forma más inteligente, no más ardua. La salud mejora considerablemente después del 20. El Sol sale de una alineación desfavorable para ti, y Marte entra en tu signo.

El poder planetario ya está firmemente establecido en tu sector oriental. El dinámico Marte entra en tu signo el 21. Ahora sí que importan mucho el esfuerzo y la iniciativa personales. Es un periodo para hacer que ocurran las cosas, en lugar de «dejar que ocurran». No tienes por qué adaptarte a las situaciones, tienes el poder de cambiarlas a tu gusto. Ahora ya sabes cómo deseas que sea tu vida, en especial tu situación personal. Así pues, lánzate osadamente hacia delante. El progreso debería ser rápido; Marte está en tu signo y el 80-90 por ciento de los planetas están en movimiento directo.

Estando Marte en tu signo, el principal peligro para la salud es el exceso de trabajo, las prisas y la impaciencia. Hay que controlar el genio también. Un comentario brusco que a ti te parece sin importancia puede ser aniquilador para la otra persona; tal vez no te des cuenta de la fuerza que hay detrás de lo que dices. Siempre has sido polémico, pero ahora lo eres más aún. La tendencia será a debatir, pero has de evitar los debates innecesarios (que no sirven a ninguna finalidad).

Con la entrada del Sol en Aries el 20, Marte en tu signo, y muchos planetas en tu sector oriental, este es un excelente periodo para lanzar al mundo nuevos proyectos y productos. Aries es la clásica energía inicial del zodiaco.

El amor mejora después del 20, pero sigue requiriendo mucha paciencia. El mayor obstáculo parece ser tu trabajo y profesión. Además, tu planeta del amor, Júpiter, continúa retrógrado. Ahora no es el momento de programar una boda o un divorcio, ni de tomar decisiones a largo plazo en el amor.

Como el mes pasado, la mayoría de los planetas están sobre el horizonte, en la mitad superior de tu horóscopo, de modo que la profesión y las ambiciones en el mundo exterior son muy importantes. Puedes desatender los asuntos familiares y domésticos (aunque siguen siendo importantes).

Este mes, al parecer, es más importante la amistad que el romance. Entra en tu vida un amigo crucial, probablemente alrededor del 21. Las actividades de grupo también adquieren importancia alrededor de esta fecha.

Los ingresos son más fuertes del 1 al 6 y del 20 en adelante, cuando la Luna está en fase creciente. Si tienes pendiente algún asunto de seguros o impuestos, verás que avanza después del 7. Alrededor de esta fecha el cónyuge o pareja resuelve importantes asuntos económicos (tal vez toma una decisión a largo plazo). La intuición financiera está fuerte los días 16, 17, 18 y 19. Se ven repentinos golpes de suerte el 6, 7, 18 y 19. El cónyuge o pareja está especialmente generoso el 1, 2, 7, 28 y 29.

Abril

Mejores días en general: 4, 5, 13, 14, 22, 23
Días menos favorables en general: 2, 3, 8, 9, 15, 16, 29, 30
Mejores días para el amor: 2, 4, 5, 8, 9, 10, 11, 13, 14, 19, 20, 22, 23, 29, 30
Mejores días para el dinero: 1, 2, 8, 9, 10, 11, 18, 19, 20, 24, 25, 26, 29, 30

A pesar del movimiento retrógrado de Mercurio, que tiende a disminuir la confianza en sí mismo, continúas independiente, voluntarioso y capacitado. Marte y Venus están en tu signo. El 60 por ciento de los planetas están en tu sector oriental. Una vez que tengas claros tus objetivos, y esto podría tardar un poco, los llevarás a cabo con éxito.

Este mes hay una potente y rara gran cuadratura que te afecta intensamente. Indica la necesidad de materializar algo «grande»: una empresa, una institución, un movimiento o una dinastía familiar. Pero para hacer esto tienes que equilibrar muchos aspectos de tu vida y hacer que colaboren entre sí. Amor, profesión, amistades, salud y trabajo, deseos personales, espiritualidad, todos estos aspectos tiran de ti en diferentes direcciones, y son bastante voluntariosos. Tienes que encontrar un punto intermedio en el que todos estén de acuerdo y lograr su colaboración.

El eclipse solar del 19 es relativamente benigno contigo, pero no te hará ningún daño reducir las actividades ese día. Ocurre en la cúspide de tus casas once y doce, e indica cambio gradual y duradero en tu vida espiritual, técnicas y métodos espirituales, y en las amistades. Una amistad será puesta a prueba; si es buena y sólida, capeará el temporal y quedará mejor que antes; si no lo es, entonces mejor que se disuelva o tome otra forma.

Todos los eclipses solares producen cambios en los intereses intelectuales y la comunicación. Este no es diferente. Es posible que descubras un defecto en el ordenador o programación, en la impresora o en el fax, para que puedas repararlos. No te irá nada mal revisar el coche también.

Los ingresos serán fuertes del 1 al 5 y del 19 en adelante, cuando la Luna está en fase creciente. Puedes programar las cosas en conformidad. El 15 y el 16 podrían llegar ingresos económicos inesperados. La intuición financiera está aguda el 13 y el 14. En general, sigues necesitando llevar mejor las finanzas, atenerte a un presupuesto e invertir juiciosamente y para el futuro.

Marte en tu signo te aporta mucho atractivo sexual y magnetismo personal, fuerte vitalidad. Venus en tu signo te da belleza y porte personal, un fabuloso sentido de la elegancia. Atraes al sexo contrario, pero un amor serio se ve difícil; hace falta mucha paciencia. El amor tipo diversión se da fácil, pero el serio, difícil.

Mayo

Mejores días en general: 2, 3, 10, 11, 19, 20, 29, 30
Días menos favorables en general: 6, 7, 12, 13, 27, 28
Mejores días para el amor: 2, 3, 6, 7, 8, 9, 10, 11, 17, 18, 19, 20, 27, 28, 29, 30
Mejores días para el dinero: 8, 9, 17, 18, 19, 22, 23, 27, 28, 29, 30

La mayoría de los planetas están en tu sector oriental, tu signo Géminis se hace más fuerte día a día, y el 80 por ciento de los planetas están en movimiento directo. El mensaje es claro: lánzate osadamente hacia la realización de tus sueños. La iniciativa personal es importante ahora. Claro que tendrás mucha resistencia (la gran cuadratura de que hablamos el mes pasado está más potente ahora), pero también tienes la oportunidad de materializar algo muy grande. No trates a nadie sin miramientos, pero hazlo a tu manera; es factible. Es un periodo para imponerte amablemente.

Ocurren grandes cosas en tu vida, pero no es un camino llano. Deberás superar muchas dificultades, dificultades que has de considerar «problemas de lógica» o crucigramas por resolver; hay dicha en la superación.

Este mes el poder planetario hace un importante traslado a la mitad inferior de tu carta. Esto empezará a ocurrir alrededor del 20. El mes que viene el traslado será aún más fuerte. Esto quiere decir que los asuntos familiares y domésticos van adquiriendo más importancia. La necesidad de armonía emocional se vuelve fundamental. Este podría ser uno de los motivos de que haya importantes cambios profesionales. Necesitas hacer ajustes en la profesión para dejar espacio a tus necesidades amorosas y de armonía interior.

Los ingresos deberían ser fuertes este mes. Te llegan artículos de belleza: ropa o accesorios personales; un nuevo equipo de comunicación también. Marte entrará en tu casa del dinero el 7, indicando mucha más actividad en el frente financiero. Favoreces la riqueza. Un amigo (o varios) te ofrece una oportunidad o te apoya económicamente. Las actividades de grupo contribuyen a los beneficios. Marte en tu casa del dinero te vuelve más arriesgado, mientras que Saturno, que también está en esa casa, te hace más conservador. El mensaje es claro: los riesgos bien calculados y sin riesgos obtienen recompensa, pero los hechos a locas, de tipo casino, no. Habrá momentos en que necesitarás dar saltos de fe y otros en que tendrás que ser muy moderado. No hay reglas respecto a cuándo ocurrirá qué; sólo está tu discernimiento personal.

El 4 ocurre un eclipse lunar en tu sexta casa, la de la salud y el trabajo. Esto indica cambios laborales, o cambio en las condiciones del lugar de trabajo. También habrá cambios en tu programa de salud y dieta. Todos los eclipses lunares producen cambios en las finanzas, puesto que la Luna es tu planeta del dinero. Así pues, también experimentarás cambios importantes en este frente; es posible que cambies de banquero, agente de bolsa o contable. Tal vez a la larga hagas cambios en tus inversiones o estrategias de inversión. Los Géminis mayores haréis cambios en vuestros testamentos o planes respecto a propiedades.

El amor se pone muy difícil. Si tu relación actual supera este mes, es probable que pueda sobrevivir a cualquier cosa.

Junio

Mejores días en general: 6, 7, 16, 17, 25, 26
Días menos favorables en general: 2, 3, 8, 9, 23, 24, 30
Mejores días para el amor: 2, 3, 4, 5, 6, 7, 13, 14, 16, 17, 23, 24, 25, 26, 30
Mejores días para el dinero: 4, 5, 6, 7, 13, 14, 16, 17, 18, 19, 23, 24, 27, 28

GÉMINIS

La gran cuadratura de que hemos hablado los meses pasados continúa en vigor, aunque cambian algunos de sus participantes. Esto sugiere que hay cambio en los participantes de la nueva materialización en que estás trabajando; aún no está terminada y se moverán varias piezas en el tablero. Así pues, continúas trabajando mucho, superando mucha resistencia, pero al tener un gran poder en tu signo y estar la mayoría de los planetas en tu sector oriental, tienes la energía y el impulso para enfrentar los desafíos.

El mes pasado se hizo fuerte tu necesidad de armonía emocional y paz interior, y este mes aún es más fuerte. Sigues muy ambicioso, pero ansías armonía. Una base hogareña estable, los simples placeres de la casa y el hogar ahora se ven muy atractivos.

Si te decimos que descanses y te relajes más, lo más probable es que no lo hagas. El ritmo de la vida es ajetreado y te arrastra en su frenesí. De todos modos, quizá redefinas tus prioridades y centres la atención en ellas como un rayo láser. Deja estar las cosas menos importantes.

En cierto sentido, este mes es una forma del cielo de Géminis. Los intereses son variados; hay mucho que hacer, muchos deseos que satisfacer. No te aburres ni un solo momento.

Mercurio entra en tu signo el 5; Venus ya está ahí, y el Sol, el dador de vida y luz, está ahí hasta el 21. Así pues, estás lleno de vida; te ves fabuloso; atraes al sexo contrario; tu sentido de la elegancia es exquisito; tus facultades mentales e intelectuales están más afinadas que de costumbre. Te ves inteligente y sexy. Pese a todas las dificultades, tu confianza en ti mismo es fuerte. De una manera u otra, llegarás a tus objetivos.

Ahora, la prosperidad es excepcionalmente elevada. Tu casa del dinero se hizo más poderosa el mes pasado y este mes su poder aún es mayor. Te llega un equipo de comunicación, tal vez un coche nuevo; también llegan accesorios personales. El cónyuge o pareja prospera y parece generoso contigo. Las deudas se pagan con facilidad, pero también se contraen fácilmente. Si te interesa capital ajeno, la suerte está contigo, ya sea por préstamo o inversión. La apariencia personal es un factor importante en los ingresos este periodo. Las ventas, la comercialización o mercadotecnia y las actividades mediáticas también son importantes. Los ingresos y las oportunidades de ingreso pueden venir de muchas, muchas maneras. Hermanos, amigos, familiares, cónyuge o pareja, todos pueden proporcionarte dinero o bien oportunidades de obtenerlo; las organizaciones a que perteneces también favorecerán tus finanzas. Ahora disfrutas ocupándote de ellas, es como un deporte, una aventura. Por lo tanto, no se trata sólo de que «tengas que hacerlo», sino de algo placentero para ti.

El amor continúa muy complicado y tenso. Y como sólo es una de tus prioridades, y ni siquiera la más importante, es comprensible que se produzcan estas complicaciones y conflictos. No recibe la atención que necesita.

Julio

Mejores días en general: 4, 13, 14, 23, 24, 31
Días menos favorables en general: 6, 7, 20, 21, 27, 28
Mejores días para el amor: 2, 4, 10, 11, 13, 14, 20, 21, 23, 24, 27, 28, 29, 30, 31
Mejores días para el dinero: 2, 6, 7, 10, 11, 15, 16, 20, 21, 25, 26, 29, 30

La gran cuadratura de los meses pasados sigue en vigor, Géminis, pero se está debilitando un poco; ahora hay menos planetas en ella. Pero de todos modos continúas trabajando arduo, superando muchos retos y haciendo muchos equilibrios.

El poder planetario continúa en tu sector oriental, de modo que la iniciativa e independencia personal son fuertes. Lo que haces personalmente tiene mucho peso en tu felicidad y éxito. Continúa trabajando en forjarte tu Reino del Cielo en la Tierra. Muy pronto los planetas se trasladarán a tu sector occidental y llegará el momento de gandulear y buscar la buena voluntad de los demás. Pero por ahora, a toda vela hacia delante.

Como el mes pasado, la mayoría de los planetas están bajo el horizonte de tu carta. Tu cuarta casa, la del hogar y la familia, se hace más poderosa (Júpiter ha estado allí todo el año, y Mercurio entra en ella el 25); es hora de que te tomes un descanso de la profesión (no puedes desatenderla totalmente) y encuentres tu punto de armonía emocional.

GÉMINIS

La prosperidad continúa muy fuerte la mayor parte del mes. Los bienes que posees aumentarán su valor. Tus dotes de comunicación están más vivas que de costumbre. Es posible que se te presenten oportunidades de dar clases y conferencias. Si eres escritor venderás más libros. Si eres comerciante, te irá bien.

El cielo de Géminis se expande este mes, sobre todo después del 4, cuando tu regente Mercurio entra en tu tercera casa, la de la comunicación. Esta casa ahora ya es importante de todos modos, puesto que Marte ya está allí. Esto indica dedicación a los intereses intelectuales, ¿y a qué a Géminis no le gusta eso? Es como si el Cosmos te impulsara, como si te obligara a hacer lo que más te gusta. Estos intereses son aún más importantes después del 21, cuando entra el Sol en esta casa.

El amor comienza a mejorar, pero lo hace gracias a tus esfuerzos. Buscas a la persona amada, la persigues, tratando de compensar meses de descuido. La vida amorosa continúa inestable, dista mucho de ser perfecta, pero mejora respecto a los meses anteriores; todavía quedan muchos problemas por resolver. Si estás soltero encuentras oportunidades románticas cerca de casa, tal vez con alguien del pasado, un viejo amor. El hecho de que estés buscando la armonía emocional también favorece el amor, y te impulsa en la dirección correcta.

El movimiento directo de Venus, después de estar dos meses retrógrada, también ayuda en el amor. Tu aspecto sigue siendo fabuloso; tu sentido de la belleza y elegancia está muy agudo. Tienes mucha seguridad en ti mismo.

Agosto

Mejores días en general: 1, 9, 10, 19, 20, 27, 28
Días menos favorables en general: 2, 3, 16, 17, 18, 23, 24, 30
Mejores días para el amor: 1, 7, 8, 11, 12, 17, 18, 21, 22, 23, 24, 25, 26, 30
Mejores días para el dinero: 4, 5, 7, 8, 12, 13, 15, 16, 17, 18, 25, 26

La gran cuadratura de los últimos meses se disipa después del 10. La vida es menos frenética. El hecho de que el 40 por ciento de los planetas estén retrógrados (entre ellos tu regente Mercurio) también indica una aminoración en el ritmo de la vida. La mayoría de los planetas instalados bajo el horizonte de tu carta, el poder que hay en tu cuarta casa, la del hogar, la familia y los asuntos emocionales, y el movimiento retrógrado de tu planeta de la profesión, sugieren la necesidad de dejar de lado la profesión por un tiempo y entrar en la modalidad descanso y recuperación. Es un mes perfecto para tomarse unas vacaciones, puesto que al parecer no es mucho lo que ocurre.

Lo bueno es que tu tercera casa, la de la comunicación, continúa poderosa, por lo que «tienes» que hacer lo que te «encanta» hacer. Es un mes fabuloso para tratar los asuntos psíquicos, arreglar las relaciones con familiares y seguir los impulsos intelectuales.

La prosperidad continúa fuerte, aunque ya no trabajas tanto. La benéfica Venus entra en tu casa del dinero el 7. Trae intuición financiera, la simpatía de chicas jóvenes (que apoyan tus objetivos financieros) y éxito en la especulación bursátil. Ten presente nuestras advertencias anteriores. Estando Saturno (que detesta los riesgos) en tu casa del dinero, tendrás que calcular y proteger bien tus especulaciones, que serán recompensadas. Si eres inversor profesional te convendrá ver oportunidades de beneficios en la industria de la belleza: perfumería, cosmética, joyería y moda. Podría formarse una sociedad de negocios en este periodo.

Aunque el mes pasado comenzaste a prestar atención al amor, ahora te refrenas, te lo repiensas, lo reevalúas. No estás seguro de desearlo. Si hay alguien en el Universo con derecho a cambiar de opinión o decisión, es Géminis. Y da la impresión de que has cambiado de opinión. Pero otro cambio de opinión más adelante tampoco le sorprendería a nadie.

Este mes los planetas se dirigen hacia el oeste y luego hacia el este. Estás en una fase de transición. Los demás son importantes y luego no dejan de serlo. La independencia personal no es importante y luego empieza a serlo. Estás balanceándote hacia atrás y hacia adelante entre las dos posiciones.

Es necesario vigilar la salud después del 23. Afortunadamente, podrás descansar y relajarte más, y eso es un inmenso positivo. Estando todavía retrógrado tu planeta de la salud, evita hacer cambios importantes en la dieta o programa de salud. Fundamentalmente, sólo necesitas más energía.

Septiembre

Mejores días en general: 5, 6, 7, 15, 16, 24, 25
Días menos favorables en general: 13, 14, 20, 26, 27
Mejores días para el amor: 3, 4, 10, 13, 14, 17, 18, 20, 23, 26, 27
Mejores días para el dinero: 3, 4, 8, 9, 13, 14, 23, 24

Es un mes importante y feliz para ti, Géminis, pues ocurren novedades. En primer lugar, tu planeta del amor, Júpiter, hace un importante tránsito, sale del «crítico y analítico» Virgo y entra en el «romántico» Libra. Esto de suyo es una señal positiva para el romance. Comienzas a relacionarte más con el corazón que con la cabeza, con tu cónyuge o pareja y con las personas que conozcas. Te será más fácil entrar en la modalidad romance. Este tránsito también es beneficioso para tu salud y vitalidad. Si bien sigues necesitando vigilar la salud, aumenta la vitalidad general. Todo es cuestión de grados. Se reduce la presión planetaria sobre ti.

La cantidad de planetas que hay en Libra (el 40 por ciento a fin de mes) no sólo favorece el romance y la salud sino que también refuerza tu capacidad intelectual y de comunicación. Tu mente, siempre fuerte, aún está más fuerte; mejora tu capacidad para aprender y para enseñar. Es un buen mes para los estudiantes Géminis.

Estando la mayoría de los planetas bajo el horizonte de tu carta, tu planeta de la profesión retrógrado y tu cuarta casa extraordinariamente fuerte, puedes tranquilamente desatender un poco la profesión y centrar la atención en los asuntos familiares. Ahora hay probabilidades de mudanza o de renovaciones en la casa. Hay suerte en la compra o venta de una casa. Llegan objetos importantes para el hogar. Aunque puede haber explosiones de genio, las relaciones familiares se ven fundamentalmente felices. Continúa funcionando desde tu punto de armonía emocional y la profesión se enderezará casi sola.

Si estás soltero, hay muchas oportunidades en el amor este mes. ¿Optarás por el amor serio y comprometido? ¿Por el amor del tipo «diversión y juego»? Abundan las oportunidades para cualquiera de estos dos tipos de amor. Este mes eres el osado en el amor; una vez que te has decidido, vas en pos de lo que deseas. Podría llevarte un tiempo la conquista, pero hacia fines de mes el éxito está asegurado.

Este es un mes muy del tipo fiesta, sobre todo después del 22. Va de ocio y de disfrutar de las alegrías de la vida; va de creatividad personal y de sintonizar con el niño interior. Hombres y mujeres Géminis estáis más fértiles en este periodo; si os miramos a los ojos veremos una camada de niños pequeños, reales o imaginarios. Incluso los que habéis pasado la edad de concebir pensaréis más en los hijos, tal vez desearéis adoptar uno.

El dinero disminuye en importancia este mes, pues Venus sale de tu casa del dinero el 7. La diversión, la dicha y la creatividad son más importantes que el dinero. Los ingresos aumentarán del 14 al 28, cuando la Luna está en fase creciente. La Luna nueva del 14 trae golpes de suerte o una importante oportunidad financiera. También trae suerte en el amor. Los asuntos o problemas amorosos y financieros se esclarecerán a medida que avance el mes.

Octubre

Mejores días en general: 3, 4, 12, 13, 21, 22, 30, 31
Días menos favorables en general: 10, 11, 17, 18, 23, 24
Mejores días para el amor: 2, 3, 10, 11, 17, 18, 19, 20, 21, 29, 30
Mejores días para el dinero: 2, 3, 4, 5, 6, 12, 13, 14, 21, 22, 23, 30

Este es otro mes feliz, Géminis, y te lo mereces. Se te ofrecen las alegrías de la vida. Tan importante para ti es adquirir sabiduría mediante la alegría como enfrentando dificultades. Este año te habías olvidado de lo que era estar libre y despreocupado; ahora lo recuerdas. Es una sensación maravillosa, ¿verdad?

Los aspectos para el amor continúan siendo fabulosos. Como el mes pasado puedes elegir entre amor serio y no serio. En realidad, cuesta ver la diferencia entre ambos; el amor serio se parece mucho a una luna de miel. Si ya mantienes una relación, habrá más diversión en ella. La vida amorosa en general se hace más estable; puedes edificar sobre ella, hacer planes para el futuro. Una relación que comienza ahora tiene más posibilidades de durar que una empezada con anterioridad.

La salud está perfecta. Como el mes pasado, tienes más autoestima y confianza en ti mismo. La creatividad personal es fuerte, como también las facultades mentales y de comunicación. Trata de canalizar esta capacidad extra hacia cosas constructivas: aprendizaje de temas nuevos, escribir, crear, etcétera, en lugar de desperdiciarla en cháchara ociosa o cotilleos (la tentación es grande).

Como el mes pasado, la mayoría de los planetas están bajo el horizonte de tu carta, tu planeta de la profesión continúa retrógrado y tu cuarta casa está poderosa. Continúa buscando tu zona de agrado emocional y funciona desde ella. Planta las semillas del éxito profesional futuro y cuando llegue el momento florecerán en abundancia.

Aunque tu periodo de fiestas continúa todo el mes, el trabajo adquiere más importancia después del 15. Si buscas trabajo, ahora tienes aspectos maravillosos.

Este mes tenemos dos eclipses, y los dos parecen benignos contigo. Pero de todos modos, no te hará ningún daño reducir tus actividades cuando ocurran. Hay un eclipse solar el 14 y uno lunar el 28. El eclipse solar ocurre en tu quinta casa, y producirá cambios a largo plazo en tu vida creativa y en tus intereses educacionales. Podrían cambiar las relaciones con los hijos, tal vez por cosas normales: se van de casa, van a la escuela o universidad, etcétera. Pero por normales que sean estas cosas se sienten como si rompieran la unidad. El eclipse lunar ocurre en tu casa doce, y señala cambios importantes en tu vida espiritual: en el método, comprensión o senda espiritual. Muchas personas cambian de maestro cuando tienen estos aspectos; muchas veces, personas que no siguen ninguna práctica o senda espiritual se embarcan en una. Llegan nuevas revelaciones, y nada trastorna más nuestras actividades y estilo de vida que la verdadera revelación espiritual. Lo cambia todo.

Como todos los eclipses lunares, este trae cambios en las finanzas. Esto no tiene por qué alterarte ni molestarte, aunque podría haber algunas sacudidas. Lo único que significa es que, una vez más, el Cosmos te da la oportunidad de corregir y poner a punto tus planes, actitudes y formas de pensar en el ámbito financiero.

Noviembre

Mejores días en general: 9, 10, 17, 18, 26, 27, 28
Días menos favorables en general: 7, 8, 13, 14, 19, 20
Mejores días para el amor: 9, 10, 13, 14, 17, 18, 26, 27, 29, 30
Mejores días para el dinero: 2, 3, 9, 10, 11, 12, 17, 18, 20, 21, 26, 27, 29, 30

La fiesta continúa, pero también son importantes la salud y el trabajo. La salud es buena, aunque después del 21 deberías relajar un poco tus actividades. Lo bueno es que das importancia a la salud y estás más al tanto; te interesas por ella y por la dieta. Después del 11, te atraen los ejercicios vigorosos. Te llegan nuevos aparatos para favorecer la salud, o información importante al respecto, y eso también te ayuda.

Trabajas y te diviertes mucho. El ritmo del trabajo es frenético después del 11. Hay mucho ajetreo. Si buscas trabajo, tienes oportunidades fabulosas todo el mes.

Los dos planetas relacionados con la profesión reanudan el movimiento directo después de muchos meses de estar retrógrados. Tu planeta de la profesión, Neptuno, reanudó el movimiento directo a fines del mes pasado, y Urano, que está en tu décima casa, lo reinicia este mes, el 11. El grueso del poder planetario está empezando, sólo empezando, a trasladarse a la mitad superior de tu horóscopo, por lo tanto la profesión se hace más importante y los bloqueos que hay en ella se disuelven. Hemos de suponer que tu situación familiar y doméstica ya está como la deseas. Has encontrado tu punto de armonía emocional. Ahora llega el momento (hacia fines de mes) de traducir la felicidad personal en éxito profesional.

La vida amorosa sigue muy feliz. Tu séptima casa se vuelve extraordinariamente fuerte después del 4. Tu planeta del amor está viajando con Venus, la regente general del amor. Se planean muchas bodas en este periodo. En general, hay más fiestas y reuniones sociales. Tu popularidad es fabulosa, tal vez mayor de lo que lo ha sido todo el año.

La mayoría de los planetas están en tu sector occidental. Así pues, la iniciativa personal no es un factor importante en este periodo. Ahora el éxito llega a través de la buena voluntad de otras personas, por consenso y con la colaboración de los demás. Esto lo llevas bien, te desvives por complacer, antepones los intereses de los demás a los tuyos. Nuevamente pareces ser el osado en el amor, buscas al otro, vas intrépidamente en pos de lo que deseas. Estás en la modalidad ofensiva social.

Este mes no hay novedades en las finanzas. Desde septiembre han sido favorables las especulaciones bursátiles y este mes lo son aún más; pero siempre guíate por tu intuición. La creatividad personal (creaciones o productos artísticos) traen buenos ingresos. Los hijos tienen ideas y sugerencias financieras. La capacidad de hacer ingresos es más fuerte del 12 al 26, cuando la Luna está en fase creciente.

Diciembre

Mejores días en general: 6, 7, 15, 24, 25
Días menos favorables en general: 4, 5, 11, 17, 18, 31
Mejores días para el amor: 6, 7, 8, 9, 11, 14, 15, 19, 23, 24, 29, 30
Mejores días para el dinero: 1, 2, 6, 7, 11, 12, 14, 15, 20, 21, 23, 24, 26, 27, 31

El poder planetario que hay sobre el horizonte de tu carta continúa aumentando día a día. El 25 ya estarán allí el 70 por ciento de los planetas, un elevado porcentaje. Tus planetas de la profesión están en movimiento directo; tu cuarta casa, la del hogar y la familia, está prácticamente vacía (sólo la Luna estará de visita ahí los días 4 y 5, y 31). El mensaje es claro: concéntrate en la profesión y deja estar los asuntos familiares por un tiempo. Haz realidad tus sueños. Estando en movimiento directo entre el 80 y el 90 por ciento de los planetas, el progreso debería ser rápido. Hay cambios profesionales, ya sea dentro de tu empresa o en otra.

Este mes es necesario que vigiles más la salud, pero afortunadamente estás al tanto; no dejarás que se te escapen las cosas de las manos. El ejercicio vigoroso se ve importante e interesante.

La vida amorosa y social continúa chispeante. Muchas de las tendencias de que hablamos el mes pasado continúan vigentes. Tu popularidad personal sigue en alza. Hay más fiestas y reuniones sociales. Hay verdadero interés por los demás y alegría en las actividades sociales. El amor prospera. Se planean lunas de miel o encuentros románticos en el extranjero. Si estás soltero es posible que no lo continúes estando por mucho tiempo. Haces nuevos amigos en el lugar de trabajo.

El ritmo del trabajo continúa frenético. Las cosas no se tranquilizan hasta después del 25. Si buscas trabajo sigues teniendo buenos aspectos hasta el 16. Pero aunque hay más trabajo también hay más diversión en el lugar de trabajo. Esto es normal si tenemos en cuenta la temporada, pero el horóscopo lo confirma. Es probable que haya más fiestas en el trabajo que en años anteriores.

No hay novedad en las finanzas este mes. La mayor parte de lo dicho en las previsiones para el año continúa en vigor. La capacidad de hacer ingresos es más fuerte del 12 al 16, cuando la Luna está en fase creciente. El cónyuge o pareja experimenta retrasos en sus finanzas, y tal vez reevalúa sus estrategias y vida financiera; esto está bien. Las especulaciones son particularmente favorables del 6 al 9, pero no lo hagas a ciegas, sigue siempre tu intuición. Este periodo te trae dinero, dinero que llega mientras disfrutas de la vida o de actividades de ocio. «De la boca de los niños» pueden salir interesantes ideas de riqueza.

Aunque Mercurio está retrógrado hasta el 20, disminuyendo un poco la seguridad en ti mismo, esto no basta para eclipsar tu rutilante vida social. Los demás podrían encontrarla atractiva.

La Luna Nueva del 12 no sólo arroja claridad en las finanzas sino también en la vida amorosa. Te llega importante información sobre el estado de una amistad o relación amorosa actual. (Algunos Géminis podríais tener demasiadas oportunidades amorosas y la Luna nueva os ayuda a triar.) La Luna llena del 26 te da energía extra para llevar los asuntos financieros: trata de conseguir tus objetivos en estos momentos.

Cáncer

&

El Cangrejo
Nacidos entre el 21 de junio y el 20 de julio

Rasgos generales

CÁNCER DE UN VISTAZO

Elemento: Agua

Planeta regente: Luna
  Planeta de la profesión: Marte
  Planeta de la salud: Júpiter
  Planeta del amor: Saturno
  Planeta del dinero: el Sol
  Planeta de la diversión y los juegos: Plutón
  Planeta del hogar y la vida familiar: Venus

Colores: Azul, castaño rojizo, plateado
  Colores que favorecen el amor, el romance y la armonía social: Negro, azul índigo
  Colores que favorecen la capacidad de ganar dinero: Dorado, naranja

Piedras: Feldespato, perla

Metal: Plata

Aromas: Jazmín, sándalo

Modo: Cardinal (= actividad)

Cualidad más necesaria para el equilibrio: Control del estado de ánimo

Virtudes más fuertes: Sensibilidad emocional, tenacidad, deseo de dar cariño

Necesidad más profunda: Hogar y vida familiar armoniosos

Lo que hay que evitar: Sensibilidad exagerada, estados de humor negativos

Signos globalmente más compatibles: Escorpio, Piscis

Signos globalmente más incompatibles: Aries, Libra, Capricornio

Signo que ofrece más apoyo laboral: Aries

Signo que ofrece más apoyo emocional: Libra

Signo que ofrece más apoyo económico: Leo

Mejor signo para el matrimonio y/o las asociaciones: Capricornio

Signo que más apoya en proyectos creativos: Escorpio

Mejor signo para pasárselo bien: Escorpio

Signos que más apoyan espiritualmente: Géminis, Piscis

Mejor día de la semana: Lunes

La personalidad Cáncer

En el signo de Cáncer los cielos han desarrollado el lado sentimental de las cosas. Esto es lo que es un verdadero Cáncer: sentimientos. Así como Aries tiende a pecar por exceso de acción, Tauro por exceso de inacción y Géminis por exceso de pensamiento, Cáncer tiende a pecar por exceso de sentimiento.

Los Cáncer suelen desconfiar de la lógica, y tal vez con razón. Para ellos no es suficiente que un argumento o proyecto sea lógico, han de «sentirlo» correcto también. Si no lo sienten correcto lo rechazarán o les causará irritación. La frase «sigue los dictados de tu corazón» podría haber sido acuñada por un Cáncer, porque describe con exactitud la actitud canceriana ante la vida.

Sentir es un método más directo e inmediato que pensar. Pensar es un método indirecto. Pensar en algo jamás toca esa cosa. Sentir es una facultad que conecta directamente con la cosa o tema en cuestión. Realmente la tocamos y experimentamos. El sentimiento es casi otro sentido que poseemos los seres humanos, un sentido psíquico. Dado que las realidades con que nos topamos durante la vida a menudo son dolorosas e incluso destructivas, no es de extrañar que Cáncer elija erigirse barreras de defensas, meterse dentro de su caparazón, para proteger su naturaleza vulnerable y sensible. Para los Cáncer se trata sólo de sentido común.

Si se encuentran en presencia de personas desconocidas o en un ambiente desfavorable, se encierran en su caparazón y se sienten protegidos. Los demás suelen quejarse de ello, pero debemos poner en tela de juicio sus motivos. ¿Por qué les molesta ese caparazón? ¿Se debe tal vez a que desearían pinchar y se sienten frustrados al no poder hacerlo? Si sus intenciones son honestas y tienen paciencia, no han de temer nada. La persona Cáncer saldrá de su caparazón y los aceptará como parte de su círculo de familiares y amigos.

Los procesos del pensamiento generalmente son analíticos y separadores. Para pensar con claridad hemos de hacer distinciones, separaciones, comparaciones y cosas por el estilo. Pero el sentimiento es unificador e integrador. Para pensar con claridad acerca de algo hay que distanciarse de aquello en que se piensa. Pero para sentir algo hay que acercarse. Una vez que un Cáncer ha aceptado a alguien como amigo, va a perseverar. Tendrías que ser muy mala persona para perder su amistad. Un amigo Cáncer jamás te abandonará, hagas lo que hagas. Siempre intentará mantener cierto tipo de conexión, incluso en las circunstancias más extremas.

Situación económica

Los nativos de Cáncer tienen una profunda percepción de lo que sienten los demás acerca de las cosas, y del porqué de esos sentimientos. Esta facultad es una enorme ventaja en el trabajo y en el mundo de los negocios. Evidentemente es indispensable para formar un hogar y establecer una familia, pero también tiene su utilidad en los negocios. Los cancerianos suelen conseguir grandes beneficios en negocios de tipo familiar. Incluso en el caso de que no trabajen en una empresa familiar, la van a tratar como si lo fuera. Si un Cáncer trabaja para otra persona, entonces su jefe o jefa se convertirá en la figura parental y sus compañeros de trabajo en sus hermanas y hermanos. Si la persona Cáncer es el jefe o la jefa, entonces considerará a todos los empleados sus hijos. A los cancerianos les gusta la sensación de ser los proveedores de los demás. Disfrutan sabiendo que otras personas reciben su sustento gracias a lo que ellos hacen. Esta es otra forma de proporcionar cariño y cuidados.

Leo está en la cúspide de la segunda casa solar, la del dinero, de Cáncer, de modo que estas personas suelen tener suerte en la especulación, sobre todo en viviendas, hoteles y restaurantes. Los balnearios y las salas de fiesta son también negocios lucrativos para los nativos de Cáncer. Las propiedades junto al mar los atraen. Si bien básicamente son personas convencionales, a veces les gusta ganarse la vida de una forma que tenga un encanto especial.

El Sol, que es el planeta del dinero en la carta solar de los Cáncer, les trae un importante mensaje en materia económica: necesitan tener menos cambios de humor; no pueden permitir que su estado de ánimo, que un día es bueno y al siguiente malo, interfiera en su vida laboral o en sus negocios. Necesitan desarrollar su autoestima y un sentimiento de valía personal si quieren hacer realidad su enorme potencial financiero.

Profesión e imagen pública

Aries rige la cúspide de la casa 10, la de la profesión, en la carta solar de los Cáncer, lo cual indica que estos nativos anhelan poner en marcha su propia empresa, ser más activos en la vida pública y política y más independientes. Las responsabilidades familiares y el temor a herir los sentimientos de otras personas, o de hacerse daño a sí mismos, los inhibe en la consecución de estos objetivos. Sin embargo, eso es lo que desean y ansían hacer.

CÁNCER

A los Cáncer les gusta que sus jefes y dirigentes actúen con libertad y sean voluntariosos. Pueden trabajar bajo las órdenes de un superior que actúe así. Sus líderes han de ser guerreros que los defiendan.

Cuando el nativo de Cáncer está en un puesto de jefe o superior se comporta en gran medida como un «señor de la guerra». Evidentemente sus guerras no son egocéntricas, sino en defensa de aquellos que están a su cargo. Si carece de ese instinto luchador, de esa independencia y ese espíritu pionero, tendrá muchísimas dificultades para conseguir sus más elevados objetivos profesionales. Encontrará impedimentos en sus intentos de dirigir a otras personas.

Debido a su instinto maternal, a los Cáncer les gusta trabajar con niños y son excelentes educadores y maestros.

Amor y relaciones

Igual que a los Tauro, a los Cáncer les gustan las relaciones serias y comprometidas, y funcionan mejor cuando la relación está claramente definida y cada uno conoce su papel en ella. Cuando se casan, normalmente lo hacen para toda la vida. Son muy leales a su ser amado. Pero hay un profundo secretillo que a la mayoría de nativos de Cáncer les cuesta reconocer: para ellos casarse o vivir en pareja es en realidad un deber. Lo hacen porque no conocen otra manera de crear la familia que desean. La unión es simplemente un camino, un medio para un fin, en lugar de ser un fin en sí mismo. Para ellos el fin último es la familia.

Si estás enamorado o enamorada de una persona Cáncer debes andar con pies de plomo para no herir sus sentimientos. Te va a llevar un buen tiempo comprender su profunda sensibilidad. La más pequeña negatividad le duele. Un tono de voz, un gesto de irritación, una mirada o una expresión puede causarle mucho sufrimiento. Advierte el más ligero gesto y responde a él. Puede ser muy difícil acostumbrarse a esto, pero persevera junto a tu amor. Una persona Cáncer puede ser una excelente pareja una vez que se aprende a tratarla. No reaccionará tanto a lo que digas como a lo que sientas.

Hogar y vida familiar

Aquí es donde realmente destacan los Cáncer. El ambiente hogareño y la familia que crean son sus obras de arte personales. Se esfuerzan por hacer cosas bellas que los sobrevivan. Con mucha frecuencia lo consiguen.

Los Cáncer se sienten muy unidos a su familia, sus parientes y, sobre todo, a su madre. Estos lazos duran a lo largo de toda su vida y maduran a medida que envejecen. Son muy indulgentes con aquellos familiares que triunfan, y están apegados a las reliquias de familia y los recuerdos familiares. También aman a sus hijos y les dan todo lo que necesitan y desean. Debido a su naturaleza cariñosa, son muy buenos padres, sobre todo la mujer Cáncer, que es la madre por excelencia del zodiaco.

Como progenitor, la actitud de Cáncer se refleja en esta frase: «Es mi hijo, haya hecho bien o mal». Su amor es incondicional. Haga lo que haga un miembro de su familia, finalmente Cáncer lo perdonará, porque «después de todo eres de la familia». La preservación de la institución familiar, de la tradición de la familia, es uno de los principales motivos para vivir de los Cáncer. Sobre esto tienen mucho que enseñarnos a los demás.

Con esta fuerte inclinación a la vida de familia, la casa de los Cáncer está siempre limpia y ordenada, y es cómoda. Les gustan los muebles de estilo antiguo, pero también les gusta disponer de todas las comodidades modernas. Les encanta invitar a familiares y amigos a su casa y organizar fiestas; son unos fabulosos anfitriones.

Horóscopo para el año 2004

Principales tendencias

Igual que el año pasado, Cáncer, el tránsito de Saturno por tu signo te obliga a hacer frente a las limitaciones físicas, a reestructurar tu imagen y concepto de ti mismo y a asumir más responsabilidades. Como el pasado, este es un año para «hacer lo correcto» al margen de cómo te sientas. Los estados de ánimo, los sentimientos y las emociones ceden el paso al Deber. Pero si llevas bien las cosas, y no le sacas el cuerpo a las dificultades, saldrás de esto siendo una persona más fuerte, más sana y más rica. Habrás crecido en espiritualidad y carácter.

Como el año pasado, este es un periodo para administrar mejor la energía y las actividades, para ser más serio, para ser un pensador estratégico, con miras a largo plazo, en lo que respecta a ti mismo y a tus objetivos.

También como el año pasado, este periodo será muy formativo, un año para seguir intereses intelectuales, desarrollar la mente, el intelecto y el conocimiento general.

Después del 25 de septiembre la atención estará muy centrada en los asuntos familiares, domésticos y emocionales, los que siempre son importantísimos para ti, pero que ahora lo serán más. Llega un nuevo periodo de desarrollo y expansión psíquicos.

Los viajes al extranjero, la religión y la filosofía comienzan a adquirir importancia este año y continuarán así muchos años más. Hay una gran agitación religiosa en tu vida y en tu mente. Vas a cambiar muchos de estos conceptos; es posible que rompas con la tradición y te lances por tu cuenta en tu vida religiosa. Este es un proceso a largo plazo. En muchos nativos de Cáncer, esto ya hace tiempo que pasa; en otros ha comenzado ahora.

Los principales intereses este año son: el cuerpo, la imagen y la apariencia personal; la comunicación y los logros intelectuales; el hogar, la familia y lo emocional (después del 25 de septiembre); la salud y el trabajo; las cosas más profundas de la vida, la transformación personal, la sexualidad, las vidas anteriores, la vida después de la muerte, la reencarnación; la religión, la filosofía, viajes al extranjero y la educación superior.

Los caminos hacia la mayor satisfacción este año son: la comunicación y los intereses intelectuales (hasta el 25 de septiembre); los asuntos domésticos, familiares y emocionales (después del 25 de septiembre); las amistades, las actividades de grupo, las organizaciones, la astrología.

AÑO 2004: TU HORÓSCOPO PERSONAL

Salud

La salud es más delicada este año, Cáncer. Pero como tienes fuerte la sexta casa, estás al tanto de todo y le das a la salud la importancia que se merece. Eso es buena señal. No dejarás que estas cosas se te escapen de las manos y se conviertan en grandes problemas.

Un simple tránsito de Saturno (que es lo que te ocurre este año) no basta para causar enfermedad. Pero sí tiende a bajar la vitalidad general, por lo que si te cansas en exceso o no escuchas a tu cuerpo serás más vulnerable.

Así pues, este es un año para vigilar la energía física; para reconocer los límites físicos y mantenerse dentro de ellos; para administrar el tiempo y la energía de un modo más eficiente. El simple sentido común prevendrá muchos problemas. Descansa cuando estés cansado; delega responsabilidades siempre que sea posible; no intentes hacer de la noche día. Puesto que te llegan nuevas cargas y responsabilidades debes discernir bien cuáles son las verdaderas. La tendencia es empezar a aceptarlo todo como tu responsabilidad, y eso sería un error, aun cuando en muchos casos sea un error noble.

Es maravilloso tener valores morales nobles y elevados, pero el Cosmos tiene otras ideas. Tus límites dictarán tus responsabilidades. Sería fabuloso si cada uno individualmente pudiera alimentar a todo el mundo y eliminar el hambre; pero eso escapa a nuestras capacidades como individuos, de modo que hemos de idear otras maneras de hacerlo. El Cosmos jamás le exige a una persona más de lo que puede hacer en un momento dado. Es sabio recordar esto cuando nos vemos bombardeados por nuevos deberes u obligaciones. Haz todo lo que buenamente puedas y deja estar el resto.

Como el año pasado, durante este periodo corregirás el concepto de ti mismo y tu autoestima. Si el concepto de ti mismo y de tus capacidades es más elevado de lo que lo es en realidad, Saturno lo revisará. Si es demasiado bajo, Saturno lo elevará.

Saturno, que está en tu signo y primera casa, te hará más capaz de adoptar programas disciplinados de salud y dietéticos. Este año es excelente para adelgazar. Plutón, que está en tu sexta casa, la de la salud, también te ayudará en esto.

Júpiter, tu planeta de la salud, va a estar la mayor parte del año en Virgo, el signo tan consciente de la salud; esto es también una

122

señal positiva para la salud; y refuerza todo lo que acabo de decir.

La presencia de tu planeta de la salud en tu tercera casa (hasta el 25 de septiembre) indica que la salud mental es un factor esencial en la salud física. Así pues, necesitas nutrir bien tu mente, del mismo modo que nutres tu cuerpo. Ahora conviene leer a los grandes escritores y poetas y las sagradas escrituras de todas las culturas. La mente se nutre de sabiduría y verdad. Procura que lo que dices sea positivo y constructivo, en especial cuando hablas de tu cuerpo y tus órganos; elógialos siempre y piensa cosas simpáticas de ellos. Evita hablar demasiado, desperdiciar palabras, ya que esto chupa la energía que necesita el cuerpo.

La salud emocional siempre es una prioridad para ti, pero llegado el 25 de septiembre, cuando tu planeta de la salud entra en tu cuarta casa, esta se hará aún más importante. Es posible que si surge un problema de salud se deba a falta de armonía familiar o doméstica. Trata de arreglar esas cosas antes de tomar medidas drásticas.

Plutón, el regente de tu quinta casa, la de la alegría, diversión, aventuras amorosas e hijos, lleva muchos años en tu sexta casa. Esto indica muchas cosas. Una afición creativa, la expresión de tu creatividad personal, tiene efectos positivos en la salud. La salud de los hijos es muy importante, te preocupas mucho por su salud; pero, más importante aún, indica que tu propia alegría es la gran sanadora. Y puesto que este año la tendencia será a «mucha seriedad», no olvides la alegría de la vida. Procura disfrutar con tus responsabilidades; trata de hacerlas divertidas, como un juego. Considera los problemas de la vida un crucigrama o un problema de lógica y piensa en la satisfacción que produce resolverlos. En muchos casos, una salida nocturna para divertirte hará tanto por tu salud como una visita a un profesional de la salud.

Hogar y vida familiar

Los asuntos familiares y domésticos son siempre una prioridad para Cáncer, pero durante la mayor parte de este año lo serán un poquitín menos. Ahora bien, llegado el 25 de septiembre, cuando Júpiter entra en tu cuarta casa, el hogar y la familia comienzan a ocupar nuevamente el centro del escenario.

La entrada de Júpiter en tu cuarta casa es un tránsito esencialmente feliz para la vida hogareña. Indica felicidad procedente de los familiares, buen apoyo familiar para tus objetivos. Muchas veces indica un traslado a una casa más grande, o la ampliación de la casa actual, o la compra de otras casas. Hay una afortunada compra o venta de casa, y la propiedad inmobiliaria en general trae buena suerte. Los problemas familiares o emocionales suelen resolverse por la revelación de un principio espiritual, algo que has sabido siempre pero no sabías aplicar. De pronto se te aclara todo, como por arte de magia.

Durante un tránsito de Júpiter tienden a llegar objetos importantes a la casa: muebles nuevos, o un nuevo equipo (probablemente relacionado con la salud). Muchos cancerianos instalaréis la oficina en casa y tendréis oportunidades para ganar dinero trabajando en casa. Los familiares tienden a prosperar también.

Este año (y hasta bien entrado el próximo) se agranda el círculo familiar. En la familia hay nacimientos o bodas, o entran amistades que son como de la familia para ti. En el caso de que haya distanciamiento con la familia biológica, este tránsito suele unir con la familia espiritual.

Júpiter es tu planeta de la salud, por lo tanto su entrada en tu cuarta casa indica que trabajas para que el hogar sea un lugar más sano; se eliminan los peligros para la salud. Pones más cuidado en los alimentos que come tu familia. Compras aparatos para la salud. Tal vez instales equipamiento para hacer ejercicio y cosas por el estilo. La pureza del aire y del agua es importante para ti.

El eclipse solar del 14 de octubre indica cambios importantes y duraderos en la casa y en los hábitos domésticos. Muchas veces señala la venta o compra de una casa o la necesidad de hacer reparaciones y renovaciones importantes. Esto ocasiona molestias de corta duración, pero a la larga el resultado es bueno.

Venus, tu planeta de la familia, hace un excepcional movimiento retrógrado del 17 de mayo al 29 de junio. Este no es un periodo para tomar decisiones o hacer inversiones importantes en la casa, ni para vender o comprar casa. Es un periodo para estudiar posibilidades, pero no para actuar.

CÁNCER

Amor y vida social

Si bien este año tu séptima casa, la del amor y el matrimonio, está vacía, de todas maneras el amor y el romance son una prioridad. Saturno, tu planeta del amor, está en tu signo y casa. El amor prospera. Si estás soltero, hay oportunidades de matrimonio.

Siendo Saturno tu planeta del amor, no es probable que te precipites en nada; dejarás que el amor se desarrolle y crezca naturalmente. Sabes que el matrimonio es cosa seria y quieres estar seguro de que todo va bien antes de embarcarte en él.

Cuando el planeta del amor está en tu signo y casa, eso significa que el amor te persigue. No necesitas hacer nada especial, simplemente estar presente. En realidad, es del todo imposible evitar el amor este año. El cónyuge o la persona amada se desvive por complacerte. Se ve totalmente consagrada a tus intereses y necesidades. Está de tu parte, te respalda al ciento por ciento.

Este año Cáncer está especialmente perceptivo de los deberes y responsabilidades que entraña el amor. El amor no es una simple emoción sensual o un sentimiento color de rosa, es un sentido del deber hacia la persona amada y viceversa. Estos deberes te tendrán bien ocupado, pero no olvides lo dicho acerca de tu energía; si estás débil o enfermo no podrás cumplir con tu deber.

El ser amado es una persona situada, tal vez mayor. Una persona seria; da la impresión de ser un empresario, o director o ejecutivo. Esta persona (o su familia) es de categoría superior a la tuya. Es posible que, por cariño o por los motivos más elevados, intente gobernarte, ya sea en exceso o sólo un poco. Esto podría generar cierta tensión. Este año el matrimonio también parece ser un buen paso profesional. Tu posición general en la vida y en la sociedad se eleva debido a esta asociación. La relación parece «formal», pero es segura y seria.

Si estás buscando un segundo matrimonio, las tendencias son totalmente opuestas. Tu vida amorosa se ve muy inestable. En cualquier momento puede ocurrir cualquier cosa. El amor golpea como un rayo, pero también puede acabar repentinamente. Los afectos cambian súbita y misteriosamente, tanto en ti como en la otra persona. Veo relaciones en serie en los años venideros. El matrimonio podría ser desaconsejable en este periodo. Estas explorando y experimentando. También atraes a personas que sienten lo mismo que tú. Hay mucha diversión y emoción romántica. Las alturas pueden ser muy altas, pero los bajos pueden ser ultrabajos.

Si estás interesado en un tercer matrimonio, no verás novedades este año. Si estás soltero tenderás a continuar soltero, y si estás casado, seguirás casado.

En el caso de buscar un cuarto matrimonio, los aspectos son maravillosos; hay oportunidades y es probable que ocurra.

Profesión y situación económica

Ni tu segunda casa, la del dinero, ni tu décima casa, la de la profesión, son casas de poder este año, de modo que tienes mucha libertad en esto. El Cosmos no te impulsa en uno ni en otro sentido. Puedes conformar estos aspectos a voluntad. El único problema es que aunque tienes más libertad te falta interés. La profesión y las finanzas tenderán a continuar como están.

El Sol es tu planeta del dinero y se mueve rápido. Cada año pasa por todos los signos y casas de tu horóscopo solar. Así pues, las oportunidades económicas y de ingresos se presentarán de diversas maneras. Tus necesidades financieras también variarán de un mes a otro. Las tendencias son a corto plazo y hablaremos de ellas en las previsiones mes a mes.

Si buscas empleo, este año deberías buscarlo cerca de casa, en tu barrio. Los vecinos y hermanos pueden darte buenas pistas o incluso encontrarte un trabajo. Los trabajos más prometedores este año están en el campo de la salud. Pasado el 25 de septiembre cambia nuevamente la situación laboral; podrías tener la ocasión de trabajar en casa, para la familia o en negocios de tipo familiar. Vale la pena buscar en las empresas de artículos para el hogar, que hacen reparaciones o mejoras en casa, o venden bienes inmuebles, o venden o fabrican mobiliario. También hay buenas perspectivas en la industria de la belleza: peluquería, perfumería, modas.

Un eclipse solar el 19 de abril trae cambios profesionales, sobre todo para los nativos de Cáncer nacidos en la última parte del signo, del 10 al 21 de julio.

Si empleas a otros deberías buscar personal en el barrio. Pero no me sorprendería que después del 25 de diciembre introdujeras familiares en tu empresa.

El principal enfoque este año, sobre todo después del 25 de septiembre, es construir la infraestructura psíquica para el éxito profesional futuro. Se dice que la Tierra sueña en invierno y materializa sus sueños en primavera y verano (en forma de exuberante y original follaje). Aunque el invierno parece triste, la naturaleza está muy activa, de modo invisible, preparando sus nuevos productos. Así es como estás ahora. Deberías estar soñando y visualizando tus objetivos profesionales futuros, adquiriendo claridad, haciendo los preparativos interiores, adquiriendo el conocimiento correcto, para que cuando llegue tu primavera profesional, su materialización sea natural.

Este año te trae un nuevo equipo de comunicación y probablemente un coche nuevo. Después del 25 de septiembre llegan objetos importantes para la casa (y tal vez incluso una casa nueva).

Los hermanos prosperan y se dan la buena vida. Pero sus vidas conyugal y amorosa son muy inestables. Los familiares prosperan. Un progenitor (o figura parental) tiene una repentina racha de buena suerte; también viaja más.

Los hijos han de reducir los gastos y sanear sus finanzas; las deudas podrían ser un problema para ellos. Los nietos que ya tienen edad están más interesados en la libertad personal que en el dinero. Podrían mostrarse extraordinariamente rebeldes en este periodo.

La pareja o cónyuge prospera este año; la comercialización y las ventas son extraordinariamente importantes.

Progreso personal

Como el año pasado, el principal aspecto de mejoría este año es el cuerpo y la imagen. Ciertamente es un periodo fabuloso para forjar tu cuerpo y tu imagen como los deseas. Estás animado, y tienes más poder para bajar de peso, hacer dieta y ser más espartano y frugal contigo mismo. Tu voluntad de disciplina está muy fuerte. Así pues, puedes seguir los programas y regímenes que conformen tu cuerpo como deseas que esté. Una reina de la belleza me dijo una vez que «la belleza es un 90 por ciento de disciplina y un 10 por ciento de herencia genética».

Este año te sientan bien los colores oscuros: negro, índigo y gris. Los estilos clásicos, conservadores, son los más apropiados.

Este año descubrirás que la verdadera autoestima tiene un tono mesurado. Las bravatas, la arrogancia, la jactancia suelen ser señales de falta de autoestima. «En la quietud y la confianza estará tu fuerza.»

Previsiones mes a mes

Enero

Mejores días en general: 6, 7, 15, 16, 24, 25
Días menos favorables en general: 13, 14, 19, 20, 26, 27
Mejores días para el amor: 3, 4, 5, 6, 7, 13, 15, 16, 19, 20, 24, 25
Mejores días para el dinero: 1, 2, 9, 10, 11, 12, 19, 20, 21, 28, 29, 30, 31

La armonía emocional es más importante para ti que para casi cualquier otro signo, Cáncer. Pero ahora lo es menos. La mayoría de los planetas están sobre el horizonte de tu carta este mes; tu casa de la profesión, la décima, está fuerte y activa, mientras que tu cuarta casa, la del hogar y la familia, está vacía (sólo la visitará la Luna, los días 13 y 14). La profesión es importantísima, y parece ajetreada. Hay que hacer frente a la competitividad. Tal vez otros te disputan el puesto o posición; tal vez tu empresa está metida en una lucha por su puesto en el mercado o alguna otra cosa; también podría haber luchas de poder en la jerarquía de tu empresa. Se te necesita en el trabajo; tus energías están ahí.

La atención a la profesión complica la vida amorosa por el momento (en general, el amor va muy bien). La familia parece llevar bien tu concentración en la profesión, pero no tu cónyuge, pareja o novio/novia. Si estás soltero, la profesión simplemente fastidia tu vida social; tienes menos tiempo para ella. Haz lo posible para mantener el equilibrio, estos conflictos son de corta duración.

La mayoría de los planetas están en el sector occidental, o social, de tu carta. Es necesario, por lo tanto, adaptarse a las situaciones existentes; cambiarlas es más difícil. Hay que hacer las cosas por consenso y no arbitrariamente. El bien te llega gracias a la buena voluntad de otros, en especial el bien económico. Es un periodo para cultivar las dotes sociales.

La vida amorosa es insólitamente activa este mes, pero como hemos dicho, haces malabarismos para equilibrar esto con la profesión, y ahí está el desafío. Es posible que un progenitor o persona mayor desapruebe una relación amorosa actual.

Las finanzas son agitadas hasta el 20. Hay ingresos, pero con mucho trabajo y dificultad. Los contactos sociales son importantes para los ingresos. Las luchas de poder en tu industria o jerarquía de la empresa podría poner temporalmente en peligro tus ingresos, o hacer que parezca así. Pero esto pasará. Centra la atención en la prosperidad de otros y tu bien financiero te llegará de forma muy natural. Después del 20, aprovecha el dinero sobrante para pagar deudas y sanear tu economía. Elimina los excesos. No hay por qué exagerar, no elimines lo necesario.

La intuición financiera es muy fuerte después del 20. Videntes, gurus, pastores religiosos y ese tipo de personas tienen importante información financiera para ti. También pareces más inclinado a las obras benéficas. La participación en causas benéficas o altruistas influye positivamente en tus finanzas de un modo sutil e indefinible. Haces contactos importantes con eso; cambias sutilmente tu campo energético financiero de modo que pueda llegarte tu bien. El cónyuge o pareja prospera después del 20 y parece más generoso contigo. Si eres mayor tal vez haces planes respecto a tus bienes inmuebles. Los asuntos fiscales e inmobiliarios influyen poderosamente en la toma de decisiones.

Debes vigilar la salud todo el mes, en especial hasta el 20. Probablemente no podrás reducir tus actividades, pero sí trabajar con más inteligencia, no más arduo.

Febrero

Mejores días en general: 3, 4, 12, 13, 20, 21
Días menos favorables en general: 9, 10, 11, 16, 17, 22, 23, 24

Mejores días para el amor: 3, 4, 5, 12, 13, 14, 15, 16, 17, 20, 21, 22, 23

Mejores días para el dinero: 1, 2, 5, 6, 7, 8, 9, 10, 11, 16, 17, 19, 25, 26

Como el mes pasado, la mayoría de los planetas están sobre el horizonte de tu carta y tu décima casa, la de la profesión, está poderosa. Así pues, has de continuar concentrado en la profesión y en tus aspiraciones en el mundo exterior. La familia te apoya en esto, de modo que no hay conflicto. Parece que eres capaz de integrar la familia y la profesión este periodo. En realidad, es difícil separar estas dos cosas en este momento. Tu oficina se parece a tu casa y tu casa a tu oficina. Aumenta el prestigio de la familia en su conjunto. Aminora un poco el ritmo de la profesión; entra más armonía en el cuadro. Si el mes pasado la profesión era como una campaña militar, ahora las cosas están más relajadas.

La mayoría de los planetas continúan en tu sector occidental, pero esto va a cambiar pronto. Mientras tanto, sigue adaptándote a las situaciones lo mejor que puedas y cultiva tus dotes sociales. La iniciativa personal (como cualidad positiva) podría estar fuera de lugar este mes. No hay nada bueno ni malo en la vida, el contexto y el momento propicio lo son todo. Hay periodos para la iniciativa personal e independencia y hay periodos para el consenso y para dejar que las cosas se desarrollen a su manera.

Si estás soltero tendrás oportunidades amorosas en el lugar de trabajo o cuando estés atendiendo a tus objetivos profesionales. Pero ¿conducirá esto a algo serio? Es muy dudoso. En realidad, estos romances podrían poner en peligro una relación verdaderamente seria ya existente. De todos modos, hay menos conflictos en el amor en este periodo. Los conflictos, en el caso de que surjan, se resuelven con más armonía. Continúa, sin embargo, el problema entre un progenitor o figura parental y una relación actual; tal vez no se lleva bien con tu pareja o ser amado. Además, la necesidad de equilibrar la profesión con la vida amorosa pone a prueba el amor este mes. Pero tu amada/amado tiene paciencia, da tiempo al tiempo, al parecer no sabe muy bien qué desea hacer.

La prosperidad es fuerte este mes, aunque eso no es tremendamente importante para ti. El prestigio personal y de la familia es mucho más importante que el dinero. De todos modos, la intuición financiera es buena y acertada. Después del 19 llegan inesperados golpes de suerte (o cosas caras). La Luna nueva del 20 trae importantes ideas de riqueza, y tal vez accesorios personales también. Si eres inversor profesional te convendrá ver oportunidades de beneficios en los sectores del petróleo, gas natural, compañía del agua y cuidado de la salud. También es interesante la industria de alta tecnología.

La salud está mucho mejor que el mes pasado. Procura hacerte masajes periódicos en los muslos y presta más atención al hígado; hay muchas maneras naturales, no medicamentosas, de hacerlo.

Marzo

Mejores días en general: 1, 2, 10, 11, 19, 20, 28, 29
Días menos favorables en general: 8, 9, 14, 15, 21, 22
Mejores días para el amor: 1, 2, 4, 5, 10, 11, 14, 15, 19, 20, 23, 24, 28, 29
Mejores días para el dinero: 1, 2, 3, 4, 7, 8, 10, 11, 14, 15, 20, 21, 23, 24, 30, 31

Los intereses profesionales aún son más intensos que en los meses anteriores, Cáncer. La mayoría de los planetas continúan sobre el horizonte de tu carta, y tu décima casa será la más fuerte del horóscopo después del 20. Continúa centrando la atención en la profesión y deja estar los asuntos familiares y domésticos por un tiempo. Hay mucho éxito profesional este mes, y posibilidades de aumento de sueldo y ascenso. Se eleva tu categoría profesional y social. Tu buena fama aumenta los ingresos y atrae nuevas oportunidades económicas. Si en meses anteriores has sacrificado el dinero por el prestigio, ahora deseas ambas cosas: dinero y prestigio. Inviertes en tu profesión y eso tendrá su recompensa. La Luna nueva del 20 impulsa aún más tu profesión y te trae importante información. Los asuntos profesionales se aclararán a partir del 20.

Por cierto, esta Luna nueva, que ocurre en Aries, es uno de los mejores momentos del año para lanzar nuevos proyectos o productos, para iniciar nuevas empresas o tomar nuevos rumbos. No sólo tienes poder en Aries, la clásica energía inicial del zodiaco, sino que tienes entre el 80 y 90 por ciento de los planetas en movimiento directo. Además, esta Luna nueva marca un traslado del poder planetario desde el sector occidental de tu carta al oriental. De ahora en adelante tendrás una mayor capacidad para establecer tu programa en la vida, para cambiar las circunstancias en lugar de verte obligado a adaptarte a ellas. Llega el periodo en que la iniciativa personal es importante y favorece la consecución de tus objetivos.

Los asuntos familiares se ven estables. Fomentar un espíritu de equipo en la familia te liberará para poder centrarte en tu profesión.

La prosperidad es buena este mes. La Luna nueva del 20 trae rachas de suerte y oportunidades. Tal vez especulas más financieramente, pero parece que eso te da resultados. Tu deseo es vencer el miedo. Hacer dinero es una gran aventura y disfrutas del riesgo y de lo desconocido. Los padres, superiores y jefes apoyan tus objetivos y/o bien te dan dinero u oportunidades de ganancia; te conceden sus favores. Invertir en la profesión es buena idea. Si eres inversor profesional deberías explorar los sectores petróleo, gas natural, compañías del agua, transporte y naviera hasta el 20, y después oro, servicios públicos, fabricantes de equipos deportivos o de bomberos; también se ve interesante la sombrerería.

Debes vigilar más la salud después del 20. No parece que puedas reducir tus actividades, ya que te encuentras muy ocupado, pero puedes ahorrar energía delegando más y organizando mejor tu tiempo. Céntrate en tus prioridades y deja estar las cosas menos importantes.

El amor está ahí, pero continúa complicado. Los problemas son los mismos de los meses anteriores: la profesión te aleja de tu entorno social y tal vez tu pareja o cónyuge se siente abandonado. Pero la vida amorosa va a cambiar para mejor en los próximos meses.

Abril

Mejores días en general: 6, 7, 15, 16, 24, 25, 26
Días menos favorables en general: 4, 5, 10, 11, 17, 18

CÁNCER

Aumenta la actividad retrógrada este mes (en especial del 6 al 30), de modo que procura lanzar los nuevos productos o proyectos antes de la Luna llena del 5: todavía está la maravillosa energía «inicial»; hay poder en Aries; la Luna está creciente, y la mayoría de los planetas están en el sector oriental de tu horóscopo. Lánzate osadamente en pos de tus objetivos. Haz la vida como la deseas; haz que las cosas sucedan.

Como el mes pasado, la mayoría de los planetas están sobre el horizonte de tu carta y continúa muy fuerte tu décima casa, la de la profesión, sobre todo hasta el 19. Continúa centrándote en la profesión y en los objetivos externos. Cuando lo haces bien y progresas, la armonía emocional llega de forma muy natural.

Se ve mucho éxito profesional, y podría haber aumento de sueldo y ascenso (si aún no los ha habido). El 19 hay un eclipse solar que ocurre justo en la cúspide de tus casas diez y once. Sus efectos más fuertes serán para los cancerianos nacidos en la última parte del signo, del 10 al 22 de julio; los de este grupo deberíais reducir las actividades unos cuantos días antes y después. El eclipse trae cambios profesionales, tal vez debidos a reorganización u otro tipo de sacudida; por ejemplo hay cambios y reorganización en la jerarquía de la empresa. Algunos Cáncer podríais optar por otro camino profesional totalmente diferente. Este eclipse también pondrá a prueba las amistades y la relación con organizaciones.

Todos los eclipses solares tienen consecuencias financieras para ti, Cáncer, pues el Sol es tu planeta del dinero. Así pues, harás cambios graduales en tu vida financiera. Se te revelan defectos o premisas erróneas en tus planes o ideas para que puedas corregirlas. Es posible que cambies de agente bursátil, banco, contable, de plan de inversiones y otras cosas por el estilo.

La salud y el amor mejoran espectacularmente después del 19. Tu planeta del amor ahora está en movimiento directo (después de varios meses retrógrado); después del 10 desaparecen muchos de los aspectos desfavorables que recibía. Como la profesión disminuye en importancia después del 19, tienes más tiempo para dedicarlo al romance y las actividades sociales. El amor todavía te persigue, y ahora puedes hacer acto de presencia. Las amistades también son más importantes y felices después del 10. Las amistades y organizaciones son importantes en tu vida financiera; encuentras apoyo en ellas. Las actividades con la red de contactos impulsan las finanzas. Después del 19 podrás hacer realidad tus deseos y esperanzas más acariciados (pero deja que se asiente el polvo del eclipse). Si eres inversor profesional te conviene explorar el sector inmobiliario y el de productos agrícolas. El cobre también se ve interesante.

Mayo

Mejores días en general: 4, 5, 12, 13, 22, 23, 31
Días menos favorables en general: 2, 3, 8, 9, 14, 15, 29, 30
Mejores días para el amor: 2, 3, 4, 5, 8, 9, 10, 11, 12, 13, 19, 20, 22, 23, 29, 30, 31
Mejores días para el dinero: 8, 9, 17, 18, 19, 24, 25, 27, 28, 29, 30

La mayoría de los planetas están en tu sector oriental, y Marte entra en tu signo el 7. Rara vez han estado tan fuertes tu independencia y seguridad en ti mismo. Las ideas se ponen por obra rápidamente. La autoestima es potente. Las cosas se hacen deprisa. Tienes un extraordinario poder para imponerte y crear tu vida como la deseas. Lánzate osadamente en pos de tus objetivos. Disfruta de la aventura de la vida, los riesgos forman parte de ella.

La salud también es buena este mes. La presencia de Marte en tu signo te da energía física extra y valentía. Destacas en deporte o atletismo (das lo máximo de ti) y en los programas de ejercicios. Hay que vigilar la temeridad, el genio y la impaciencia, eso sí.

Aunque la mayoría de los planetas continúan sobre el horizonte de tu carta, el porcentaje baja después del 7. El próximo mes la mitad inferior estará más fuerte que la superior. Por ahora, continúa centrando la atención en la profesión.

La vida social se ve maravillosa este mes. Te persiguen el amor serio y la amistad; y ahora tienes más tiempo para dedicárselo.

CÁNCER

El 4 hay un eclipse lunar, que ocurre en tu quinta casa, la de los hijos, la creatividad y las aventuras amorosas. Ahora bien, todos los eclipses lunares son importantes para ti, Cáncer, pues la Luna es tu planeta regente. Este eclipse es relativamente benigno y te forma buenos aspectos, pero de todos modos, el eclipse del planeta regente se merece una reducción de las actividades. En cierto sentido esto es una bendición para ti, porque (a diferencia de otros signos) cada seis meses más o menos tienes la oportunidad de recrearte, superarte y mejorar. Así pues, quizás afloren las impurezas del cuerpo, para limpiarte. Es posible que haya perturbaciones en la vida onírica, pero no debes tomarte demasiado en serio los sueños; la mayoría de ellos son desechos flotantes removidos por el eclipse. Es posible que el eclipse anuncie un hijo (si estás en edad de concebir). Muchas veces ha anunciado el nacimiento de un proyecto creativo. Si ya tienes hijos, podrías tener algunas dificultades con ellos, para despejar el aire de problemas que llevaban fraguándose mucho tiempo.

Las finanzas son fuertes, en especial hasta el 20. Después necesitarás trabajar más que de costumbre por tus ingresos. Las finanzas se complican mucho debido a los ingresos de tu cónyuge o pareja (tus intereses son contrarios a los de él/ella), tu trabajo y tu creatividad. No me sorprendería ver algún cambio de trabajo, o bien este mes o en los siguientes. Un proyecto creativo necesita más recursos de lo que creías. Podría haber gastos inesperados de los hijos. La prosperidad exige que recorras un trecho más.

Junio

Mejores días en general: 1, 8, 9, 18, 19, 28
Días menos favorables en general: 4, 5, 11, 12, 25, 26
Mejores días para el amor: 1, 4, 5, 6, 7, 8, 9, 16, 17, 18, 19, 25, 26, 28
Mejores días para el dinero: 4, 5, 6, 7, 13, 14, 16, 17, 21, 22, 23, 24, 27, 28

La mayoría de los planetas continúan en tu sector oriental, Marte continúa en tu signo hasta el 24, y tu signo está muy poderoso

135

ahora. De nuevo tu iniciativa personal y tus actos valientes y osados te llevan hacia lo que desea tu corazón. Tienes que hacer que ocurran las cosas (y lo harás); necesitas la iniciativa personal. El único problema ahora (que no tenías los meses pasados) es que ha aumentado la actividad retrógrada; el 40 por ciento de los planetas están en movimiento retrógrado. Esto sugiere muchos retrasos y problemas imprevistos. Apresúrate, pero no corras, no pierdas la paciencia ni la calma. Sortea los obstáculos y continúa adelante. Por mucho atasco que haya en el mundo (y habrá muchos este mes), siempre hay algo positivo y constructivo por hacer. Hazlo. Y si no hay nada que hacer, pon en marcha tu imaginación e imagínate los objetivos que deseas alcanzar. Lo creas o no, esto también es acción, y poderosa.

Después del 21 los planetas hacen un importante traslado desde la mitad superior de tu carta a la inferior. Esto significa que te vuelves menos ambicioso y entras en la modalidad hogareña, valores emocionales y familiares. Entras en un periodo en que sientas las bases de tu éxito profesional futuro. Esto lo haces encontrando primero tu punto de armonía emocional y «visualizando» desde allí hacia donde quieres que vaya tu profesión.

La salud es maravillosa este mes, aunque debes continuar prestando más atención al hígado y los muslos. Pero tu energía está más abundante que en todo el año. Te ves fabuloso también. Destacas en el deporte y ejercicio.

Tus aspectos para el amor son buenos; tu atractivo sexual es inmenso, tendrás que trabajar mucho para mantener a raya a tus pretendientes (es bueno que Marte esté en tu signo: tienes la energía para hacerlo: tu ira es temible). Hay probabilidades de boda o relación seria para los cancerianos solteros; los casados sois más románticos en vuestra relación conyugal. Si estás interesado en un segundo matrimonio, también atraes oportunidades serias ahora. Se te ve generoso con la persona amada, y esta persona es generosa contigo. Te llegan artículos personales caros. Inviertes en ti, en tu imagen y apariencia. Vistes ropa más cara, vistes la imagen de la riqueza. La mayor parte del año te has mostrado más conservador en el vestir; dominio de los colores oscuros. Ahora te veo más llamativo, no demasiado, pero más que lo habitual. También estás trabajando por parecer «inteligente» además de rico.

El dinero es una gran prioridad después del 24. Eres muy osado en las finanzas, creas riqueza. Prosperas compitiendo y consideras todo esto una gran aventura, un deporte o diversión. Este es un periodo para aprender a ser «audaz» en las finanzas. Es cierto que podrías tener unos pocos reveses, la aventura implica riesgo, pero en última instancia triunfarás. Una persona mayor, progenitor o figura de autoridad, te ayuda económicamente, está muy involucrada personalmente en tus finanzas.

Julio

Mejores días en general: 6, 7, 15, 16, 25, 26
Días menos favorables en general: 2, 8, 9, 23, 24, 29, 30
Mejores días para el amor: 2, 4, 6, 7, 13, 14, 15, 16, 23, 24, 25, 26, 29, 30, 31
Mejores días para el dinero: 2, 6, 7, 10, 11, 15, 16, 18, 19, 20, 21, 25, 26, 29, 30

Aunque este mes hay una gran cuadratura en los cielos, al parecer te afecta menos que a la mayoría. Muchas de las personas que te rodean están tensas, nerviosas, pero tú navegas por el mes viento en popa, fácilmente. Este mes también tenemos lo que se llama «Luna azul», una segunda Luna llena el mismo mes; una rareza. Puesto que la Luna es tu planeta regente, eso es una buena noticia para ti. Indica dos días extra de energía, vitalidad y confianza en ti mismo. La primera Luna llena ocurre el 2 en tu séptima casa; te da energía extra para conseguir objetivos sociales. La segunda Luna llena ocurre el 31 en tu octava casa; te aumenta la libido y te da energía extra para hacer prosperar a otros, pagar deudas o aprender más acerca de las cosas más profundas de la vida.

Como a fines del mes pasado, los planetas están principalmente bajo el horizonte de tu carta. Esto quiere decir que puedes concentrarte en tus actividades favoritas: el hogar, la familia, los asuntos emocionales. Es un periodo para hacer más progreso psíquico que profesional. Estás en la «fase nocturna» de tu año. Por la noche nuestra tarea es digerir las experiencias del día anterior y soñar con las actividades del día siguiente. El cuerpo y la mente tienen la oportunidad de rejuvecerse y regenerarse. Aunque nuestra cultura da más importancia a las «actividades diurnas», desde el punto de vista cósmico las actividades «nocturnas» son igual de importantes. En muchas culturas la noche se considera la «madre del día siguiente», por cuya matriz fluyen las experiencias del día siguiente. Así pues, estás en el proceso de dar a luz nuevos objetivos y logros profesionales.

La mayoría de los planetas están en tu sector oriental, y tu signo Cáncer está poderoso hasta el 22. Es un periodo para cambiar las condiciones, o crear otras nuevas más a tu gusto. Es el periodo para la realización personal, para hacer lo que deseas hacer y lo que te gusta hacer; tiempo para pensar en el Número Uno.

La prosperidad es más fuerte que el mes pasado y se refuerza aún más. Si has estado reduciendo costes y administrando bien tus finanzas este año, usando juiciosamente los ingresos extras, ahora dispones de un exceso de capital para usar como creas conveniente. Sigues gastando en ti e invirtiendo en tu imagen y apariencia. Tus bienes aumentan su valor después del 22. Es posible que haya una afortunada venta de un bien que posees. El comercio, comprar y vender, produce beneficios. El deseo de especular puede ser ardiente después del 22. No hay nada malo en hacerlo mientras manejes bien los riesgos y pongas un límite. Sigues aprendiendo en lo que respecta a audacia financiera; pero audacia no significa «temeridad».

El amor es maravilloso todo el mes. Hay romance serio en el ambiente.

La salud también es buena.

Agosto

Mejores días en general: 2, 3, 12, 13, 21, 22, 30
Días menos favorables en general: 4, 5, 19, 20, 25, 26
Mejores días para el amor: 1, 2, 3, 11, 12, 13, 21, 22, 25, 26, 30
Mejores días para el dinero: 4, 5, 7, 8, 14, 15, 16, 17, 18, 25, 26

Otro mes feliz y próspero, Cáncer, disfrútalo. Una gran cuadratura que ha estado en vigor durante varios meses comienza a disiparse el 7. El 7 entra en tu signo la benéfica Venus también. Así que ahora están en tu signo tus dos planetas del amor, Saturno tu planeta personal del amor, y Venus, el planeta genérico del amor. Es difícil imaginar cómo podrías escapar del amor este mes. Aunque huyeras a los más remotos rincones de la Tierra, el amor te encontraría. Además, se trata de un amor que desea complacerte, ofrecerte servicios, un amor que pone en primer lugar tus intereses.

Ocurre que Venus es también tu planeta de la familia. Su presencia en tu signo refuerza todo el poder que hay bajo el horizonte de tu carta. La familia y los intereses familiares, y los asuntos psíquicos, son extraordinariamente importantes ahora. Es un mes para hacer reuniones familiares y mejorar esas relaciones. Cuentas con un apoyo familiar insólito. Y aunque ese apoyo familiar supone ciertos compromisos u obligaciones, al parecer no te importa (a otros tal vez sí les importaría). Los intereses familiares serán aún más importantes en los meses venideros.

La mayoría de los planetas continúan en tu sector oriental, de modo que sigues teniendo mucho poder e independencia personales. Es el momento de que te aproveches de eso, de que cambies las condiciones a tu gusto. Más adelante, dentro de unos meses, verás si has construido bien o mal, pero entonces tendrás que vivir con las condiciones que estás creando ahora. Como el mes pasado, hay muchos planetas en movimiento retrógrado (el 40 por ciento del poder planetario después del 10), así que continúa apresurándote sin correr y tómate con filosofía los retrasos y molestias.

La salud es maravillosa este mes. Te ves fabuloso; tu atractivo personal está en su cima anual. Tu sentido de la elegancia y estilo es excelente. La familia, los familiares, los bebés, los cochecitos de bebé y esas cosas ahora son casi como accesorios de moda.

La prosperidad es fuerte y, como el mes pasado, extraordinariamente activa. Aumenta la riqueza; brillas en los asuntos financieros. La fiebre de la especulación bursátil se calma el 10. Después del 23 ocurren inesperados golpes de suerte. Después de esta fecha tendrás necesidad de equilibrar los intereses financieros de tu cónyuge o pareja con los tuyos. Parece que hay cierto desacuerdo; ve por el camino del medio. Si eres inversor profesional te convendrá ver oportunidades de beneficios en los sectores: oro, servicios públicos, juego, balnearios y salud.

Para ti Mercurio no es sólo el regente genérico de la comunicación, pues en tu carta es el planeta de la comunicación, por lo tanto su movimiento retrógrado del 10 al 30 tiene un efecto excepcionalmente potente en tus comunicaciones. Será mejor que la correspondencia y campañas de publicidad, los proyectos importantes de comunicación los hagas o bien antes del 10 o los retrases hasta el próximo mes. El coche y el equipo de comunicación podrían comenzar a comportarse de modo raro.

Septiembre

Mejores días en general: 8, 9, 17, 18, 26, 27
Días menos favorables en general: 1, 2, 15, 16, 22, 23, 28, 29
Mejores días para el amor: 8, 9, 10, 17, 18, 22, 23, 26, 27
Mejores días para el dinero: 3, 4, 10, 11, 12, 13, 14, 23, 24

No sólo tienes a la mayoría de los planetas bajo el horizonte de tu carta sino que tu cuarta casa, la del hogar y la familia, adquiere un poder increíble hacia fin de mes. Es muy probable que haya una mudanza o ampliación de la vivienda; hay una afortunada compra o venta de casa; la propiedad inmueble rinde beneficios. Algunos nativos de Cáncer compraréis una segunda o tercera casa. Llegan artículos importantes y caros para el hogar. Pero lo más importante es que la vida familiar se ve feliz. El ritmo de las actividades hogareñas es ajetreado, frenético, pero las cosas buenas y felices suelen ser tan frenéticas como las difíciles. La profesión y los objetivos externos ciertamente pasan a un segundo plano ahora. Muchos Cáncer instaláis una oficina u otra cosa parecida para trabajar desde casa. La armonía emocional parece muy fácil de conseguir. Y una vez que la tienes, pueden ocurrir todo tipo de cosas felices.

La mayoría de los planetas continúan en tu sector oriental (donde ya llevan muchos meses), pero esto va a cambiar hacia fin de mes. Estás preparado para hacer el cambio de marcha psíquico. Estás en lo que los astrólogos llamamos situación «cúspide», una zona gris, intermedia; no eres totalmente independiente ni totalmente dependiente. A veces dará resultado la iniciativa personal, y otras no. A veces tendrás que adaptarte a las condiciones y otras podrás cambiarlas. No estás ni aquí ni allí, sino en un proceso de cambio.

Es necesario vigilar más la salud después del 22. Tu planeta de la salud, Júpiter, hace un importante tránsito (que ocurre una vez al año): pasa de Virgo a Libra, de tu tercera casa a la cuarta. Esto entraña importantes consecuencias para la salud. En primer lugar, la salud emocional influye más en la salud física; de hecho, para ti buena salud va a significar buena salud emocional. Así pues, aunque estés físicamente sano, si tu estado anímico o tus sentimientos no están a la altura, te sentirás «indispuesto». Estando el planeta de la salud en el romántico signo Libra, los asuntos amorosos y sociales tienen un importante papel en la salud. Ahora buena salud va a significar una vida amorosa sana. La falta de armonía con el ser amado o con amigos puede afectar la salud. Durante un año o más, deberás prestar especial atención a los riñones, caderas y nalgas. Cuídate las caderas y nalgas con masajes periódicos, y fortalece los riñones mediante todo tipo de métodos naturales, no medicamentosos. Da la impresión de que tu concepto de salud empieza a ser más «holista».

La prosperidad es buena este mes. Las ventas, la comercialización y la comunicación son muy importantes para las finanzas. Debes llegar a la gente, ya sea a través de los medios de comunicación u otros sistemas, para dar a conocer tu producto o servicio. Afortunadamente, las actividades de venta y mercadotecnia van mucho mejor que el mes pasado, ya que ahora Mercurio está en movimiento directo.

El amor continúa excelente, aunque tu intensa dedicación a la familia podría distraerte de tus actividades sociales.

Octubre

Mejores días en general: 5, 6, 15, 16, 23, 24
Días menos favorables en general: 12, 13, 19, 20, 25, 26
Mejores días para el amor: 5, 6, 10, 11, 15, 16, 19, 20, 23, 24, 29, 30
Mejores días para el dinero: 2, 3, 4, 8, 9, 12, 13, 14, 21, 22, 23, 30

Ya has salido de la situación cúspide del mes pasado, Cáncer. El poder planetario está firmemente instalado en tu sector occidental. Deja de lado el exceso de esfuerzo personal y voluntariedad, y comienza a ejercitar tus dotes sociales. Has de dejar que te llegue tu bien, no lo puedes forzar. Fluye con la vida; cultiva la buena voluntad de los demás (aunque no debes ir de víctima) y deja que te llegue tu bien. Adáptate a las situaciones; practica la flexibilidad.

Tu cuarta casa, la del hogar y la familia, está aún más fuerte que el mes pasado. Y no sólo eso, está llena de planetas benéficos. Es como si tuvieras un congreso en casa, una reunión familiar. Familiares y personas que son como ellos, personas a las que quieres, pasan ratos en tu casa. También te encuentras con personas que son como de la familia para ti. El apoyo de la familia es excelente todo el mes. Siguen llegando artículos importantes y caros para el hogar. Una mudanza o traslado no sería una sorpresa. El círculo familiar se ensancha por nacimientos o boda.

Este mes hay dos eclipses, uno solar el 14 en tu cuarta casa, la del hogar y la familia, y uno lunar el 28. Aunque el eclipse solar es más fuerte, reduce tus actividades durante los dos eclipses. Incluso el benigno eclipse lunar causa efectos en ti.

El eclipse solar en tu cuarta casa trae novedades buenas que te trastornan; sí, las cosas buenas y felices también pueden trastornar, consumir tiempo y perturbar como las cosas difíciles. Este eclipse lo considero bueno, porque tienes mucha actividad benefactora en tu cuarta casa. Por lo tanto, podría anunciar una mudanza, una renovación importante en la casa, un nacimiento o una boda. Todos los eclipses solares te traen cambios en las finanzas, porque el Sol (el planeta eclipsado) es tu regente financiero. Así pues, una vez más harás reevaluación de tus inversiones, ahorros e ingresos. Tal vez gastos inesperados te revelan defectos en tu estrategia económica. Tal vez un defecto en la casa te induce a mudarte de residencia o a hacer esa renovación o modernización por tanto tiempo deseada. Un recién nacido también podría motivar una mudanza o renovación.

El eclipse lunar del 28 ocurre en tu casa once, la de los amigos y actividades de grupo. Esto quiere decir que se ponen a prueba las amistades (ahora y en los seis próximos meses). Hay alteraciones en una organización a la que perteneces; es posible que cambie tu relación con esta organización. Puesto que todos los eclipses lunares también afectan tu imagen y apariencia, harás cambios en tu forma de vestirte y de presentarte ante los demás. Redefinirás tu personalidad y adoptarás una imagen más de acuerdo con ella.

Este mes hay buen apoyo económico por parte de la familia. Gastas en la casa y en la familia. Muchos nativos de Cáncer integráis la casa y la familia con la profesión, tal vez trabajáis más en casa. El tránsito del Sol por tu quinta casa a partir del 23 indica dinero «feliz», dinero que llega cuando estás dedicado a actividades de ocio o creativas. La especulación bursátil es favorable, pero, como siempre, haz caso de tu intuición. La creatividad personal influye positivamente en la economía. Inviertes en tus hijos y ellos te aportan ideas interesantes para la riqueza, si estás receptivo para escucharlos. Sientes la necesidad de ganar el dinero de modos placenteros.

La vida amorosa continúa feliz, aunque, como el mes pasado, los asuntos familiares podrían distraerte.

Procura descansar y relajarte más hasta el 23; la vitalidad no está a la altura acostumbrada en este periodo.

Noviembre

Mejores días en general: 2, 3, 11, 12, 19, 20, 29, 30
Días menos favorables en general: 9, 10, 15, 16, 22, 23
Mejores días para el amor: 2, 3, 9, 10, 11, 12, 15, 16, 17, 18, 19, 20, 29, 30
Mejores días para el dinero: 2, 3, 4, 5, 9, 10, 11, 12, 17, 18, 20, 21, 26, 27

Este mes se presenta muy feliz, Cáncer, disfrútalo. Dos de los planetas benéficos más potentes del horóscopo, Júpiter y Venus, están ahora en tu cuarta casa. Eres feliz con la familia. Hay optimismo. Encuentras buen apoyo familiar. Haces mucho progreso psíquico. Los intereses familiares y emocionales siguen más fuertes que la profesión.

La mayoría de los planetas están en tu sector occidental (como el mes pasado); esto indica la necesidad de llevarte bien con los demás; obtén su colaboración, y cultiva tus dotes sociales. Ahora es más difícil el trabajo o esfuerzo independiente. Continúa adaptándote a las situaciones.

Habiendo tanto poder en tu quinta casa, la de los hijos, diversión y creatividad, este mes es de tipo fiesta; un mes dichoso. Un mes en el que exploras los placeres de la vida. Hay más diversión y salidas. También te favorece un hermoso gran trígono en Agua todo el mes, que da impulso al amor y a las finanzas. Dado que el Agua es tu elemento nativo, te sientes mucho más a gusto, más cómodo. Tus capacidades psíquicas (siempre fuertes) aún son más. La gente está más en la modalidad «sentimientos», por lo tanto estás más sintonizado con tu entorno. Es buena la intuición financiera (y la general también). Ve al banco con ella.

Como el mes pasado, el dinero se gana de modos felices. Un proyecto creativo favorece la economía. Si eres artista o músico, vendes tus obras. Inviertes en tus hijos (físicos o artísticos) y ellos te hacen prosperar. Todo hijo (artístico o físico) nace con su provisión; lo único que has de hacer es estar receptivo. Este mes ves la verdad de esta afirmación. Las especulaciones bursátiles siguen favorables.

El amor mejora este mes. Se toman bien tus distracciones con la familia. Las riñas con la pareja o cónyuge por causa de la familia no descarrilan las cosas. Si estás soltero tienes abundantes oportunidades románticas, tanto del tipo serio como del no serio.

Cuando el Cosmos decreta un «periodo de diversión» también da los medios para disfrutarlo. Y esta es la situación este mes.

Más avanzado el mes, después del 21, el trabajo adquiere más importancia y los ingresos provienen de él. Si buscas trabajo también hay buenas oportunidades.

La salud y la vitalidad están muchísimo mejor que el mes pasado. La energía es elevada. Destacas en deporte y en programas de ejercicio. Gastas más en salud y también puedes ganar dinero en ese campo. Las oportunidades de ingresos provendrán del sector de la salud.

CÁNCER

Diciembre

Mejores días en general: 8, 9, 17, 18, 26, 27
Días menos favorables en general: 6, 7, 13, 19, 20
Mejores días para el amor: 8, 9, 13, 17, 18, 19, 26, 27, 29, 30
Mejores días para el dinero: 1, 2, 3, 6, 7, 11, 12, 14, 15, 20, 21, 23, 24, 29, 30, 31

Bueno, tuviste una hermosa fiesta el mes pasado. Tal vez «gastaste tu substancia en bullicio y desenfreno». Ahora ha llegado el momento de ponerse a trabajar. Cierto que te divertirás más en el trabajo, pero de todos modos trabajarás en favor de otros. La necesidad de diversión ha de combinarse con la productividad.

Como el mes pasado, la mayoría de los planetas están en el sector occidental de tu carta. Pero este mes, a partir del 21, tu séptima casa, la del amor y las actividades sociales estará poderosa. Ahora triunfas anteponiendo los deseos de los demás a los tuyos. Tu bien te viene a través de otras personas y su buena voluntad. En realidad, los actos independientes, voluntariosos, sin consenso, podrían dañar tus intereses. Continúa cultivando tus dotes sociales.

Mercurio, el planeta genérico de la comunicación, está retrógrado hasta el 20, de modo que procura dejar para después de esta fecha los proyectos de comunicación: correspondencia y campañas publicitarias, etcétera. Hay que evitar los viajes locales innecesarios si es posible. Te conviene hacer revisar el coche y el equipo de comunicación. El periodo retrógrado de Mercurio es bueno para planear comunicaciones y viajes locales, pero no para hacerlos.

La prosperidad es fuerte este mes, aunque, como hemos dicho, la buena voluntad de los demás es un factor importantísimo. El dinero se gana con el trabajo (del modo normal) y a través de los contactos sociales. En este periodo la vida social tiene un componente financiero; es como si asistieras a fiestas más por trabajo que por placer. Hasta el 21 te arriesgas más en las finanzas, pero después te tornas más moderado, conservador. Creo que será prudente que retrases tus compras navideñas hasta después del 21. Entonces serás mejor comprador y más juicioso.

Si eres inversor profesional, este mes harás bien en explorar los sectores salud, farmacia, banca, agencias de viajes transoceánicos, empresas de inversión seguras e inmobiliaria. Estando retrógrado Mercurio, la situación del mercado puede cambiar en un abrir y cerrar de ojos. De manera que los que están arriba pueden bajar y los de abajo, subir. Evita el exceso en operaciones bursátiles mientras Mercurio esté retrógrado. Observa y espera.

El hogar y los asuntos familiares y domésticos siguen siendo más importantes que la profesión. Muchos Cáncer estáis pensando en hacer de los hijos la profesión; en otros casos, serán los hijos y su bienestar los que motiven la profesión.

La vida hogareña y familiar se ve muy feliz. Después del 21 habrás de equilibrar los intereses financieros y sociales con los de la familia. Tal vez gastes demasiado en la familia o en la vida social. A cada esfera has de darle lo suyo. Habrá ocasiones en que te inclines hacia una y otras, hacia la otra.

Hay que vigilar más la salud después del 21. Pero, felizmente, habiendo tanto poder en tu sexta casa, la de la salud, estás alerta, al tanto de todo, y le prestas a tu salud la atención que se merece. Navegarás por este periodo con fabulosa facilidad.

Leo

♌

El León
Nacidos entre el 21 de julio y el 21 de agosto

Rasgos generales

LEO DE UN VISTAZO
Elemento: Fuego

Planeta regente: Sol
   Planeta de la profesión: Venus
   Planeta de la salud: Saturno
   Planeta del amor: Urano
   Planeta del dinero: Mercurio

Colores: Dorado, naranja, rojo
   Colores que favorecen el amor, el romance y la armonía social:
     Negro, azul índigo, azul marino
   Colores que favorecen la capacidad de ganar dinero: Amarillo,
     amarillo anaranjado

Piedras: Ámbar, crisolita, diamante amarillo

Metal: Oro

Aroma: Bergamota, incienso, almizcle

Modo: Fijo (= estabilidad)

Cualidad más necesaria para el equilibrio: Humildad

Virtudes más fuertes: Capacidad de liderazgo, autoestima y confianza en sí mismo, generosidad, creatividad, alegría

Necesidad más profunda: Diversión, alegría, necesidad de brillar

Lo que hay que evitar: Arrogancia, vanidad, autoritarismo

Signos globalmente más compatibles: Aries, Sagitario

Signos globalmente más incompatibles: Tauro, Escorpio, Acuario

Signo que ofrece más apoyo laboral: Tauro

Signo que ofrece más apoyo emocional: Escorpio

Signo que ofrece más apoyo económico: Virgo

Mejor signo para el matrimonio y/o las asociaciones: Acuario

Signo que más apoya en proyectos creativos: Sagitario

Mejor signo para pasárselo bien: Sagitario

Signos que más apoyan espiritualmente: Aries, Cáncer

Mejor día de la semana: Domingo

La personalidad Leo

Cuando pienses en Leo, piensa en la realeza; de esa manera te harás una idea de cómo es Leo y por qué los nativos de este signo son como son. Es verdad que debido a diversas razones algunos Leo no siempre expresan este rasgo, pero aun en el caso de que no lo expresen, les gustaría hacerlo.

Un monarca gobierna no por el ejemplo (como en el caso de Aries) ni por consenso (como hacen Capricornio y Acuario), sino por su voluntad personal. Su voluntad es ley. Sus gustos personales se convierten en el estilo que han de imitar todos sus súbditos. Un rey tiene en cierto modo un tamaño más grande de lo normal. Así es como desea ser Leo.

Discutir la voluntad de un Leo es algo serio. Lo considerará una ofensa personal, un insulto. Los Leo nos harán saber que su voluntad implica autoridad, y que desobedecerla es un desacato y una falta de respeto.

Una persona Leo es el rey, o la reina, en sus dominios. Sus subordinados, familiares y amigos son sus leales súbditos. Los Leo reinan con benevolente amabilidad y con miras al mayor bien para los demás. Su presencia es imponente, y de hecho son personas poderosas. Atraen la atención en cualquier reunión social. Destacan porque son los astros en sus dominios. Piensan que, igual que el Sol, están hechos para brillar y reinar. Creen que nacieron para disfrutar de privilegios y prerrogativas reales, y la mayoría de ellos lo consiguen, al menos hasta cierto punto.

El Sol es el regente de este signo, y si uno piensa en la luz del Sol, es muy difícil sentirse deprimido o enfermo. En cierto modo la luz del Sol es la antítesis misma de la enfermedad y la apatía. Los Leo aman la vida. También les gusta divertirse, la música, el teatro y todo tipo de espectáculos. Estas son las cosas que dan alegría a la vida. Si, incluso en su propio beneficio, se los priva de sus placeres, de la buena comida, la bebida y los pasatiempos, se corre el riesgo de quitarles su voluntad de vivir. Para ellos, la vida sin alegría no es vida.

Para Leo la voluntad humana se resume en el poder. Pero el poder, de por sí, y al margen de lo que digan algunas personas, no es ni bueno ni malo. Únicamente cuando se abusa de él se convierte en algo malo. Sin poder no pueden ocurrir ni siquiera cosas buenas. Los Leo lo saben y están especialmente cualificados para ejercer el poder. De todos los signos, son los que lo hacen con más naturalidad. Capricornio, el otro signo de poder del zodiaco, es mejor gerente y administrador que Leo, muchísimo mejor. Pero Leo eclipsa a Capricornio con su brillo personal y su presencia. A Leo le gusta el poder, mientras que Capricornio lo asume por sentido del deber.

Situación económica

Los nativos de Leo son excelentes líderes, pero no necesariamente buenos jefes. Son mejores para llevar los asuntos generales que los detalles de la realidad básica de los negocios. Si tienen buenos jefes, pueden ser unos ejecutivos excepcionales trabajando para ellos. Tienen una visión clara y mucha creatividad.

Los Leo aman la riqueza por los placeres que puede procurar. Les gusta llevar un estilo de vida opulento, la pompa y la elegancia. Incluso aunque no sean ricos, viven como si lo fueran. Por este motivo muchos se endeudan, y a veces les cuesta muchísimo salir de esa situación.

Los Leo, como los Piscis, son generosos en extremo. Muchas veces desean ser ricos sólo para poder ayudar económicamente a otras personas. Para ellos el dinero sirve para comprar servicios y capacidad empresarial, para crear trabajo y mejorar el bienestar general de los que los rodean. Por lo tanto, para los Leo, la riqueza es buena, y ha de disfrutarse plenamente. El dinero no es para dejarlo en una mohosa caja de un banco llenándose de polvo, sino para disfrutarlo, distribuirlo, gastarlo. Por eso los nativos de Leo suelen ser muy descuidados con sus gastos.

Teniendo el signo de Virgo en la cúspide de su segunda casa solar, la del dinero, es necesario que los Leo desarrollen algunas de las características de análisis, discernimiento y pureza de Virgo en los asuntos monetarios. Deben aprender a cuidar más los detalles financieros, o contratar a personas que lo hagan por ellos. Tienen que tomar más conciencia de los precios. Básicamente, necesitan administrar mejor su dinero. Los Leo tienden a irritarse cuando pasan por dificultades económicas, pero esta experiencia puede servirles para hacer realidad su máximo potencial financiero.

A los Leo les gusta que sus amigos y familiares sepan que pueden contar con ellos si necesitan dinero. No les molesta e incluso les gusta prestar dinero, pero tienen buen cuidado de no permitir que se aprovechen de ellos. Desde su «trono real», a los Leo les encanta hacer regalos a sus familiares y amigos, y después disfrutan de los buenos sentimientos que estos regalos inspiran en todos. Les gusta la especulación financiera y suelen tener suerte, cuando las influencias astrales son buenas.

LEO

Profesión e imagen pública

A los Leo les gusta que los consideren ricos, porque en el mundo actual la riqueza suele equivaler a poder. Cuando consiguen ser ricos, les gusta tener una casa grande, con mucho terreno y animales.

En el trabajo, destacan en puestos de autoridad y poder. Son buenos para tomar decisiones a gran escala, pero prefieren dejar los pequeños detalles a cargo de otras personas. Son muy respetados por sus colegas y subordinados, principalmente porque tienen el don de comprender a los que los rodean y relacionarse bien con ellos. Generalmente luchan por conquistar los puestos más elevados, aunque hayan comenzado de muy abajo, y trabajan muchísimo por llegar a la cima. Como puede esperarse de un signo tan carismático, los Leo siempre van a tratar de mejorar su situación laboral, para tener mejores oportunidades de llegar a lo más alto.

Por otro lado, no les gusta que les den órdenes ni que les digan lo que han de hacer. Tal vez por eso aspiran a llegar a la cima, ya que allí podrán ser ellos quienes tomen las decisiones y no tendrán que acatar órdenes de nadie.

Los Leo jamás dudan de su éxito y concentran toda su atención y sus esfuerzos en conseguirlo. Otra excelente característica suya es que, como los buenos monarcas, no intentan abusar del poder o el éxito que consiguen. Si lo llegan a hacer, no será voluntaria ni intencionadamente. En general a los Leo les gusta compartir su riqueza e intentan que todos los que los rodean participen de su éxito.

Son personas muy trabajadoras y tienen buena reputación, y así les gusta que se les considere. Es categóricamente cierto que son capaces de trabajar muy duro, y con frecuencia realizan grandes cosas. Pero no olvidemos que, en el fondo, los Leo son en realidad amantes de la diversión.

Amor y relaciones

En general, los Leo no son del tipo de personas que se casan. Para ellos, una relación es buena mientras sea agradable. Cuando deje de serlo, van a querer ponerle fin. Siempre desean tener la libertad de dejarla. Por eso destacan por sus aventuras amorosas y no por su capacidad para el compromiso. Una vez casados, sin embargo, son fieles, si bien algunos tienen tendencia a casarse más de una vez en su vida. Si estás enamorado o enamorada de un Leo, limítate a procurar que se lo pase bien, viajando, yendo a casinos y salas de fiestas, al teatro y a discotecas. Ofrécele un buen vino y una deliciosa cena; te saldrá caro, pero valdrá la pena y os lo pasaréis muy bien.

Generalmente los Leo tienen una activa vida amorosa y son expresivos en la manifestación de su afecto. Les gusta estar con personas optimistas y amantes de la diversión como ellos, pero acaban asentándose con personas más serias, intelectuales y no convencionales. Su pareja suele ser una persona con más conciencia política y social y más partidaria de la libertad que ellos mismos. Si te casas con una persona Leo, dominar su tendencia a la libertad se convertirá ciertamente en un reto para toda la vida, pero ten cuidado de no dejarte dominar por tu pareja.

Acuario está en la cúspide de la casa siete, la del amor, de Leo. De manera, pues, que si los nativos de este signo desean realizar al máximo su potencial social y para el amor, habrán de desarrollar perspectivas más igualitarias, más acuarianas, con respecto a los demás. Esto no es fácil para Leo, porque «el rey» sólo encuentra a sus iguales entre otros «reyes». Pero tal vez sea esta la solución para su desafío social: ser «un rey entre reyes». Está muy bien ser un personaje real, pero hay que reconocer la nobleza en los demás.

Hogar y vida familiar

Si bien los nativos de Leo son excelentes anfitriones y les gusta invitar a gente a su casa, a veces esto es puro espectáculo. Sólo unos pocos amigos íntimos verán el verdadero lado cotidiano de un Leo. Para este, la casa es un lugar de comodidad, recreo y transformación; un retiro secreto e íntimo, un castillo. A los Leo les gusta gastar dinero, alardear un poco, recibir a invitados y pasárselo bien. Disfrutan con muebles, ropa y aparatos de última moda, con todas las cosas dignas de reyes.

Son apasionadamente leales a su familia y, desde luego, esperan ser correspondidos. Quieren a sus hijos casi hasta la exageración; han de procurar no mimarlos ni consentirlos demasiado. También han de evitar dejarse llevar por el deseo de modelar a los miembros de su familia a su imagen y semejanza. Han de tener presente que los demás también tienen necesidad de ser ellos mismos. Por este motivo, los Leo han de hacer un esfuerzo extra para no ser demasiado mandones o excesivamente dominantes en su casa.

Horóscopo para el año 2004

Principales tendencias

Después de pasar los años 1998 a 2000, este año es coser y cantar, Leo. Casi todos los planetas lentos han salido de su alineación desfavorable contigo. La salud y la vitalidad general son buenas.

El año pasado ha sido fuerte en las finanzas y esta tendencia continúa la mayor parte de este. Es un año de prosperidad.

El amor y las actividades sociales han sido importantes desde hace muchos años y esta tendencia continúa en 2004. El principal titular ahora es que tu planeta del amor pasa de tu séptima casa a la octava (esta vez para quedarse). Este tránsito va a espiritualizar y estabilizar tu vida amorosa. El amor tiene menos de romance y más de intimidad sexual y física.

El año pasado Saturno entró en tu casa doce, la de la espiritualidad, indicando la necesidad de poner en buen orden este sector de tu vida. La intuición y las enseñanzas espirituales necesitan la verificación de la experiencia. Es necesario un enfoque científico y práctico de estas cosas. Los fenómenos espirituales han de hacerse tangibles y útiles en la vida diaria. Esta tendencia continúa este año.

Plutón lleva muchos años en tu quinta casa, la de los hijos, las aventuras amorosas, la alegría y la creatividad, y continuará allí este y los años venideros. Tu creatividad personal se renueva, se transforma y se profundiza. También se transforma tu percepción de lo que es la alegría de vivir, tema importante para ti.

Los principales intereses este año que comienza son: las finanzas (hasta el 25 de septiembre); la comunicación y los logros intelectuales (después del 25 de septiembre); los hijos, la creatividad, las aventuras amorosas y la diversión; el amor y el romance; la sexualidad, la muerte y el renacimiento, la reencarnación, la vida después de la muerte, el ocultismo, la espiritualidad.

Los caminos hacia la mayor satisfacción este año serán: la profesión (hasta el 25 de septiembre); la comunicación y los intereses intelectuales (después del 25 de septiembre).

Salud

Como hemos dicho, casi todos los planetas lentos o bien te dejan en paz o te forman aspectos armoniosos. Así pues, la salud es buena. Ahora que Urano ha salido de Acuario, de forma permanente, la salud es mucho mejor que el año pasado. Si has tenido problemas de salud últimamente, tendrás buenas noticias en este sentido.

Este año no está poderosa tu sexta casa, la de la salud, lo cual yo interpreto como una señal positiva. Tienes poco interés en los asuntos de la salud porque no tienes ninguna necesidad de estar interesado en ellos. Te sientes muy bien.

Saturno es tu planeta de la salud. En general, Saturno rige la columna, las rodillas, los dientes y la alineación esquelética, por lo que hay que prestar más atención a esas partes del cuerpo. Es probable que los problemas de salud, si se presentan, comiencen allí. Mantenerlas bien será una poderosa medicina preventiva.

Desde junio del año pasado Saturno ha estado en el signo Cáncer, que rige el estómago y los pechos. Así pues, estos órganos necesitan más atención este año. Aunque no les ocurre nada malo, tenerlos en buena forma es un buen preventivo.

El tránsito de tu planeta de la salud por Cáncer todo el año sugiere que la dieta y los asuntos dietéticos son más importantes que de costumbre. Pero el «cómo» se come es tan importante como el «qué» se come. Las comidas han de hacerse de modo relajado, tranquilo y en espíritu de oración.

Saturno rige tu salud desde tu casa doce, la de la espiritualidad. Esto indica muchas cosas. Muchos Leo vais a explorar en profundidad la curación espiritual y las técnicas curativas espirituales: hablar la palabra, oración, imposición de manos, meditación y otras de este estilo. Es probable que obtengáis muy buenos resultados con este tipo de terapias espirituales. En ocasiones esto indica una honda preocupación por la salud de la pareja o cónyuge, o intervenir mucho en la salud del cónyuge. También suele indicar que se educa la intuición a través de las cuestiones de salud. Más importante aún, indica que la buena salud significa una fuerte conexión con el Gran Poder Vital interior. Cuando la conexión es fuerte, la salud tiende a ser buena; cuando la conexión se debilita o se hace borrosa, la salud tiende a sufrir.

Cuando el planeta de la salud está en la casa doce es necesario reconocer la fuente de toda curación: hay una y solamente una fuente: el Gran Poder Vital interior. En esta experiencia descubrimos que todos los métodos y técnicas de que disponemos son secundarios. Si el Poder Vital concede la curación, casi cualquier terapia dará buen resultado; pero si la curación no ha sido concedida (o no se ha accedido a ella desde el interior), no hay nada que dé resultado. Esta es la lección de la casa doce.

La salud de la pareja o cónyuge se ve muy mejorada respecto a los últimos años. En la salud de los hijos no hay novedad. La salud de los nietos parece excelente, y si recientemente hubiera habido algún problema, habrá buenas noticias este año. Lo mismo se puede decir de la salud de los padres o figuras parentales. Hay buenas noticias en el ámbito de la salud.

Hogar y vida familiar

Como el año pasado, tu cuarta casa, la del hogar y la familia, no está poderosa. Esto significa que tienes enorme libertad para forjar este ámbito como quieras. Lo que ocurre normalmente, sin embargo, es que las cosas tienden a continuar como están.

Plutón es tu planeta de la familia; lleva muchos años en Sagitario, tu quinta casa solar, y continuará allí muchos años más. Esto indica que centras la atención en tus hijos y no tanto en los aspectos físicos de la casa. La vida hogareña gira en torno a los hijos; ellos son tu verdadera familia. Y puesto que ahora Plutón tiene buenos aspectos, la vida familiar es mucho más feliz de lo que ha sido los años anteriores.

Pero el tránsito de tu planeta del hogar por tu quinta casa sugiere otras cosas también. Indica la necesidad de disfrutar más de la rutina doméstica cotidiana, cosa que no resulta muy fácil ya que la mayor parte de ella es aburrida y tediosa. Pero el desafío ahora es hacerla divertida, hacer un juego de ella e inyectarle alegría. Es muy posible que el hogar se convierta en un «lugar de alegría». Tal vez recibas a más gente en casa; compres cosas para divertirte en casa, accedas a todos los últimos canales de la televisión por cable o satélite; tal vez compres más juguetes para tus hijos, y también juguetes para adultos. Cuando lo hayas hecho ya no tendrás ninguna necesidad de salir de casa para buscar diversión, todo lo tendrás allí.

No sólo crearás un lugar de juego en la casa; también vemos mucha religión y formación. Sientes un fuerte deseo de enseñar principios religiosos, filosóficos y éticos a tus hijos. Muchos Leo estáis planeando concienzudamente la educación universitaria de vuestros hijos, aun cuando sean muy pequeños. Por cierto, las perspectivas de estos estudios para los hijos se ven mucho mejor que hace unos años. El principal peligro en todo esto es el exceso de ambición e insistencia; insistir demasiado suele tener consecuencias adversas. Es contraproducente hablar de elevadas ideas religiosas o morales cuando el niño no está receptivo, como cuando está inquieto, enfadado o deprimido. Cuando tus hijos estén así háblales de cosas sencillas, comunes y ofréceles palabras de consuelo. Pero si estás alerta, encontrarás momentos en que estén receptivos, sintonizados con estas cosas, y entonces puedes hablarles de ellos.

Si tienes hijos en enseñanza media deberías tratar de educar su faceta artística, su faceta creativa. La pintura, la música, la danza contienen elevados principios de la ciencia y las matemáticas, además de otros muchos más. Los libros de texto que vienen con casete y vídeos dan mejores resultados que los textos estándar. Actualmente los niños aprenden de una manera más intuitiva y las cosas que despiertan la intuición dan mejor resultado.

El eclipse lunar del 4 de mayo indica que a la larga se producirá un cambio en los hábitos domésticos. Tal vez hay un estallido emocional con la familia; limpiará el aire y permitirá que surja un cambio más adelante. En estos casos suelen revelarse defectos en la casa o la vida hogareña para que se puedan corregir.

Si necesitas hacer reparaciones en la vivienda, o tienes pensado hacer obras de renovación o redecoración, el periodo comprendido entre el 23 de octubre y el 25 de diciembre parece ser el mejor. Embellecer la casa comprando objetos de decoración, irá mejor del 22 de noviembre al 12 de septiembre.

Amor y vida social

El año pasado comenzaron a cambiar los aspectos para el amor, ya que tu planeta del amor estuvo coqueteando con el signo Piscis, transitando por él un tiempo y luego retrocediendo a Acuario; esto describe bastante bien cómo te sentiste respecto al amor entonces. ¿Me lanzo a lo nuevo? ¿Me quedo con lo que conozco? ¿Salgo con esa otra persona? ¿Me quedo con lo que tengo? Pero este año tomas la decisión. Te lanzas a lo nuevo. Las actitudes y necesidades amorosas también cambian drásticamente. Durante muchos años has deseado sólo emoción y cambio. Tu vida amorosa era un gigantesco culebrón con episodios nuevos cada semana; y la verdad es que te gustaba. Ahora, con la entrada de tu planeta del amor en Piscis, tu octava casa, podríamos comenzar a ver más estabilidad. Ciertamente el amor se vuelve más espiritual. En primer lugar, buscas una conexión más espiritual con la persona amada. En segundo lugar, consideras el romance una parte de tu senda espiritual. Teniendo al planeta del amor en la octava casa, el amor no sólo va de pasarlo bien, sino que es un camino por el cual os vais a transformar tú y tu pareja; os reinventáis para ser las personas que deseáis ser. Atraes a personas que tienen estos mismos intereses.

La transformación abarca muchos aspectos. La persona pobre que desea ser rica debe transformarse desde el interior. La persona obesa o adicta que desea superarse debe transformarse desde el interior. La persona que desea mejorar su posición social, debe transformarse desde el interior. Normalmente es difícil lograr estas cosas solo. Necesitamos ayuda exterior, a personas que comprendan el proceso y sepan ayudarnos. Estas personas se te presentan en tus actividades sociales, como amigos o amigas o, lo más probable, como pareja. El matrimonio es en sí una de las grandes experiencias transformadoras. Es como si muriera la individualidad y naciera la relación, la asociación, el sentido del «nosotros». Muchos Leo os casaréis en los años que vienen. En realidad, ahora el matrimono es más recomendable de lo que lo ha sido durante muchos, muchos años. Ha llegado a su fin el vagabundeo, se han hecho todos los experimentos; es hora de establecerse.

La intimidad sexual y física siempre es una parte importante de la relación amorosa. Pero para Leo lo es aún más, tal vez la parte más importante. Esto continuará así bastantes años. La ardiente química sexual te mantendrá unido al ser amado mientras hacéis el emocionante y explosivo viaje de transformación.

Al parecer tú y tu pareja estáis muy interesados en las finanzas, aunque por diferentes motivos. A tu pareja le interesa hacer dinero, y eso será prioritario durante muchos años. Tu interés radica en que cuanto más dinero haga tu pareja o cónyuge mayor será su generosidad contigo.

Si andas en busca de un segundo matrimonio, no hay novedades este año. Los Leo casados tenderéis a continuar casados, y los solteros, solteros. Lo mismo vale para los que estáis interesados en un tercer matrimonio.

Los hijos en edad casadera continúan sin novedad. El matrimonio podría no ser recomendable para ellos en este periodo puesto que hay mucha transformación personal en proceso. Los nietos en edad casadera tienen aspectos maravillosos para el matrimonio. O bien se casan o entran en una relación importante a fines de año.

Profesión y situación económica

Tu segunda casa, la del dinero, es una casa importante de poder este año, Leo, por lo que hay un enorme interés en este sector de la vida, y eso de suyo conduce a la prosperidad. Pero más importante aún, tienes al benéfico Júpiter transitando por tu casa del dinero la mayor parte del año. Continúa la prosperidad que comenzó el año pasado.

No podrías pedir un aspecto financiero mejor que tener en la casa del dinero a Júpiter, que es el señor de tu quinta casa. Esto no sólo indica prosperidad económica, o aumento del valor de los bienes que posees, sino además, y más importante aún, «dinero feliz», es decir, dinero que se gana alegremente y trae felicidad. Todos conocemos el viejo dicho «el dinero no hace la felicidad», y hay mucha verdad en él. Pero para ti este dinero es feliz. Disfrutas más de tu riqueza; gastas libremente (esperemos que no demasiado libremente) y disfrutas. Las especulaciones bursátiles te son favorables (aunque esto sólo debes hacerlo guiándote por la intuición). El dinero te llega cuando estás disfrutando de actividades de ocio o a través de tu creatividad personal; ¿qué puede haber más agradable que eso? Si eres artista o actor profesional tendrás un año fabuloso. Los Leo atletas o deportistas también lo tenéis muy bien. Si trabajas en el mundo de los negocios, probablemente te tocará distraer a clientes o socios; llevarlos a pasar un buen rato y te pagarán por ello. Si eres inversor deberías explorar los sectores servicio público, oro, electricidad, editorial y artículos para la salud. No te precipites a comprar, estudia estos sectores, mantente al tanto de los precios y alerta ante las oportunidades.

Tal vez lo más importante que ocurre es tu ampliación del conocimiento e intuición financiera. De pronto se te aclaran los principios y ves la manera de entrar en tu «tierra prometida» financiera.

Una clave importante es que parece que eliminas el «estrés y la ansiedad» a la hora de hacer dinero; estás relajado, suelto; y eso permite que te lleguen nuevas ideas financieras.

En el aspecto genérico, Júpiter rige la formación superior. Así pues, muchos Leo vais a invertir en vuestra formación, lo cual llevará a mayores ingresos. Muchos vais a asistir a seminarios y cursos sobre finanzas este año, y haréis bien. Otros exploraréis los aspectos religiosos y metafísicos de la riqueza: muy recomendable.

Júpiter saldrá de tu casa del dinero el 25 de septiembre. Para entonces probablemente ya habrás logrado tus objetivos económicos y estarás preparado para centrar la atención en otras cosas, la satisfacción de tus intereses intelectuales. Después del 25 de septiembre muchos Leo vais a comprar un coche nuevo y un nuevo equipo de comunicación.

Los hijos prosperan este año. Mucho Leo (y 23 julio-23 agosto ama a los niños) invertiréis en los hijos este año. Una buena inversión a largo plazo.

En el año financiero de los nietos no vemos novedades.

Una cosa que podría dificultar los ingresos sería entrar en competición con el cónyuge o pareja por hacer dinero. Eso no es necesario, y sólo bloqueará la prosperidad de ambos.

Piensa detenidamente acerca de una sociedad de negocio; se ve inestable.

Progreso personal

Después del 25 de septiembre tendrás muchas oportunidades para avanzar en tu formación, seguir intereses intelectuales, ampliar tu mente y mejorar tus dotes de comunicación. Todo esto es muy aconsejable. Y será agradable también.

Pero el principal ámbito de progreso está en tu vida espiritual. Desde el año pasado Saturno está transitando por tu casa doce, la de la espiritualidad, obligándote a reordenar y reestructurar este aspecto de tu vida. Si sólo te ha interesado la psicología, comprenderás que muchos de tus problemas tienen un origen mucho más profundo de lo que creías: los problemas van mucho más allá de tu primera infancia y las relaciones con tus padres. Es posible que experimentes miedos irracionales que te obligarán a ahondar más, y para esto será necesaria una disciplina espiritual.

Si ya estás en un camino espiritual, ahora tendrás que ser más disciplinado y científico en él. Tiene que haber un programa diario. Has de probar y verificar tus técnicas e ideas. La orientación espiritual también necesita más verificación este año. Tu vida interior debe dar resultados prácticos, tangibles. Se refleja en tu salud, tranquilidad emocional y paz mental.

Si llevas una vida de oración intensa, este año te resultará más difícil entrar en contacto con tu interior. Esto no es un castigo, sino una forma de desarrollar fuerza y poder. Cuando tocamos ciertos espacios interiores sabemos que todo irá bien, pero el camino hacia esos espacios parece estar más obstruido que de costumbre. Tienes que desarrollar ánimo y perseverancia.

Previsiones mes a mes

Enero

Mejores días en general: 9, 10, 18, 26, 27
Días menos favorables en general: 1, 2, 15, 16, 22, 23, 28, 29, 30
Mejores días para el amor: 3, 4, 5, 6, 13, 15, 21, 22, 23, 24, 25
Mejores días para el dinero: 1, 2, 9, 10, 11, 12, 19, 20, 28, 29, 30

La mayoría de los planetas están en el sector occidental de tu carta, Leo, entre ellos tu regente, el Sol; tu séptima casa, la del amor y las actividades sociales, está muy poderosa sobre todo después del 20, mientras que tu primera casa, la del yo, está vacía (sólo la visitará la Luna los días 9 y 10). Este es, pues, un periodo para moderar la propia voluntad y cultivar la buena voluntad de los demás. Has de anteponer los intereses de los demás a los tuyos (afortundamente eso es lo que haces) y no tratar de imponer tu voluntad. Ahora es mejor adaptarse a las situaciones que intentar cambiarlas. Probablemente tu manera de hacerlo no es la mejor, considerada desde una perspectiva más amplia. El bien te llega a través de la buena voluntad de otros y no de tu esfuerzo o iniciativa personales. Con el 80 por ciento de los planetas en movimiento directo después del 6, el progreso será rápido (si te atienes a las reglas).

Es un periodo para aflojar los esfuerzos, aflojar la voluntad personal y dejar que la marea cósmica, el flujo de la vida, te lleve a tu destino. Puedes hacer unos cuantos virajes y «remadas» aquí y allá, pero, fundamentalmente, es la corriente la que te llevará. Esta actitud también favorece la salud, que habrás de vigilar después del 20.

El 20, día en que el Sol entra en Acuario, ocurre un importante traslado del poder planetario. El dominio pasa de la mitad inferior de tu carta a la superior. Así pues, comienzas a orientarte más hacia la profesión y el mundo externo, que al mundo interior y emocional. Mientras tanto (hasta el 20), estás en una «situación cúspide», una zona gris intermedia. Habrá ocasiones en que te sentirás muy ambicioso y otras en que estarás más interesado en tu sensación de armonía emocional.

La salud, el trabajo y el amor son los principales titulares de este mes. Si buscas trabajo ahora tendrás éxito. Aunque siempre eres amante de la diversión, este mes el trabajo también es importante. Además, prestas más atención a tu salud, te haces revisiones, te preocupas más de la dieta y, en general, estás más interesado en la salud y en programas de ejercicio (esto es muy positivo y modifica algunos de los aspectos difíciles para la salud que habrá después del 20).

El amor y las actividades sociales son fuertes todo el mes. La vida social y amorosa se pone aún más activa después del 20, ya que el Sol entra en tu séptima casa, la del amor. Prospera el romance. Si estás soltero conoces a esa persona «ideal» y saboreas el «amor ideal». Es posible que alternes con personas poderosas, de elevada posición y prestigio. Podría haber romances de oficina. Te atraen mucho las personas que pueden ayudarte en la profesión. Si no mantienes una relación, conoces a alguien muy importante para ti hacia fin de mes.

Tu planeta del dinero, Mercurio, está retrógrado hasta el 6, por lo tanto intenta retrasar los compromisos, decisiones e inversiones importantes hasta después de esa fecha. Evita las especulaciones bursátiles hasta después del 6. Este mes el dinero viene de la creatividad personal y el trabajo.

Febrero

Mejores días en general: 5, 6, 14, 16, 22, 23, 24
Días menos favorables en general: 12, 13, 18, 19, 25, 26
Mejores días para el amor: 3, 4, 5, 12, 14, 15, 18, 19, 20, 22, 23
Mejores días para el dinero: 7, 8, 9, 10, 11, 16, 17, 18, 19, 25, 26

Como el mes pasado, los planetas están instalados principalmente en tu sector occidental. Tu séptima casa, la del amor y el romance, está poderosa mientras tu primera casa, la del yo, está vacía (sólo recibirá la visita de la Luna los días 5 y 6). Ten presente lo que dijimos el mes pasado. Fluye con los acontecimientos. Trata de no imponerte y evita la voluntariedad. Ejercita tus dotes y buen talante sociales y la adaptabilidad. No hagas de víctima, pero deja que los demás se salgan con la suya. Ve cómo se dispara tu popularidad.

LEO

El 7 se acentúa más el traslado del poder planetario a la mitad superior de tu carta (de lo que hablamos el mes pasado). Puedes restar tranquilamente importancia a tus deberes domésticos y familiares y comenzar a centrar la atención en tu profesión y aspiraciones en el mundo externo. El 3 entra el dinámico Marte en tu casa décima, la de la profesión. Esto indica actividad frenética en tu profesión. Das pasos osados y valientes para progresar profesionalmente, tal vez incluso corras algunos riesgos. El ritmo del trabajo es muy acelerado. Hay más competitividad en tu industria, sector o departamento; tienes que trabajar arduo para mantener a raya a los competidores. Prosperas en la competición. Parece que tu osadía da sus frutos. Hay éxito profesional y se ensanchan tus horizontes. Da la impresión de que hay más viajes relacionados con la profesión. Los jefes o superiores son amables contigo en este periodo, pero también están supersensibles. Vigila tu tono de voz y tu lenguaje corporal en su presencia.

Las finanzas son fuertes. Tu intuición financiera es pasmosa a partir del 7. Sueños, visiones, o información de astrólogos, místicos, videntes o gurus favorecen tus finanzas. La seguridad en comunicación financiera mejora mucho respecto al mes pasado. Hasta el 7 el dinero viene del trabajo. Después del 7 viene de tus contactos sociales o del cónyuge o pareja. Tu vida social tiene un doble componente: uno es el romance puro, el otro es finanzas. Tal vez asistes a más fiestas y reuniones por motivos de trabajo. Después del 25 será juicioso reducir costes y eliminar el despilfarro (corta la grasa pero no el músculo, sé quirúrgico en esto). Alrededor del 26 o 27 llega un golpe de suerte financiera.

El amor continúa maravilloso e interesante. Hay probabilidades de un encuentro importante alrededor del 1 y después del 19. Podría presentarse de modo repentino e inesperado. Estás en uno de los mejores periodos sociales de tu año.

Es necesario vigilar la salud hasta el 20. Después se dispara la vitalidad. Hay cambios en la imagen después del 19. Tal vez es un nuevo guardarropa o simplemente adoptas un nuevo aspecto. Te llegan artilugios de alta tecnología.

Marzo

Mejores días en general: 3, 4, 12, 13, 21, 22, 31
Días menos favorables en general: 10, 11, 16, 17, 23, 24
Mejores días para el amor: 1, 4, 5, 10, 14, 15, 16, 17, 19, 23, 24, 28
Mejores días para el dinero: 1, 2, 6, 7, 8, 11, 12, 14, 15, 21, 22, 23, 24, 31

Ahora hay aún más motivos que el mes pasado para centrar la atención en la profesión. No sólo la mayoría de los planetas están sobre el horizonte de tu carta sino que, además, tu casa de la profesión está más fuerte aún, mientras está vacía tu cuarta casa, la del hogar y la familia (sólo estará allí la Luna los días 10 y 11). Tu planeta de la familia, Plutón, inicia movimiento retrógrado el 24. Así pues, los asuntos familiares y emocionales no tienen rápida solución; necesitan más tiempo, estudio y reflexión. Puedes desatenderlos tranquilamente y centrarte en tu profesión.

La profesión continúa ajetreada (como el mes pasado) hasta el 21. Pero el 6, Venus hace una importante entrada en tu décima casa, la de la profesión, por lo que has de temperar tu osadía con diplomacia y tacto. La osadía y el espíritu de lucha siguen siendo importantes, pero no olvides emplear el encanto cuando sea necesario. Hasta el 21 tienes éxito alternando encanto y actos osados. Después del 21 las cosas se calman, las victorias ya se han ganado y reinan la paz y la armonía.

Podría haber cambios en la jerarquía de tu empresa, reorganización de la dirección.

La mayoría de los planetas continúan en tu sector occidental, de modo que ten presente lo que hemos hablado antes. Si bien puedes ser osado y lanzado en tu profesión, esto no es aconsejable en la vida social. Practica la adaptabilidad.

La vida social sigue siendo importante, pero no tanto como en los meses anteriores. Ahora es importante la pasión en el amor (más que los aspectos románticos). La actividad sexual es más importante que el amor. La mayor actividad profesional también limita la vida social. Si estás soltero y has saboreado la dicha romántica en los meses pasados, desearás pasar a otra cosa. Después del 20 te llaman los viajes al extranjero y la formación superior. Si estás casado, sigues unido a tu cónyuge, pero cada uno lleva su propia vida.

La intuición financiera continúa pasmosa hasta el 12, pero en realidad los ingresos aumentan después de esta fecha. Las decisiones financieras se toman con rapidez entonces. El progreso es rápido; la suerte está contigo. Ganas más, pero también gastas más. El gasto precipitado e impulsivo puede ser un problema. Las inversiones en educación son buenas. Hay más donaciones a obras benéficas. Se ensancha el horizonte financiero. Los extranjeros y otros países tienen un importante papel en los ingresos.

La salud es buena todo el mes, pero después del 20 es excelente. El equinoccio de primavera el 20 es como una inyección de adrenalina para ti. Tienes la energía para lograr cualquier objetivo que desees. La libido se dispara. Te superas en las actividades deportivas o atléticas.

Abril

Mejores días en general: 1, 8, 9, 17, 18, 27, 28
Días menos favorables en general: 6, 7, 13, 14, 19, 20, 21
Mejores días para el amor: 4, 5, 6, 13, 14, 15, 22, 23, 24
Mejores días para el dinero: 2, 3, 8, 10, 11, 17, 18, 19, 20, 27, 28, 29, 30

El 19 es un día importante este mes, Leo. En primer lugar, hay un eclipse solar en la cúspide de tus casas novena y décima. También está el traslado del poder planetario desde tu sector occidental o social al sector oriental de tu horóscopo. Esto quiere decir que hay un cambio en tu orientación general. Si bien sigue siendo importante la vida social y el llevarte bien con los demás, ahora tienes más independencia. Ya estás un poco cansado de «complacer a la gente» y del pelotilleo social. Quieres las cosas a tu manera; quieres las condiciones como te gustan. Quieres forjar tu destino y elevarte y caer por tus propios méritos y trabajo. A medida que avanza el mes vas adquiriendo más poder para hacer esto.

Este eclipse solar es potente, por lo tanto reduce tus actividades durante ese periodo. Todos los eclipses solares (de los que normalmente hay dos cada año) te dan la oportunidad de mejorar y perfeccionar tu imagen, cuerpo y apariencia personal. También te obligan a redefinir y aclarar tu personalidad. Ves fácilmente los defectos para que puedas corregirlos. Pero este eclipse también indica cambios en la profesión. Es posible que cambies de trabajo, de empresa, o incluso de profesión. Podría haber una reorganización en la estructura de poder de la empresa o la industria en que trabajas.

La salud en general es buena, pero el eclipse hará aflorar las impurezas del cuerpo para hacer limpieza. Además, a partir del 19 la vitalidad no está a la altura de costumbre. Procura descansar y relajarte más (dudo que lo hagas) o trata de hacer más con menos esfuerzo. Fija resueltamente los ojos en tus prioridades, sin vacilar.

Como el mes pasado, los planetas están principalmente sobre el horizonte de tu carta. Tu décima casa está en su periodo fuerte del año (a partir del 19). Estás en una cima profesional anual. Progresas mucho, y si se necesita algunos «terremotos» o sacudidas para que alcances ese progreso, ¿qué? Vienen aumento de sueldo y ascenso, pero podría haber reacciones retardadas. La prosperidad es buena, pero es probable que haya algunos saltos, unos pocos baches, en el camino. Una buena red de contactos sociales favorece la profesión después del 3.

Tu planeta del dinero, Mercurio, está retrógrado del 6 al 30. Los tratos o compromisos financieros, inversiones y compras importantes será mejor hacerlos antes o después de este periodo. No te precipites en estas cosas, ya que tu razonamiento (y las condiciones) será muy diferente después del 30. Pese al movimiento retrógrado llegarán los ingresos, pero podría haber retrasos y pequeños contratiempos.

Este mes tenemos una insólita gran cuadratura en el firmamento. Afecta a la profesión, al amor y a la vida familiar. En tu caso, subraya los clásicos conflictos (y la necesidad de equilibrio) entre estos tres frentes; a cada uno has de darle lo suyo. No puedes obviar ninguno. De alguna manera debes juntar tu trabajo profesional con tu vida amorosa, y con los asuntos domésticos y emocionales. El amor ciertamente se complica porque estás totalmente centrado en la profesión.

LEO

Mayo

Mejores días en general: 6, 7, 14, 15, 24, 25
Días menos favorables en general: 4, 5, 10, 11, 17, 18, 31
Mejores días para el amor: 2, 3, 4, 10, 11, 12, 19, 20, 22, 29, 30, 31
Mejores días para el dinero: 6, 7, 8, 9, 15, 16, 17, 18, 27, 28

El eclipse lunar del 4 es fuerte en ti, así que reduce tus actividades unos pocos días antes y unos días después. Ahora no es el momento de dedicarse a actividades arriesgadas o estresantes. Habrá que reprogramar operaciones quirúrgicas no urgentes o viajes. Lo que tengas que hacer, hazlo, pero sólo tú puedes discernir qué es necesario y qué puedes aplazar. Usa el sentido común. Este eclipse ocurre en tu cuarta casa, la del hogar y la familia. Esto indica cambios graduales, a largo plazo, en los hábitos o relaciones familiares. Podrían salir a luz defectos en la casa para que puedas corregirlos. Muchas veces este tipo de eclipses indica una mudanza o renovaciones importantes en la casa, pero no necesariamente. Un progenitor o figura parental redefine su personalidad y tal vez experimenta una desintoxicación del cuerpo; esta persona comenzará a vestirse diferente y adoptará una nueva imagen. Todos los eclipses lunares afectan a tu vida espiritual, ya que la Luna es la regente de tu casa doce. Así pues, recibes una revelación espiritual que cambia tu práctica de meditación o tu programa espiritual en general. Podría haber desacuerdos temporales con un guía religioso, guru o mentor espiritual no oficial. También podrían cambiar las relaciones con una organización benéfica o religiosa. La vida onírica será hiperactiva durante el periodo de este eclipse, pero no debes darle demasiado peso a tus sueños. La mayoría de las imágenes son simples desechos flotantes removidos por el eclipse y no tienen más significado.

Aunque el eclipse sacudirá temporalmente la vida hogareña y familiar, y te verás obligado a prestar más atención a este ámbito, tu principal foco de atención continuará en tu profesión y objetivos externos. Tu décima casa, la de la profesión, continúa muy poderosa. Estás en una cima profesional anual y ocurren todo tipo de novedades positivas. Llegas a pináculos personales de éxito y prestigio.

Hay probabilidades de honores y reconocimientos; de aumento de sueldo y también de ascenso (si no han ocurrido ya).

La salud hay que vigilarla hasta el 20. Después se dispara la vitalidad. Las molestias de salud sólo son temporales. De todos modos siempre te conviene mantener al máximo la energía descansando y relajándote más. El ejercicio físico vigoroso favorece la salud después del 7. Entrar en la «alegría de la vida» también es un tónico natural. Si te sientes algo indispuesto, sal por la noche, ve al teatro a haz algo placentero. Las aficiones creativas, las cosas que haces por el placer de hacerlas, también favorecen la salud.

Las finanzas son fuertes este mes. Aumentan los ingresos. Personas extranjeras, y tal vez otros países, tienen un papel en los ingresos. Hay probabilidades de viajes de negocios o trabajo. Júpiter, que está en tu casa del dinero, retoma el movimiento directo este mes, después de estar varios meses retrógrado. Ahora avanzan rápido los tratos o negocios bloqueados o en desarrollo. Los proyectos creativos no sólo favorecen la salud sino que también impulsan las finanzas. Las especulaciones bursátiles son más favorables.

El amor es variable, tiene sus altibajos.

Junio

Mejores días en general: 2, 3, 11, 12, 21, 22, 30
Días menos favorables en general: 1, 6, 7, 13, 14, 28
Mejores días para el amor: 1, 6, 7, 8, 16, 17, 18, 25, 26, 27
Mejores días para el dinero: 4, 5, 6, 7, 13, 14, 16, 17, 23, 24, 27, 28

Si bien hay muchos planetas en tu sector oriental, Leo, y tu signo adquiere poder después del 24, el 40 por ciento de los planetas están en movimiento retrógrado. Esto quiere decir que puedes esperar más resistencia, tal vez más retrasos en la construcción de tu Reino del Cielo en la Tierra. Aprovecha los retrasos para perfeccionar tus planes, productos y servicios. Todavía tienes la capacidad de hacer las cosas a tu manera y cambiar las condiciones, sólo debes tener un poco más de paciencia.

Estando retrógrados tus dos planetas del amor, el amor es complicado y tal vez hay muchos retrasos. La vida social en general parece en suspenso. Las amistades van bien y pareces muy concentrado en ellas. Participas más en organizaciones tanto sociales como financieras. Los amigos apoyan tus objetivos económicos.

Una insólita gran cuadratura influye en las finanzas, el amor y la creatividad, todo el mes. Tienes la intención de materializar un proyecto realmente grande, y has de hacer muchísimos equilibrios. La paciencia y la perseverancia te ayudarán a avanzar en esto.

También es un mes muy espiritual. La vida interior es extraordinariamente interesante y recibes muchas revelaciones; en especial respecto a los aspectos espirituales de la salud. Este es uno de los motivos de que la salud esté tan bien este mes. Participas más en actividades de tipo pastoral, espiritual, benéficas o de voluntariado. Lees más libros de orientación espiritual. Acudes a videntes, astrólogos y gurus movido por el deseo de acercarte más al mundo invisible.

Después del 21 te sientes más en la modalidad «retiro», y eso no ha de inquietarte. Este sentimiento ahora es perfectamente natural. Todos necesitamos estar un tiempo alejados del mundo para sentir quiénes somos realmente.

La mitad superior de tu carta sigue más fuerte que la inferior. Aunque esto va a cambiar pronto, este mes el enfoque continúa en objetivos externos, profesionales y mundanos, y no en los objetivos orientados a la vida emocional y familiar. Incluso tu interés por la espiritualidad tiene un fuerte componente mundano. El desafío este mes es combinar los valores espirituales con los temporales: tener éxito en la profesión pero continuar fiel a los valores éticos y espirituales.

Aunque sigues trabajando en un proyecto grande y delicado, las finanzas deberían mejorar después del 19, cuando Mercurio se aleja del aspecto formado por la gran cuadratura. La intuición estará mejor entonces, sobre todo cuando te sientas tranquilo y en paz. La tendencia será a gastar e invertir basándote en tu «estado de ánimo del momento» y no tanto en una estrategia o plan maestro a largo plazo. Esto está bien, mientras lo hagas cuando tu estado anímico sea positivo.

Julio

Mejores días en general: 8, 9, 18, 19, 27, 28
Días menos favorables en general: 4, 10, 11, 25, 26, 31
Mejores días para el amor: 4, 6, 13, 14, 15, 23, 24, 25, 31
Mejores días para el dinero: 2, 8, 9, 10, 11, 18, 19, 20, 21, 29, 30

Dos Lunas nuevas se encargan de que este mes sea extraordinariamente espiritual: lleno de revelaciones, experiencias psíquicas y ultrasensoriales, una intensa vida onírica y muchas «coincidencias» extrañas e interesantes. Esto lo refuerza el enorme poder que hay en tu casa doce, la de la espiritualidad.

Estas Lunas llenas te dan energía extra para lograr ciertos objetivos. Es como si el Cosmos te hiciera un «regalo más». La primera Luna llena ocurre el 2 en Capricornio, tu sexta casa; ese día tendrás más energía para lograr objetivos laborales y de salud. La segunda Luna llena ocurre el 31 en Acuario, tu séptima casa (y cerca de Neptuno, el regente de tu octava casa), momento en que rugirá tu libido, más que de costumbre, y estarás más enérgico para conseguir objetivos sociales.

La mayoría de los planetas continúan en tu sector oriental y tu signo está extraordinariamente fuerte, sobre todo después del 22. El belicoso Marte permanece en tu signo todo el mes. La independencia personal está en su cima anual. Tiendes a ser voluntarioso y a imponerte (ten cuidado de no excederte en lo bueno, y jamás olvides la cortesía). Tienes más energía fuego este periodo, y la necesitarás para superar los retos que te pone la gran cuadratura que sigue en vigor todo el mes. Sí, hallarás más resistencia para conseguir tus objetivos, pero también te sobra la energía para vencer esa resistencia. Lánzate en pos de tus objetivos. Forja tu vida tal como la deseas, según tus especificaciones. La iniciativa personal da resultados; deja que el mundo se adapte a ti, y no al contrario.

Si bien hay mucha resistencia a las metas económicas, el trabajo arduo produce resultados. Te sorprenderá ver cómo compensa la perseverancia y la resolución después del 25. No claudiques.

El dinero viene de la intuición hasta el 4. La inclinación hacia las obras benéficas es fuerte hasta el 4. Después inviertes en ti, en tu imagen y apariencia. La apariencia es un factor importante en los

170

ingresos. Te vistes para el éxito, con ropa cara. Pero también te gusta la ropa informal, deportiva. Deseas dar la imagen de «inteligente» y «activo». El color rojo te sienta mejor que de costumbre.

El amor es menos complicado que el mes pasado, ya que uno de los planetas del amor, Venus, está en movimiento directo. Pero de todos modos, el amor en serio requiere paciencia. Atraes al sexo opuesto; estás magnético, carismático e irradias atractivo sexual. Pero un amor en serio no aparece en las cartas. Las amistades van bien.

La salud está maravillosa. Tienes la energía de diez personas.

El 22, el poder planetario ya habrá pasado de la mitad superior de tu horóscopo a la inferior. Así pues, la profesión está perdiendo impotancia (tal vez porque estás donde deseas estar) y los asuntos familiares y domésticos empiezan a acaparar tu atención.

Agosto

Mejores días en general: 4, 5, 14, 15, 23, 24
Días menos favorables en general: 1, 7, 8, 21, 22, 27, 28
Mejores días para el amor: 1, 2, 11, 12, 21, 22, 27, 28, 30
Mejores días para el dinero: 7, 8, 16, 17, 18, 24, 25, 26

Como el mes pasado, la mayoría de los planetas están en tu sector oriental y los muchos planetas que transitan por tu signo hacen de ti una dinamo de energía, magnetismo y carisma. Sí, hay obstáculos en el camino hacia el éxito, pero los superas con facilidad. Algunos de los obstáculos de que hablamos el mes pasado se evaporan, ya que se disipa la gran cuadratura celeste. Pero permanecen otros. Los impulsos hacia el amor, las finanzas, el hogar y los asuntos familiares tiran de ti en diferentes sentidos y tienes que gastar más energía en equilibrarlos. Continúa actuando con osadía y decisión para crear las condiciones como a ti te gustan. Lánzate en pos de tus objetivos. Los actos personales ahora importan. Tu destino está en tus manos.

El principal titular de este mes son las finanzas. Es un mes muy próspero, tal vez el más próspero del año. Dedicas mucho tiempo y energía a estos asuntos, te ocupas personalmente de administrar tu dinero, de organizar tus inversiones y de dirigir tu destino financiero. No delegas esa tarea a otros como hacen muchas personas. Los intereses personales, la ambición, el fuego en las entrañas, es uno de los principales componentes del éxito. Y todo lo tienes en abundancia. Como el mes pasado, inviertes en ti. La apariencia personal es un factor importante en los ingresos. Te arriesgas más en los asuntos financieros, ya que Marte entra en tu casa del dinero el 10. Haces que ocurra la riqueza. La única pega es el movimiento retrógrado de Mercurio, tu planeta del dinero (del 10 al 30). Ahora bien, habiendo tanto poder en tu casa del dinero, este retrógrado no basta para impedir que lleguen los ingresos ni para impedir la riqueza. Puede generar muchas «reacciones retardadas», eso sí. Y tendrás que meditar más que de costumbre para tomar tus decisiones financieras. A fin de mes hay golpes de suerte. La especulación bursátil es de hecho favorable, pero analiza las cosas con detenimiento antes de lanzarte. El dinero y las oportunidades te vienen rápida y repentinamente. Los planes pueden cambiar en un abrir y cerrar de ojos. Pero pareces lo bastante ágil para saberlo llevar.

El amor continúa complicado, pero no por culpa tuya. Es cierto que estás menos dispuesto a comprometerte y tiendes a ser voluntarioso, pero el verdadero problema es otro; estás más interesado en tus objetivos personales y financieros. Una relación amorosa actual parece estar en suspenso. Es sano que tú y la persona amada reevaluéis las cosas. Es posible que la aparición de un nuevo amor (no serio) complique la relación actual.

La salud continúa fabulosa.

Como el mes pasado, los planetas están bajo el horizonte de tu carta y necesitas más armonía emocional que prestigio o logros externos.

Septiembre

Mejores días en general: 1, 2, 10, 11, 12, 20, 28, 29
Días menos favorables en general: 3, 4, 17, 18, 24, 25, 30
Mejores días para el amor: 8, 10, 17, 18, 24, 25, 26, 27
Mejores días para el dinero: 2, 3, 4, 12, 13, 14, 23

LEO

Ahora que tu planeta del dinero está en movimiento directo, las finanzas son más fuertes que el mes pasado. Este es otro mes próspero. Llegan a su fin muchos de los retrasos experimentados el mes pasado. Se desbloquean los tratos o decisiones en suspenso. Sigue fuerte el interés personal por la riqueza y el dinero. Las especulaciones bursátiles continúan favorables. Siguen llegando rachas de suerte financiera.

A fin de mes ya se habrán realizado muchos de tus objetivos financieros y estarás preparado para pasar a otros intereses. Júpiter hace un importante tránsito desde tu casa del dinero a tu tercera casa, la de la comunicación y los intereses intelectuales. El 28, ya estarán en esta tercera casa el 40 por ciento de los planetas. Este parece ser el centro de tu vida; las actividades de venta, comercialización y comunicación no sólo interesan por sí mismas, sino que también tienen un papel importante en las finanzas. Utilizas más los medios de comunicación. Viajas más, pero dentro de la región o del país. Hay muchas oportunidades de formación. La mente está aguda y las dotes de comunicación afiladas. Si eres estudiante o profesor tienes un periodo maravilloso. En los próximos meses te llega un coche nuevo y/o un equipo de comunicación (esto podría ocurrir este mes también).

La mayoría de los planetas continúan bajo el horizonte de tu carta, entre ellos Venus, tu planeta de la profesión. Venus estará en tu signo a partir del 7. Esto indica que aunque te muestras muy ambicioso y proyectas esa imagen, tu corazón no está realmente en la profesión. De todos modos, dar esa imagen sirve a tus intereses.

Estando Venus en tu signo, tu apariencia personal resplandece. Te ves elegante e inteligente. Este mes te atrae el color verde; en general conjuntas más los colores. Es un buen mes para comprar accesorios de moda y artículos de belleza pues tienes buen ojo para esas cosas. El amor sigue complicado, aunque sigues atrayendo al sexo opuesto. Es posible que una relación actual se complique debido a desacuerdos financieros. Si bien todavía hay dificultades para el amor serio, abundan las oportunidades de relaciones temporales. Si estás soltero, por lo menos lo pasas bien mientras esperas que aparezca esa persona ideal.

La salud continúa siendo buena, pero después del 22 presta más atención a la columna, las rodillas, los dientes y la postura corporal.

Octubre

Mejores días en general: 8, 9, 17, 18, 25, 26
Días menos favorables en general: 1, 15, 16, 21, 22, 28, 29
Mejores días para el amor: 5, 10, 11, 15, 19, 20, 21, 22, 23, 29, 30
Mejores días para el dinero: 2, 3, 10, 11, 13, 14, 21, 23, 24, 30

Si bien tú y las personas que te rodean estáis en vena más romántica, el amor en serio sigue requiriendo paciencia. Tal vez ni siquiera te importa; y puesto que el romance es un 90 por ciento disposición de ánimo, esto te basta, y dejas que el futuro cuide de sí mismo. Si logras disfrutar del momento presente sin proyectar hacia el futuro, este mes el amor puede ser feliz. Si sucumbes a la tendencia de analizar excesivamente tus relaciones amorosas (Venus está en Virgo después del 3) podrías matar la buena disposición hacia el romance. Aunque gran parte del romance que te llega este mes es ilusorio, la ilusión tiene sus encantos; son ilusiones placenteras (el 98 por ciento de lo que llamamos realidad es ilusión, ¿por qué no crearse ilusiones agradables, entonces?).

Como el mes pasado, la principal actividad está en tu tercera casa, la de la comunicación y los intereses intelectuales. Gran parte de lo que dijimos el mes pasado sigue en vigor ahora.

Este mes se intensifica tu interés por los asuntos familiares, domésticos y emocionales, y la necesidad de sentir armonía emocional, ya que tu cuarta casa adquiere poder después del 23. La mayoría de los planetas siguen bajo el horizonte de tu carta también. La necesidad de pasar más tiempo con la familia y sentir más armonía interior podría precipitar cambios profesionales a fin de mes. El eclipse lunar del 28 anuncia cambios en la profesión. Estos cambios podrían no ocurrir exactamente el 28, sino una semana antes o una semana después, o incluso en los seis meses siguientes al eclipse; pero ocurrirán. Este eclipse es potente en ti, de modo que reduce tus actividades durante ese periodo. Muchas veces este tipo de eclipses indican una reorganización o reestructuración en la industria en que trabajas o en la jerarquía de la empresa. Puesto que tus aspectos generales son buenos, me imagino que los cambios serán a la larga para mejor. Por un tiempo corto pueden molestarte o perturbarte, pero en general son buenos.

Este mes hay también un eclipse solar, el 14. Aunque has experimentado eclipses solares mucho más difíciles, de todos modos es necesario que reduzcas tus actividades en este. Todos los eclipses solares te afectan más que a la mayoría de las personas. Afectan a tu imagen y personalidad. Harás cambios a largo plazo a este respecto. Dado que el eclipse ocurre en tu tercera casa, indica cambios en tus intereses intelectuales. Si eres estudiante, quizá se produzca una reorganización en el colegio o cambio de profesores. Pueden salir a la luz fallos en tu coche o equipo de comunicación para que puedas repararlos o cambiarlos. Podría haber desacuerdos o conflictos con hermanos o vecinos.

La salud es esencialmente buena, pero procura descansar y relajarte más después del 23. Continúa favoreciéndola prestando más atención a la columna, rodillas, dientes y alineación esquelética.

Noviembre

Mejores días en general: 4, 5, 13, 14, 22, 23
Días menos favorables en general: 11, 12, 17, 18, 24, 25
Mejores días para el amor: 2, 9, 10, 11, 17, 18, 19, 29, 30
Mejores días para el dinero: 3, 4, 7, 8, 9, 10, 13, 14, 17, 18, 22, 23, 26, 27

Tu cuarta casa, la del hogar y la familia, está aún más fuerte que el mes pasado; tu décima casa, la de la profesión, está vacía (sólo la visitará la Luna los días 24 y 25); la mayoría de los planetas continúan en la mitad inferior (bajo el horizonte) de tu horóscopo. El mensaje es claro, Leo. Puedes restar importancia a la profesión y objetivos externos y centrar la atención en poner la situación familiar y doméstica como deseas que esté. Es un mes para progresar interior y psíquicamente, y no en lo profesional y externo. Es un mes para encontrar tu «zona de agrado emocional» y funcionar desde ahí. Muchos Leo vais a declinar ofertas profesionales lucrativas (cosas por las que otros matarían) si estas obstaculizan vuestra armonía emocional. Ahora preferís la felicidad al prestigio y el éxito.

Este mes el poder planetario hace un importante traslado al sector occidental o social de tu carta. El 22 ya estarán ahí entre el 70 y el 80 por ciento de los planetas. Esto significa que has de cambiar de marcha psíquica. La actividad independiente ya no te lleva tan lejos como en los meses anteriores. Necesitas la buena voluntad de otras personas. El bien te viene a través de otros y su buena voluntad. No es un periodo para cambiar las condiciones que no gustan, sino para adaptarte lo mejor posible a ellas. Cultiva y ejercita tus dotes sociales. La iniciativa personal no lleva al éxito necesariamente, el buen talante social sí.

El amor mejora mucho este mes. El signo Libra continúa fuerte, por lo tanto la gente en general está más romántica y sociable. Urano, tu planeta del amor, reinicia el movimiento directo el 11, después de estar muchos meses retrógrado; también recibe aspectos fabulosos. Una relación actual comienza a avanzar. Los objetivos sociales se ven más claros ahora. Si estás soltero tienes opciones de amor romántico y de amor del tipo juego y diversión. Aumenta la confianza social. Alrededor del 11 se presentan interesantes oportunidades amorosas, o bien en el colegio, en otro país o con una persona extranjera. Conoces a alguien de categoría alrededor del 22. Esta persona podría estar involucrada en tu profesión o ayudarte en ella.

Pero después del 21 el amor podría volver a complicarse. Esto quizá se deba a un exceso de algo bueno: demasiadas oportunidades amorosas, demasiadas oportunidades de pasarlo bien. El ánimo de fiesta no le sienta bien a la relación actual.

En las finanzas no hay novedad. Hasta el 4 el dinero viene de propiedades, familiares o contactos familiares. Después viene por la vía acostumbrada: del trabajo.

Hay que continuar vigilando la salud hasta el 21; descansa y relájate más siempre que sea posible. Después la vitalidad se dispara.

Diciembre

Mejores días en general: 1, 2, 3, 11, 19, 20, 29, 30
Días menos favorables en general: 8, 9, 15, 21, 22
Mejores días para el amor: 8, 9, 15, 17, 19, 26, 29, 30

LEO

Mejores días para el dinero: 1, 2, 4, 5, 6, 7, 11, 12, 14, 15, 19, 20, 23, 24, 29, 30, 31

Este mes sería de fiesta para Leo aunque no fuera Navidad. Incluso los Leo musulmanes o budistas os divertís más en este periodo, aunque las fiestas de Navidad ayudan. Ahora tienes la oportunidad de ser tú mismo, de expresar tu creatividad y procurar alegría a los demás. Porque Leo no se contenta con su felicidad personal, la quiere para todos.

Es un mes para relajarse y dejarse llevar por la vida, para aprender la magia de la alegría y cómo esta nos trae todo lo que necesitamos y cuando lo necesitamos; para endosar tus cargas a un Poder Superior y liberarte en el éxtasis. Ya habrá tiempo para atender a las preocupaciones y cuidados, ahora es el momento de llenar de alegría las ondas psíquicas.

Los Leo en edad de concebir estáis más fértiles. Siempre amante de los niños, ahora lo eres más. Es un periodo para conectar más en profundidad con tu niño o niña interior.

La mayor parte del poder planetario continúa bajo el horizonte de tu carta, reforzando aún más el deseo de felicidad, la felicidad como objetivo por derecho propio, felicidad divorciada de las condiciones del mundo externo. Muchas personas creen que el éxito trae la felicidad, pero lo cierto es que la felicidad trae la felicidad. Continúa poniendo en buena forma tu vida doméstica y familiar. Deja de lado las preocupaciones profesionales por un tiempo. (Lo interesante es que aunque no prestas demasiada atención a la profesión hay oportunidades profesionales después del 16, y estas se presentan cuando estás dedicado a actividades de ocio; también podrían presentarse en una fiesta.)

La mayoría de los planetas continúan en tu sector occidental, lo cual refuerza la naturaleza social de este mes. Es un periodo para dejar que ocurra lo bueno, no para hacer que ocurra.

Si estás soltero, alternas con cualquiera. Pero el amor se torna más serio después del 22. Hasta el 21 hay abundancia de oportunidades románticas (aunque no del tipo serio). Como el mes pasado, tu ánimo festivo (que algunos considerarán frívolo) no sienta bien a una relación actual.

La salud es fabulosa. Continúa favoreciéndola prestando más

atención a la columna, las rodillas, los dientes y la alineación del esqueleto, en especial después del 21. Pasada esta fecha te importarán más los asuntos de salud. Te concentras más en programas de salud y dieta.

Si buscas trabajo tendrás éxito después del 21. Las finanzas están más complicadas debido al movimiento retrógrado de Mercurio hasta el 20. Será mejor que en este periodo planees tus compras navideñas y las hagas después. Evita la especulación bursátil hasta pasado el 20 (aunque la tentación sea fuerte).

Virgo

♍

La Virgen
Nacidos entre el 22 de agosto y el 22 de septiembre

Rasgos generales

VIRGO DE UN VISTAZO

Elemento: Tierra

Planeta regente: Mercurio
   Planeta de la profesión: Mercurio
   Planeta de la salud: Urano
   Planeta del dinero: Venus
   Planeta del hogar y la vida familiar: Júpiter
   Planeta del amor: Neptuno
   Planeta de la sexualidad: Marte

Colores: Tonos ocres, naranja, amarillo
   Color que favorece el amor, el romance y la armonía social: Azul
   Colores que favorecen la capacidad de ganar dinero: Jade, verde

Piedras: Ágata, jacinto

Metal: Mercurio

Aromas: Lavanda, lila, lirio de los valles, benjuí

Modo: Mutable (= flexibilidad)

Cualidad más necesaria para el equilibrio: Ver el cuadro completo

Virtudes más fuertes: Agilidad mental, habilidad analítica, capacidad para prestar atención a los detalles, poderes curativos

Necesidad más profunda: Ser útil y productivo

Lo que hay que evitar: Crítica destructiva

Signos globalmente más compatibles: Tauro, Capricornio

Signos globalmente más incompatibles: Géminis, Sagitario, Piscis

Signo que ofrece más apoyo laboral: Géminis

Signo que ofrece más apoyo emocional: Sagitario

Signo que ofrece más apoyo económico: Libra

Mejor signo para el matrimonio y/o las asociaciones: Piscis

Signo que más apoya en proyectos creativos: Capricornio

Mejor signo para pasárselo bien: Capricornio

Signos que más apoyan espiritualmente: Tauro, Leo

Mejor día de la semana: Miércoles

La personalidad Virgo

La virgen es un símbolo particularmente adecuado para los nativos de este signo. Si meditamos en la imagen de la virgen podemos comprender bastante bien la esencia de la persona Virgo. La virgen, lógicamente, es un símbolo de la pureza y la inocencia, no ingenua sino pura. Un objeto virgen es fiel a sí mismo, es como siempre ha sido. Lo mismo vale para una selva virgen: es prístina, inalterada.

Aplica la idea de pureza a los procesos de pensamiento, la vida emocional, el cuerpo físico y las actividades y proyectos del mundo cotidiano, y verás cómo es la actitud de los Virgo ante la vida. Desean la expresión pura del ideal en su mente, su cuerpo y sus asuntos. Si encuentran impurezas tratarán de eliminarlas.

VIRGO

Las impurezas son el comienzo del desorden, la infelicidad y la inquietud. El trabajo de los Virgo es eliminar todas las impurezas y mantener solamente lo que el cuerpo y la mente pueden aprovechar y asimilar.

Aquí se revelan los secretos de la buena salud: un 90 por ciento del arte del bienestar es mantener puros la mente, el cuerpo y las emociones. Cuando introducimos más impurezas de las que el cuerpo y la mente pueden tratar, tenemos lo que se conoce por malestar o enfermedad. No es de extrañar que los Virgo sean excelentes médicos, enfermeros, sanadores y especialistas en nutrición. Tienen un entendimiento innato de la buena salud y saben que no sólo tiene aspectos físicos. En todos los ámbitos de la vida, si queremos que un proyecto tenga éxito, es necesario mantenerlo lo más puro posible. Hay que protegerlo de los elementos adversos que tratarán de socavarlo. Este es el secreto subyacente en la asombrosa pericia técnica de los Virgo.

Podríamos hablar de las capacidades analíticas de los nativos de Virgo, que son enormes. Podríamos hablar de su perfeccionismo y su atención casi sobrehumana a los detalles. Pero eso sería desviarnos de lo esencial. Todas esas virtudes son manifestaciones de su deseo de pureza y perfección; un mundo sin nativos de Virgo se habría echado a perder hace mucho tiempo.

Un vicio no es otra cosa que una virtud vuelta del revés, una virtud mal aplicada o usada en un contexto equivocado. Los aparentes vicios de Virgo proceden de sus virtudes innatas. Su capacidad analítica, que debería usarse para curar, ayudar o perfeccionar un proyecto, a veces se aplica mal y se vuelve contra la gente. Sus facultades críticas, que deberían utilizarse constructivamente para perfeccionar una estrategia o propuesta, pueden a veces usarse destructivamente para dañar o herir. Sus ansias de perfección pueden convertirse en preocupación y falta de confianza; su humildad natural puede convertirse en autonegación y rebajamiento de sí mismo. Cuando los Virgo se vuelven negativos tienden a dirigir en su contra sus devastadoras críticas, sembrando así las semillas de su propia destrucción.

Situación económica

Los nativos de Virgo tienen todas las actitudes que crean riqueza: son muy trabajadores, diligentes, eficientes, organizados, ahorrativos, productivos y deseosos de servir. Un Virgo evolucionado es el sueño de todo empresario. Pero mientras no dominen algunos de los dones sociales de Libra no van ni a acercarse siquiera a hacer realidad su potencial en materia económica. El purismo y el perfeccionismo pueden ser muy molestos para los demás si no se los maneja con corrección y elegancia. Los roces en las relaciones humanas pueden ser devastadores, no sólo para nuestros más queridos proyectos, sino también, e indirectamente, para nuestro bolsillo.

A los Virgo les interesa bastante su seguridad económica. Dado que son tan trabajadores, conocen el verdadero valor del dinero. No les gusta arriesgarse en este tema, prefieren ahorrar para su jubilación o para los tiempos de escasez. Generalmente hacen inversiones prudentes y calculadas que suponen un mínimo riesgo. Estas inversiones y sus ahorros normalmente producen buenos dividendos, lo cual los ayuda a conseguir la seguridad económica que desean. A los Virgo ricos, e incluso a los que no lo son tanto, también les gusta ayudar a sus amigos necesitados.

Profesión e imagen pública

Los nativos de Virgo realizan todo su potencial cuando pueden comunicar sus conocimientos de manera que los demás los entiendan. Para transmitir mejor sus ideas, necesitan desarrollar mejores habilidades verbales y maneras no críticas de expresarse. Admiran a los profesores y comunicadores; les gusta que sus jefes se expresen bien. Probablemente no respetarán a un superior que no sea su igual intelectualmente, por mucho dinero o poder que tenga. A los Virgo les gusta que los demás los consideren personas educadas e intelectuales.

La humildad natural de los Virgo suele inhibirlos de hacer realidad sus grandes ambiciones, de adquirir prestigio y fama. Deberán consentirse un poco más de autopromoción si quieren conseguir sus objetivos profesionales. Es necesario que se impulsen con el mismo fervor que emplearían para favorecer a otras personas.

En el trabajo les gusta mantenerse activos. Están dispuestos a aprender a realizar cualquier tipo de tarea si les sirve para lograr su objetivo último de seguridad económica. Es posible que tengan varias ocupaciones durante su vida, hasta encontrar la que realmente les gusta. Trabajan bien con otras personas, no les asusta el trabajo pesado y siempre cumplen con sus responsabilidades.

Amor y relaciones

Cuando uno es crítico o analizador, por necesidad tiene que reducir su campo de aplicación. Tiene que centrarse en una parte y no en el todo, y esto puede crear una estrechez de miras temporal. A los Virgo no les gusta este tipo de persona. Desean que su pareja tenga un criterio amplio y una visión profunda de las cosas, y lo desean porque a veces a ellos les falta.

En el amor, los Virgo son perfeccionistas, al igual que en otros aspectos de la vida. Necesitan una pareja tolerante, de mentalidad abierta y de manga ancha. Si estás enamorado o enamorada de una persona Virgo, no pierdas el tiempo con actitudes románticas nada prácticas. Haz cosas prácticas y útiles por tu amor Virgo; eso será lo que va a apreciar y lo que hará por ti.

Los nativos de Virgo expresan su amor con gestos prácticos y útiles, de modo que no te desanimes si no te dice «Te amo» cada dos días. No son ese tipo de persona. Cuando aman lo demuestran de modos prácticos. Siempre estarán presentes; se interesarán por tu salud y tu economía; te arreglarán el fregadero o la radio. Ellos valoran más estas cosas que enviar flores, bombones o tarjetas de san Valentín.

En los asuntos amorosos, los Virgo no son especialmente apasionados ni espontáneos. Si estás enamorado o enamorada de una persona Virgo, no interpretes esto como una ofensa. No quiere decir que no te encuentre una persona atractiva, que no te ame o que no le gustes. Simplemente es su manera de ser. Lo que les falta de pasión lo compensan con dedicación y lealtad.

Hogar y vida familiar

No hace falta decir que la casa de un Virgo va a estar inmaculada, limpia y ordenada. Todo estará en su lugar correcto, ¡y que nadie se atreva a cambiar algo de sitio! Sin embargo, para que los Virgo encuentren la felicidad hogareña, es necesario que aflojen un poco en casa, que den más libertad a su pareja y sus hijos y que sean más generosos y de mentalidad más abierta. Los miembros de la familia no están para ser analizados bajo un microscopio; son personas que tienen que expresar sus propias cualidades.

Una vez resueltas estas pequeñas dificultades, a los Virgo les gusta estar en casa y recibir a sus amigos. Son buenos anfitriones y les encanta hacer felices a amigos y familiares y atenderlos en reuniones de familia y sociales. Aman a sus hijos, pero a veces son muy estrictos con ellos, ya que quieren hacer lo posible para que adquieran un sentido de la familia y los valores correctos.

Horóscopo para el año 2004

Principales tendencias

La salud está mucho mejor que el año pasado, Virgo, pero necesitas seguir vigilándola.

El año pasado comenzó a ponerse más interesante tu vida amorosa y social, y sentiste las primeras turbulencias del cambio. Ahora los cambios y la emoción se aceleran, dado que Urano va a transitar firmemente por tu casa del amor y el matrimonio durante los siete próximos años; ya hablaremos de esto más adelante.

El año pasado fue de prosperidad y buena vida. Fue un año de placeres y goces sensuales, de enorme optimismo y ampliación de horizontes. Esta tendencia continúa este año. La autoestima y la seguridad en ti mismo fueron maravillosos y también lo serán este año.

El año pasado se pusieron a prueba las amistades y esta tendencia continúa. Sientes la necesidad de cribar, de separar lo verdadero de lo falso, de separar las ovejas de los cabritillos.

VIRGO

El principal titular de este año es el cambio, el cambio repentino y precipitado. Es un año (como muchos que están por venir) para aprender a fluir con el cambio y adaptarse a él. El Cosmos no te permitirá estancarte en ningún tipo de rutina, ni siquiera en una agradable. Esto no es para torturarte o aguarte la fiesta, sino porque te tiene reservados tantos placeres que necesita romper tus apegos a los antiguos.

Los principales intereses de este año serán: el cuerpo, la imagen y la apariencia personal; los placeres del cuerpo; las finanzas (después del 25 de septiembre); el hogar, la familia y los asuntos domésticos; la salud; el amor y las actividades sociales (por muchos años).

Los caminos hacia la mayor satisfacción este año son: el cuerpo, la imagen y la apariencia personal y las alegrías del placer sensual (hasta el 25 de septiembre); las finanzas (después del 25 de septiembre); la religión, la filosofía, viaje al extranjero y educación superior.

Salud

Virgo siempre está interesado en la salud. Y el hecho de que tu sexta casa, la de la salud, continúe poderosa, refuerza este interés. Como hemos dicho, la salud está mucho mejor que el año pasado, pero sigue siendo necesario vigilarla. Saturno ha salido de una alineación desfavorable contigo, pero lo ha reemplazado Urano. Si has leído nuestras previsiones de los años anteriores ya sabes cómo llevar esta situación: descansa y relájate más; fija prioridades; concéntrate en las cosas que son importantes para ti y deja estar las que no lo son; delega tareas siempre que sea posible. La energía elevada es la principal defensa para todo tipo de enfermedad.

El planeta Neptuno, que rige los pies, lleva muchos años en tu sexta casa, la de la salud. Esto indica que tener sanos los pies es importante para la salud en general; pero ahora aumenta la importancia de los pies porque Urano, tu planeta de la salud, transita por Piscis, que rige los pies.

Ahora más que nunca trata de usar zapatos cómodos, que te calcen bien; evita los que te desequilibran o deforman los contornos de tu cuerpo. En invierno mantén los pies abrigados. Los masajes periódicos de los pies y los baños de pies tienen un efecto general positivo en la energía y la salud.

Los tobillos también son muy importantes. Procura llevarlos bien sujetos cuando hagas ejercicio en deportes vigorosos. Se producen más lesiones a causa de los tobillos poco firmes de lo que se cree. He visto muchos casos de clientes que dicen: «No tengo nada en los tobillos, fue la rodilla la que se me lesionó esquiando». Lo que no comprenden estas personas es que se cayeron porque la falta de sujeción en los tobillos las hizo perder el equilibrio. También hay que masajear los tobillos periódicamente.

Tu planeta de la salud entra en el espiritual signo Piscis y se queda ahí siete años más o menos. Esto quiere decir muchas cosas. Para ti buena salud significa una vida espiritual sana. Sentirse desconectado del Poder Superior, o no sentirse en su gracia, afecta a la salud. En los próximos años muchos Virgo vais a comprender que sólo hay una fuente de salud y curación: la gracia del Poder Superior. Cuando este poder concede la curación, casi cualquier técnica, medicamento o hierba da buen resultado. De lo contrario, no hay médico, medicamento ni pócima que vaya bien. Así que si te sientes indispuesto, primero busca la curación en tu interior.

Muchos lleváis años interesados en las técnicas espirituales de curación. Y esta tendencia se intensifica ahora. La oración, la meditación, hablar la palabra, la imposición de manos, el yoga, las terapias de polaridad, todas estas cosas van a tener mucho interés para ti, y obtendrás buenos resultados con ellas.

Es posible que con esto desarrolles tu propio talento curativo (que ya es considerable).

La presencia del planeta de la salud en el místico Piscis indica que muchos Virgo vais a destetaros de los sistemas y programas de salud. Tal vez descubras que una pastilla o hierba que en una ocasión te fue bien, ahora ya no te sirve; o que algo que no dio resultado una vez ahora sí lo da. Esto ocurre para enseñarte a estar receptivo hacia tu orientación interior cuando se trata de la salud. Cada situación es algo único, y debe tratarse de un modo único.

El tránsito del planeta de la salud por tu séptima casa, la del amor, el matrimonio y las actividades sociales, aporta una nueva dimensión a tu salud, porque señala que para ti buena salud también significa una vida amorosa y social sana, que te importa tanto la salud de tu pareja (y la salud de la relación) como la propia. Indica que es probable que los problemas de salud tengan su origen en problemas amorosos o sociales. Así pues, si te sientes mal, ve si hay alguna falta de armonía en tu vida amorosa o social y procura corregir ese problema antes de correr a un profesional de la salud. Es muy posible que el problema se resuelva solo; y aun en el caso de que necesitaras los servicios de un médico, la curación será más rápida y más fácil.

Mientras Júpiter esté en tu signo (tu primera casa solar) tenderás a complacerte en la buena vida, demasiada comida, demasiados goces sensuales, y esto puede ser un peligro para la salud. Disfruta de lo bueno, por supuesto, pero de un modo equilibrado. Afortunadamente, Virgo entiende mucho esto.

La salud necesita atención especial del 19 de febrero al 7 de mayo; del 21 de mayo al 21 de junio; del 21 de noviembre al 21 de diciembre. Durante estos periodos procura descansar y relajarte más.

Hogar y vida familiar

Los asuntos familiares y domésticos han sido importantes para ti desde hace unos años, y este aún lo serán más. Tu cuarta casa está poderosa, pero lo más importante es que Júpiter, el señor de tu cuarta casa y tu planeta de la familia, está en tu signo y continuará allí la mayor parte del año.

La presencia de Plutón en la cuarta casa (y lleva unos años en la tuya) suele indicar una muerte en la familia, pero esto no hay que tomarlo necesariamente al pie de la letra. Muchas veces indica una ruptura en la familia o en los hábitos domésticos, o una crisis familiar. Podría ser un distanciamiento emocional con la familia. Siempre indica un interés en la psicología profunda, una exploración del propio pasado y de la historia familiar, un desvelamiento de los orígenes de viejas heridas, comportamientos y pautas emocionales. Así pues, muchos nativos de Virgo vais a recurrir a terapias de tipo psicológico. Muchos os interesaréis por la genealogía y la historia de la familia para descubrir vuestras raíces.

Es posible que sientas la necesidad de reformar los hábitos familiares, las viejas maneras de hacer las cosas; considerarás «malas» la forma de educar a los hijos y de llevar las rutinas domésticas, y sentirás la necesidad de acabar con ellas. Podría haber guerras secretas y encubiertas con ciertos familiares. Estas guerras no se libran con balas ni bombas sino por medio de la psicología: propaganda y «pulsando ciertas teclas».

En el aspecto puramente físico, la presencia de Plutón en tu cuarta casa indica reparaciones o renovaciones importantes, a fondo, en la casa. Si alquilas una, tal vez compruebes que el casero se encarga de estas cosas. Si tienes casa propia, te encargarás tú de emprender estas obras.

En todo caso, a pesar de todas estas sacudidas y rupturas, ocurren muchas cosas felices. La nueva vida doméstica produce un tipo diferente de intimidad con los familiares. Puedes relacionarte con ellos mejor y de una manera más racional, en que no influyen las penas ni traumas del pasado. Tus familiares te apoyan, tanto en lo económico como en lo emocional. Un progenitor (o figura paterna) podría alojarse en tu casa, y esto se ve esencialmente feliz. Un progenitor o figura parental te consagra mucha atención (mucha más que la habitual).

La vida familiar y doméstica tiende a ser más activa del 21 de noviembre hasta fin de año.

Hombres y mujeres Virgo en edad de concebir sois más fértiles este año.

Amor y vida social

Tu séptima casa, la de las relaciones amorosas y sociales, se convierte en una importante casa de poder este año, y continuará poderosa muchos años más. Como hemos dicho, este es un sector de la vida muy emocionante, pero también muy inestable. Podría haber bodas y divorcios. Se remueve todo el círculo social. Se rompen viejas estructuras y se forman nuevas.

Si has estado atascado en una rutina social ahora sales de ella.

Vemos que en muchos casos hay una ruptura total con la tradición y el pasado. Vas a tu aire; pareces indiferente a todo lo que se te ha enseñado acerca del amor y las relaciones, ya sea que estas enseñanzas provengan de tus padres, maestros o la sociedad. Quieres descubrirlo tú solo. Aprenderás acerca del amor mediante ensayo y error. Y aunque cometerás algunos errores, inevitables, también experimentarás muchos éxitos, muchas alturas y muchos progresos en el amor.

Es como si quisieras libertad absoluta en el amor. Necesitas ser libre para amar a quien quieras y cuando quieras. No quieres estar atado. Y si bien muchos Virgo podríais casaros en los años venideros, no parece muy aconsejable. En este periodo es probable que haya cambios de afectos, repentinos y rápidos. Estos cambios son tan desconcertantes para ti como para el ser amado o pareja. En un momento estás enamorado, y al siguiente sólo sientes desdén y luego vuelves a sentirte enamorado. Lo más probable es que haya aventuras amorosas seguidas, semejantes al matrimonio.

Así pues, estás en un periodo de experimentación social; disfrútalo por lo que es, no te aferres a ninguna experiencia demasiado tiempo. Y no llores cuando se marche el ángel, porque detrás viene el arcángel.

El mejor tipo de relación sería aquella en que hubiera cambio y experimentación, pero esto es excepcional.

Este año el amor llega repentinamente, como caído del cielo. Nunca sabes cuándo llegará, ni cuándo acabará. Disfruta siempre del momento; ahora eres una persona muy propensa al flechazo.

Te atraen personas del mundo científico, médicos, profesionales de la salud, astrólogos, personas de tipo espiritual y creativos. Las oportunidades románticas pueden presentarse en los lugares de siempre, fiestas, bodas, reuniones sociales, pero también en el lugar de trabajo o en consultorios médicos. Hay probabilidades de romances en la oficina. El amor podría encontrarte cuando estás atendiendo a tus objetivos de salud normales, o con personas involucradas en tu salud.

Si llevas mucho tiempo casado, es posible que haya una crisis en la relación; lo mismo puede decirse si mantienes una relación amorosa duradera.

Los periodos sociales más importantes y felices serán del 14 de enero al 20 de marzo; del 21 de mayo al 22 de julio y del 22 de septiembre al 21 de noviembre.

Profesión y situación económica

Ya avanzado el año, a partir del 25 de septiembre, adquiere poder tu segunda casa, la del dinero, y continuará fuerte hasta bien entrado el año que viene. Te importan las finanzas, el interés está, y los aspectos son maravillosos. Otro año de prosperidad.

Este año ves la tremenda conexión entre la autoestima y el poder adquisitivo, la capacidad de generar ingresos. Debido a que te sientes más, tienes mejores ideas de ti mismo, inevitablemente ganas más. Dominas e influyes más en el mercado.

Es un año, como hemos dicho, para vivir la buena vida, para disfrutar de buena comida, buenos restaurantes, buen vino y las mejores cosas de la vida; para viajar más. Llegan importantes accesorios personales y ropa, tal vez todo un guardarropa nuevo. Te vistes para el éxito. Das la imagen de la riqueza y los demás te ven así.

Las especulaciones bursátiles también son favorables este año, aunque ten siempre presente de no hacer nunca esto a ciegas, sino siguiendo tu intuición.

Ya avanzado el año entra el benéfico Júpiter en tu casa del dinero, lo que indica un aumento de la riqueza. Bienes que ya posees aumentan su valor. Tal vez ves valor en cosas que nunca habías visto que lo tenían. Es como si estuvieras sentado en una mina de oro sin saberlo, hasta que Júpiter te lo señala (a través de sus agentes).

Los bienes inmuebles se ven como una fuente de beneficios. Tal vez crees una sociedad financiera con un familiar. Los familiares te apoyan económicamente y te ofrecen oportunidades. Gastas más en la casa, inviertes más en ella.

En general, Júpiter rige todo tipo de publicaciones, la mensajería internacional, ya sea por telecomunicación o transporte, y los viajes. Si eres inversor profesional te convendrá investigar estos sectores para ver oportunidades de beneficios.

Estas sólo son las tendencias generales del año. Siendo la rápida Venus tu planeta financiero, los ingresos tenderán a llegar de muchos ámbitos y a través de muchas personas. De esto hablaremos en las previsiones mes a mes.

Venus hace un poco frecuente movimiento retrógrado (esto ocurre cada dos años más o menos) del 17 de mayo al 29 de junio, lo que no impedirá los ingresos, pero introducirá retrasos y ciertas irritaciones de poca importancia. A veces un contrato o trabajo pendiente queda en suspenso durante un tiempo para que todos puedan analizarlo mejor. En general, durante este periodo es necesario estudiar con detenimiento los pasos financieros; es un periodo para analizar las inversiones o compras importantes, no para hacerlas.

En el aspecto genérico, Júpiter rige la metafísica, la religión, la filosofía y la educación superior, el conocimiento superior. Esto significa que este año muchos Virgo vais a gastar en formación, invertir en formación para poder aumentar los ingresos más adelante. Otros, y esto es muy recomendable, haréis cursos de finanzas: inversión, administración del dinero, etcétera. Y, lo más importante, clarificaréis vuestras creencias filosóficas y religiosas acerca de la riqueza. Muchas personas se refrenan financieramente debido a creencias religiosas erróneas o mal entendidas. Este año desaparecerán muchas de estas limitaciones. El primer paso hacia la riqueza futura, como descubrirás este año, es aprender la «metafísica», la filosofía correcta acerca de ella. Una vez lo hayas conseguido, encaja la mecánica, es decir, las maneras y medios. Pero si falta la metafísica esencial, ni toda la mecánica ni todo el trabajo del mundo tendrá resultados duraderos.

El 14 de octubre, un eclipse solar hará temblar tu vida financiera, pero será un buen temblor, uno que necesitas. Te liberará para hacer más riqueza. Te verás obligado a hacer cambios positivos que en último término te llevarán a aumentarla.

Progreso personal

Saturno está en tu casa once, la de las amistades, todo el año (y bien entrado el próximo). Estás por lo tanto en un periodo en que el Cosmos te obliga a reorganizar y reordenar tus amistades. La limpieza social es tan importante como la limpieza de la casa cuando llega el momento. Estar rodeado de amigos que no convienen simplemente no es sano. Así pues, es necesario poner orden en este sector de la vida. Este año se pondrán a prueba muchas amistades. Las realmente buenas sobrevivirán, las tibias probablemente acabarán. Esto es bueno. Comprenderás que es mejor (y más sano) tener pocos amigos pero buenos, que no una horda de baja calidad. Es un año, pues, para centrar la atención en la calidad, que no en la cantidad.

Un principio para orientarte: en astrología se define el amigo o amiga como una persona que desea (y apoya) tus más acariciados deseos y esperanzas; es también una persona que está en tu misma onda mental; ha de haber intereses mentales en común. Si aplicas estas pruebas a tus amigos, muy pronto sabrás quién es quién y qué es qué.

Muchos Virgo tendréis que trabajar más arduo en cierto tipo de actividades de grupo. Las actividades de grupo son importantes este año, pero en esto hay muchas lecciones que aprender. Si bien debes anteponer el bien del grupo a tu bien personal, no eres esclavo de él, sino un miembro valorado. Mientras no sea una amenaza para los intereses del grupo, tienes derecho a tu individualidad.

Previsiones mes a mes

Enero

Mejores días en general: 1, 2, 11, 12, 19, 20, 28, 29, 30
Días menos favorables en general: 3, 4, 5, 18, 24, 25, 31
Mejores días para el amor: 3, 4, 5, 13, 14, 22, 23, 24, 25, 31
Mejores días para el dinero: 1, 2, 3, 4, 5, 11, 12, 13, 14, 19, 20, 24, 25, 28, 29, 30

Los asuntos familiares y domésticos son importantes todo el año, Virgo, pero en especial ahora, pues la mayoría de los planetas están en la mitad inferior (bajo el horizonte) de tu horóscopo. A esto se suma que tu planeta de la profesión, Mercurio, está en tu cuarta casa, la del hogar y la familia, hasta el 14. La familia parece ser tu prioridad más importante. Incluso en cuanto a la imagen, los familiares, los hijos, los cochecitos de bebé son casi como accesorios de moda. El peligro radica en que tu ego estará demasiado atado a la familia. Si te entusiasmas demasiado será como si no tuvieras vida ni identidad personal, todo estará ligado a la familia. Si la familia en su conjunto pierde prestigio (aunque no sea culpa tuya) también te sentirás algo disminuido por eso. Muchos Virgo haréis de la familia y los hijos vuestra profesión; e incluso los que tenéis profesiones fuera de casa estaréis motivados por los hijos. Deseáis triunfar por vuestros hijos, para darles una vida mejor.

La mayoría de los planetas (70-80 por ciento) están en el sector occidental o social de tu carta, de modo que este es un mes social. Los actos independientees son menos eficaces ahora. Has de adaptarte a las condiciones en lugar de intentar cambiarlas o crear otras nuevas. Las cosas se hacen por consenso y no por iniciativa personal. Tu bien te llega a través de otros y por su buena voluntad, no tanto por tus méritos o esfuerzos personales. Son importantes tus dotes sociales. Afortunadamente estas dotes están fuertes ahora. Si estás soltero, el romance prospera después del 20. El amor es espiritual e idealista; necesitas el «consentimiento de un Poder Superior» para que el amor resulte. Y parece que lo tienes. El amor parece descender de arriba, hay un reconocimiento desde un lugar que está por encima de la cabeza, fuera del cuerpo. Alrededor del 14 se presentan de repente oportunidades amorosas inesperadas en el trabajo, en fiestas y reuniones sociales, o en actividades benéficas o de voluntariado. Tal vez también mientras estés ocupado en objetivos de salud. Pero, como hemos dicho, el amor será inestable durante muchos años. ¿Cuánto durarán estos sentimientos de amor?

Aunque este año es necesario vigilar la salud, este mes parece buena. La vitalidad está especialmente fuerte hasta el 20, y pasable después.

Es un mes próspero de un año muy próspero. Venus, tu planeta del dinero, está en su posición más «exaltada» a partir del 14. La intuición financiera es fabulosa. El dinero viene del trabajo o del campo de la salud, o de inversiones en el campo de la salud. Podría ponerse en marcha una sociedad de negocios después del 14. Alrededor de esta fecha llegan interesantes golpes de suerte financiera (también alrededor del 11 y el 12). Los contactos sociales influyen de un modo importante en los ingresos después del 14, y gran parte de tus actividades sociales tienen un componente financiero o de trabajo, no es sólo diversión.

Febrero

Mejores días en general: 7, 8, 16, 17, 25, 26
Días menos favorables en general: 1, 14, 15, 20, 21, 27, 28, 29
Mejores días para el amor: 1, 4, 5, 9, 10, 11, 14, 15, 18, 19, 20, 21, 22, 23
Mejores días para el dinero: 4, 5, 7, 8, 9, 10, 11, 14, 15, 16, 17, 22, 23, 25, 26

Como el mes pasado, el poder planetario está instalado principalmente en tu sector occidental; tu séptima casa, la del amor y el matrimonio, ha estado fuerte el mes pasado y en este lo está aún más. Estás en uno de los periodos sociales más importantes de tu año. Haces todas las cosas correctas, te acercas a los demás, les haces saber lo que sientes por ellos. Antepones sus intereses a los tuyos. Tu popularidad se dispara. Si estás soltero tienes muchas, muchísimas oportunidades amorosas (y de repente). El problema podría ser que hubiera demasiado de lo bueno, demasiadas oportunidades, demasiadas personas interesadas en ti románticamente, demasiadas invitaciones sociales, etcétera. El exceso puede confundirte.

La autoestima y la seguridad en ti mismo están más fuertes que el mes pasado, ya que tu planeta regente, Mercurio, ahora se halla en movimiento directo. De todos modos, no es periodo para actos arbitrarios ni para hacerte valer demasiado. Adáptate a las situaciones lo mejor que puedas.

Tendrás que vigilar la salud a partir del 19. Entre el 50 y el 60 por ciento de los planetas estarán, en uno u otro momento, en una cuadratura en T de aspecto desfavorable para ti. Así que procura descansar y relajarte más y centra firmemente la atención en las cosas que son realmente importantes. Lo bueno de esta presión es que si dura lo bastante te obligará a dejar de lado las trivialidades; no tendrás elección; sólo queda lo real. De hecho, muchas veces sólo nos enteramos de lo que realmente es importante cuando estamos presionados.

La salud se puede favorecer con masajes en los pies y tobillos.

El 19 el poder planetario ya se habrá trasladado desde la mitad inferior de tu carta a la superior. Entonces la profesión y los intereses externos comienzan a cobrar más importancia. Como hemos dicho, la familia sigue siendo el interés dominante todo el año, pero ahora puedes dedicar algo de tu atención a la profesión, sobre todo cuando hay respiro de los deberes familiares.

Los asuntos familiares se complican debido a tu intensa vida social. La no aceptación de la persona amada por parte de la familia es un problema en la relación.

Las finanzas continúan fuertes, sobre todo hasta el 8; la intuición financiera también está increíble hasta entonces. Tu capacidad para imaginar y visualizar objetivos es más fuerte que de costumbre. Los sueños aportan importante información y orientación financiera.

El 8 tu planeta del dinero, Venus, entra en Aries, donde se siente menos cómodo. Cuida de no precipitarte a la hora de tomar decisiones financieras o de hacer compras impulsivas. Este es un periodo para pagar deudas, reducir el despilfarro (no el gasto en lo necesario) y hacer prosperar a otras personas. Tú también prosperas mientras haces prosperar a otros.

Marzo

Mejores días en general: 6, 7, 14, 15, 23, 24
Días menos favorables en general: 12, 13, 19, 20, 26, 27
Mejores días para el amor: 4, 5, 8, 9, 14, 15, 16, 17, 19, 20, 23, 24, 26, 27
Mejores días para el dinero: 4, 5, 7, 8, 9, 14, 15, 23, 24

Como el mes pasado, la mayoría de los planetas están en tu sector occidental, Virgo; tu séptima casa, la del amor y las actividades sociales, está mucho más poderosa que tu primera casa, la del yo. Mantente en un segundo plano y pon primero a los demás. Continúa ejercitando tus dotes sociales (ahora felizmente están fuertes) y adáptate a las situaciones siempre que sea posible. Fluye con la corriente de la vida que te llevará hacia tus metas. No es necesario esforzarse demasiado (a excepción de en la profesión), pero de tanto en tanto podrías mover los remos y virar el timón, mientras te dejas arrastrar por la corriente de la vida.

La mayoría de los planetas están sobre el horizonte de tu carta (como el mes pasado), pero ahora tu décima casa se torna activa, la de la profesión, ya que el agresivo Marte entra en ella el 21. Este tránsito activa una gran cuadratura desfavorable en el firmamento. El hogar, el trabajo, la profesión y los intereses intelectuales tiran de ti en diferentes sentidos, y tu tarea es darles cierta dirección a estos fogosos caballos que a veces se desmadran. Pero si cultivas el buen talante social recibirás ayuda inesperada.

La profesión es ajetreada, las exigencias son intensas. Hay rivales en la industria en que trabajas o bien en tu propia empresa, con los que has de contender. Tienes que ser más competitivo, trabajar más. El trabajo arduo compensa.

Debes vigilar más la salud hasta el 21. No hace ninguna falta darle conferencias sobre la salud a un Virgo: lo sabes todo y probablemente ya estás en ello. Los tobillos necesitan cuidado especial, sobre todo después del 21.

El amor es activo y emocionante. Tu popularidad social continúa elevada. Como el mes pasado eres el lanzado en el amor, te acercas, tomas la iniciativa, organizas citas y encuentros, y demuestras tu interés a quien te gusta.

La prosperidad aumenta este mes. Si eliminaste el despilfarro el mes pasado, ahora estás preparado para la expansión. El dinero viene de propiedades, familiares, contactos familiares e inversiones de tipo conservador. Estás en actitud moderada, tanto en los gastos como en las inversiones. Ahorras e inviertes más. Personas extranjeras u otros países adquieren protagonismo en el frente financiero. Muchos Virgo invertís en formación superior. Si eres inversor profesional te conviene explorar los sectores inmobiliario, del cobre, agricultura y productos agrícolas, agencias de viaje y editorial.

También es un mes para centrarse en hacer prosperar a otros, y bueno para programas de desintoxicación, ayunos a base de zumos y para liberarse del exceso de «equipaje», ya sea emocional, mental o físico.

Abril

Mejores días en general: 2, 3, 10, 11, 19, 20, 21, 29, 30
Días menos favorables en general: 8, 9, 15, 16, 22, 23
Mejores días para el amor: 4, 5, 13, 14, 15, 16, 22, 23

VIRGO

Mejores días para el dinero: 2, 4, 5, 8, 10, 11, 13, 14, 19, 20, 22, 23, 29, 30

Igual que el mes pasado, la mayoría de los planetas están sobre el horizonte de tu carta, Virgo; tu décima casa, la de la profesión, adquiere más poder el 3, ya que Venus se reúne con Marte allí. Están retrógrados los dos planetas relacionados con los asuntos familiares y domésticos (Júpiter y Plutón). Esto quiere decir que todas estas cuestiones necesitarán un tiempo para resolverse. Este es un periodo para repensar y reevaluar la situación familiar. Tranquilamente puedes desatenderla un poco para dedicar más energía a tu profesión y objetivos mundanos externos. La décima casa tiene significados más profundos que sólo la profesión y la posición en el mundo. En realidad, es tu misión especial en la vida, tu servicio particular a la sociedad y al mundo en general. Ahí es donde debe estar la atención ahora.

Como el mes pasado, trabajas mucho en la profesión, manteniendo a raya a competidores, defendiendo tu puesto, tomando medidas fuertes y osadas. Y el trabajo arduo recompensa. Obtienes más reconocimiento de tu trabajo y consecuciones y, muy importante, más dinero. (Pero como tu planeta de la profesión está en movimiento retrógrado del 6 al 30, podría haber retrasos. Y aunque en realidad avanzas, quizá tengas la impresión de que retrocedes. Tal vez tengas que reandar ciertos pasos en este periodo.)

La gran cuadratura de que hablamos el mes pasado está más potente este mes (y el próximo estará aún más fuerte). Así pues, hay muchos obstáculos en el camino hacia tus objetivos. No sería extraño que hubiera cambios en el trabajo. Tu concentración en la profesión podría molestar a algunos familiares, pero no tienes muchas opciones ahora. Los ingresos llegan, pero trabajas arduo por ellos.

Tienes que vigilar la salud. Como el mes pasado, son los tobillos los que parecen más vulnerables; dales masajes periódicos y preocúpate de que estén bien sujetos. Será prácticamente imposible evitar las luchas de poder este mes, aunque deberías hacerlo. Ahora bien, si no puedes evitarlas, procura que sean mínimas; reduce la intensidad. Esfuérzate en mantener tu energía lo más elevada posible.

El panorama del amor es variopinto. Hay aspectos buenos y aspectos difíciles. No hay ninguna tendencia importante a la facilidad ni a la dificultad. Si estás soltero, encuentras oportunidades amorosas mientras estás trabajando en tus objetivos profesionales o con personas involucradas en tu profesión.

Los planetas continúan en su mayoría en tu sector occidental, y tu regente Mercurio está retrógrado la mayor parte del mes. Así que controla la voluntariedad y el deseo de imponerte (excepto en la profesión) y antepón los intereses de los demás a los tuyos; ejercita tus dotes sociales; adáptate a las situaciones lo mejor que puedas. Estando retrógrado tu planeta regente, es un buen periodo para pensar en el tipo de condiciones que crearías si pudieras. Más adelante, y no falta mucho, tendrás la oportunidad y la capacidad para poner en práctica esas ideas.

El eclipse solar del 19 es fundamentalmente benigno contigo, Virgo. Ocurre justo en la cúspide de tus casas octava y novena. Esto indica que el cónyuge o pareja hace cambios financieros a largo plazo. Si eres estudiante haces cambios importantes en tus planes de formación; es posible que cambies de colegio o la asignatura principal. Podría haber conflicto o alteraciones en una organización religiosa o iglesia a la que perteneces.

Mayo

Mejores días en general: 8, 9, 17, 18, 27, 28
Días menos favorables en general: 6, 7, 12, 13, 19, 20
Mejores días para el amor: 2, 3, 10, 11, 12, 13, 19, 20, 29, 30
Mejores días para el dinero: 2, 3, 8, 9, 10, 11, 17, 18, 19, 20, 27, 28, 29, 30

El eclipse lunar del 4 es esencialmente benigno contigo, Virgo. Pone a prueba una amistad, tus relaciones con una organización y produce cambios en tus estudios futuros si eres estudiante. También podría haber desacuerdos o conflictos con un hermano, hermana o vecinos. Todo esto despejará el aire, para que se puedan mejorar las cosas.

La gran cuadratura de que hemos hablado los meses anteriores está aún más fuerte este mes. Debes vigilar más la salud que el mes pasado, en especial después del 20. Haz todo lo posible por conservar tu energía en su punto máximo. Evita las actividades frívolas y concéntrate en lo esencial. Superar este mes ya debes considerarlo una victoria y un éxito.

Como el mes pasado, la mayoría de los planetas están sobre el horizonte de tu carta, y tu décima casa, la de la profesión, está poderosa. Aunque no puedes eludir las responsabilidades domésticas, tendrás que equilibrarlas con las intensas exigencias de la profesión. Este mes hay más probabilidades de cambios laborales. Trabajas mucho, superas muchos, muchísimos obstáculos y pareces inmerso en proyectos grandes, importantes. El trabajo arduo recompensa, hay mucho progreso profesional; probabilidades de aumento de sueldo y ascenso. Ahora que tu planeta de la profesión está en movimiento directo, avanzas profesionalmente.

El 17, tu planeta del dinero, Venus, inicia un extraordinario movimiento retrógrado (que ocurre cada dos años). Trata de amarrar los tratos y decisiones financieros, compras e inversiones antes de esta fecha. Después tu juicio no estará a la altura de costumbre y en ese periodo será mejor que investigues y analices futuras compras e inversiones en lugar de ponerlas por obra. Es un periodo para perfeccionar tus planes, productos y servicios. Este movimiento retrógrado de Venus no impedirá que lleguen ingresos, pero introducirá retrasos y contratiempos. La paciencia es ahora un fabuloso bien.

El 17 estarán retrógrados tus dos planetas del amor, un raro acontecimiento. Y si bien son buenos los aspectos para el amor (sigues teniendo vida social y salidas), ni tú ni la persona amada tienen muy claro hacia dónde va la relación. La confianza social no está a la altura y podría haber una tendencia a poner demasiadas pruebas al amor, alejándolo aún más. El viejo dicho «no se le puede meter prisas al amor» ahora se cumple. Si mantienes una relación tendrás que dejar que se desarrolle, que lo hará. Si no, disfruta del «juego de las citas» como lo que es. Cuando se encontraba con este tipo de aspectos, un cliente me dijo: «Tendré que ponerme bueno para las citas». Sabio consejo.

El 20 el poder planetario se traslada de tu sector occidental al oriental, y disminuye tu necesidad de consenso y colaboración con otras personas. Entras en un periodo en el que los actos osados e independientes imperan en tu vida. Te vuelves más independiente.

Esto no ocurrirá de la noche a la mañana, pero a medida que avance el mes lo irás notando.

Junio

Mejores días en general: 4, 5, 13, 14, 23, 24
Días menos favorables en general: 2, 3, 8, 9, 16, 17, 30
Mejores días para el amor: 6, 7, 8, 9, 16, 17, 25, 26
Mejores días para el dinero: 4, 5, 6, 7, 13, 14, 16, 17, 23, 24, 25, 26

La gran cuadratura celeste de que hemos estado hablando se hace aún más poderosa este mes; te afecta con fuerza. Estás inmerso en un proyecto importante, enorme. Muchas fuerzas diversas tiran de ti en diferentes direcciones. Hay muchas, muchísimas esferas de la vida que has de equilibrar. Y no puedes desatender ninguna; no debes desairar a ninguna; a cada una has de darle lo suyo. Los deseos personales, los objetivos profesionales, los ideales espirituales, las finanzas, el trabajo, la salud, los asuntos familiares, los hermanos, los intereses intelectuales, todos compiten por tu atención indivisa. Esto será un acto de malabarismo importante. Como el mes pasado, salir de este periodo con la salud y la cordura intactas debería considerarse un gran éxito.

La salud sigue difícil este periodo. Como el mes pasado, haz lo posible por aprovechar bien tu energía. Ve cuáles son tus prioridades y concéntrate en ellas. Evita las actividades u ocupaciones triviales, conversaciones, lecturas, o personas. Necesitas cada gramo de energía que tengas. La salud se alivia después del 21, pero sigue necesitando atención.

Tu planeta del dinero continúa retrógrado hasta fin de mes (el 29), de modo que ten presente lo que dijimos el mes pasado. Los ingresos y las oportunidades vienen de tu buena fama profesional y social, del gobierno o contratos con el gobierno, de los padres, superiores o jefes, pero podría haber retrasos. Tal vez inviertes en tu profesión, lo que es esencialmente bueno, pero analiza las cosas más detenidamente. No todas las llamadas «inversiones en la profesión» son buenas, y muchas no son lo que parecen.

Pese a todas las dificultades, este mes estás en el pináculo del éxito (tu pináculo personal). Estás en una cima profesional anual. Y eres tú el que hace la mayor parte.

Los dos planetas del amor continúan retrógrados todo el mes (aunque Venus reanuda el movimiento directo el 29). Por lo tanto, las tendencias de que hablamos el mes pasado continúan en vigor. Este no es un periodo para programar bodas ni divorcios; tampoco para tomar decisiones importantes en el amor. Es principalmente un periodo para reevaluar la relación actual y para adquirir más claridad respecto a lo que realmente deseas y necesitas en el amor.

Ocurriendo tantas cosas en tu vida, el hecho de que el ritmo de la vida social sea más lento podría ser algo bueno; es una cosa menos de qué preocuparse; tu atención es necesaria en otra parte.

Julio

Mejores días en general: 2, 10, 11, 20, 21, 29, 30
Días menos favorables en general: 6, 7, 13, 14, 27, 28
Mejores días para el amor: 4, 6, 7, 13, 14, 23, 24, 31
Mejores días para el dinero: 2, 4, 10, 11, 13, 14, 20, 21, 23, 24, 29, 30, 31

Aunque la gran cuadratura de estos meses sigue en vigor, ya no es tan intensa. Se te facilitan las cosas; lo más duro de la dificultad ha acabado. La salud y la vitalidad están mucho mejor (no perfectas, pero mejor). Tu planeta del dinero está en movimiento directo, de modo que ahora se producen los aumentos de sueldo, los pagos o negocios en suspenso. El juicio financiero está mejor y más digno de confianza. Sí, continúas trabajando arduo por tus ingresos, pero ha vuelto la claridad.

Los planetas están principalmente en tu sector oriental, y tu planeta del amor continúa retrógrado. Es un periodo para pensar en el «número uno», en tus necesides, tus deseos, las condiciones de vida que te producirán felicidad personal. No hay necesidad de transigir ni de «complacer» a los demás (aunque nunca debes perder la cortesía ni tratar mal a nadie). Tu manera de hacer ahora es la mejor. La iniciativa personal es la orden del día. Tu destino está en tus manos; hazlo que ocurra.

Aunque se aclara la situación en casa, todavía hay mucho por equilibrar. La familia es muy importante, pero al estar la mayoría de los planetas sobre el horizonte de tu carta, también lo es tu profesión. Te balanceas entre una y otra. Cuando tengas elección, presta más atención a la profesión.

El dinero y las oportunidades financieras vienen de la profesión (como el mes pasado), de la buena fama social y profesional que te has labrado. El gobierno o contratos con el gobierno impulsan la economía. Los jefes, figuras parentales y personas de autoridad ven con simpatía tus objetivos económicos, pero no te lo ponen fácil. Te lo vas a tener que ganar, y con muchos compromisos.

Si buscas trabajo tienes aspectos maravillosos este mes, pero estudia con más detenimiento las ofertas o propuestas; las cosas no son lo que parecen.

Los cambios importantes en el programa de salud tendrás que estudiarlos más detenidamente.

El amor va mejor que el mes pasado, pero no hay acuerdo entre tú y la persona amada. Es como si estuvierais en los extremos opuestos del espectro, en absoluto sincronizados. A veces esto produce distanciamiento. Pero si conseguís salvar esas diferencias, esto hará más duradero (y potente) el amor. Si lográis alegraros de vuestras diferencias, considerarlas «complementos» a lo que sois, la manera como el Cosmos llena los «huecos», el amor podría funcionar. Estando retrógrado todavía tu planeta del amor, la paciencia es un preciado bien. El amor necesita desarrollarse a su manera. De todos modos, no es un periodo para tomar decisiones importantes en el amor, ni en uno ni otro sentido.

Agosto

Mejores días en general: 7, 8, 16, 17, 18, 25, 26
Días menos favorables en general: 2, 3, 9, 10, 23, 24, 30
Mejores días para el amor: 1, 2, 3, 9, 10, 11, 12, 19, 20, 21, 22, 27, 28, 30
Mejores días para el dinero: 1, 7, 8, 11, 12, 17, 18, 19, 20, 21, 22, 25, 26, 30

Bueno, acabas de pasar por cuatro meses de insólita dificultad. El hecho de que estés leyendo estas previsiones demuestra que los has pasado y eso de suyo es una victoria. Después de las dificultades, estás preparado para la recompensa. Sí, ahora hay compensaciones materiales, pero la más importante es lo que le ha ocurrido a tu carácter y mente en estos cuatro meses. Te has convertido en una persona más centrada y fuerte. Ha tironeado y estirado de ti de un modo como no lo habías experimentado nunca. Has quedado purificado de mucha escoria mental y emocional. Eres, como dicen los místicos, «un instrumento templado».

La mayoría de los planetas continúan en el sector oriental de tu carta; el dinámico Marte entra en tu signo el 10; el Sol entra en tu signo el 23. Tienes muchísima energía extra; te sientes osado e independiente. Puedes actuar a tu manera en la vida y los otros se conformarán a ti. Ahora puedes hacerte valer más. El único problema es que tu regente Mercurio está retrógrado del 10 al 31. Conduces un coche muy potente, pero podrías no tener un plano claro de la ruta que debes seguir. Así que piénsalo, estúdialo y revisa tus direcciones. El hecho de que la espiritualidad sea más importante este mes es buena señal; necesitas obtener tus directrices de arriba, del Poder Superior de tu interior. Y vale la pena estar un tiempo en retiro para conectar con ese Poder.

Este mes también hay otras cosas. La presencia de Marte en tu signo te hace desear un «progreso rápido». Lo quieres todo deprisa. En condiciones normales tendrías las cosas rápido, pero ahora (del 10 al 30) el 40 por ciento de los planetas están retrógrados. Esto aminorará considerablemente la marcha de las cosas. Ten paciencia. Toma todas las medidas constructivas que puedas, y relájate.

Este mes es excelente para hacer dietas de adelgazamiento y desintoxicación. Tienes muchísimo poder para transformar tu cuerpo y tu imagen. Algunos Virgo contemplaréis la posibilidad de haceros algún tipo de cirugía estética; otros transformaréis vuestro cuerpo mediante dieta, yoga, tai chi, meditación y otros métodos espirituales. El atractivo sexual, el carisma y la apariencia personal están maravillosos ahora. Mejora el rendimiento deportivo o atlético.

El amor continúa problemático, y eso a pesar de que rara vez has tenido mejor aspecto y estado más atractivo para el sexo opuesto. Triunfas en el amor a «rachas y borbotones», pero la inestabilidad es el principal problema. Es difícil hacer experimentos y tener una relación seria y duradera. Tu actitud excesivamente imperiosa (casi no puedes evitarla) no contribuye a mejorar las cosas. Así pues, atraes el amor, te diviertes por un tiempo y luego viene una explosión o pronto de genio y vuelta al punto de partida.

Podría haber cambios laborales otra vez. Pero la prosperidad es extraordinariamente fuerte. Los asuntos familiares y emocionales están mucho mejor que en los meses anteriores. Los amigos apoyan tus objetivos financieros y te ofrecen oportunidades.

Septiembre

Mejores días en general: 3, 4, 13, 14, 22, 23, 30
Días menos favorables en general: 5, 6, 7, 20, 26, 27
Mejores días para el amor: 5, 6, 10, 15, 16, 17, 18, 24, 25, 26, 27
Mejores días para el dinero: 3, 4, 10, 13, 14, 15, 16, 17, 18, 23, 26, 27

La mayoría de los planetas están en tu sector oriental, y hay reunión planetaria en tu signo, Virgo; entre el 40 y el 50 por ciento de los planetas o están en tu signo y pasan por él. Tu regente Mercurio retoma el movimiento directo el 2. La seguridad en ti mismo y la autoestima están extraordinariamente fuertes. Estás carismático. Impones tu voluntad (a veces esto no es una bendición, sobre todo en el amor). Tienes independencia; actúas osada y confiadamente. Piensas que estás en una aventura, y de hecho lo estás. Ya tienes claro dónde deseas ir y puedes conducir tu coche de alta velocidad para llegar ahí. El progreso es más rápido ahora.

La prosperidad ha estado fuerte el mes pasado y ahora lo está aún más. Las especulaciones bursátiles son favorables todo el mes, pero las calculadas dan mejor resultado. Una buena especulación no será precipitada ni a lo loco; la que satisface al corazón y a la mente es la mejor. La intuición financiera es buena después del 7. Recibes orientación financiera en sueños y a través de videntes, astrólogos, gurus, canalizadores o pastores religiosos. Haces más donativos benéficos; estás mucho más liberal con el dinero en este periodo, más confiado. Pero el principal titular financiero es la entrada de Júpiter en tu casa del dinero el 25. Esto aumenta el valor de bienes que ya posees y desvela el valor de lo que ya tienes. Podrías estar sentado sobre una gran riqueza sin siquiera saberlo. Podría haber «trastos» valiosos en tu ático; tienes talentos de cuyo valor comercial no tenías idea; tienes contactos sociales que nunca imaginaste que podrían llevarte a la prosperidad. La riqueza te busca a ti en lugar de tú a ella. Te persigue ardientemente (como siempre) y tú sin saberlo. Júpiter te revela todas estas cosas ahora. El mundo te llama afortunado pero en realidad lo que pasa es que el genio planetario ha encendido la luz en una zona de tu mente.

A fin de mes el 40 por ciento de los planetas estará en tu casa del dinero; un porcentaje excepcional. Muchas, muchísimas personas, potencias y situaciones conspiran para traerte riqueza. Disfrútala.

Además del aumento de riqueza, este es un mes de inmenso placer sensual. Las fantasías sensuales se hacen realidad. Vives la buena vida (afortunadamente, siendo Virgo, no es probable que te excedas).

Hay muchas oportunidades amorosas este mes. Pero claro, ¿cuánto durará esta relación? La lección es disfrutar del amor que tienes en el momento y no preocuparte por el futuro.

Octubre

Mejores días en general: 1, 10, 11, 19, 20, 28, 29
Días menos favorables en general: 3, 4, 17, 18, 23, 24, 30, 31
Mejores días para el amor: 1, 10, 11, 12, 13, 19, 20, 21, 22, 23, 24, 29, 30, 31
Mejores días para el dinero: 2, 3, 10, 11, 12, 13, 19, 20, 21, 29, 30

Con dos eclipses, este mes ocurren muchos cambios en el mundo, tal vez muchos cataclismos. Pero tú navegas en armonía. Estos eclipses no sólo son benignos sino que además te traen oportunidades; desaparecen los obstáculos a tus objetivos.

El eclipse solar del 14 ocurre en tu casa del dinero. Esto lo interpreto como algo muy bueno, porque tu casa del dinero está atiborrada de planetas benéficos. Sí, hay agitación y perturbación financiera, probablemente procedente de un nuevo e importante bien. O tal vez se desmorone una obstrucción a tu progreso económico. El resultado final será una mayor prosperidad que antes. Tal vez tus planes no eran los correctos (no pensaste realmente a lo grande o no conocías tu verdadera capacidad). El eclipse te ayudará a corregir el defecto. Quizás estabas a punto de cometer un error financiero: el eclipse te lo impedirá.

Puesto que el Sol rige tu casa doce, la de la espiritualidad, todos los eclipses solares te traen revelaciones espirituales, una vida onírica hiperactiva (gran parte de la cual no ha de tomarse en serio) y cambios en el programa o práctica espiritual. Se te revelan defectos o la falsedad de ciertas creencias para que puedas corregirlo.

El eclipse lunar del 28 ocurre en tu novena casa, la de la religión y formación superior. Normalmente esto indica una crisis de fe, los acontecimientos ponen a prueba tus creencias religiosas, tu visión del mundo. Se te revelan defectos en tus creencias para que puedas corregirlas o modificarlas. Si eres estudiante, habrá cambios a largo plazo en tus planes educativos; podría haber problemas con la administración del colegio o escuela; podrías cambiar de escuela o la asignatura principal; cambia la orientación de los estudios.

El amor es feliz este mes, aunque continúa inestable. Como el mes pasado, hay muchas oportunidades románticas. Si estás soltero tendrás muchísimas aventuras amorosas. Hay más fiestas e invitaciones sociales. Muchos Virgo disfrutaréis de esta inestabilidad ya que os dará más libertad.

La mayoría de los planetas continúan en el sector oriental de tu carta, y el 90 por ciento de ellos están en movimiento directo. Actuar con osadía produce progreso rápido. Tu vida avanza. Sé amable con los demás, pero trabaja en materializar tus sueños en el mundo. Haz las cosas a tu manera.

El mes pasado los planetas se trasladaron de la mitad superior del horóscopo a la inferior. Esto quiere decir que la profesión es menos importante ahora y el acento está en la armonía emocional y en poner orden en la situación familiar y doméstica.

VIRGO

Noviembre

Mejores días en general: 7, 8, 15, 16, 24, 25
Días menos favorables en general: 13, 14, 19, 20, 26, 27, 28
Mejores días para el amor: 9, 10, 17, 18, 19, 20, 26, 27, 29, 30
Mejores días para el dinero: 9, 10, 17, 18, 26, 27, 29, 30

Este es un mes feliz y próspero, Virgo, disfrútalo.

La mayoría de los planetas continúan en tu sector oriental y el 90 por ciento de ellos están en movimiento directo. Con tu iniciativa e independencia puedes prosperar rápidamente hacia tus objetivos. Aunque pronto va a cambiar la situación, este sigue siendo un periodo en que puedes tener las cosas a tu manera y diseñar las condiciones tal como las deseas. Estás al mando de tu destino.

La mayoría de los planetas están bajo el horizonte de tu carta, y después del 4 adquiere mucho poder tu cuarta casa, la del hogar y la familia (y más aún después del 21). Por lo tanto, es un periodo para restar importancia a la profesión y centrar más la atención en la familia, las relaciones familiares y alcanzar la armonía emocional. Es un periodo para reflexionar e imaginar los objetivos profesionales futuros, pero no para actuar según ellos. Las relaciones familiares se ven extraordinariamente armoniosas. Si hubiera problemas, este periodo es excelente para solucionarlos. Hay más reuniones familiares y más fiestas en casa.

Tu casa del dinero está llena de planetas benéficos. La prosperidad se dispara. El cónyuge o pareja apoya tus objetivos financieros; también la familia. Sigue habiendo suerte en las inversiones en inmobiliarias o en empresas de productos o artículos para el hogar. Llegan objetos de adorno y otros artículos importantes y caros para la casa. No te iría mal librarte del exceso de mobiliario que quita espacio. Has de hacer espacio para lo nuevo y mejor. Antes del 22 llegan buenos beneficios inesperados (esto podría ocurrir alrededor del 9 y 10).

La comunicación y los intereses intelectuales también son importantes este mes. Ha llegado el momento de ponerte al día en tus lecturas; de hacer cursos en temas que te interesan; de escribir esas cartas que necesitas escribir. La actividad publicitaria en medios de comunicación y correspondencia va bien este mes.

El amor es un panorama variopinto. Hay maravillosas oportunidades amorosas en reserva, pero también hay rechazo al amor. Tal vez experimentes una mezcla de ambas cosas. El romance requiere más trabajo para que dure, ¿deseas pagar ese precio?

Las oportunidades amorosas se presentan cuando estás dedicado a tus objetivos financieros o con personas involucradas en tus finanzas. Las conexiones familiares también llevan a oportunidades románticas. Si estás interesado en un segundo matrimonio, tienes fabulosas oportunidades hasta el 22.

La salud mejora mucho respecto a los meses anteriores, pero descansa y relájate más después del 21.

Diciembre

Mejores días en general: 4, 5, 13, 21, 22, 31
Días menos favorables en general: 11, 17, 18, 24, 25
Mejores días para el amor: 6, 7, 8, 9, 15, 17, 18, 19, 24, 25, 29, 30
Mejores días para el dinero: 6, 7, 8, 9, 14, 15, 19, 23, 24, 29, 30

Ahora es esencial que vigiles la salud, Virgo; el 60 por ciento de los planetas están en alineación desfavorable. Felizmente, no durará mucho. Descansa y relájate más, delega más, planea mejor los días y atiende solamente las prioridades. El corazón y los tobillos necesitan atención especial.

Como el mes pasado, la mayoría de los planetas están bajo el horizonte de tu carta, y tu cuarta casa está aún más poderosa. Es un mes muy orientado a la familia. Hay reuniones familiares y fiestas en casa. Los asuntos familiares y domésticos tienen mayor peso que todo lo demás. Podría haber una renovación o remodelación importante de la casa. Llegan más objetos de adorno para embellecerla.

Las relaciones familiares son más variadas este mes; hay armonía general, pero también explosiones de genio. Afloran viejos problemas para tratarlos.

Este mes los planetas hacen un importante traslado desde tu sector oriental al occidental. El 16 el sector occidental ya tendrá el dominio en la balanza del poder; el 25 estará aún más fuerte. Así que ahora estás en un periodo más social. Reduce la voluntariedad e independencia y ejercita tus dotes sociales. Adáptate a las situaciones en lugar de intentar cambiarlas (aunque si construiste bien los meses pasados, las condiciones serán agradables). Ahora la iniciativa personal no te lleva necesariamente al éxito; la buena voluntad y colaboración de otros, sí.

La prosperidad es fuerte este mes. Las actividades de venta, comercialización y comunicación dan impulso a la economía. Dar a conocer tu producto o servicio es importante. Es un buen mes para reducir o eliminar el despilfarro financiero. Si eres inversor, te conviene explorar el mercado de bonos y obligaciones. Las deudas se pagan o refinancian fácilmente. Gastas más en educación y en equipos de comunicación. Después del 16, el dinero viene de la familia o los contactos familiares. Muchos Virgo tendréis oportunidades para ganar el dinero en casa (sin tener que ir a la oficina). La propiedad inmobiliaria ha sido buena para ti todo el año y este mes aún está mejor.

El amor se torna más armonioso. Hay muchas oportunidades. Busca en la oficina o cerca de casa. ¿El amor ahora acabará en boda? No es muy probable, pero de todos modos puedes disfrutarlo por lo que es.

La Luna nueva del 12 aclarará asuntos o problemas domésticos y familiares. A medida que avanza el mes te llegará toda la información que necesitas para tomar decisiones correctas. La Luna llena del 26 ocurre en tu casa once, y te dará energía extra para conseguir tus objetivos sociales. Ese día también estará extraordinariamente fuerte la creatividad (y la libido).

Libra

Ω

La Balanza
Nacidos entre el 23 de septiembre y el 22 de octubre

Rasgos generales

LIBRA DE UN VISTAZO
Elemento: Aire

Planeta regente: Venus
Planeta de la profesión: la Luna
Planeta de la salud: Neptuno
Planeta del amor: Marte
Planeta del dinero: Plutón
Planeta del hogar y la vida familiar: Saturno
Planeta de la suerte: Mercurio

Colores: Azul, verde jade
Colores que favorecen el amor, el romance y la armonía social: Carmín, rojo, escarlata
Colores que favorecen la capacidad de ganar dinero: Borgoña, rojo violáceo, violeta

Piedras: Cornalina, crisolita, coral, esmeralda, jade, ópalo, cuarzo, mármol blanco

Metal: Cobre

Aromas: Almendra, rosa, vainilla, violeta

Modo: Cardinal (= actividad)

Cualidades más necesarias para el equilibrio: Sentido del yo, confianza en sí mismo, independencia

Virtudes más fuertes: Buena disposición social, encanto, tacto, diplomacia

Necesidades más profundas: Amor, romance, armonía social

Lo que hay que evitar: Hacer cosas incorrectas para ser aceptado socialmente

Signos globalmente más compatibles: Géminis, Acuario

Signos globalmente más incompatibles: Aries, Cáncer, Capricornio

Signo que ofrece más apoyo laboral: Cáncer

Signo que ofrece más apoyo emocional: Capricornio

Signo que ofrece más apoyo económico: Escorpio

Mejor signo para el matrimonio y/o las asociaciones: Aries

Signo que más apoya en proyectos creativos: Acuario

Mejor signo para pasárselo bien: Acuario

Signos que más apoyan espiritualmente: Géminis, Virgo

Mejor día de la semana: Viernes

La personalidad Libra

En el signo de Libra, la mente universal (el alma) expresa el don de la relación, es decir, el poder para armonizar diversos elementos de modo unificado y orgánico. Libra es el poder del alma para expresar la belleza en todas sus formas. ¿Y dónde está la belleza si no es dentro de las relaciones? La belleza no existe aislada; surge de la comparación, de la correcta relación de partes diferentes. Sin una relación justa y armoniosa no hay belleza, ya se trate de arte, modales, ideas o asuntos sociales o políticos.

Los seres humanos tenemos dos facultades que nos elevan por encima del reino animal. La primera es la facultad racional, como se expresa en los signos de Géminis y Acuario. La segunda es la facultad estética, representada por Libra. Sin sentido estético seríamos poco más que bárbaros inteligentes. Libra es el instinto o impulso civilizador del alma.

La belleza es la esencia de lo que son los nativos de Libra. Están aquí para embellecer el mundo. Podríamos hablar de la buena disposición social de este signo, de su sentido del equilibrio y del juego limpio, de su capacidad de ver y amar el punto de vista de los demás, pero eso sería desviarnos de su bien principal: su deseo de belleza.

Nadie existe aisladamente, no importa lo solo o sola que parezca estar. El Universo es una vasta colaboración de seres. Los nativos de Libra, más que la mayoría, lo comprenden y comprenden las leyes espirituales que hacen soportables y placenteras las relaciones.

Un nativo de Libra es un civilizador, armonizador y artista inconsciente, y en algunos casos consciente. Este es el deseo más profundo de los Libra y su mayor don. Por instinto les gusta unir a las personas, y están especialmente cualificados para hacerlo. Tienen el don de ver lo que puede unir a la gente, las cosas que hacen que las personas se atraigan en lugar de separarse.

Situación económica

En materia económica, muchas personas consideran a los nativos de Libra frívolos e ilógicos, porque parecen estar más interesados en ganar dinero para otros que para ellos mismos. Pero esta actitud tiene una lógica. Los Libra saben que todas las cosas y personas están relacionadas, y que es imposible ayudar a alguien a prosperar sin prosperar también uno mismo. Dado que colaborar para aumentar los ingresos y mejorar la posición de sus socios o su pareja va a fortalecer su relación, Libra decide hacerlo. ¿Qué puede ser más agradable que estrechar una relación? Rara vez nos encontraremos con un Libra que se enriquezca a expensas de otra persona.

Escorpio es el signo que ocupa la segunda casa solar de Libra, la del dinero, lo cual da a este signo una perspicacia no habitual en asuntos económicos y el poder de centrarse en ellos de un modo aparentemente indiferente. De hecho, muchos otros signos acuden a Libra para pedirle consejo y orientación en esta materia.

Dadas sus dotes sociales, los nativos de Libra suelen gastar grandes sumas de dinero invitando a los demás y organizando acontecimientos sociales. También les gusta pedir ayuda a otros cuando la necesitan. Harán lo imposible por ayudar a un amigo en desgracia, aunque tengan que pedir un préstamo para ello. Sin embargo, también tienen mucho cuidado en pagar todas sus deudas y procuran que jamás haya necesidad de recordárselo.

Profesión e imagen pública

En público a los Libra les gusta parecer paternales. Sus amigos y conocidos son su familia, y ejercen el poder político de manera paternal. También les gustan los jefes que son así.

Cáncer está en la cúspide de su casa diez, la de la profesión; por lo tanto, la Luna es su planeta de la profesión. La Luna es con mucho el planeta más rápido y variable del horóscopo; es el único entre todos los planetas que recorre entero el zodiaco, los 12 signos, cada mes. Nos da una clave importante de la manera como los Libra enfocan su profesión y también de algunas de las cosas que necesitan hacer para sacar el máximo rendimiento de su potencial profesional. La Luna es el planeta de los estados de ánimo y los sentimientos, y los Libra necesitan una profesión en la cual tengan libertad para expresar sus emociones. Por eso muchos se dedican a las artes creativas. Su ambición crece y mengua como la Luna. Tienden a ejercer el poder según su estado de ánimo.

La Luna «rige» las masas, y por eso el mayor objetivo de los Libra es obtener una especie de aplauso masivo y popularidad. Los que alcanzan la fama cultivan el amor del público como otras personas cultivan el cariño de un amante o amigo. En su profesión y sus ambiciones, los Libra suelen ser muy flexibles, y muchas veces volubles. Por otro lado, son capaces de conseguir sus objetivos de muchas y diversas maneras. No se quedan estancados en una sola actitud ni en una sola manera de hacer las cosas.

Amor y relaciones

Los nativos de Libra expresan su verdadero genio en el amor. No podríamos encontrar una pareja más romántica, seductora y justa que una persona Libra. Si hay algo que con seguridad puede destruir una relación, impedir el flujo de la energía amorosa, es la injusticia o el desequilibrio entre amante y amado. Si uno de los dos miembros de la pareja da o recibe demasiado, seguro que en uno u otro momento surgirá el resentimiento. Los Libra tienen mucho cuidado con esto. Si acaso, podrían pecar por el lado de dar más, jamás por el de dar menos.

Si estás enamorado o enamorada de una persona Libra, procura mantener vivo el romance. Preocúpate de las pequeñas atenciones y los detalles: cenas iluminadas con velas, viajes a lugares exóticos, flores y obsequios. Regálale cosas hermosas, aunque no necesariamente tienen que ser caras; envíale tarjetas; llámala por teléfono con regularidad aunque no tengas nada especial que decirle. Los detalles son muy importantes. Vuestra relación es una obra de arte: hazla hermosa y tu amor Libra lo apreciará. Si además muestras tu creatividad, lo apreciará aún más, porque así es como tu Libra se va a comportar contigo.

A los nativos de Libra les gusta que su pareja sea dinámica e incluso voluntariosa. Saben que esas son cualidades de las que a veces ellos carecen y por eso les gusta que su pareja las tenga. Sin embargo, en sus relaciones sí que pueden ser muy dinámicos, aunque siempre de manera sutil y encantadora. La «encantadora ofensiva» y apertura de Gorbachov a fines de los años ochenta, que revolucionó a la entonces Unión Soviética, es típica de un Libra.

Los nativos de este signo están resueltos a hechizar al objeto de su deseo, y esta determinación puede ser muy agradable si uno está en el puesto del receptor.

Hogar y vida familiar

Dado que los Libra son muy sociales, no les gustan particularmente las tareas domésticas cotidianas. Les encanta que su casa esté bien organizada, limpia y ordenada, que no falte nada de lo necesario, pero los quehaceres domésticos les resultan una carga, una de las cosas desagradables de la vida, que han de hacerse cuanto más rápido mejor. Si tienen dinero suficiente, y a veces aunque no lo tengan, prefieren pagar a alguien para que les haga las tareas domésticas. Pero sí les gusta ocuparse del jardín y tener flores y plantas en casa.

Su casa será moderna y estará amueblada con excelente gusto. Habrá en ella muchas pinturas y esculturas. Dado que les gusta estar con amigos y familiares, disfrutan recibiéndolos en su hogar y son muy buenos anfitriones.

Capricornio está en la cúspide de su cuarta casa solar, la del hogar y la familia. Sus asuntos domésticos los rige, pues, Saturno, el planeta de la ley, el orden, los límites y la disciplina. Si los Libra desean tener una vida hogareña feliz, deberán desarrollar algunas de las cualidades de Saturno: orden, organización y disciplina. Al ser tan creativos y necesitar tan intensamente la armonía, pueden tender a ser demasiado indisciplinados en su casa y demasiado permisivos con sus hijos. Un exceso de permisividad no es bueno: los niños necesitan libertad, pero también límites.

Horóscopo para el año 2004

Principales tendencias

Estos últimos años la vida ha tenido bastante de fiesta, Libra. Ahora toca trabajar. La profesión y las ambiciones son importantes, muy exigentes. Solamente el trabajo arduo y la verdadera consecución traen el éxito. Además de esto, es necesario encontrar la manera de equilibrar las obligaciones familiares con las de la profesión. Ya hablaremos más adelante de esto.

La fiesta se reanudará a partir del 25 de septiembre, fecha en que Júpiter entra en tu signo; pero tendrás que equilibrar la buena vida con una profesión exigente.

El año pasado muchos Libra tratasteis de hacer más placentero vuestro trabajo; y muchos progresasteis en ello. Estos deseos y tendencias continúan este año, y los aspectos son buenos. Parece que la idea es hacer del trabajo diversión y de la diversión, trabajo.

Júpiter entró en tu casa doce, la de la espiritualidad, el año pasado, haciéndola muy espiritual. Es posible que hayas adoptado una disciplina espiritual y comenzado estudios serios. Si ya estabas en una senda espiritual, recibiste mucho conocimiento y revelaciones. Esta tendencia continúa este año.

La entrada de Júpiter en tu signo, ya avanzado el año, trae consigo prosperidad y buena suerte. Entonces, la expansión espiritual que has estado experimentando, principalmente en el interior, se traducirá en efectos tangibles. Estarás optimista, feliz, alegre y agradecido. Habrá mucho placer personal y goce sensual.

Los principales aspectos de interés este año serán: la espiritualidad (hasta el 25 de septiembre); el cuerpo, la imagen y la apariencia y el placer personal (después del 25 de septiembre); la comunicación y los intereses intelectuales; los hijos, las aventuras amorosas y la creatividad; la salud y el trabajo; la profesión.

Los caminos hacia la mayor satisfacción serán: la sexualidad, la transformación personal, hacer prosperar a otros, el pago de deudas, el estudio de las cosas más profundas de la vida; la espiritualidad (hasta el 25 de septiembre); el cuerpo, la imagen, la apariencia y el placer personal (después del 25 de septiembre).

Salud

La salud es fundamentalmente buena este año, pero no tanto como en los últimos años. El año pasado Saturno comenzó a entrar en una alineación desfavorable contigo y esta tendencia tendrá efecto todo el año. Afortunadamente, tu casa de la salud, la sexta, está poderosa, lo que indica que no das por descontadas las cosas, y que le prestas a la salud la atención que se merece. Esto de suyo es una señal maravillosa de salud.

De todas formas, has de ser consciente de tus límites físicos. No es un año para hacer de la noche día, aunque la tentación será muy fuerte. El impulso ahora es trabajar arduo y divertirte mucho. Pero tendrás que ponerle límites a ambas cosas.

Este año Urano inicia un importante tránsito por tu sexta casa, la de la salud. El año pasado estuvo moviéndose entre tus casas quinta y sexta, sin establecerse realmente en ninguna de las dos. Ahora se ha establecido. La salud será una importante prioridad en tu vida de aquí a muchos años.

Urano es un planeta muy experimental. Es el planeta de lo nuevo, de lo no tradicional y de lo no probado (y tu planeta de la salud, Neptuno, está en el experimental y nada convencional signo Acuario). Esto significa que este año experimentarás mucho en los asuntos de la salud. La medicina, las técnicas o las terapias ortodoxas no son para ti. Te gusta lo nuevo, lo no probado, lo revolucionario. Quieres experimentar con lo último en pastillas, suplementos de hierbas, alimentos milagrosos, zumos orgánicos, posturas de yoga, etcétera. Tu armario va a parecer un enorme botiquín, a rebosar de frascos de vitaminas, extractos, pócimas, comprimidos y gotas. Esto cuesta una fortuna, pero no te importa. Sientes pasión por los comprimidos. Y como los aspectos son favorables, estas aventuras te traerán conocimientos nuevos en abundancia.

Si bien eres popular y te encanta la aceptación social, tratándose de la salud, se te considera algo excéntrico.

Neptuno, en su calidad de tu planeta de la salud, indica la importancia de mantener sanos los pies; usando zapatos adecuados, dándoles masajes periódicos, y caminando descalzo por la hierba y la arena.

Neptuno en un signo de Aire indica la importancia del aire fresco, de las brisas y los vientos para la salud en general. Respirar bien es extraordinariamente importante. Los ejercicios de respiración producen resultados muy positivos en la salud. Si te sientes indispuesto, sencillamente sal a tomar aire fresco y déjate acariciar por la brisa; te sentirás mucho mejor.

El elemento Aire rige el pensamiento y la comunicación, de modo que es necesario aprovisionar la mente con ideas y pensamientos correctos y purgarla de todo lo que es falso o erróneo. También conviene cultivar «amistades de la mente», la amistad con personas a las que puedas comunicar tus ideas y pensamientos. El bloqueo de la comunicación, el bloqueo del desarrollo mental, tiene un efecto negativo en la salud. Si no tienes a nadie con quien hablar de estas cosas, lleva un diario y escribe en él tus pensamientos.

Este año (y los muchos que están por venir) tienes que asumir la responsabilidad de tu salud. Tu cuerpo es algo único, tiene sus propias peculiaridades. Descubrirás que prácticamente no existe ninguna regla universal de dieta, régimen, terapia, que le vaya bien a todo el mundo. Aprende a conocer tu cuerpo. Pero este aprendizaje lo harás mediante experimentos personales y mucho ensayo y error.

Los mejores periodos para la salud en general serán del 21 de enero al 18 de febrero; del 21 de mayo al 21 de junio, y del 23 de septiembre al 23 de octubre.

Los periodos más difíciles para la salud serán del 1 al 19 de enero; del 21 de marzo al 21 de abril; del 21 de junio al 22 de julio, y del 21 al 31 de diciembre. No olvides descansar y relajarte más cuando acontezcan.

La salud de los padres o figuras parentales está más delicada este año. Deben descansar y relajarse más y mantener·sus energías lo más elevadas posible. Los programas de desintoxicación también les irán bien.

La salud de los hijos también es más delicada. Necesitan prestar más atención a la columna, las rodillas, la alineación esquelética y los dientes. Se beneficiarán de terapias de orientación espiritual.

Hogar y vida familiar

Aunque no está poderosa tu cuarta casa, la del hogar y la familia, este sector de tu vida se ve importante por otros motivos. Saturno, tu planeta de la familia, es el planeta que ocupa la posición más elevada del horóscopo este año; es prominente por su posición. Esto significa que priorizarás los asuntos familiares y domésticos; están muy arriba en tu lista de asuntos que debes tratar.

El principal desafío está en la forma de combinar los agrados del hogar con una carrera exitosa. Cuando el señor de la cuarta casa está en la casa décima, la de la profesión (como lo está ahora) no se distinguen bien entre el hogar y la profesión. Muchas veces, a causa de esta influencia, vemos personas que tienen su oficina o lugar de trabajo en casa; es como si vivieran en su oficina. Y aquellas que tienen la oficina fuera de casa, la decoran para hacerla más hogareña. Algunas personas hacen del hogar y la familia su profesión, eligen esta opción; lo consideran un trabajo «válido», un aporte importante a la sociedad. Otras intentan establecer (o trabajar para) un negocio familiar.

Muchos Libra vais a aplicar métodos empresariales en el hogar: contabilidad estricta, papeles y deberes formalizados, horarios, presupuestos, análisis de los gastos, etcétera, etcétera. Y habrá una incorporación de valores familiares en el trabajo o negocio: los empleados serán como de la familia, reciben cuidado, amor incondicional y apoyo.

Este tipo de cosas no ocurren de la noche a la mañana; es un proceso. Pero de esto va el año.

Aparte de esta integración hogar y profesión, no se ven novedades en la situación familiar. No hay mudanzas ni traslados en el horizonte, aunque tienes vía libre para hacerlo si lo deseas, aunque el Cosmos no te impulsa a ello.

Estando el señor de la cuarta casa, la del hogar y la familia, en la décima, la de la profesión, las ambiciones en general se hacen menos personales. La ambición es para la familia en su conjunto. Y en estos casos, suele elevarse la posición de la familia también en su conjunto.

Los hijos son un interés importante este año. Los Libra en edad de concebir desearéis tener más hijos después del 25 de septiembre. Y los aspectos para esto son buenos; sois más fértiles.

Como hemos dicho, la salud de los hijos es una preocupación, pero al final todo irá bien. En general, los hijos están más sensibles en este periodo. Son idealistas, sueñan y ven visiones. Estas cosas hay que escucharlas con respeto. Es posible que tengan mensajes espirituales para los padres. Conviene educarlos en la creatividad, mediante el arte. Los libros de texto les van bien, pero también necesitan las artes.

Los mejores periodos para redecorar la casa o comprar adornos para embellecerla son del 14 de enero al 8 de febrero; del 7 de agosto al 6 de septiembre, y del 22 de noviembre al 16 de diciembre.

Los mejores periodos para hacer obras de remodelación o renovación de la vivienda serán del 7 de mayo al 28 de junio y del 16 de noviembre al 25 de diciembre.

Amor y vida social

Aunque Libra siempre está interesado en el amor y el romance, este año lo estará menos que de costumbre. Tu séptima casa no está poderosa, por lo tanto tienes más libertad en este sentido; tienes la oportunidad de forjar este aspecto de tu vida como quieras. Normalmente, prevalece el dejar las cosas como están. Si estás casado tiendes a continuar casado, y si estás soltero, soltero. Esto lo interpreto como conformidad con las cosas que tienes. Todo está bien, y por lo tanto no hay ninguna necesidad de hacer cambios importantes.

Tu casa once, la de las amistades, también está vacía este año (sólo transitarán por ella los planetas rápidos y su visita será corta). Esto también indica un año sin novedades. Todo está bien y las amistades continuarán como hasta ahora.

El 25 de septiembre entra Júpiter en tu signo, Libra, marcando el inicio de un periodo más romántico para el mundo en general. Pero en tu caso lo interpreto como más romance dentro de la relación actual.

Marte, que es tu planeta del amor, este año transitará por nueve de los doce signos y casas de tu horóscopo; no se quedará mucho tiempo en ningún signo o casa, lo que indica que las oportunidades románticas se presentarán de diversas maneras y a través de diversos medios. Las necesidades y actitudes en el amor cambiarán periódicamente. De ellas hablaremos en las previsiones mes a mes.

El 19 de abril, un eclipse solar pondrá a prueba el matrimonio o la relación actual. Pero esto no afecta a todos los Libra sino solamente a los nacidos en la última parte del signo, del 10 al 23 de octubre.

Si vas tras un segundo matrimonio, no verás novedades este año. Si estás casado, probablemente continuarás casado y si estás soltero continuarás soltero. Lo mismo vale si estás interesado en un tercer matrimonio. Pero si lo que deseas es un cuarto matrimonio, tendrás oportunidades maravillosas después del 25 de septiembre. La boda podría ser con una persona cercana (tal vez recién llegada al barrio) o con una persona involucrada en la vida e intereses educacionales.

Uno de los progenitores (o figura parental) está mucho más osado en lo social este año. Se acerca a los demás, en una ofensiva encantadora, con el fin de hacer nuevas amistades y atraerse el amor. Parece que sus esfuerzos dan fruto.

Para los hijos en edad casadera no hay novedades en el amor. Están muy idealistas y tal vez hay pocas personas capaces de ponerse a la altura de sus valores.

Los nietos en edad casadera experimentan crisis en sus relaciones. Si están casados, hay problemas en el matrimonio. Si están solteros, hay crisis en la relación actual. Durante este periodo sus actitudes hacia el amor están en un proceso de transformación, y cuando ocurre esto, las relaciones se desestabilizan.

Profesión y situación económica

Aunque tu segunda casa, la del dinero, no está poderosa, y a ti te interesen poco estas cosas, este año será próspero de todos modos. En realidad, es posible que justamente tu falta de interés, tu neutralidad hacia las finanzas, tu relajación en este aspecto, contribuya a que haya prosperidad.

Durante unos años hubo aspectos muy difíciles sobre Plutón, tu planeta del dinero, pero esta situación cambió el año pasado. Saturno salió de Géminis y entró en Cáncer, alejándose del aspecto desfavorable. Los objetivos económicos se obtienen con maravillosa facilidad.

El dinero lo ganas mediante la comunicación (uno de tus puntos fuertes). Esto lo vemos de muchas maneras. Tu planeta del dinero, Plutón, está en tu tercera casa, la de la comunicación. El señor de tu tercera casa, Júpiter, entrará en tu signo el 25 de septiembre. En la comunicación están los beneficios financieros para ti. Esto se puede manifestar de muchísimas formas: docencia, comercialización, ventas, escritura, conferencias, relaciones públicas, publicidad y actividades de este tipo. También tendrás una intuición, corazonada especial, para invertir en las industrias de telecomunicaciones, publicidad y medios de información. Si eres inversor profesional ciertamente deberías explorar más estos sectores.

Si tienes un servicio o producto, el camino hacia los beneficios es comercializarlo eficientemente. Se te abren nuevas avenidas para esto después del 25 de septiembre.

Si eres escritor venderás más tus libros y aumentará el número de tus lectores. Si eres profesor tendrás más y mejores oportunidades para ejercer tu profesión y llegar a un público más amplio. Muchos Libra recibiréis ofertas de trabajo en enseñanza.

El tránsito de Júpiter por tu primera casa (a partir del 25 de septiembre) trae consigo un nuevo guardarropa (y uno bueno) y artículos personales importantes, como joyas y complementos.

Si buscas empleo tendrás un periodo más difícil, pero no tiene por qué serlo si entiendes lo que ocurre. Como hemos dicho, sientes la necesidad de disfrutar de tu trabajo. Y este es el principal impulso para los siguientes años. Está el miedo a quedarse estancado en un mismo trabajo o puesto. Vemos un ascenso constante en la situación laboral. Apenas has encontrado el trabajo de tus sueños cuando te surge una oportunidad aún mejor. Hay muchos, muchísimos cambios laborales, ya sea en la misma empresa o en otra. El trabajo en sí te motiva más que la paga.

Estando Urano en tu sexta casa, la del trabajo, te atrae más el estilo autónomo; trabajas para ti, pero los trabajos varían; tienes más libertad para disponer de tu tiempo y fijar tus horarios y hábitos de trabajo. Muchos Libra vais a elegir el estilo autónomo durante este periodo; muchos tomaréis la «ruta del trabajo eventual»; os inscribiréis en agencias de empleo temporal y tendréis muchos empleos en lugar de uno fijo a jornada completa.

Claro que la mejor solución sería encontrar el trabajo que te apasiona y te da el máximo de libertad personal. Estate alerta para ver este tipo de oportunidades.

La profesión es importante este año y vemos mucho progreso en ella, pero trabajando arduo. Aun en el caso de que elijas el estilo autónomo, no triunfarás sin cierta disciplina personal. Intenta adoptar un horario, fijarte objetivos y atenerte a ellos. Sin disciplina el estilo autónomo sólo es sinónimo de desempleo.

Los trabajos y las oportunidades de trabajo se presentan espontáneamente; aparecen como llovidas del cielo cuando menos te lo esperas. Habrá periodos en que trabajarás muchísimo, a un ritmo frenético, exigente, y otros en que casi no tendrás nada que hacer. Las variaciones son muy extremas en tu situación laboral.

Si empleas a otros tendrás un año más difícil, porque hay mucha movilidad laboral. Tu empresa es como una puerta giratoria; los trabajadores entran y salen; es difícil saber quiénes estarán disponibles y qué días. Pero puedes manejar esta inestabilidad si no pierdes la calma. Siempre hay una solución para cada incidente.

Progreso personal

Este año son tres los principales frentes de progreso: la profesión y el trabajo de tu vida; la espiritualidad, y el cuerpo y la imagen personal.

La profesión presenta muchos retos. ¿Cómo integrar el agrado emocional con el éxito profesional? ¿Cómo integrar los deberes familiares con las exigencias de la profesión? ¿Cómo disfrutar más del trabajo? ¿Cómo encontrar el trabajo que se pueda disfrutar de verdad, que sea como una diversión? ¿Cómo hacer todo esto sin perder la capacidad de logro y realización?

Hay otro reto importante además. Tu vida espiritual es muy importante este año, en especial hasta el 25 de septiembre. Pero también lo es tu profesión. ¿Cómo triunfar en una profesión en que tienden a dominar los valores mundanos sin perder los valores espirituales que son tan importantes ahora? El mundo te dice que compitas, triunfes, conquistes nuevos mercados, llega ahí antes que lleguen otros, date prisa, corre, al vencedor pertenece el botín, el dinero es poder, la posición social es poder, etcétera. El espíritu aconseja lo contrario: sólo importa el triunfo espiritual, sólo importa permanecer en la gracia del Poder Superior, el nombre y la fama son efímeros mientras que la gracia del Poder Superior es eterna, da y recibirás, no hay competición, tienes tu lugar eterno en el esquema de las cosas.

No es fácil lidiar con estas contradicciones y paradojas. Pero cuando Saturno salga de tu casa de la profesión (el próximo año) ya tendrás muchísimo más claro estos asuntos. Habrás encontrado la manera de casar todos los diferentes deseos para tu profesión. Como hemos dicho, muchos Libra descubriréis que sólo el estilo de vida autónomo os permite satisfacer la profesión, la espiritualidad y la necesidad de libertad. Muchos descubriréis que trabajar desde casa es la solución; otros haréis del hogar vuestra profesión. Se produce un importantísimo proceso de esclarecimiento interior.

Previsiones mes a mes

Enero

Mejores días en general: 3, 4, 5, 13, 14, 22, 23, 31
Días menos favorables en general: 6, 7, 19, 20, 26, 27
Mejores días para el amor: 3, 4, 5, 9, 10, 13, 18, 19, 24, 25, 26, 27
Mejores días para el dinero: 1, 2, 9, 10, 11, 12, 15, 16, 18, 19, 20, 26, 27, 28, 29, 30

necesitas vigilar más la salud todo este mes, Libra, en especial hasta el 20. Estás ante el estrés normal que causa intentar equilibrar una profesión exigente, las responsabilidades familiares y la vida social y conyugal. Los masajes periódicos en los pies te aumentarán la energía y te aliviarán el estrés.

La mayoría de los planetas están en la mitad occidental de tu carta, tu sector favorito; tu séptima casa, la del amor, romance y actividades sociales, está poderosa, mientras que tu primera casa, la del yo, está vacía (sólo la visitará la Luna los días 11 y 12). Estás, pues, en un periodo en que puedes ejercitar tus dotes sociales innatas. El bien te viene de conseguir la colaboración de otras personas, no de imponer tu voluntad ni hacerte valer. Este es fundamentalmente el cielo de Libra, y esta tendencia se irá reforzando en los meses venideros.

Ahora son importantes tanto el hogar como la profesión, pero como la mayoría de los planetas están bajo el horizonte de tu carta, probablemente centrarás más la atención en el hogar. La necesidad de armonía emocional es muy intensa; no vas a desatender la profesión sino más bien procurarás hacerla más agradable y emocionalmente satisfactoria. Tratarás de llevarla a un ritmo más natural.

Tu planeta del amor, Marte, pasa todo el mes en tu séptima casa, la del amor. Esto es una señal positiva para el amor: cuando Marte está en su signo y casa, está fuerte, en tu nombre. Esto indica osadía social; eres activo en el amor, «haces que ocurra». Te acercas a los demás, entablas amistad y le haces saber tu interés romántico a la persona que te atrae. No te quedas sentado esperando que suene el teléfono. Estás muy «aventurero» y «arriesgado» en el amor, más que de costumbre. Si eres soltero, has de saber que, por definición, «aventura» significa riesgo. Y si bien hay probabilidades de éxito amoroso y social, podría haber unas cuantas «escaramuzas». El amor y las oportunidades románticas irán más relajadas después del 20.

El amor y el dinero están muy conectados este mes. Tu planeta del amor forma aspectos sensacionales con tu planeta del dinero. Esto quiere decir que tus contactos sociales tienen un importantísimo papel en los ingresos. Tal vez se te presente la oportunidad de formar una sociedad de negocios; tal vez el cónyuge esté extraordinariamente generoso; tal vez ganes dinero cuando asistas a fiestas o reuniones sociales.

Si buscas trabajo tienes éxito este mes. Las oportunidades de empleo se presentan repentina e inesperadamente. En este periodo no te atrae el trabajo «convencional»; deseas algo interesante, «fuera de lo común», que te permita cambiar mucho.

Febrero

Mejores días en general: 1, 9, 10, 11, 18, 19, 27, 28, 29
Días menos favorables en general: 3, 4, 16, 17, 22, 23, 24
Mejores días para el amor: 4, 5, 7, 14, 15, 16, 17, 22, 23, 24, 25, 26
Mejores días para el dinero: 5, 6, 7, 8, 12, 13, 14, 15, 16, 17, 23, 24, 25, 26

La fuerza del sector occidental de tu carta es aún mayor que el mes pasado; también está más poderosa tu séptima casa; tu regente Venus entra en tu séptima casa el 8 y se queda allí todo el mes. Las tendencias sociales que explicamos el mes pasado siguen todavía en vigor. Aun cuando Marte sale de tu séptima casa el 3, te vemos osado y activo en el amor. Buscas a las personas, haces que ocurra el amor. Te esfuerzas al máximo en complacer y tu popularidad social es fuerte. Consigues fácilmente la colaboración de otras personas, y por lo tanto tienes más éxito. No hace falta decirte que busques el consenso en todas tus actividades pues así es como te comportas normalmente. Pero ahora este es el camino.

Estás abierto a captar las tendencias sociales, más que de costumbre. Sabes qué es popular y qué se estila, y este don lo puedes aprovechar para mejorar las finanzas.

Como el mes pasado, el amor y el dinero están muy conectados. Hay un fuerte componente financiero en tus actividades sociales, como si fueras en pos de algún negocio o proyecto comercial.

Sigues siendo aventurero y arriesgado en el amor. Te enamoras con mucha facilidad y rapidez. Estás con una energía tipo «flechazo». La pasión es ardiente, pero ¿durará?

La creatividad (y sensibilidad) es muy intensa (también lo fue el mes pasado), por lo tanto tu sentido artístico o estético es extraordinariamente bueno. Tu aprecio por la música y las bellas artes (siempre elevado) ahora es mayor y más refinado. Pero tener excesiva sensibilidad y ser un aventurero romántico al mismo tiempo puede ser una empresa difícil; los rechazos te resultarán muy dolorosos. Ah, pero los éxitos extraordinariamente deliciosos. La lección para este mes y el pasado ha sido cómo superar los miedos sociales.

Esta sensibilidad se reduce un tanto después del 8, cuando Venus entra en Aries.

El cónyuge, pareja o ser amado tiene puesto el interés en las finanzas, y esta es la manera de llegar a su corazón.

Tienes más éxito en equilibrar el hogar y la profesión. Las relaciones familiares y profesionales se ven más fáciles que el mes pasado.

Los planetas se están preparando para trasladarse de la mitad inferior de tu horóscopo a la superior. Este traslado no se completa este mes, pero la mitad inferior ya no está tan fuerte; las dos mitades están más o menos igualadas.

La salud está mucho mejor.

Marzo

Mejores días en general: 8, 9, 16, 17, 26, 27
Días menos favorables en general: 1, 2, 14, 15, 21, 22, 28, 29
Mejores días para el amor: 4, 5, 6, 7, 14, 15, 21, 22, 23, 24, 25, 26
Mejores días para el dinero: 3, 4, 7, 8, 10, 11, 12, 13, 14, 15, 21, 22, 23, 24, 31

Como el mes pasado, la mayoría de los planetas están en tu sector occidental, y tu casa del amor y el romance (la séptima) ahora aún está más poderosa. Te encuentras en uno de los periodos sociales más activos (y felices) de tu año. Abundan las oportunidades románticas y sociales. Si estás soltero, conoces a esa persona especial. Tu popularidad continúa fuerte mientras sigues anteponiendo a los demás y te esfuerzas en complacerlos. Tu capacidad para ganarte la buena voluntad de las personas es esencial para tu éxito.

Si bien tienes abundantes oportunidades románticas, hay una persona muy especial a la que le vas detrás. Aún no has captado su atención, pero te vas acercando y acercando. Pareces comprender que ayudar financieramente a esta persona (apoyar sus objetivos y mejorar sus finanzas) es importantísimo; estás muy interesado en ello. Este mes el amor y las oportunidades románticas se presentan del modo habitual: en fiestas y reuniones sociales. Pero también hay oportunidades en ambientes de tipo educacional: en el colegio, la iglesia, e incluso en otros países. El cónyuge o pareja parece más interesado en la educación después del 21.

El 20 los planetas ya están instalados decididamente en la mitad superior de tu horóscopo. La profesión y los objetivos en el mundo exterior adquieren entonces más importancia. Ahora la consecución llevará a la armonía emocional y no a la inversa. De todos modos, estando tu planeta de la familia en tu casa de la profesión, no es probable que te excedas en sacrificar la armonía emocional ni familiar.

Tienes que trabajar más para equilibrar tu muy activa vida social con el hogar y la profesión. Estos frentes no colaboran mucho entre sí, y eres tú quien tiene que equilibrar las cosas. Los familiares o jefes no aceptan fácilmente a tu pareja o cónyuge.

Este mes hay cambios en el trabajo y en el programa de salud; estos cambios pueden ser muy repentinos. Pero las perspectivas laborales son excelentes.

Tienes que vigilar más la salud a partir del 20. Procura descansar y relajarte y ahorrar energía.

Es un buen mes para regímenes de desintoxicación y adelgazamiento. Un buen periodo para liberarte de excesos, ya sean posesiones o rasgos de carácter o conducta, para acabar con las adicciones de todo tipo.

Abril

Mejores días en general: 4, 5, 13, 14, 22, 23
Días menos favorables en general: 10, 11, 17, 18, 24, 25, 26
Mejores días para el amor: 4, 5, 13, 14, 17, 18, 22, 23
Mejores días para el dinero: 1, 2, 6, 7, 8, 9, 10, 11, 17, 18, 19, 20, 27, 28, 29, 30

Como el mes pasado, la mayoría de los planetas están sobre el horizonte de tu carta. Concéntrate más en la profesión, y en integrarla con tu agrado emocional. Es el desafío de este año, y de este mes en especial.

El poder planetario continúa concentrado principalmente en tu sector occidental, y sigue fuerte tu séptima casa, la del amor y el romance. Así pues, continúas en un intenso periodo social. El bien te llega gracias a la buena voluntad de los otros, y no tanto de tus acciones personales. Las personas que conoces te harán avanzar más que el simple mérito personal (aunque nunca has de descartar el mérito personal).

Continúas socialmente activo. Este mes parece que captas la atención de esa persona que te interesa. Como el mes pasado, las oportunidades románticas se presentan en el extranjero, en ambientes de formación, iglesias o funciones religiosas. Si estás interesado en un segundo matrimonio, ahora tienes oportunidades especialmente buenas.

Aunque antepones los intereses financieros de tu cónyuge o pareja a los tuyos, según tu entender, tal vez esta persona no lo considera así, por lo cual podría haber ciertos conflictos que hay que resolver. Si alguien puede resolverlos armoniosamente, ese eres tú, Libra. Y lo harás.

Tu planeta del dinero, Plutón, inició movimiento retrógrado a fines del mes pasado. Esto significa que ahora tendrás que estudiar con más detenimiento las decisiones financeras. Los tratos o negocios importantes necesitan tiempo para desarrollarse. Hay mucho trabajo por hacer bajo la superficie, interiormente. Plutón estará retrógrado muchos meses, y aunque eso no impida que lleguen los ingresos, sí que indica la necesidad de actuar con más cautela. Los tratos financieros no son lo que parecen. No temas hacer más preguntas. Los ingresos van bien hasta el 19, pero el principal problema es tu falta de interés; tu atención está más centrada en el amor, la educación y los viajes que en el dinero. Es posible que gastes en exceso durante este periodo.

El 19 hay un fuerte eclipse solar en la cúspide de tus casas séptima y octava. No olvides reducir tus actividades unos días antes y unos días después. Este eclipse remueve la vida social; pone a prueba una relación amorosa o amistad actual. También obliga a tomar una decisión respecto a una relación que no va a ninguna parte. Muchas veces este tipo de eclipses indican boda, en especial para los solteros. Pero esto llega mediante una buena sacudida, despeja el aire.

Debes vigilar más la salud hasta el 19, pero después retorna la vitalidad. Si te sientes indispuesto en este periodo, eso no significa necesariamente que algo vaya mal; se trata simplemente de que dispones de menos energía.

Mayo

Mejores días en general: 2, 3, 10, 11, 19, 20, 29, 30
Días menos favorables en general: 8, 9, 14, 15, 22, 23
Mejores días para el amor: 1, 2, 3, 10, 11, 12, 13, 14, 15, 19, 20, 22, 23, 29, 30, 31
Mejores días para el dinero: 4, 5, 6, 7, 8, 9, 14, 15, 17, 18, 24, 25, 27, 28, 31

LIBRA

Últimamente has descuidado las finanzas, Libra, y el eclipse lunar del 4 te obliga a prestarles más atención. Se te revelan defectos en tus planes, ideas o estrategia para que tomes medidas correctivas. Todos los eclipses lunares producen cambios profesionales, ya que la Luna es tu planeta de la profesión; este no es diferente. Muchas veces este tipo de eclipses anuncia una reorganización o reestructuración en la jerarquía de la empresa que cambia de alguna manera la categoría de Libra. Debido al eclipse te encuentras en una situación profesional diferente. Otras veces indica cambio de profesión, un nuevo camino profesional. A veces indica cambios en el conjunto del sector en su conjunto, lo que cambia tu orientación profesional.

No sólo la mayoría de los planetas están sobre el horizonte de tu carta sino que, además, tu décima casa se vuelve poderosa después del 7. Las exigencias de la profesión son fuertes. Trabajas mucho; necesitas tomar medidas atrevidas y decisivas para triunfar. Estás más marcial y belicoso.

Progresas en la profesión por medios sociales, y lo haces con mucha pericia. Conoces a las personas que pueden ayudarte, y estas parecen bien dispuestas. Ofrecer o asistir a determinadas fiestas también sirve a la profesión.

Tu planeta del amor, Marte, cruza el Mediocielo este mes. Esto indica que el amor está muy alto en tu lista de prioridades; tal vez es lo más importante en tu vida en estos momentos. Indica oportunidades románticas y sociales; indica una «cima» romántica este mes. Te codeas con personas prominentes y poderosas. Te atraen los poderosos y aquellos que pueden ayudarte en tu profesión. Ahora el romance no es sólo romance, sino una jugada profesional. Muchos Libra alcanzaréis una posición elevada a través del matrimonio. De todos modos, pese a este éxito social, parece que quieres alejarte de un amor actual; estás reevaluando la relación.

Junto a esto vemos éxito en la integración del hogar, el amor y la profesión. Parece que estos frentes colaboran entre sí este mes (aunque tal vez no estén del todo de acuerdo).

Es un mes para continuar con los programas de adelgazamiento o desintoxicación, y para librarte del exceso de posesiones, rasgos de carácter y adicciones. También es un mes para tender a objetivos educacionales y religiosos, para viajar y explorar otras tierras y culturas (evita gastar demasiado en esto, eso sí). La salud es buena.

Junio

Mejores días en general: 6, 7, 16, 17, 25, 26
Días menos favorables en general: 4, 5, 11, 12, 18, 19
Mejores días para el amor: 1, 6, 7, 8, 9, 10, 11, 12, 16, 17, 19, 20, 25, 26, 29, 30
Mejores días para el dinero: 1, 2, 3, 4, 5, 11, 12, 13, 14, 21, 22, 23, 24, 27, 28, 30

Estás en uno de los periodos profesionales más importantes de tu año, Libra, con la mayoría de los planetas sobre el horizonte de tu carta y tu décima casa francamente fuerte después del 21. Sigue adelante en pos de tus objetivos externos. Los buenos resultados te harán sentirte bien. Y hacerlo bien te producirá armonía emocional. La profesión es activa y próspera este mes. No ha de sorprenderte que tus dotes sociales tengan un papel importante en esto. Tienes amigos en los puestos adecuados y te ayudan. En el ámbito social estás en la estratosfera, con todos los poderosos.

Los planetas hacen un importante traslado desde tu sector occidental al oriental. Esto ocurre después del 21, y señala un importante cambio psíquico en ti. Ahora tienes que comportarte de una manera que en cierto modo no te es natural; tienes que volverte más independiente, tomar medidas osadas y decisivas. Has de estar dispuesto a lanzarte solo si los demás no están de acuerdo contigo. Es posible que esto te dé tanto miedo como el ostracismo social. Pero si tienes la razón, este miedo es infundado; los demás adoptarán tu forma de pensar. El Universo consiente tu felicidad personal. Ha llegado el momento de cambiar las condiciones desagradables y forjar tu vida de acuerdo a tus especificaciones.

Este mes está plagado de contradicciones y fuerzas contradictorias. Es un mes para equilibrar, ¿y quién mejor que Libra para equilibrar? Continúa la integración y equilibrio entre el hogar, el amor y la profesión, y se ve exitosa. Pero ahora una gran cuadratura que se ha formado en el firmamento te exige un acto de equilibrio más difícil. Esta gran cuadratura te exige equilibrar las finanzas, los placeres y satisfacción personal, la creatividad, los deberes hacia los hijos y tus intereses intelectuales y educacionales. Estos asuntos tiran de ti en diferentes direcciones y te ves en apuros para dar a cada uno lo suyo. No temas, lo harás.

Tu regente Venus inició movimiento retrógrado el mes pasado, y estará retrógrada casi todo el mes. Por lo tanto, llegar a una decisión, en uno u otro sentido, casi en cualquier cosa, te parece un proceso terrible. Por lo general eres lento para tomar decisiones, pero ahora lo eres más. Las cosas se aclararán alrededor del 29.

Las finanzas se complican este mes. Tu planeta del dinero, Plutón, no sólo está retrógrado sino que además recibe aspectos desfavorables. Resulta difícil ver un cuadro o una dirección financiera claros. Tienes que trabajar más arduo por tus ingresos, pese a que tu interés no está en eso. Casi tienes que obligarte a trabajar. Pero el trabajo tendrá sus recompensas.

Descansa y relájate más después del 21 (siempre que sea posible). La sensación de indisposición no indica enfermedad necesariamente, sólo falta de vitalidad. Presta más atención al corazón.

Julio

Mejores días en general: 4, 13, 14, 23, 24, 31
Días menos favorables en general: 2, 8, 9, 15, 16, 29, 30
Mejores días para el amor: 4, 8, 9, 13, 14, 18, 19, 23, 24, 27, 28, 31
Mejores días para el dinero: 2, 8, 9, 10, 11, 18, 19, 20, 21, 25, 26, 27, 28, 29, 30

Como el mes pasado, la mayoría de los planetas están sobre el horizonte de tu carta y tu casa de la profesión, la décima, continúa poderosa. Incluso la Luna nueva del 17 ocurre allí. Es otro mes orientado a la profesión; trabajas mucho en ella, le prestas tu atención, y esto lleva al éxito y progreso. Puedes restar importancia a los asuntos familiares y domésticos, aunque no desatenderlos del todo. Parece que compras artilugios de alta tecnología para la casa con el fin de crear un espíritu de equipo. La Luna nueva del 17 no sólo soluciona cuestiones profesionales sino también domésticas y familiares. Esto se debe a que está en conjunción con Saturno, tu planeta de

233

la familia. Te llega toda la información que necesitas para tomar buenas decisiones en el hogar y la profesión.

El hecho de que este mes haya dos Lunas llenas (acontecimiento que ocurre muy rara vez, y por eso a la segunda se la llama «Luna azul») también indica una enorme dedicación a la profesión y el éxito. Tienes dos días de energía extra para conseguir tus objetivos profesionales.

Tienes que vigilar más la salud todo el mes, pero sobre todo hasta el 22. No sólo trabajas en la oficina, procurando satisfacer a jefes exigentes y estrictos, sino que también te esfuerzas en equilibrar tus deseos y placeres personales, y tu creatividad y deberes para con los hijos con las finanzas e intereses intelectuales. La gran cuadratura de que hablamos el mes pasado sigue en vigor. Mejoran la autoestima y la confianza en ti mismo (la mayoría de los planetas están ahora en tu sector oriental), pero hay mucha resistencia a tu voluntad; cuando nos ponemos engreídos podemos esperar ataques. Procura mantener realista tu autoestima.

Las finanzas continúan delicadas. Después del 22 mejoran, pero el problema es tu falta de interés. Como el mes pasado, estás más interesado en la formación y la profesión que en el dinero. Continúa retrógrado Plutón, tu planeta del dinero, de modo que los planes y estrategias financieras están entre brumas. La neblina financiera aflige a muchas personas de vez en cuando. En caso de duda respecto a una gestión o inversión (algo importante), no hagas nada, espera a que asome el Sol por entre las nubes. Los amigos y contactos con amigos contribuyen positivamente en las finanzas después del 22. La intuición mejora después del 14. El cónyuge, pareja o socio también te apoyan más este mes. Es posible que esté a punto de constituirse una sociedad de negocios.

Este mes el amor es feliz y estilo luna de miel. Hay éxito romántico y de amistad. Deseas amistad con la persona amada además de romance. Hay oportunidades amorosas con personas amigas (y éstas podrían disfrutar haciendo de Cupido también) y en tus actividades en organizaciones. Las actividades de grupo también conducen al romance. Lo mismo ocurre en los ambientes de formación, sobre todo si están en un lugar tipo balneario. Si estás soltero y sin compromiso serio no has de inquietarte; el amor empieza a perseguirte.

LIBRA

Agosto

Mejores días en general: 1, 9, 10, 19, 20, 27, 28
Días menos favorables en general: 4, 5, 12, 13, 25, 26
Mejores días para el amor: 1, 4, 5, 6, 11, 12, 16, 17, 21, 22, 25, 26, 30
Mejores días para el dinero: 4, 5, 7, 8, 14, 15, 17, 18, 21, 22, 23, 24, 25, 26

La gran cuadratura de que hemos hablado los meses anteriores se está disipando. Esto tiene efectos positivos en tu salud y en tu confianza en general. La vida es mucho más fácil ahora.

Todo el año has trabajado por integrar la armonía emocional con las consecuciones externas; una profesión feliz con un hogar feliz. Este trabajo continúa hasta el próximo año. Pero este mes trabajas por integrar otro tipo de contradicción: el éxito profesional con los valores espirituales. La profesión continúa importante este mes: la mayoría de los planetas siguen sobre el horizonte de tu carta y tu regente Venus entra en tu casa de la profesión el 7. Pero tu casa doce, la de la espiritualidad, ahora también está poderosa: entre el 40 y el 50 por ciento de los planetas o están instalados allí o pasan por ella.

Como todos sabemos, el éxito profesional suele estar gobernado por valores mundanos. Hay que competir, trabajar mucho, llegar ahí antes que lleguen otros, ser más listo, etcétera, etcétera; se ha de triunfar a toda costa. Pero los valores espirituales suelen ser radicalmente diferentes. Uno ha de renunciar (con mucha frecuencia) a ser el foco de atención, ha de poner el ego en segundo plano. El éxito se mide por la cantidad de bien que se hace, por lo que se da. En el mundo material importa el lucro, los beneficios; en el mundo del espíritu el lucro es indiferente. En el mundo material el éxito se mide por lo que «se obtiene», en el del espíritu el éxito suele medirse por el sacrificio, la renuncia. En el mundo éxito significa satisfacer al jefe, al consejo directivo o al cliente; en el espíritu éxito significa satisfacer al Poder Superior interior. ¿Cómo se integran entonces estos dos conjuntos de valores? No hay ninguna regla para esto, cada persona lo resuelve a su manera: de modos muy creativos unas, trabajando en una profesión mundana y luego dedicando el tiempo libre a obras benéficas o causas dignas, otras eligen un tipo de profesión espiritual, como el sacerdocio o el trabajo para una obra benéfica a jornada completa, o que trabajan para triunfar en una profesión mundana aplicando a ella valores espirituales, ¡tarea nada fácil! Si eres sincero, se te presentará la manera.

Las tendencias financieras del mes pasado siguen en vigor. Tu falta de interés es el principal problema. En este periodo (en especial después del 7), la categoría y el prestigio son más importantes para ti que el dinero. El honor, la reputación, la buena imagen pública y profesional es lo que importa. Pero tu desinterés no durará mucho porque los aspectos difíciles que recibe tu planeta del dinero después del 23 te obligarán a poner la atención en tus finanzas. Llegan ingresos pero con más trabajo y esfuerzo. Tal vez será necesaria una crisis para ponerte en acción.

El amor se vuelve más idealista que nunca. Son importantes los aspectos espirituales del amor. Buscas compatibilidad espiritual con la persona amada, no sólo física. Si estás soltero las oportunidades amorosas se presentan en la iglesia, seminarios de meditación o retiros de tipo religioso. Estás más crítico y analítico en tus relaciones porque quieres eliminar los defectos y mejorarlas. Pero más avanzado el mes, el amor te persigue; el mes que viene te encontrará.

Septiembre

> *Mejores días en general:* 5, 6, 7, 15, 16, 24, 25
> *Días menos favorables en general:* 1, 2, 8, 9, 22, 23, 28, 29
> *Mejores días para el amor:* 1, 2, 3, 4, 10, 13, 14, 17, 18, 23, 26, 27, 28, 29
> *Mejores días para el dinero:* 1, 2, 3, 4, 10, 11, 13, 14, 17, 18, 20, 23, 28, 29

Este es un mes muy importante y feliz, Libra; disfrútalo.

En primer lugar, el benéfico Júpiter entra en tu signo el 25, iniciando un año de prosperidad, felicidad, optimismo y buena vida. Tu planeta del amor, Marte, entra en tu signo al día siguiente, el 26. Así pues, el amor te llega también, un amor que parece serio, que puede convertirse en algo con el tiempo. Además, entre el 40 y el 50 por ciento de los planetas estarán en tu signo, aportándote energía extra, autoestima y seguridad en ti mismo. Tu cuerpo y tu apariencia física resplandecerán.

El poder planetario está principalmente en tu sector oriental y en tu signo. Esto significa que debes trabajar para construir tu reino del Cielo en la Tierra. Ahora tienes toda la energía e independencia para hacerlo. Los demás no sólo no te pondrán obstáculos sino que colaborarán activamente contigo en este proceso. Lánzate osadamente. Cambia aquellas condiciones que te son desagradables; diseña tu vida según tus especificaciones.

La mayoría de los planetas están sobre el horizonte de tu carta la mayor parte del mes. Tu regente Venus está en tu décima casa hasta el 7. Esto significa que la profesión y los objetivos externos, mundanos, siguen siendo importantes. Pero a medida que avanza el mes esta importancia irá disminuyendo paulatinamente. Se logran los objetivos profesionales. Llega el momento para la armonía emocional, paz interior y tranquilidad. Eres como el árbol que ha acabado su fructificación; se cosechan los frutos. Ahora te retiras a tu santuario interior para refrescarte, renovarte y reaprovisionarte para poder florecer de nuevo en el futuro.

Hay novedades financieras muy maravillosas, Libra, de modo que no te desesperes por las dificultades o conflictos de principios de mes: son temporales. Se está limpiando el terreno financiero; se está separando el trigo de la paja. Los negocios o tratos que fracasaron o no se materializaron simplemente no te convenían. Ahora se manifiestan todo un nuevo cuadro y circunstancias financieras. A fines del mes pasado tu planeta del dinero reinició el movimiento directo, después de estar muchos meses retrógrado. La niebla financiera empieza a despejarse y ahora hay claridad. Y a fin de mes también se disiparán los aspectos desfavorables a Plutón. Es como si acudiera un helicóptero cósmico y te sacara de una situación financiera incómoda para colocarte en otro lugar mucho más agradable.

La salud está fabulosa este mes. Te ves magnífico; estás carismático. Destacas en los deportes y en programas de ejercicio. Vienen en camino artículos personales importantes y caros.

Después del 26 entran nuevas amistades en el cuadro, y hay boda u oportunidades de boda para los Libra solteros.

Octubre

Mejores días en general: 3, 4, 12, 13, 21, 22, 30, 31
Días menos favorables en general: 5, 6, 19, 20, 25, 26
Mejores días para el amor: 2, 3, 10, 11, 12, 13, 19, 20, 21, 22, 25, 26, 29, 30, 31
Mejores días para el dinero: 2, 3, 8, 9, 15, 16, 17, 18, 21, 25, 26, 30

Tienes otro mes feliz y próspero, Libra, disfrútalo.

Muchas de las tendencias del mes pasado continúan en vigor. La mayoría de los planetas siguen en tu sector oriental, y tu signo está a rebosar de planetas benéficos (principalmente). Es como si los genios planetarios estuvieran celebrando un congreso en tu signo, imaginando maneras de darte prosperidad y dicha. Y puesto que estas potencias son muy competentes en lo que hacen, seguro que los resultados son buenos. El romance ciertamente es bueno, y en esto ni siquiera tienes que ejercitar tu genio social; sencillamente, está ahí. Lo único que tienes que hacer es estar presente. Como el mes pasado, este es un periodo para lanzarte osadamente en pos de tus objetivos personales, para forjar las condiciones según tu gusto y deseos. Estando el 90 por ciento de los planetas en movimiento directo y el dinámico Marte en tu signo, el progreso hacia tus objetivos es rápido. Ni siquiera la alineación desfavorable de Saturno contigo puede impedir lo bueno, solamente lo ralentiza un poco. En lugar de avanzar a 160 por hora avanzas 140.

Hay dos eclipses este mes, uno de ellos muy fuerte. El eclipse solar del 14 ocurre en tu signo, y aunque la salud es buena, no te hará ningún daño reducir tus actividades durante ese periodo, unos días antes y después. Este eclipse sacude tu vida considerablemente; elimina los bloqueos y obstrucciones a tu bien. Se ponen a prueba las amistades. Cambia tu imagen y apariencia personal; cambias de aspecto y de forma de vestir. Mejoras y perfeccionas tu personalidad. Se erradican los bloqueos a la personalidad; lo mismo le ocurre a las creencias y opiniones que eran causa de tu falta de autoestima.

El eclipse lunar del 28 también es benigno; ocurre en tu octava casa, lo cual indica que hay cambios en los ingresos o asuntos financieros del cónyuge, pareja o socio. Se revelan defectos para que se tomen medidas correctivas. Si estuvieras envuelto en un litigio por seguros o propiedad, este eclipse marcaría un punto decisivo en estos asuntos. La actitud sexual experimenta un cambio gradual, a largo plazo. Aunque no es necesario que muera nadie, este eclipse obligará a muchos Libra a hacer las paces con la muerte, a aceptar el tema de la muerte, a superar el miedo a la muerte y a comprenderla mejor. Este eclipse también señala cambios profesionales.

La mayoría de los planetas ahora están bajo el horizonte de tu carta. Disminuye la importancia de la profesión. Ha llegado el momento de encontrar tu zona de agrado emocional y de funcionar desde ella.

El amor y la prosperidad rara vez han estado mejor.

Noviembre

Mejores días en general: 9, 10, 17, 18, 26, 27, 28
Días menos favorables en general: 2, 3, 15, 16, 22, 23, 29, 30
Mejores días para el amor: 9, 10, 17, 18, 19, 20, 22, 23, 29, 30
Mejores días para el dinero: 4, 5, 9, 10, 11, 12, 13, 14, 17, 18, 22, 23, 26, 27

Estás ante otro mes feliz y próspero, Libra. Tienes en tu signo a dos de los grandes benefactores, Júpiter y Venus (Venus se quedará ahí hasta el 22). Esto asegura mucho placer y deleite sensual. De pronto podría materializarse un viaje feliz; podría llegarte un coche nuevo o un equipo de comunicación con los últimos adelantos. Llegan artículos de belleza, ropa, joyas o accesorios personales. Te ves fabuloso; vistes ropa cara y a la última moda. Tu sentido estético y de elegancia, siempre fuerte, ahora está más fuerte. En resumen, este es otro mes de buena vida. La salud es fundamentalmente buena, pero el exceso de complacencia en la buena vida podría ser un problema. Disfruta, pero mantén el equilibrio.

Como el mes pasado, la mayoría de los planetas se encuentran en tu sector oriental y tu signo está muy poderoso. Es fuerte la independencia personal; sabes la manera correcta de hacerlo. Lánzate osadamente en pos de tus objetivos. No es necesario que te preocupes de que puedas ofender a los demás pues están firmemente de tu parte. Todo el Universo consiente en tu bien.

Igual que el mes pasado, la mayoría de los planetas están bajo el horizonte de tu carta, de modo que presta más atención a los asuntos psíquicos y emocionales. Pon en orden la vida familiar y doméstica. Procura funcionar desde tu zona de agrado emocional; encuentra tu punto de armonía emocional. Aunque la profesión sigue siendo importante, puede recibir menos atención, sin problemas.

El amor es muy feliz durante este periodo, y hay muchas probabilidades de boda o relación seria. Si mantienes una relación experimentarás las cimas románticas. El amor sigue persiguiéndote y no es mucho lo que necesitas hacer para encontrarlo. El cónyuge o pareja sigue muy de tu parte, verdaderamente atento a tus intereses, y desviviéndose por complacerte. Haces tu voluntad en el amor ahora. Después del 11, el cónyuge o pareja interviene en tu vida financiera, o trabaja mucho para aumentar tu prosperidad o apoyando tus objetivos. Si estás soltero y sin compromiso encontrarás oportunidades románticas cuando estés trabajando por tus objetivos financieros o con personas involucradas en tus finanzas.

Tu casa del dinero es la más fuerte de tu horóscopo este mes. Entre el 40 y el 50 por ciento de los planetas están ahí o pasan por ella. Lo que queda de año (y hasta bien entrado 2005) es muy próspero, pero en estos momentos estás en uno de los periodos más prósperos. Trabaja osadamente en el ámbito financiero; tu intuición es buena. Las actividades de venta, comercialización, enseñanza, escritura, relaciones públicas, son esenciales para impulsar la economía. La dedicación a intereses intelectuales, aunque parezcan desvinculados de las finanzas, pueden rendir buenos beneficios. Y, como siempre, las amistades y contactos sociales tienen un importante papel en tu vida financiera, en el aumento de tus ingresos o en las oportunidades de hacer ingresos. Si eres inversor profesional te conviene investigar los sectores mercado de bonos y obligaciones, telecomunicación, transporte, oro y servicios públicos. Podría haber cambios laborales en este periodo. Esto podría deberse a que al ingresar más dinero te haces menos dependiente del trabajo actual o que aumentan tus ingresos en el trabajo.

Diciembre

Mejores días en general: 6, 7, 15, 24, 25
Días menos favorables en general: 13, 19, 20, 26, 27
Mejores días para el amor: 8, 9, 17, 18, 19, 20, 29, 30
Mejores días para el dinero: 2, 3, 6, 7, 8, 9, 11, 12, 14, 15, 19, 20, 23, 24, 29, 30

Este es un mes muy orientado a la familia. La mayoría de los planetas continúan bajo el horizonte de tu carta, y después del 21 adquiere poder tu cuarta casa, la del hogar y la familia. Continúa restando importancia a la profesión mientras forjas tu vida doméstica tal como la deseas. Fomentar el espíritu de equipo en la familia parece un objetivo importantísimo. Llegan nuevos artilugios de alta tecnología para la casa. Vienen amigos a alojarse contigo, o tal vez te visitan con más frecuencia que de costumbre.

Como el mes pasado, la mayoría de los planetas están en tu sector oriental, de modo que continúa el periodo para los actos independientes y la iniciativa personal. No ocupes demasiado tiempo en buscar consenso ni en preocuparte de lo que piensan los demás. Ten claros tus objetivos y actúa. Sigue siendo un periodo en el que es más fácil cambiar las condiciones desagradables.

En cuanto a las finanzas, muchas de las tendencias de que hablamos el mes pasado continúan en vigor. Podría haber cambios en el trabajo, pero esto no afecta a la prosperidad general, probablemente la mejora. Los contactos sociales y el cónyuge o pareja tienen un importante papel en los ingresos. La apariencia personal (muy buena en este periodo) también influye en los ingresos. Muchos Libra invertiréis en vosotros mismos, imagen, ropa, apariencia personal. Las actividades de venta, comercialización y comunicación siguen siendo importantes para hacer ingresos (aunque estando retrógrado Mercurio, hasta el 20, tal vez te convenga retrasar estas cosas hasta pasada esta fecha).

Este mes tu tercera casa, la de la comunicación y los intereses intelectuales, es la que está más poderosa; entre el 50 y el 60 por ciento de los planetas o están en ella o transitan por ella. Esto significa que estás en ánimo de «aprender y enseñar». Hay más relaciones con los hermanos y vecinos. Tienes más oportunidades de formación y deberías aprovecharlas; hay más viajes locales y nacionales. Este periodo es ideal para hacer los cursos de los temas que te interesan, alimentar y nutrir bien tu mente, y progresar mental e intelectualmente.

La salud ahora está maravillosa, pero, aun así, descansa y relájate más después del 21. El exceso de complacencia en la buena vida es también un peligro.

El amor continúa bien, aunque da la impresión de que «huyes» de cierta relación. El amor te persigue, pero tú corres más rápido que él. Si estás soltero las oportunidades amorosas se presentan cuando estás trabajando por tus objetivos financieros o con personas involucradas en tus finanzas. La riqueza y el buen tino financiero son el principal atractivo para el amor en este periodo. Después del 25 son muy importantes la buena comunicación y la compatibilidad mental. Deseas a una persona con la que puedas hablar, que piense como tú y cuya capacidad mental puedas admirar.

Escorpio

♏

El Escorpión
Nacidos entre el 23 de octubre y el 22 de noviembre

Rasgos generales

ESCORPIO DE UN VISTAZO
Elemento: Agua

Planeta regente: Plutón
   Planeta corregente: Marte
   Planeta de la profesión: el Sol
   Planeta de la salud: Marte
   Planeta del amor: Venus
   Planeta del dinero: Júpiter
   Planeta del hogar y la vida familiar: Urano

Color: Rojo violáceo
   Color que favorece el amor, el romance y la armonía social:
      Verde
   Color que favorece la capacidad de ganar dinero: Azul

Piedras: Sanguinaria, malaquita, topacio

Metales: Hierro, radio, acero

Aromas: Flor del cerezo, coco, sándalo, sandía

Modo: Fijo (= estabilidad)

Cualidad más necesaria para el equilibrio: Visión más amplia de las cosas

Virtudes más fuertes: Lealtad, concentración, determinación, valor, profundidad

Necesidades más profundas: Penetración y transformación

Lo que hay que evitar: Celos, deseo de venganza, fanatismo

Signos globalmente más compatibles: Cáncer, Piscis

Signos globalmente más incompatibles: Tauro, Leo, Acuario

Signo que ofrece más apoyo laboral: Leo

Signo que ofrece más apoyo emocional: Acuario

Signo que ofrece más apoyo económico: Sagitario

Mejor signo para el matrimonio y/o las asociaciones: Tauro

Signo que más apoya en proyectos creativos: Piscis

Mejor signo para pasárselo bien: Piscis

Signos que más apoyan espiritualmente: Cáncer, Libra

Mejor día de la semana: Martes

La personalidad Escorpio

Un símbolo del signo de Escorpio es el ave fénix. Si meditamos sobre la leyenda del fénix podemos comenzar a comprender el carácter de Escorpio, sus poderes, capacidades, intereses y anhelos más profundos.

El fénix de la mitología era un ave capaz de recrearse y reproducirse a sí misma. Lo hacía de la manera más curiosa: buscaba un fuego, generalmente en un templo religioso, se introducía en él y se consumía en las llamas, y después renacía como un nuevo pájaro. Si eso no es la transformación más profunda y definitiva, ¿qué es entonces?

Transformación, eso es lo que los Escorpio son en todo, en su mente, su cuerpo, sus asuntos y sus relaciones (son también transformadores de la sociedad). Cambiar algo de forma natural, no artificial, supone una transformación interior. Este tipo de cambio es radical, en cuanto no es un simple cambio cosmético. Algunas personas creen que transformar sólo significa cambiar la apariencia, pero no es ese el tipo de cambio que interesa a los Escorpio. Ellos buscan el cambio profundo, fundamental. Dado que el verdadero cambio siempre procede del interior, les interesa mucho el aspecto interior, íntimo y filosófico de la vida, y suelen estar acostumbrados a él.

Los Escorpio suelen ser personas profundas e intelectuales. Si quieres ganar su interés habrás de presentarles algo más que una imagen superficial. Tú y tus intereses, proyectos o negocios habréis de tener verdadera sustancia para estimular a un Escorpio. Si no hay verdadera sustancia, lo descubrirá y allí terminará la historia.

Si observamos la vida, los procesos de crecimiento y decadencia, vemos funcionar todo el tiempo los poderes transformadores de Escorpio. La oruga se convierte en mariposa, el bebé se convierte en niño y después en adulto. Para los Escorpio esta transformación clara y perpetua no es algo que se haya de temer. La consideran una parte normal de la vida. Esa aceptación de la transformación les da la clave para entender el verdadero sentido de la vida.

Su comprensión de la vida (incluidas las flaquezas) hace de los nativos de Escorpio poderosos guerreros, en todos los sentidos de la palabra. A esto añadamos su profundidad y penetración, su paciencia y aguante, y tendremos una poderosa personalidad. Los Escorpio tienen buena memoria y a veces pueden ser muy vengativos; son capaces de esperar años para conseguir su venganza. Sin embargo, como amigos, no los hay más leales y fieles. Poca gente está dispuesta a hacer los sacrificios que hará una persona Escorpio por un verdadero amigo.

Los resultados de una transformación son bastante evidentes, aunque el proceso es invisible y secreto. Por eso a los Escorpio se los considera personas de naturaleza reservada. Una semilla no se va a desarrollar bien si a cada momento se la saca de la tierra y se la expone a la luz del día. Debe permanecer enterrada, invisible, hasta que comience a crecer. Del mismo modo, los Escorpio temen revelar demasiado de sí mismos o de sus esperanzas a otras personas. En cambio, se van a sentir más que felices de mostrar el producto acabado, pero sólo cuando esté acabado. Por otro lado, les encanta conocer los secretos de los demás, tanto como les disgusta que alguien conozca los suyos.

Situación económica

El amor, el nacimiento, la vida y la muerte son las transformaciones más potentes de la Naturaleza, y a los Escorpio les interesan. En nuestra sociedad el dinero es también un poder transformador y por ese motivo los Escorpio se interesan por él. Para ellos el dinero es poder, produce cambios y gobierna. Es el poder del dinero lo que los fascina. Pero si no tienen cuidado, pueden ser demasiado materialistas y dejarse impresionar excesivamente por el poder del dinero, hasta el punto de llegar a creer que el dinero gobierna el mundo.

Incluso el término plutocracia viene de Plutón, que es el regente de Escorpio. De una u otra manera los nativos de este signo consiguen la posición económica por la que luchan. Cuando la alcanzan, son cautelosos para manejar su dinero. Parte de esta cautela es en realidad una especie de honradez, porque normalmente los Escorpio trabajan con el dinero de otras personas, en calidad de contables, abogados, agentes de bolsa, asesores bursátiles o directivos de empresa, y cuando se maneja el dinero de otras personas hay que ser más prudente que al manejar el propio.

Para lograr sus objetivos económicos, los nativos de Escorpio han de aprender importantes lecciones. Es necesario que desarrollen cualidades que no tienen naturalmente, como la amplitud de visión, el optimismo, la fe, la confianza y, sobre todo, la generosidad. Necesitan ver la riqueza que hay en la naturaleza y en la vida, además de las formas más obvias del dinero y el poder. Cuando desarrollan esta generosidad, su potencial financiero alcanza la cima, porque Júpiter, señor de la opulencia y de la buena suerte, es el planeta del dinero en su carta solar.

Profesión e imagen pública

La mayor aspiración de los nativos de Escorpio es ser considerados fuente de luz y vida por la sociedad. Desean ser dirigentes, estrellas. Pero siguen un camino diferente al de los nativos de Leo, las otras estrellas del zodiaco. Un Escorpio llega a su objetivo discretamente, sin alardes, sin ostentación; un Leo lo hace abierta y públicamente. Los Escorpio buscan el encanto y la diversión de los ricos y famosos de modo discreto, secreto, encubierto.

Por naturaleza, los Escorpio son introvertidos y tienden a evitar la luz de las candilejas. Pero si quieren conseguir sus más elevados objetivos profesionales, es necesario que se abran un poco y se expresen más. Deben dejar de esconder su luz bajo un perol y permitirle que ilumine. Por encima de todo, han de abandonar cualquier deseo de venganza y mezquindad. Todos sus dones y capacidades de percibir en profundidad las cosas se les concedieron por un importante motivo: servir a la vida y aumentar la alegría de vivir de los demás.

Amor y relaciones

Escorpio es otro signo del zodiaco al que le gustan las relaciones comprometidas, claramente definidas y estructuradas. Se lo piensan mucho antes de casarse, pero cuando se comprometen en una relación tienden a ser fieles, y ¡Dios ampare a la pareja sorprendida o incluso sospechosa de infidelidad! Los celos de los Escorpio son legendarios. Incluso pueden llegar al extremo de detectar la idea o intención de infidelidad, y esto puede provocar una tormenta tan grande como si de hecho su pareja hubiera sido infiel.

Los Escorpio tienden a casarse con personas más ricas que ellos. Suelen tener suficiente intensidad para los dos, de modo que buscan a personas agradables, muy trabajadoras, simpáticas, estables y transigentes. Desean a alguien en quien apoyarse, una persona leal que los respalde en sus batallas de la vida. Ya se trate de su pareja o de un amigo, para un Escorpio será un verdadero compañero o socio, no un adversario. Más que nada, lo que busca es un aliado, no un contrincante.

247

Si estás enamorado o enamorada de una persona Escorpio, vas a necesitar mucha paciencia. Lleva mucho tiempo conocer a los Escorpio, porque no se revelan fácilmente. Pero si perseveras y tus intenciones son sinceras, poco a poco se te permitirá la entrada en las cámaras interiores de su mente y su corazón.

Hogar y vida familiar

Urano rige la cuarta casa solar de Escorpio, la del hogar y los asuntos domésticos. Urano es el planeta de la ciencia, la tecnología, los cambios y la democracia. Esto nos dice mucho acerca del comportamiento de los Escorpio en su hogar y de lo que necesitan para llevar una vida familiar feliz y armoniosa.

Los nativos de Escorpio pueden a veces introducir pasión, intensidad y voluntariedad en su casa y su vida familiar, que no siempre son el lugar adecuado para estas cualidades. Estas virtudes son buenas para el guerrero y el transformador, pero no para la persona que cría y educa. Debido a esto (y también a su necesidad de cambio y transformación), los Escorpio pueden ser propensos a súbitos cambios de residencia. Si no se refrena, el a veces inflexible Escorpio puede producir alboroto y repentinos cataclismos en la familia.

Los Escorpio necesitan desarrollar algunas de las cualidades de Acuario para llevar mejor sus asuntos domésticos. Es necesario que fomenten un espíritu de equipo en casa, que traten las actividades familiares como verdaderas relaciones en grupo, porque todos han de tener voz y voto en lo que se hace y no se hace, y a veces los Escorpio son muy tiranos. Cuando se vuelven dictatoriales, son mucho peores que Leo o Capricornio (los otros dos signos de poder del zodiaco), porque Escorpio aplica la dictadura con más celo, pasión, intensidad y concentración que estos otros dos signos. Lógicamente, eso puede ser insoportable para sus familiares, sobre todo si son personas sensibles.

Para que un Escorpio consiga todos los beneficios del apoyo emocional que puede ofrecerle su familia, ha de liberarse de su conservadurismo y ser algo más experimental, explorar nuevas técnicas de crianza y educación de los hijos, ser más democrático con los miembros de la familia y tratar de arreglar más cosas por consenso que por edictos autocráticos.

Horóscopo para el año 2004

Principales tendencias

Desde el durísimo bienio 1998-2000, las cosas han ido mejorando cada vez más, Escorpio. Paso a paso, poco a poco, los planetas lentos han ido saliendo de sus alineaciones desfavorables contigo. Este año hay una alineación realmente positiva. Piensa en una imagen inversa de esos dos años. Todo lo bajo que te hundiste te da la medida de lo alto que te elevarás; todo lo mal que te sentiste te da la medida de lo bien que te sentirás. El mecanismo del Universo funciona ahora en tu favor.

Después de estar siete años en tu cuarta casa, la del hogar y la familia, ahora el voluble Urano se ha establecido en tu quinta casa, la de los hijos, las aventuras amorosas, la creatividad y el placer personal (y se queda ahí). Así pues, gran parte de la volubilidad de los pasados siete años se calma. Te centras más en tu creatividad y en llevar bien el verdadero asunto de la vida: la dicha, la alegría. Entras en un periodo extraordinariamente creativo de tu vida. Esto lo notarás aún más si no te dedicas al arte. No te iría nada mal adoptar alguna afición creativa.

Saturno te está apoyando desde el año pasado. Esto indica que aquellos que tienen autoridad sobre ti aceptan y aprueban tu creatividad y tu sentido de identidad; que los deseos vitales están respaldados por los poderosos; que puedes ser quien eres y lograr al mismo tiempo el éxito profesional.

El año pasado fue fuerte en los aspectos profesional y social. Esta tendencia continúa este año. La expansión social que vemos está en el ámbito de las amistades, y se ve muy feliz.

Ya avanzado el año, después del 25 de septiembre, se hará mucho más importante la espiritualidad, importante y feliz. Esto tendrá sutiles efectos beneficiosos también en las finanzas. Ya hablaremos más adelante de esto.

Los principales intereses este año son: las finanzas; el hogar y la familia; los hijos, la creatividad, el placer personal y las aventuras amorosas; la religión, la filosofía, la formación superior; las amistades, las organizaciones y las actividades de grupo (hasta el 25 de septiembre); la espiritualidad (después del 25 de septiembre).

Los caminos hacia la mayor satisfacción este año serán: las amistades, las organizaciones y las actividades de grupo (hasta el 25 de septiembre); la espiritualidad (después del 25 de septiembre); el amor, el romance y las actividades sociales.

Salud

Casi todos los planetas lentos te forman aspectos hermosos, y tu casa de la salud, la sexta, no está poderosa. El mensaje es claro: la salud es estupenda, la vitalidad elevada. No necesitas prestar mucha atención a los asuntos de salud ni hacer ningún cambio importante. Más o menos das por descontada la salud. Ciertamente habrá periodos «menos fáciles» que otros, pero estos serán tendencias de corta duración causadas por los planetas rápidos; cuando hayan pasado, la salud volverá a ser excelente.

Ahora que Urano está en el signo Piscis (donde se quedará los próximos siete años más o menos), después de entrar y salir de él todo el año pasado, la salud estará mejor.

Marte es tu planeta de la salud. Marte rige los órganos sexuales, y Escorpio es uno de los signos más sexuales del zodiaco. Por lo tanto, siempre necesitarás cuidar mejor de estos órganos. Los problemas de salud, en el caso de que surjan, tenderán a originarse ahí. Así pues, mantener sanos estos órganos es una buena medicina preventiva. Habrá que equilibrar la actividad sexual: que no sea excesiva ni demasiado escasa. Los órganos sexuales se pueden fortalecer mediante muchas terapias naturales no medicamentosas: reflexología podal y de las manos, fisioterapia, acupuntura, digitopuntura, shiatsu, herbolaria, homeopatía, esencias florales, naturopatía, por nombrar sólo unas pocas.

Marte rige la actividad física enérgica, los deportes y los ejercicios vigorosos. Por lo tanto, para ti salud significa estar en algo más que la simple «ausencia de enfermedad», significa buena forma física y atlética. Hacer ejercicio en el gimnasio o al aire libre deberá formar parte de tu programa de salud.

Marte avanza rápido este año, lo cual indica confianza y seguridad en la salud y en la forma física. Transitará por nueve de las doce casas de tu horóscopo, lo que significa que tus necesidades y actitudes hacia la salud cambiarán con bastante rapidez. En el caso de que tuvieras algún problema de salud, podrías encontrar alivio o curación de diversas maneras y por diversos medios. De estas tendencias a corto plazo hablaremos en las previsiones mes a mes.

El 19 de abril, un eclipse solar podría obligarte a hacer cambios a largo plazo en tu programa o régimen de salud. Pero aparte de eso, no hay novedades en el campo de la salud: cuando no hay noticias, la noticia es buena.

Al parecer, la salud de un progenitor o figura parental es causa de preocupación. Esta persona ha de cuidar mejor de la columna, las rodillas, la alineación esquelética y los dientes. La dieta es un factor importante. Las terapias espirituales producirán grandes beneficios.

En la salud de los hijos no hay novedad. Pero han de tener más cuidado en sus experimentos con el cuerpo. Sienten el deseo de poner a prueba sus límites físicos y deben procurar que esos experimentos sean constructivos, no destructivos.

La salud de los nietos parece ser causa de preocupación también. Las terapias de desintoxicación serán potentes para ellos; también es importante que cuiden de la columna, las rodillas, la alineación esquelética y los dientes.

Los mejores periodos para la salud en general este año son del 19 de febrero al 20 de marzo; del 21 de junio al 22 de julio, y del 23 de octubre al 22 de noviembre.

Los periodos más desfavorables para la salud serán del 21 de enero al 18 de febrero; del 20 de abril al 21 de mayo, y del 23 de julio al 23 de agosto. Procura descansar y relajarte más en estas fechas y no te asustes, que pasarán.

Hogar y vida familiar

Este ha sido un sector muy importante y explosivo desde hace unos años, Escorpio. Las cosas se calman mucho con la salida de Urano de tu cuarta casa, la del hogar y la familia (en especial si naciste en la primera parte del signo, del 23 de octubre al 5 de noviembre). Las cosas se «estabilizan». Pero tu cuarta casa continúa fuerte este año y los siguientes, de modo que el hogar y la familia seguirán durante mucho tiempo entre tus principales intereses.

En los siete años anteriores hubo muchas mudanzas entre los nativos de Escorpio; con una no era suficiente. Muchos rehicisteis vuestras casas muchas veces; una no os bastó. Las reparaciones y reformas en la vivienda han sido constantes; un constante anhelo de encontrar «el hogar ideal», la situación doméstica ideal. También ha habido rupturas y cambios durante estos siete años. Simplemente se disolvieron viejas rutinas y viejos hábitos. Muchos Escorpio experimentasteis emociones y estados de ánimo volubles; a veces muy elevados y otras veces muy bajos.

Todos estos fenómenos se aquietan. Después de años de búsqueda y experimentación, ya tienes la casa como la querías. Tu situación doméstica es como la deseabas. El polvo se está asentando.

En estos momentos hay un extraordinario interés en los hijos, sobre todo si estás en edad de concebir; deseas tener más hijos; y eso ahora es probable y en los próximos años.

Si ya tienes hijos, tendrás dificultades con ellos por su rebeldía. Comprende que esto en parte se debe a su originalidad innata, no a la mala voluntad. Los niños son extraordinariamente creativos en este periodo. Tu tarea será ayudarlos a expresarse de un modo positivo. Introdúcelos en el arte, en la informática (esto parece ser particularmente interesante para ellos), las ciencias y las matemáticas. Procura que jueguen con juguetes educativos, que desarrollen sus capacidades científicas. También les gustará la astronomía, y, si ya tienen edad, disfrutarán con la astrología.

Los hijos desafiarán toda tradición y axioma, tal vez incluso tu autoridad, y necesitarás paciencia para hacerles ver los motivos de estas cosas (necesitarás desafiar algunas tradiciones, pero esto ha de hacerse correctamente).

Como el año pasado (y ahora aún más) haces del hogar un lugar más placentero. Es como si quisieras que la casa fuera un centro de deporte y de diversión además de un hogar. Compras juguetes para los niños y los adultos. No tienes necesidad de salir para pasarlo bien; te diviertes en casa.

Un progenitor o figura parental experimenta un despertar espiritual y con eso llega todo tipo de creatividad. Incluso podría tener una aventura amorosa este año.

Si te parece que la casa necesita aún más arreglos (después de todos estos años de experimentar), un buen periodo para hacerlos es el comprendido entre el 1 de enero y el 19 de febrero.

Amor y vida social

Tu séptima casa, la del amor y el matrimonio, no es una casa de poder este año, por lo tanto tienes enorme libertad para forjar este aspecto como quieras. El Cosmos no te impulsa en uno ni en otro sentido. Generalmente esto indica un año en que las cosas tienden a dejarse como están. Si estás soltero seguirás estando soltero, y si estás casado, casado.

Si bien tu séptima casa no destaca mucho, el nodo norte de la Luna indica que este es un sector de tu vida que te producirá satisfacción. Si estás casado procura introducir más romance en la relación conyugal. Si estás soltero, busca una relación seria y mejora tus dotes sociales.

La principal actividad social este año está en el ámbito de las amistades. Esto se ve feliz e interesante. Se amplía el círculo social; entran en tu vida amigos nuevos e importantes. Te beneficias social y materialmente entrando en organizaciones y clubes. Tus nuevas amistades te brindan alegría y oportunidades financieras. Comprendes que la riqueza no es sólo tener dinero en el banco y una gruesa cartera de acciones; tener amigos también es riqueza.

Si estás casado en primeras nupcias o te interesa casarte por primera vez, las cosas tenderán a continuar como están. Si estás casado por segunda vez, habrá una crisis; se pone a prueba la relación conyugal: se reordena, se reestructura, se reorganiza. El matrimonio podría sobrevivir o no a las pruebas; sólo sobrevivirá si hay verdadero amor e intereses y finalidades compartidos. Si deseas casarte por segunda vez, necesitarás paciencia este año; los aspectos no se ven auspiciosos; superar el miedo es el principal problema. Pero si estás interesado en un tercer matrimonio, los aspectos son maravillosos; ciertamente podrían sonar las campanas de boda. Parece que la persona es rica y educada y le interesa apoyar tus objetivos financieros; podrías conocerla mientras estás dedicado a tus finanzas, tal vez en el banco, en la agencia bursátil, o en el trabajo.

Es posible que esta persona ya esté involucrada en tu vida financiera.

Si estás soltero tendrás oportunidad de conocer a una persona especial del 5 de marzo al 20 de mayo; la vida social es muy activa en ese periodo. Pero Venus, tu planeta del amor, estará retrógrada del 17 de mayo al 29 de junio; ¿lo resistirá ese romance incipiente? El movimiento retrógrado de Venus no impide que llegue el amor, pero retrasa las cosas y a veces introduce pequeños contratiempos. Es un periodo para «repensar» y «reevaluar» las relaciones amorosas. Y muchas relaciones no sobrevivirán a esta reevaluación (otras sí).

Si tienes hijos en edad casadera, también este año oigo campanas de boda; podría no ser un matrimonio en el sentido legal, sino una unión parecida a matrimonio a efectos prácticos. Estos hijos tienen excelentes aspectos sociales en general. El principal problema en el amor es su intensa necesidad de libertad personal. Deben entender que una relación, por definición, significa una limitación de la libertad personal; pero quizá les resulte difícil tragarse esta píldora.

Para los nietos en edad casadera no se ven novedades este año. Están más serios y ambiciosos en este periodo, pero el matrimonio no se ve probable.

Profesión y situación económica

El dinero y las finanzas han tenido un gran interés desde hace muchos años y esta tendencia continúa este año.

Estando tu regente Plutón firmemente instalado en tu segunda casa te tomas interés personal en tu economía, te haces cargo de tus finanzas, no las delegas a otros. También vemos correcto que tú mismo seas tu mejor inversión. Invierte en ti, para hacerte una persona más útil, más productiva y tener dominio en el mercado. Muchas veces, cuando el señor del horóscopo está en la segunda casa, la del dinero, hay una tendencia a vestirse para el éxito, a ponerse la imagen de la riqueza, a vestir ropas caras; la apariencia personal y el porte en general tienen un papel extraordinariamente importante en los ingresos. Con este aspecto, hay una fuerte conexión entre la autoestima, la confianza en uno mismo y los ingresos. Ahora bien, esto es cierto de la mayoría de las personas, pero lo es especialmente de ti, Escorpio. Cuando la autoestima está elevada, los ingresos son elevados; cuando baja la autoestima, tienden a bajar los ingresos. Y también ocurre a la inversa: cuando bajan los ingresos baja la autoestima, aunque no tengas la culpa. Ahora es necesario separar estos dos asuntos. Eres mucho, muchísimo más que tu cuenta bancaria. Los caprichos del mundo financiero, que por su propia naturaleza tiende a fluctuar, jamás deben hacerte dudar de que eres una persona valiosa, un hijo del Supremo.

En general, los ingresos serán mucho más elevados que el año pasado. Saturno, que te ha opuesto cierta resistencia, ha salido de su aspecto desfavorable contigo (la autoestima está mucho mejor este año, por ese mismo motivo).

Tu planeta del dinero, Júpiter, estará en Virgo la mayor parte del año. Virgo es el signo que rige la salud y el trabajo. Así pues, este año ganas tu dinero. Este no es un aspecto para ganar en la lotería. Los ingresos proceden del trabajo productivo. Serás un comprador más prudente este periodo, y también mejor ahorrador e inversor. Si eres inversor profesional te conviene explorar el campo de la salud por posibles beneficios: empresas de vitaminas, farmacéuticas, alimentos dietéticos, suplementos, hierbas, material quirúrgico o médico, etcétera.

Júpiter rige tus finanzas desde tu casa once, la de las amistades, grupos y organizaciones. Por lo tanto, los amigos (y hay muchos nuevos este año) son un importante factor en los ingresos. La pertenencia a organizaciones también beneficiará tu economía. Este año hacer dinero parece una «actividad de grupo»; es necesario un espíritu de equipo, ya sea con las personas para las que trabajas, o con las personas que intervienen en tus finanzas. Necesitas reunir un fuerte equipo financiero a tu alrededor. Si eres inversor profesional, también deberás buscar oportunidades en los sectores de ciencias y alta tecnolgía, puesto que la casa once rige todas estas cosas.

A partir del 25 de septiembre, Júpiter transitará por Libra, tu casa doce solar. Esto va a cambiar el cuadro, creo que para mejor. Por ahora, la intuición y la orientación espiritual serán los principales factores de la riqueza. De hecho, son el atajo hacia la riqueza; siempre lo son, pero este año lo verás muy gráficamente. Debes fiarte de tu intuición, aun cuando tengas algunos fracasos (sólo parecen fracasos, y más adelante le verás la lógica). Un momento de verdadera intuición vale todos los fracasos; en realidad vale muchos años de trabajo arduo.

Teniendo a Júpiter en tu casa doce serás mucho más caritativo y filántropo. Si ya lo eres, lo serás aún más. Serás más idealista en cuanto a la forma de ganar tu dinero; procurarás ganarlo de modo que beneficie a todo el mundo.

Este será un periodo en el que profundizarás tu comprensión de las leyes espirituales de la riqueza, que suelen estar reñidas con las de la economía estándar.

Si buscas trabajo, la situación tenderá a continuar como está. Un eclipse solar el 19 de abril podría causar alteraciones en la situación laboral actual, tal vez un cambio de trabajo también. Pero aparte de eso, las cosas se ven tranquilas.

Tampoco se ven novedades en la profesión. Tu décima casa no está poderosa y al parecer tienes poco interés más allá de lo indispensable. Puesto que el año pasado fue fuerte y feliz en lo profesional, esto lo interpreto como satisfacción. Estás donde deseas estar y no tienes necesidad de hacer más esfuerzos por el momento.

Las ambiciones se ven más fuertes (y el avance más probable) del 22 de julio al 22 de agosto y del 6 de septiembre al 3 de octubre. También es un periodo bastante fuerte el comprendido entre el 13 de octubre y el 22 de noviembre.

Progreso personal

Ya hemos hablado de la necesidad de separar al ego de las finanzas. Esto es muy importante; te ahorrará muchos dolores de cabeza. Aunque la confianza en uno mismo es importante, nunca debe provenir del dinero que se tiene ni del grosor de la cartera de inversiones. Esto último siempre cambia, a veces hacia más, a veces hacia menos. Vas a trascender todos estos caprichos. Debes disfrutar de la riqueza que tienes, pero no definirte por ella. Eres mucho más que eso.

Este año también deberás tomarte en serio la formación superior, la religión y la filosofía personal de la vida. Si eres universitario (o vas a comenzar una carrera) este año tendrás que trabajar más. El éxito en los estudios llegará, pero con sudor.

Y aun en el caso de que no seas estudiante, se pondrán a prueba tu fe, tus creencias religiosas, tu visión de la vida. Esto ocurre de varias maneras: lees libros que son diametralmente opuestos a lo que creías cierto, que desafían tus creencias religiosas o principios filosóficos; podrían ocurrir acontecimientos que desafíen tus creencias; conoces a un profesor o mentor que desafía tus creencias y visión del mundo. En resumen, algo te obligará a reordenar, reestructurar y reorganizar este sector de la vida. Y eso es bueno. Porque la religión personal (hay quienes la llaman «mitos personales») influye más profundamente que la vida amorosa o la psicología. Afecta a todos los aspectos de la vida. Pero este tipo de reorganización no ocurre de la noche a la mañana; es un proceso. Tendrás que estudiar, pensar, rumiar, meditar. Se descartan o modifican muchas viejas ideas. De todo esto saldrás con una perspectiva de la vida más fuerte, realista y sólida.

Previsiones mes a mes

Enero

Mejores días en general: 6, 7, 15, 16, 24, 25
Días menos favorables en general: 1, 2, 9, 10, 22, 23, 28, 29, 30
Mejores días para el amor: 1, 2, 3, 4, 5, 13, 24, 25, 28, 29, 30
Mejores días para el dinero: 1, 2, 11, 12, 18, 19, 20, 28, 29, 30

El año comienza con el 70-80 por ciento de los planetas bajo el horizonte de tu carta, Escorpio. Tu cuarta casa, la del hogar y la familia, está poderosa todo el mes, pero en especial después del 20; en cambio, tu décima casa, la de la profesión, está prácticamente vacía, sólo la visita la Luna, los días 9 y 10. Por lo tanto, este mes puedes desatender la profesión y centrar la atención en los deberes e intereses familiares y domésticos. Sentirte bien es más importante que la consecución de objetivos externos. ¿De qué vale todo el éxito en el mundo si no te sientes en armonía con él? ¿De qué sirve una mansión opulenta si estás tan estresado tratando de pagarla que nunca tienes la oportunidad de disfrutarla? Mejor tener poco y sentirse cómodo, que abarcar mucho e ir estresado. Este también es un buen mes para hacer progreso psíquico.

Los planetas hacen un importante traslado este mes, de tu sector oriental al occidental. Así pues, entras en un periodo en que el buen talante social importa más que tus actos o esfuerzo personal. El bien te viene de otros. Es más difícil cambiar las condiciones y tienes que ejercitar la adaptabilidad. Pero los motivos de esto son de naturaleza kármica. Ahora vas a vivir con las condiciones que has creado en los meses pasados. Si ciertas cosas te resultan desagradables, verás el error y harás las debidas correcciones en el futuro. Es una inmensa bendición experimentar las consecuencias de nuestros actos, es la mejor manera de aprender.

Las finanzas han sido un importante sector de tu vida desde hace muchos años, y este mes son extraordinariamente importantes. Mercurio está retrógrado en tu casa del dinero hasta el 6, de modo que procura retrasar hasta después de esta fecha las decisiones o comunicaciones financieras. Puesto que también está retrógrado Júpiter, tu planeta del dinero, estudia y analiza más concienzudamente todos tus asuntos financieros. Hay importantes tratos o negocios con amigos u organizaciones a las que perteneces, pero estos necesitan tiempo para desarrollarse y madurar. Ten paciencia.

El amor es feliz y emocionante este mes. Hasta el 14 te codeas con los «altos y poderosos», con personas prominentes. Si estás soltero te atraen personas que pueden ayudarte en la profesión; tus buenos contactos sociales te ayudan profesionalmente. Tienes amigos en puestos elevados. Este mes podrían iniciarse romances de oficina. Alrededor del 14 se presenta una inesperada oportunidad romántica (esto podría ocurrir unos días después también). Pero no pareces interesado en un amor serio y duradero, todo es juego y diversión, otra forma de entretenimiento. Aun así es muy posible que experimentes cimas románticas. El amor es tierno y sensible.

La salud es esencialmente buena, pero descansa y relájate más después del 20. Favorécela con ejercicio físico vigoroso y manteniendo equilibradas las energías sexuales.

ESCORPIO

Febrero

Mejores días en general: 3, 4, 12, 13, 20, 21
Días menos favorables en general: 5, 6, 18, 19, 25, 26
Mejores días para el amor: 4, 5, 14, 15, 22, 23, 25, 26
Mejores días para el dinero: 7, 8, 14, 15, 16, 17, 25, 26

Como el mes pasado, la mayoría de los planetas están bajo el horizonte de tu carta; continúa poderosa tu cuarta casa, la del hogar y la familia, mientras continúa vacía tu décima casa, la de la profesión (sólo la visita la Luna los días 5 y 6). Puedes desatender tranquilamente la profesión y centrar la atención en el hogar y la familia. Repasa lo que dijimos el mes pasado. Es un periodo para construir la infraestructura del futuro éxito profesional; toda la actividad externa emerge de las profundidades interiores. Hay tiempo para sembrar en estas profundidades y tiempo para cosechar; ahora es el momento de la siembra. Esto vale aún en el caso de que ya desarrolles una profesión próspera. Durante este periodo estás en la fase de siembra.

El poder planetario está en tu sector occidental (el traslado comenzó el mes pasado) y aún más fuerte. El 7 ya estarán allí entre el 70 y el 80 por ciento de los planetas. Ahora no son tan importantes la independencia ni la iniciativa personales. Tus virtudes y capacidades ceden el puesto, porque lo que cuentan son las personas que conoces y lo bien que te relacionas con los demás. No te juzgarán por tu capacidad sino por lo bien que les caes. Así pues, ejercita tus dotes sociales. Obtén tu bien empleando el encanto, la amabilidad y buscando el consenso, no con medidas arbitrarias.

Las finanzas se ven más difíciles este mes. Tienes que trabajar más por tus ingresos, hacer un poco más. Hay más obstáculos por superar. Las actividades de ocio y las aventuras amorosas podrían distraerte de tus finanzas. Tal vez gastas en exceso en estas cosas. Aunque este mes es para disfrutar de la vida, procura atenerte a un «presupuesto» en estas alegrías. Es mejor evitar la especulación bursátil; tu planeta del dinero continúa retrógrado, por lo tanto has de estudiar y analizar con detenimiento cualquier contrato, compra o compromiso financiero. Es un muy buen periodo para perfeccionar tu producto o servicio.

El amor continúa feliz, y después del 8 más feliz aún. Aunque tienes tendencia a precipitarte a la hora de entablar relaciones, esto puede resultar interesante. Eres ardiente en el amor y atraes a personas como tú. Deseas la satisfacción amorosa ayer; la paciencia no es tu fuerte. Probablemente también estarás más osado y aventurero en el ámbito social. Vas tras lo que deseas, abordas a las personas; haces saber tu interés a la persona que te gusta. A comienzos del mes las oportunidades románticas se presentan en los lugares habituales: fiestas, eventos deportivos, balnearios, y cuando estás dedicado a actividades de ocio. Más avanzado el mes pueden presentarse mientras atiendes a tus objetivos de salud (o con personas relacionadas con tu salud). El ámbito laboral también es un lugar para oportunidades románticas.

Este mes varían tus zonas erógenas (aparte de las normales). Pero los tobillos y los pies adquieren importancia.

La salud mejora después del 19. Mientras tanto procura moderar el ritmo y concentrarte en las prioridades. Favorece la salud prestando más atención al cuello y la garganta. Mantener la armonía con las amistades y persona amada también tendrá un efecto extraordinariamente bueno en la salud.

Marzo

Mejores días en general: 1, 2, 10, 11, 19, 20, 28, 29
Días menos favorables en general: 3, 4, 16, 17, 23, 24, 31
Mejores días para el amor: 4, 5, 14, 15, 23, 24
Mejores días para el dinero: 7, 8, 12, 13, 14, 15, 23, 24

Aunque la mitad inferior de tu horóscopo sigue más fuerte que la mitad superior, el porcentaje se ha reducido respecto a los meses anteriores. Sigue siendo importante la armonía emocional, pero aumenta en importancia tener una profesión próspera. Oscilas entre estas dos posturas.

Como el mes pasado, el sector occidental o social de tu carta es el más fuerte. Está muy poderosa tu séptima casa, mientras que la primera, la del yo, está vacía, sólo recibe la visita de la Luna los días 10 y 11. Quién eres te importa menos que a quiénes conoces; de hecho, te defines más por las personas que conoces que por lo que eres tú (la verdad es que lo uno es inseparable de lo otro, pero en diferentes momentos toman prioridad distintos aspectos de esta verdad). Llevarte bien con los demás te llevará más lejos que tu esfuerzo personal, solitario, por muy hábil o capaz que seas. Pon en primer lugar a los demás, cultiva su buena voluntad y el bien te llegará con mucha naturalidad.

Como el mes pasado, estás osado en el amor, Escorpio; sigues acercándote a las personas y trabajando por «hacer que ocurra el amor». Estás arriesgando en este sentido, aventurero. Estás aprendiendo a superar los miedos sociales. Lo bueno es que tus esfuerzos dan resultados. El amor está en el ambiente. Si estás soltero, incluso hay planes de boda; algunos Escorpio podrían fugarse con su ser amado. El único problema posible es la precipitación. No quieres dejar tiempo para que el amor se desarrolle naturalmente; quieres la satisfacción ya. Como el mes pasado, parece que el lugar de trabajo ofrece oportunidades románticas. Pero también podrían presentarse cuando estás dedicado a objetivos de salud o con personas relacionadas con tu salud. Tus zonas erógenas (aparte de las normales) son los pies y la cabeza.

La salud es buena este mes. Puedes favorecerla prestando más atención al cuello, la garganta, los hombros, pulmones e intestinos. Hay muchas maneras naturales, no medicamentosas, de hacerlo. Ahora te ves muy concentrado en la salud, pones mucho interés en ella. Te informas más a este respecto y aplicas lo aprendido. Van bien los programas de dieta, ejercicio y otros. La desintoxicación, siempre buena para ti, es aún más favorable después del 21.

Las finanzas son algo confusas este mes; las cosas tienden a quedar como están. Hay aspectos favorables y aspectos desfavorables. Muchas de las tendencias de que hablamos el mes pasado continúan en vigor. Tu planeta del dinero, Júpiter, sigue retrógrado, así que necesitas paciencia en este frente. Continúa el periodo para perfeccionar tus productos o servicios. Evita los negocios, contratos o inversiones que no entiendas. La confusión mental es el principal peligro.

La Luna nueva del 20 ocurre en tu sexta casa y te aporta claridad e iluminación en asuntos de trabajo y salud; a medida que avanza el mes te llega toda la información que necesitas para tomar decisiones correctas en este sentido. La Luna llena del 6 estimula las finanzas y te da energía extra para conseguir objetivos sociales y financieros.

Abril

Mejores días en general: 6, 7, 15, 16, 24, 25, 26
Días menos favorables en general: 1, 13, 14, 19, 20, 21, 27, 28
Mejores días para el amor: 4, 5, 13, 14, 19, 20, 21, 22, 23
Mejores días para el dinero: 2, 8, 9, 10, 11, 19, 20, 29, 30

El poder planetario hace un importante traslado este mes; pasa decididamente de la mitad inferior de tu carta a la mitad superior. La vida familiar y los asuntos emocionales continuarán siendo importantes, pero trabajarás más en el plano exterior, mundano. La siembra que has estado haciendo comienza a dar sus frutos. Las flores desean salir al mundo. Ha llegado la hora de comenzar a poner por obra tus planes profesionales.

El eclipse solar del 19 anuncia cambios en la profesión, tal vez de orientación, o dentro de tu empresa o industria. Dado que el Sol es tu planeta de la profesión, todos los eclipses solares afectan a tu profesión. Así, periódicamente, casi de modo rutinario, tienes la oportunidad de poner a punto este sector de tu vida. El Cosmos te revela cualquier defecto o idea errónea en este aspecto para que puedas tomar medidas correctivas. Este eclipse es potente en ti (sobre todo si naciste en la primera parte del signo, del 23 al 31 de octubre), de modo que reduce tus actividades. Este eclipse también anuncia cambios en el programa de salud y en una relación actual. Se ponen a prueba las amistades y el amor (con el tipo de vida amorosa que has estado teniendo, esta prueba podría ser muy útil).

Como el mes pasado, la mayoría de los planetas están en tu sector occidental. Continúa ejercitando tus dotes sociales. Ciertas condiciones podrían resultarte desagradables, pero adaptarte a ellas es lo mejor que puedes hacer. Llegará el momento en que podrás cambiarlas fácil y naturalmente.

Este mes se forma una gran cuadratura en el firmamento que tiene un fuerte efecto en ti. Hay grandes proyectos en tu vida y tienes que hacer muchos equilibrios. Será difícil que puedas complacer a todo el mundo, pero haz lo que puedas; en ningún momento pierdas de vista tu meta.

Las finanzas están difíciles en este periodo. Esto no significa que no vayan a llegar ingresos, pero tendrás que superar más obstáculos. Tienes que trabajar más por ellos. La riqueza vendrá de la paciencia y de trabajar duro.

Tu planeta del amor, Venus, participa en la susodicha gran cuadratura. Esto quiere decir que el amor también es más difícil en este periodo. Parte del problema es que repartes tu tiempo entre demasiados intereses y sufre la pareja o ser amado (o la vida social en general). Es posible que pienses que no tienes tiempo para el amor, y tiendas a desatenderlo (un error). Tienes que esforzarte más en equilibrar todo lo demás con la vida social.

Debido a toda esta actividad, necesitas vigilar más la salud. Es probable que no puedas reducir tus actividades, pero sí puedes sacar el mayor partido de tu energía concentrándote solamente en las prioridades. Lo bueno es que nadie tiene más capacidad de concentración que Escorpio, y esto es positivo para la salud. Favorécela cuidando mejor de los brazos, hombros, pulmones e intestinos. Evita la cháchara ociosa u ocupa el tiempo en trivialidades intelectuales. Esto te robará la energía que necesitas para otras cosas.

Mayo

Mejores días en general: 4, 5, 12, 13, 22, 23, 31
Días menos favorables en general: 10, 11, 17, 18, 24, 25
Mejores días para el amor: 2, 3, 10, 11, 17, 18, 19, 20, 29, 30
Mejores días para el dinero: 6, 7, 8, 9, 17, 18, 27, 28

El eclipse lunar del 4 en tu signo es el principal titular del mes, Escorpio. Reduce tus actividades y evita las arriesgadas o estresantes. Esto no quiere decir que llegues a divorciarte o a perder el trabajo por reducir tus actividades. Haz las cosas que debes hacer, pero deja para otra ocasión las que no sean tan importantes. Sólo tú sabes lo que es realmente necesario y lo que no.

Este eclipse trae cambios en la imagen y apariencia. Redefine tu personalidad (es mejor que esto lo hagas tú a que te lo hagan otras personas). Podrían aflorar impurezas del cuerpo, para limpiarlo. Muchos Escorpio cambiaréis la forma de vestiros, adoptaréis otra imagen. Dado que el planeta eclipsado, la Luna, rige tu novena casa, habrá cambios en los planes educativos, en especial para los Escorpio estudiantes. Una escuela o universidad en la que querías entrar podría no aceptarte; pero te acepta otra en la que no habías pensado. Salen a la luz defectos en tus planes de formación. ¿Estás seguro de que tienes suficientes créditos para graduarte? ¿Estás seguro de haber hecho los cursos apropiados? Si ya estás en la universidad, podrías cambiar la asignatura principal, o dejar la carrera e iniciar otra. Podría haber cambios en la iglesia, mezquita o sinagoga a la que perteneces. Muchas veces el eclipse pone a prueba las creencias religiosas y la visión del mundo; se produce una crisis de fe. Todo esto es bueno, porque a la larga estas crisis llevan a una mayor perfección.

Los planetas siguen instalados principalmente en tu sector occidental, y tu casa del amor, la séptima, está muy fuerte. Por lo tanto, este sigue siendo un periodo muy social. Puede llegar el amor en serio, pero no precipites las cosas; Venus, tu planeta del amor, inicia movimiento retrógrado el 17. Así pues, se reevalúa una relación amorosa actual. Abundan las oportunidades sociales, pero deja que el amor se desarrolle a su aire. Al margen de las pruebas y penurias en el romance, este mes se ve muy activo sexualmente; la libido está más fuerte que de costumbre (incluso los Escorpio mayores, si no tenéis una relación física, pensaréis en eso más a menudo). Las zonas erógenas (aparte de las normales) son el cuello y la garganta.

La gran cuadratura celeste de que hemos hablado continúa en vigor este mes. Hay que hacer muchos equilibrios. Las finanzas son más difíciles; sigues teniendo que trabajar más por tus ingresos. La familia, los intereses financieros de otras personas, la pareja, la vida amorosa y tus deseos personales complican la vida financiera. Te da la impresión de que estás atascado, pero si tienes paciencia, habrá periodos en que el «atasco» se debilita y puedes avanzar algo.

La Luna nueva del 19 esclarece un poco la confusión en el amor; pero la verdadera claridad llegará después del 29 de junio, cuando Venus retoma el movimiento directo.

Junio

Mejores días en general: 1, 8, 9, 18, 19, 28
Días menos favorables en general: 6, 7, 13, 14, 21, 22
Mejores días para el amor: 6, 7, 13, 14, 16, 17, 25, 26
Mejores días para el dinero: 2, 3, 4, 5, 13, 14, 23, 24, 30

La gran cuadratura celeste de que hemos hablado los meses anteriores sigue muy en vigor. Encuentras más resistencia a tu voluntad; sigues equilibrándote entre muchos intereses contradictorios. Pero como la mayoría de los planetas están en tu sector occidental, sigue siendo todo lo flexible que puedas. Cuando sientas toda esa resistencia, siempre recuerda el «arte de lo posible»; en cualquier momento dado se puede hacer algo constructivo, aunque sea algo pequeño. Si no, niégate a preocuparte y disfruta de tu día.

Si bien continúas trabajando arduo por tus ingresos, hay cierta mejoría este mes, porque Júpiter, tu planeta del dinero, ya está en movimiento directo (lo reinició el mes pasado). Las cosas avanzan, pero experimentas mucha resistencia.

La mayoría de los planetas están ahora firmemente establecidos sobre el horizonte de tu carta. Marte entra en tu casa de la profesión el 24. Todo esto quiere decir actividad profesional ajetreada, frenética. Tomas medidas positivas y osadas en ese frente. Tienes que defenderte de competidores personalmente y en tu industria. Puedes dejar estar los asuntos familiares y domésticos por un tiempo y centrar la atención en tu profesión (tu planeta de la familia, Urano, inicia movimiento retrógrado el 10, reforzando esto aún más).

Este mes está muy fuerte tu octava casa, la de la sexualidad, transformación personal y eliminación. Y puesto que estas son tus actividades predilectas, te encuentras a tu gusto, obligado a hacer lo que te encanta hacer. Este mes es fabuloso para librarte de posesiones, rasgos de carácter, pautas emocionales y hábitos que te han estado refrenando. También es bueno para regresiones a vidas anteriores (pero sólo si lo necesitas) y para la psicología profunda.

La octava casa es el lugar donde el alma tiene la experiencia de «volver a nacer». Hay muchos problemas en la vida que no se pueden resolver de otra manera. Hemos de renacer a nuevas circunstancias, como la nueva persona que deseamos ser. El mendigo que

265

aspira a la riqueza no lo puede hacer jamás mientras tenga la conciencia de mendigo. El mendigo ha de morir para que nazca el rico. Este mes es así.

La libido es extraordinariamente potente, aunque el romance continúa complicado. Las zonas erógenas (aparte de las normales) son los brazos, los hombros y el abdomen.

La salud está mejor que el mes pasado y puedes mejorarla aún más prestando más atención al estómago, los pechos y el corazón. No permitas que los altibajos profesionales te afecten la salud. Lo bueno es que la salud se convierte en una gran prioridad después del 24 y estás más dispuesto a adoptar los regímenes y dietas que te sanarán.

Julio

Mejores días en general: 6, 7, 15, 16, 25, 26
Días menos favorables en general: 4, 10, 11, 18, 19, 31
Mejores días para el amor: 4, 10, 11, 13, 14, 23, 24, 31
Mejores días para el dinero: 2, 10, 11, 20, 21, 27, 28, 29, 30

Tu décima casa, la de la profesión, está aún más poderosa que el mes pasado, Escorpio; la mayoría de los planetas se encuentran sobre el horizonte de tu carta; Urano, tu planeta del hogar y la familia sigue retrógrado. Muchos asuntos familiares necesitarán tiempo para resolverse. Ahora no conviene hacer cambios ni inversiones importantes en la casa, ni comprar ni vender casa. Es mejor analizar estas cosas y actuar en conformidad más adelante. Mientras tanto concéntrate en tu profesión y objetivos en el mundo externo. Trabajas mucho este mes; el ritmo del trabajo es frenético. Y sigues manteniendo a raya a los competidores. Pero progresas; podría haber aumento de sueldo y ascenso. Se eleva la posición o categoría. Obtienes más reconocimiento por lo que eres y por tus capacidades.

La gran cuadratura celeste sigue en vigor, pero está mucho más fácil que antes. Ya eres un experto en el acto de equilibrar. El amor mejora ahora que Venus está en movimiento directo, pero todavía queda mucho por resolver en un romance actual. Hay muchos obstáculos al amor en este periodo: la familia (tal vez hay conflicto entre tu familia y tu ser amado, o las obligaciones familiares obstaculizan tu vida social); los deseos personales (no hay acuerdo entre tú y el ser amado, tenéis opiniones opuestas casi en todo); las finanzas (podría haber desacuerdo entre tú y tu pareja o tu familia respecto a las finanzas, o tal vez tus actividades para hacer dinero te alejan de la pareja). La salida de este mes es entrar en él; debes ser capaz de trascender (elevarte por encima de) vuestras diferencias y ver vuestra unidad esencial; cuantas más diferencias salves más potente será tu relación, y más creceréis ambos como personas.

Tu novena casa está fuerte este mes. Esto indica un mayor interés por los viajes y la formación superior. Otras tierras te llaman. Disfrutas aprendiendo sobre culturas extranjeras o tratando con extranjeros. Si eres estudiante debería irte mejor en el colegio. La religión y los estudios superiores también son más interesantes y encontrarás mucha revelación en ellos, si lo deseas.

Muchas personas no comprenden la importancia de la novena casa, que rige nuestra filosofía personal, nuestra visión del mundo y credos religiosos. Estas cosas son mucho más importantes que la psicología para nuestro bienestar general. Las creencias religiosas conforman nuestra psique. La mayoría de los problemas (y enfermedades) tienen su origen en un «problema metafísico». No hay verdadera curación mientras no se haya cambiado el sistema de creencias metafísicas. La Luna nueva del 17 te arrojará más claridad en este sentido. También esclarecerá planes de viaje y cuestiones de formación.

Las dos Lunas llenas de este mes (fenómeno llamado Luna azul) refuerzan más la importancia de lo que se ha dicho, ya que la Luna es la regente de tu novena casa.

La Luna llena del 2 te da energía extra para arreglártelas con tus objetivos educativos y de comunicación.

La Luna llena del 31 te da energía extra para tratar los asuntos del hogar y la familia.

Agosto

Mejores días en general: 2, 3, 12, 13, 21, 22, 30
Días menos favorables en general: 1, 7, 8, 14, 15, 27, 28
Mejores días para el amor: 1, 9, 10, 11, 12, 21, 22, 30
Mejores días para el dinero: 7, 8, 17, 18, 23, 24, 25, 26

Este mes la vida aminora el paso, Escorpio; el 40 por ciento de los planetas están retrógrados del 10 al 30. Procura no programar demasiadas cosas durante este periodo. Hay muchos motivos para hacerlo así. Los proyectos y viajes podrían llevar más tiempo que el habitual, porque hay más retrasos. Y la vitalidad no está a la altura acostumbrada hasta el 23.

El mes pasado el poder planetario comenzó a trasladarse desde tu sector occidental al oriental. Este mes se completa el traslado. Ahora eres más independiente. Ha llegado el momento de actuar con osadía y decisión. La iniciativa personal importa muchísimo ahora. Tienes más capacidad para cambiar las circunstancias y no necesitas adaptarte a ellas.

También ocurre otro cambio muy importante. Tu planeta del amor, Venus, cambia de signo el 7. Ha estado en Géminis cuatro meses y ahora entra en Cáncer. Esto mejora muchísimo la vida amorosa. Venus sale de una alineación muy desfavorable y entra en una más positiva. Se endereza el amor. Los meses anteriores era importante la buena comunicación en el amor; ahora te interesan más los sentimientos y sentirte amado. Es importante el apoyo emocional. También sientes mayor necesidad de que haya armonía ideológica entre tú y la persona amada. Si estás interesado en un segundo matrimonio, tienes buenas oportunidades este mes. Si estás soltero y sin compromiso encuentras oportunidades amorosas en otros países o con extranjeros. Un encuentro romántico en el extranjero favorece una relación actual. Los encuentros románticos también pueden producirse en una iglesia, sinagoga, ashram o mezquita; también en ambientes donde se imparten clases.

La gran cuadratura que te ha causado tantos problemas se disipa este mes, después del 7. La vida en general se hace más fácil. En especial, hay una gran mejoría en las finanzas. Es un mes próspero, y el poder financiero va aumentando día a día.

La profesión continúa muy importante y ajetreada; pero hay éxito. Muchas de las tendencias de que hablamos el mes pasado siguen en vigor. La mayoría de los planetas están sobre el horizonte de tu carta, y tu casa de la profesión, la décima, está muy poderosa. Tu planeta de la familia sigue retrógrado. Así pues, deja estar los asuntos domésticos y familiares y centra la atención en la profesión.

Las amistades y organizaciones siguen teniendo un importante papel en los ingresos (como todo el año). Se hacen realidad tus sueños y esperanzas más acariciados. En general, este mes te relacionas más con los amigos y participas en actividades de grupo y organizaciones.

La salud mejora después del 23. Favorécela prestando más atención al corazón y los intestinos. Una buena dieta es más importante que de costumbre.

Septiembre

Mejores días en general: 8, 9, 17, 18, 26, 27
Días menos favorables en general: 3, 4, 10, 11, 12, 24, 25, 30
Mejores días para el amor: 3, 4, 10, 17, 18, 26, 27, 30
Mejores días para el dinero: 3, 4, 13, 14, 19, 20, 23

Hasta el 7 has de esforzarte más en proyectar simpatía y cariño hacia los demás. Aunque no eres una persona fría, podrías mostrarte distante sin darte cuenta. El miedo y el pesimismo son los principales obstáculos al amor, pero esto será temporal.

Tu planeta del amor, Venus, transita por el amante de la diversión, Leo, a partir del 7, por lo que hay más oportunidades románticas; el amor adquiere visos de luna de miel. El romance va de pasarlo bien, otra forma de diversión. Y puesto que este planeta del amor está en tu décima casa la mayor parte del mes, la profesión está muy alta en tus prioridades. Harás vida social con personas prominentes y poderosas; tus contactos sociales influyen positivamente en tu profesión y posición. Conoces a las personas convenientes. Si estás soltero te atraen personas poderosas, personas que pueden ayudarte en tu profesión y elevar tu categoría social. Las zonas erógenas (aparte de las normales) son el corazón y el abdomen.

Júpiter, tu planeta del dinero, hace un importante cambio de signo: sale de Virgo y entra en Libra el 25. Esto trae cambios financieros graduales y de futuro. La intuición tendrá un papel más importante que antes en las finanzas. Te vuelves más caritativo y generoso. La participación en obras benéficas y pastorales mejora las finanzas, pero de modos sutiles, no directamente. Podrías tardar más en tomar decisiones financieras ahora (Júpiter en Libra es lento para tomar decisiones), pero cuando las tomes serán buenas.

Mientras tanto, incluso antes de que Júpiter se traslade, la prosperidad es fuerte, probablemente más fuerte de lo que lo ha sido en todo el año. Los ingresos llegan rápido y casi sin esfuerzo. Aquello que te costaba obtener los meses anteriores ahora cae directamente en tu falda. Del 20 al 30 llegan beneficios que no esperabas. Tal vez una lucrativa oferta de trabajo (esto es muy probable) o una bonificación en el trabajo. El cónyuge o pareja está extrordinariamente generoso. Las figuras parentales, jefes y padres también se ven generosos, y apoyan tus objetivos económicos.

Tu participación en causas espirituales y benéficas también estimula la economía este mes, sobre todo después del 22.

La salud ahora está fabulosa. Puedes favorecerla aún más prestando más atención a los intestinos, caderas, riñones y nalgas. Las terapias de tipo meditativo y de oración son muy eficaces después del 28.

La Luna nueva del 14 iluminará tus relaciones con amigos y con organizaciones. También te llega información tecnológica o científica.

La Luna llena del 28 te da energía extra para lograr objetivos de trabajo y salud.

Octubre

Mejores días en general: 5, 6, 15, 16, 23, 24
Días menos favorables en general: 1, 8, 9, 21, 22, 28, 29
Mejores días para el amor: 1, 10, 11, 19, 20, 28, 29, 30
Mejores días para el dinero: 2, 3, 17, 18, 21, 30

El principal titular de este mes es todo el poder y la actividad que hay en tu casa doce, la de la espiritualidad. No sólo transitan por ella (o están en ella) el 50-60 por ciento de los planetas, sino que el eclipse solar del 14 también ocurre allí.

En esencia, este mes marchas al compás de un tambor diferente. Da la impresión de que estás en «otro mundo», despistado. El impulso es a conectar, o intensificar la conexión, con el Poder Superior interior. Tu vida está llena de sincronías, coincidencias interesantes. Anhelas las enseñanzas y los estudios espirituales. Deseas elevarte por encima de todas las circunstancias materiales. Esto se resuelve de formas diversas en cada Libra. Pero es probable que haya más comunicación con pastores o maestros religiosos, sacerdotes, videntes, canalizadores y gurus. Tu vida onírica es hiperactiva y reveladora (aunque debes tener cuidado en esto porque muchas de las imágenes son producto de desechos removidos por el eclipse y no necesariamente mensajes de lo alto). Junto con Cáncer y Piscis, eres famoso, Escorpio, por tus capacidades ultrasensoriales, pero este mes esas capacidades están más fuertes aún. Sabes quién va a llamar antes que llame; percibes lo que piensan y sienten las personas. Los valores materiales no son muy importantes este mes, aunque no te faltará nada de nada. Es importantísimo entrar en la gracia del Poder Superior. Dado que son tan importantes los valores espirituales, participarás más en actividades de tipo benéfico, filantrópico o de voluntariado. Tu deseo es ayudar al mundo.

El eclipse solar del 14 viene a sazonar este caldo, porque remueve muchos conceptos espirituales falsos. Se eliminan las creencias o hábitos que obstaculizaban tu progreso espiritual. Recibes mucha revelación espiritual. Es posible que esto lleve a cambios en los programas de meditación o prácticas espirituales. Podrías cambiar de maestro o consejero espiritual.

Si ya estás en una senda espiritual, comprobarás que este mes es excelente para hacer retiro, para pasar un tiempo alejado del mundanal ruido. Si no estás en una senda espiritual, podrías embarcarte en una durante este periodo.

El mundo interior se parece mucho al mundo exterior. Lo de dentro es igual que lo de fuera. Está lleno de «chicos buenos» y «chicos malos». Este mes te encuentras con los buenos, con las fuerzas benéficas.

El 28 hay un eclipse lunar que ocurre en tu séptima casa, la del amor y el romance. Este eclipse pone a prueba el matrimonio o una relación actual. Salen a la luz los trapos sucios para que se resuelvan. El verdadero amor queda mejor que antes; pero la relación tibia podría disolverse.

Noviembre

Mejores días en general: 2, 3, 11, 12, 19, 20, 29, 30
Días menos favorables en general: 4, 5, 17, 18, 24, 25
Mejores días para el amor: 9, 10, 17, 18, 24, 25, 29, 30
Mejores días para el dinero: 9, 10, 13, 14, 17, 18, 26, 27

Entre el 60 y el 70 por ciento de los planetas están en el sector oriental de tu carta, y tu primera casa, la del yo está muy fuerte. El dinámico Marte entra en tu signo el 11. Estás lleno de hormonas y de energía dinámica; tienes la energía de diez personas. Es un periodo para imponerte y hacer las cosas a tu manera, para forjar tu vida tal como la deseas. Cuenta la iniciativa personal, y tienes muchísima. «Ve a por ello», como dicen.

El poder planetario se traslada a la mitad inferior de tu carta este mes. Entre el 70 y el 80 por ciento de los planetas ya estarán allí el 12. Así pues, puedes dejar estar los asuntos profesionales por un tiempo y concentrarte en tu satisfacción personal y los asuntos familiares y domésticos. Encuentra tu punto de armonía emocional y permanece ahí, funciona desde ahí. Este periodo es para revisar los objetivos profesionales y fijar nuevas metas para el futuro. Aunque les pareces ambicioso a los demás (te presentas así), este no es momento para la ambición.

Continúa poderosa tu casa doce, la de la espiritualidad, de modo que este aspecto de la vida es interesante y feliz. Muchas de las tendencias de que hablamos el mes pasado siguen en vigor, sólo que ahora también te interesa el placer personal y sensual. Se suele creer que para llevar una vida espiritual hay que renunciar a todos los placeres sensuales. Nada podría estar más lejos de la verdad. Aun así, pones los placeres sensuales en su lugar y siempre sabes de qué fuente vienen.

La salud ahora es maravillosa; también se ve importante este mes. Hay un fuerte componente de vanidad en tu interés por la salud. Buena salud significa «verse bien», y te ves bien. Estando el Sol, Marte y Venus en tu signo, hay belleza y magnetismo sexual. El amor te persigue y parece muy feliz. No es mucho lo que tienes que hacer para atraerlo; ya está ahí.

Escorpio siempre siente con intensidad, pero ahora la intensidad en el amor parece estar en su cima anual. Saltan chispas; la libido ruge, en especial durante la Luna nueva del 12.

La Luna nueva del 12 ocurre en tu signo (día muy poderoso para ti) y a medida que avanza el mes aclara asuntos del ego y la imagen personal.

La Luna llena del 26 te da energía extra para ocuparte de los asuntos psíquicos, impuestos y deudas.

Diciembre

Mejores días en general: 8, 9, 17, 18, 26, 27
Días menos favorables en general: 1, 2, 3, 15, 21, 22, 29, 30
Mejores días para el amor: 8, 9, 19, 21, 22, 29, 30
Mejores días para el dinero: 6, 7, 11, 14, 15, 23, 24

Como el mes pasado, los planetas están principalmente en tu sector oriental, y tu primera casa está fuerte; Marte continúa en tu signo. Estás dinámico y rebosante de energía; tienes la energía, el poder fuego, para conseguir casi cualquier objetivo. Es importante la iniciativa personal. Lánzate en pos de tus objetivos. Mientras seas constructivo, el mundo se adaptará a ti.

Tienes un aspecto fabuloso, como el mes pasado; te ves en buena forma física, haces ejercicio y deporte. Tu magnetismo y atractivo sexual también es extraordinariamente fuerte. El sexo opuesto lo nota.

Como el mes pasado, el amor te persigue y te impones en él; el cónyuge o pareja está totalmente de tu lado y se desvive por complacerte. La libido ruge, las hormonas circulan aceleradas; el amor continúa apasionado e intenso, muy físico. La apariencia y el atractivo sexual parecen ser los principales excitantes eróticos. Después del 16 los excitantes son la riqueza y los regalos materiales. Al igual que el mes pasado este periodo es de placer y deleite sensual. Se hacen realidad muchas fantasías.

La prosperidad también es fuerte este mes. Llevas muchos años interesado personalmente en tus finanzas, pero ahora lo estás aún más. Entre el 50 y el 60 por ciento de los planetas o están en tu casa del dinero o transitan por ella. En estos momentos el dinero parece ser la prioridad número uno. Este interés de suyo es un indicador positivo de riqueza. Indica que estás dispuesto a superar todos los obstáculos para conseguir tus objetivos económicos. Puesto que hay tantos planetas involucrados en tus finanzas, el dinero llega de diversas formas y por diversos medios. El cónyuge, pareja y los contactos sociales tienen un importante papel. Te llegan accesorios personales. Los padres, superiores o jefes también influyen en tu prosperidad, o bien te dan dinero o te ofrecen más oportunidades. Y, lógicamente, tú te lo ganas a la manera tradicional: trabajando.

Aunque en estos momentos no te sientes muy ambicioso con respecto a la posición o categoría, te vistes como si lo estuvieras. Gastas en ti, te pones ropa cara. La mayoría de los planetas continúan bajo el horizonte de tu carta, y tu casa de la profesión, la décima, está vacía (sólo recibe la visita de la Luna los días 1, 2, 3, 29 y 30). Los asuntos familiares, domésticos y emocionales son más importantes que la profesión. Cuando te sientes bien en tu interior eres más capaz de desempeñarte en el exterior.

Tu planeta de la profesión entra en tu tercera casa el 21. Esto significa que podrías descubrir que es un buen periodo para estudiar y prepararte para tu progreso profesional en el futuro; es buen periodo para hacer cursos en temas relacionados con tu profesión.

La salud es fabulosa. Las emociones podrían estar exaltadas entre los familiares, y es posible que haya disputas financieras con ellos. Pero esto dura poco. Favorece la salud este mes prestando más atención al hígado y los muslos, sobre todo después del 25.

Sagitario

El Arquero
Nacidos entre el 23 de noviembre y el 20 de diciembre

Rasgos generales

SAGITARIO DE UN VISTAZO
Elemento: Fuego

Planeta regente: Júpiter
   Planeta de la profesión: Mercurio
   Planeta del amor: Mercurio
   Planeta de la riqueza y la buena suerte: Júpiter

Colores: Azul, azul oscuro
   Colores que favorecen el amor, el romance y la armonía social: Amarillo, amarillo anaranjado
   Colores que favorecen la capacidad de ganar dinero: Negro, azul índigo

Piedras: Rubí, turquesa

Metal: Estaño

Aromas: Clavel, jazmín, mirra

Modo: Mutable (= flexibilidad)

Cualidades más necesarias para el equilibrio: Atención a los detalles, administración y organización

Virtudes más fuertes: Generosidad, sinceridad, amplitud de criterio, una enorme clarividencia

Necesidad más profunda: Expansión mental

Lo que hay que evitar: Exceso de optimismo, exageración, ser demasiado generoso con el dinero ajeno

Signos globalmente más compatibles: Aries, Leo

Signos globalmente más incompatibles: Géminis, Virgo, Piscis

Signo que ofrece más apoyo laboral: Virgo

Signo que ofrece más apoyo emocional: Piscis

Signo que ofrece más apoyo económico: Capricornio

Mejor signo para el matrimonio y/o las asociaciones: Géminis

Signo que más apoya en proyectos creativos: Aries

Mejor signo para pasárselo bien: Aries

Signos que más apoyan espiritualmente: Leo, Escorpio

Mejor día de la semana: Jueves

La personalidad Sagitario

Si miramos el símbolo del Arquero, conseguiremos una buena e intuitiva comprensión de las personas nacidas bajo este signo astrológico. El desarrollo de la arquería fue el primer refinamiento que hizo la Humanidad del poder de cazar y hacer la guerra. La habilidad de disparar una flecha más allá del alcance normal de una lanza amplió los horizontes, la riqueza, la voluntad personal y el poder de la Humanidad.

Actualmente, en lugar de usar el arco y las flechas proyectamos nuestro poder con combustibles y poderosos motores, pero el motivo esencial de usar estos nuevos poderes sigue siendo el mismo.

Estos poderes representan la capacidad que tenemos de ampliar nuestra esfera de influencia personal, y eso es lo que hace Sagitario en todo. Los nativos de este signo siempre andan en busca de expandir sus horizontes, cubrir más territorio y aumentar su alcance y su campo de acción. Esto se aplica a todos los aspectos de su vida: económico, social e intelectual.

Los Sagitario destacan por el desarrollo de su mente, del intelecto superior, que comprende conceptos filosóficos, metafísicos y espirituales. Esta mente representa la parte superior de la naturaleza psíquica y está motivada no por consideraciones egoístas, sino por la luz y la gracia de un poder superior. Así pues, a los Sagitario les gusta la educación superior. Tal vez se aburran con los estudios formales, pero les encanta estudiar solos y a su manera. El gusto por los viajes al extranjero y el interés por lugares lejanos son también características dignas de mención.

Si pensamos en todos estos atributos de Sagitario, veremos que nacen de su deseo interior de desarrollarse y crecer. Viajar más es conocer más, conocer más es ser más, cultivar la mente superior es crecer y llegar más lejos. Todos estos rasgos tienden a ampliar sus horizontes intelectuales y, de forma indirecta, los económicos y materiales.

La generosidad de los Sagitario es legendaria. Hay muchas razones que la explican. Una es que al parecer tienen una conciencia innata de la riqueza. Se sienten ricos, afortunados, piensan que pueden lograr cualquier objetivo económico, y entonces creen que pueden permitirse ser generosos. Los Sagitario no llevan la carga de la carencia y la limitación, que impide a muchas personas ser generosas. Otro motivo de su generosidad es su idealismo religioso y filosófico, nacido de la mente superior, que es generosa por naturaleza, ya que las circunstancias materiales no la afectan. Otro motivo más es que el acto de dar parece ser enriquecedor, y esa recompensa es suficiente para ellos.

Situación económica

Generalmente los Sagitario atraen la riqueza. O la atraen o la generan. Tienen ideas, energía y talento para hacer realidad su visión del paraíso en la Tierra. Sin embargo, la riqueza sola no es suficiente.

Desean el lujo; una vida simplemente cómoda les parece algo pequeño e insignificante.

Para convertir en realidad su verdadero potencial de ganar dinero, deben desarrollar mejores técnicas administrativas y de organización. Deben aprender a fijar límites, a llegar a sus metas mediante una serie de objetivos factibles. Es muy raro que una persona pase de los andrajos a la riqueza de la noche a la mañana. Pero a los Sagitario les resultan difíciles los procesos largos e interminables. A semejanza de los nativos de Leo, quieren alcanzar la riqueza y el éxito de manera rápida e impresionante. Deben tener presente, no obstante, que este exceso de optimismo puede conducir a proyectos económicos no realistas y a decepcionantes pérdidas. Evidentemente, ningún signo del zodiaco es capaz de reponerse tan pronto como Sagitario, pero esta actitud sólo va a causar una innecesaria angustia. Los Sagitario tienden a continuar con sus sueños, jamás los van a abandonar, pero deben trabajar también en su dirección de maneras prácticas y eficientes.

Profesión e imagen pública

Los Sagitario son grandes pensadores. Lo quieren todo: dinero, fama, prestigio, aplauso público y un sitio en la historia. Con frecuencia suelen ir tras estos objetivos. Algunos los consiguen, otros no; en gran parte esto depende del horóscopo de cada persona. Pero si Sagitario desea alcanzar una buena posición pública y profesional, debe comprender que estas cosas no se conceden para enaltecer al ego, sino a modo de recompensa por la cantidad de servicios prestados a toda la Humanidad. Cuando descubren maneras de ser más útiles, los Sagitario pueden elevarse a la cima.

Su ego es gigantesco, y tal vez con razón. Tienen mucho de qué enorgullecerse. No obstante, si desean el aplauso público, tendrán que aprender a moderarlo un poco, a ser más humildes y modestos, sin caer en la trampa de la negación y degradación de sí mismos. También deben aprender a dominar los detalles de la vida, que a veces se les escapan.

En el aspecto laboral, son muy trabajadores y les gusta complacer a sus jefes y compañeros. Son cumplidores y dignos de confianza, y disfrutan con las tareas y situaciones difíciles. Son compañeros de trabajo amistosos y serviciales. Normalmente aportan ideas nuevas e inteligentes o métodos que mejoran el ambiente laboral para todos. Siempre buscan puestos y profesiones que representen un reto y desarrollen su intelecto, aunque tengan que trabajar arduamente para triunfar. También trabajan bien bajo la supervisión de otras personas, aunque por naturaleza prefieren ser ellos los supervisores y aumentar su esfera de influencia. Los Sagitario destacan en profesiones que les permitan comunicarse con muchas personas diferentes y viajar a lugares desconocidos y emocionantes.

Amor y relaciones

A los nativos de Sagitario les gusta tener libertad y de buena gana se la dan a su pareja. Les gustan las relaciones flexibles, informales y siempre cambiantes. Tienden a ser inconstantes en el amor y a cambiar con bastante frecuencia de opinión respecto a su pareja. Se sienten amenazados por una relación claramente definida y bien estructurada, ya que esta tiende a coartar su libertad. Suelen casarse más de una vez en su vida.

Cuando están enamorados son apasionados, generosos, francos, bondadosos y muy activos. Demuestran francamente su afecto. Sin embargo, al igual que los Aries, tienden a ser egocéntricos en su manera de relacionarse con su pareja. Deberían cultivar la capacidad de ver el punto de vista de la otra persona y no sólo el propio. Es necesario que desarrollen cierta objetividad y una tranquila claridad intelectual en sus relaciones, para que puedan mantener una mejor comunicación con su pareja y en el amor en general. Una actitud tranquila y racional les ayudará a percibir la realidad con mayor claridad y a evitarse desilusiones.

Hogar y vida familiar

Los Sagitario tienden a dar mucha libertad a su familia. Les gusta tener una casa grande y muchos hijos. Sagitario es uno de los signos más fértiles del zodiaco. Cuando se trata de sus hijos, peca por el lado de darles demasiada libertad. A veces estos se forman la idea de que no existe ningún límite. Sin embargo, dar libertad en casa es algo básicamente positivo, siempre que se mantenga una cierta medida de equilibrio, porque la libertad permite a todos los miembros de la familia desarrollarse debidamente.

Horóscopo para el año 2004

Principales tendencias

Durante muchos años has estado experimentando un profundo proceso de transformación, Sagitario. Has estado dando a luz a tu «yo ideal», a la persona que deseas ser. La transformación no ha sido un proceso bonito, nítido ni con coordenadas de colores. Pero el resultado final es hermoso. En todo esto hay muchos peligros, crisis y sacudidas, y los has experimentado todos. Comprende que estos dolores y crisis no son otra cosa que «dolores de parto», los dolores de un nacimiento. Este proceso continúa en vigor este año. Y estás aprendiendo, de primera mano, por experiencia directa, lo que significa «renacer». Hablaremos más adelante de esto.

Ha habido dificultades en la vida amorosa y en las actividades sociales estos dos años pasados, pero desde mediados de 2001 se ve una marcada mejoría. Y este año seguirás viendo mejoría.

Los intereses intelectuales han sido importantes desde hace muchos años y tus gustos giran alrededor de la literatura espiritual, libros sagrados, escritura, poesía y similares. Este interés continúa este año. Estás desarrollando tus capacidades intelectuales, pero añadiéndoles intuición. Está naciendo en ti un intelecto de tipo intuitivo. Esta tendencia también continúa este año.

Los asuntos familiares, domésticos y emocionales no han sido muy importantes desde hace años, y el principal titular de 2004 es una mayor atención a este sector de la vida. Urano, el planeta del cambio y la experimentación, inicia un importante tránsito por tu cuarta casa (para quedarse). Ya hablaremos más adelante de esto.

La profesión comenzó a dispararse en 2002, y esta tendencia continúa este año. Es un año profesional fabuloso.

La vida social se expande a partir del 25 de septiembre, fecha en que tu planeta regente, Júpiter, entrará en Libra. Pero este tránsito no trae necesariamente amor romántico, sino amistades. Conoces a personas de igual mentalidad y de intereses similares.

Los principales intereses este año que comienza son: la transformación personal, el placer personal, el cuerpo, la imagen y la apariencia; la comunicación y la actividad intelectual; los asuntos familiares, domésticos y emocionales; hacer prosperar a otros; la sexualidad, la muerte y el renacimiento, las vidas pasadas y la reencarnación; la profesión (hasta el 25 de septiembre); las amistades, las actividades de grupo, las organizaciones (después del 25 de septiembre).

Los caminos hacia la mayor satisfacción este año serán: la profesión (hasta el 25 de septiembre); las amistades, las actividades de grupo, las organizaciones (después del 25 de septiembre); la salud y el trabajo.

Salud

Si bien no está poderosa tu sexta casa, y parece que te falta el interés, de todos modos te conviene prestar más atención a tu salud. Para empezar, hay tres planetas lentos que influyen en ti, por lo que necesitas vigilar la salud y no darla por descontada. Además, el nódulo norte de la Luna estará en tu sexta casa, la de la salud, todo el año. Esto indica que encuentras felicidad y satisfacción en este tipo de actividades, aun cuando te falte el interés. Disfrutarás informándote acerca de la salud, adoptando regímenes o programas de salud y explorando los diferentes matices de tu cuerpo.

Estando Urano y Júpiter en cuadratura con tu Sol, es necesario prestar más atención al corazón (hay muchas maneras naturales, no medicamentosas, de hacerlo). Los grados de energía tienden a variar. Habrá momentos en que tendrás la energía de diez personas y otros en que tu energía será casi nula. El principal peligro es el exceso de trabajo, no reconocer tus límites, exigir al cuerpo más de lo que es capaz de hacer.

El tránsito que ha iniciado Urano por tu cuarta casa, la del hogar y la familia, será causa de volubilidad y altibajos extremos en tu vida emocional. Los estados de ánimo pueden ser ultraelevados y ultrabajos. Esto puede afectar a tu salud física. Necesitas cultivar el «equilibrio emocional». La mejor manera de hacerlo es mediante ejercicios de meditación. Muchos Sagitario estáis muy inmersos en esto, pero tal vez otros podríais recurrir a la medicación. La medicación sólo es un recurso provisional que no soluciona los problemas, pero a veces es necesaria; gana tiempo, mientras se logra llegar el fondo del problema.

Plutón lleva muchos años en tu primera casa, la del cuerpo y la imagen. Así pues, se está produciendo una desintoxicación, una limpieza profunda del cuerpo. Esto no es una enfermedad, sino la eliminación de materia vieja, de desecho. Compréndelo y colabora con ello.

Venus es tu planeta de la salud, y es un planeta rápido. Este año transitará por once de los doce signos y casas de tu horóscopo. Así pues, tus necesidades y actitudes hacia la salud cambiarán casi cada mes. De estas tendencias a corto plazo hablaremos en las previsiones mes a mes.

Este año Venus hace un movimiento retrógrado no frecuente del 17 de mayo al 29 de junio; será un periodo para reevaluar o hacer revisión de tratamientos, dietas y médicos. No es un periodo para hacer ningún cambio drástico; si no los has hecho antes del 17 de mayo espera hasta después del 29 de junio para hacerlos; el juicio podría no estar a su altura habitual en este periodo, y la situación de tu salud en general podría no ser lo que crees.

La salud mejora espectacularmente después del 25 de septiembre, ya que Júpiter sale de su alineación desfavorable contigo. Pero hasta entonces procura descansar y relajarte más, delegar responsabilidades y tareas siempre que sea posible, y trata de trabajar con más inteligencia, no más. Centra rigurosamente la atención en las prioridades y deja estar las menos importantes. Si Sagitario tiene un problema es por falta de concentración o enfoque; el mundo es tan interesante que deseas explorarlo todo. Pero enfoque es justamente lo que necesitas en este periodo. Las distracciones son como fugas en el depósito de gasolina; hay que tapar el agujero. Como dicen, «mantén la mirada fija en el premio».

Hogar y vida familiar

Como ya hemos dicho, la principal novedad este año es tu repentino interés por los asuntos domésticos y familiares (y este interés durará muchos años). En realidad, este interés comenzó el año pasado, pero no estaba establecido del todo. Urano estuvo entrando y saliendo de tu cuarta casa todo el año. Ahora ya está instalado ahí para quedarse los siete próximos años más o menos.

Esta es una novedad muy importante. Produce el deseo de liberarse de la vida doméstica, el deseo de experimentar en los asuntos familiares y en la casa física. Hay experimentación en la vida emocional y psíquica. Sientes un deseo casi irresistible de romper con todas las tradiciones familiares y las costumbres domésticas. Será fuerte la tentación (y no hay que tomarla a la ligera) de romper con todo lo que te ha enseñado tu familia, tus padres. El peligro está en arrojar al bebé junto con el agua de la bañera.

En un aspecto puramente físico, este tránsito indica mudanzas, muchas mudanzas, una tras otra. Buscas la casa de tus sueños, y nada más encontrar una aparece otra aún más de «ensueño», y la deseas. Muchos Sagitario estaréis arreglando continuamente la casa, en constante renovación y redecoración. Tu casa es un trabajo en progreso este periodo, jamás se acaba, siempre va evolucionando. Tienen un gran atractivo los aparatos nuevos de alta tecnología para la casa, y estos también hay que irlos modernizando. No hay duda de que invertirás en estas cosas. Algunos Sagitario adquiriréis muchas casas y os trasladaréis de una a otra siempre que os venga en gana. En el plano emocional, este tránsito indica una reestructuración de los hábitos o costumbres familiares y domésticas, un cambio en las relaciones familiares. Habrá casos de ruptura o desmembración de la familia, ya sea por divorcio, o porque los hijos se van de casa. Pero esto no ocurre necesariamente. Podría significar simplemente un cambio importante en las relaciones familiares, un cambio en la dinámica de poder dentro de la familia.

Ahora es el momento para procurar inyectar «espíritu de equipo» en la familia. Las actividades familiares deberán considerarse «actividades de grupo», tal como lo haces con los amigos. El bien de la familia en su conjunto debe estar por encima del bien individual; cada individuo forma parte de un equipo.

Muchos Sagitario experimentaréis con «métodos democráticos» para gobernar a la familia. Y si bien esto tiene sus puntos fuertes, descubrirás que no puedes abolir del todo la jerarquía natural. Aunque a cada miembro de la familia se le dé el máximo de libertad, siempre habrá necesidad de que haya alguien al mando, alguien que fije límites.

Es también un periodo para mejorar la comunicación entre los familiares (y esto parece tener mucho éxito). La mala comunicación es una causa importante de falta de armonía en la familia (sobre todo cuando las emociones están alborotadas). También descubrirás que la mala comunicación y los malos entendidos son causa importante de explosiones emocionales. Promete no reaccionar mientras no hayas entendido bien lo que te dice un familiar, no le pongas palabras en su boca. Tu reacción podría ser justificada, pero si la exploras más tal vez no lo sea.

Por encima de todo, relájate, tómate con calma los cambios que ocurren en la familia. La finalidad de este tránsito es romper apegos o hábitos inconvenientes que te hacen daño (y tal vez también dañan a la familia). Después podrás relacionarte mejor con ellos, de un modo más libre y más sano.

Amor y vida social

Como hemos dicho, la vida amorosa mejora mucho respecto a los años anteriores, pero tu séptima casa, la del amor y el matrimonio, no es una casa de poder este año. Por lo tanto, aunque tienes más libertad social, te falta el interés. Está ausente el deseo, el ardor en las entrañas por casarte o entablar una relación seria. Es posible que esta ausencia de deseo se deba a un «estado de satisfacción»: ya tienes lo que querías y por lo tanto no deseas más. Cuando comes ese enorme trozo de tarta de chocolate satisfaces tu deseo ydespués no quieres más. Así pues, desde la perspectiva romántica, las cosas tienden a continuar como están. Si estás casado tenderás a continuar casado y si estás soltero, soltero.

Este año las amistades son mucho más importantes que el romance, sobre todo después del 25 de septiembre. Tomas la iniciativa para hacer nuevas amistades; das tú el paso, eres el agresor; coges el toro por los cuernos y haces amigos. Tienes éxito. La principal dificultad con los amigos son los conflictos o desacuerdos financieros; o tal vez tu dedicación a los amigos te distrae de tus objetivos financieros; es posible que encuentres barreras económicas para entrar en ese grupo o en aquella organización, o para participar en ciertas actividades de grupo. Tendrás que equilibrar estos dos sectores.

Mercurio es tu planeta del amor, y, como ya sabéis los lectores fieles, es un planeta de movimiento rápido. Este año transitará por todos los signos y casas de tu horóscopo solar. Esto significa que las oportunidades románticas se te presentarán de diversas formas. De esto hablaremos en las previsiones mes a mes.

No hay novedades para los Sagitario que estáis interesados en un primer o segundo matrimonio. Pero si estás trabajando por un tercer matrimonio, tienes oportunidades fabulosas después del 25 de septiembre. Hay probabilidades de un tercer matrimonio; pero también podría ser una relación seria e importante parecida al matrimonio. En esto también la dificultad parece ser de tipo económico. Si estás planeando un cuarto matrimonio o ya estás casado por cuarta vez, es posible que haya una crisis en la relación. Ocurren muchos cambios. Cambian las actitudes hacia el amor; salen a la luz impurezas en estas actitudes o en la relación actual para que se haga limpieza.

Un progenitor o figura parental tiene un año social fabuloso. Podría haber boda o el comienzo de una relación importante. La única barrera es que la necesidad de libertad de esta persona es tan intensa que no desea «atarse» ni comprometerse. El amor serio sería inestable.

Los hijos en edad casadera comenzarán a conocer a personas especiales después del 25 de septiembre. También hay probabilidades de boda aquí, y la vida social en general se ve más estable. Está la necesidad de equilibrar la profesión con la vida amorosa, y esto no será tarea fácil.

La vida amorosa de los nietos en edad casadera se vuelve más estable ya avanzado el año. Entonces el matrimonio es más probable de lo que lo ha sido en años anteriores. Se siente la necesidad de una relación de orientación espiritual.

Profesión y situación económica

Tu segunda casa, la de las finanzas, no está poderosa este año, de modo que las cosas tenderán a continuar como están. Si bien tienes más libertad en este ámbito, no sientes verdadero interés ni el impulso de hacer cambios importantes.

La profesión, tu categoría profesional y social, es mucho más importante que el simple dinero. Este año eliges el prestigio y la posición por encima del dinero. Prefieres un trabajo de elevada categoría y poca paga a un trabajo menos importante con elevado salario.

Estás muy ambicioso. Este año muchos Sagitario llegaréis a vuestro pináculo personal de éxito profesional. Habrá honores, reconocimiento y ascenso en el trabajo. Habrá mejores relaciones con los superiores y figuras de autoridad. Si tienes algún asunto pendiente con el gobierno deberías tratar de resolverlo ahora, ya que tienes las mejores posibilidades.

Muchos Sagitario tenéis aspiraciones grandiosas, pero incluso esas aumentarán de volumen este año. ¿Ahora qué? ¿Sucursales en todo el mundo? ¿En la lanzadera espacial? ¿En otros planetas y galaxias? Piensas que no hay límites a las alturas que puedes llegar.

Uno de los desafíos que enfrentarás en lo profesional es la inestabilidad en el hogar. Tal vez algunas de las mudanzas o continuos traslados que vemos se deberán a motivos profesionales; por ejemplo, te trasladan a diferentes ciudades (o países) por tu trabajo. Pero ahora hay una necesidad especial de equilibrar las obligaciones familiares y domésticas con la profesión. La volubilidad emocional también podría desestabilizar la profesión. No olvides mantener la calma.

Mercurio no es sólo tu planeta del amor, lo es también de la profesión. Avanza raudo, y este año transitará por todos los signos y casas de tu horóscopo. Esto significa que tendrás muchas maneras y muchos tipos diferentes de oportunidades para progresar profesionalmente. Estas tendencias a corto plazo las trataremos en las previsiones mes a mes.

Saturno es tu planeta del dinero, y este año estará en Cáncer. Esto indica que los ingresos y las oportunidades de ingresos pueden provenir de familiares o de negocios de tipo familiar. Los bienes inmuebles (ya sea de tipo comercial o residencial) serán una buena fuente de beneficios. Si eres inversor profesional te conviene explorar las industrias dedicadas al hogar: constructoras, contratistas, fabricantes de equipamientos, electrodomésticos o artilugios para el hogar. También deberás investigar el sector restaurantes y hoteles.

Este año Saturno rige tus finanzas desde tu octava casa. Esto indica que el enfoque deberá estar en hacer prosperar a otros: socios, accionistas, etcétera. Indica además que tus ingresos personales subirán como consecuencia de esto. Debes anteponer los intereses financieros de otras personas a los tuyos. Las deudas se pagan y se contraen con facilidad. Hay buen acceso a capital ajeno. También son interesantes las obligaciones y el mercado de obligaciones, si eres inversor.

Si tienes problemas pendientes con compañías de seguros o Hacienda, tendrás buenas noticias.

A veces, la presencia del planeta del dinero en la octava casa indica una herencia. Pero no es necesario que muera nadie para que ocurra esto. Tal vez alguien te recuerda en su testamento, o te hacen ejecutor de un testamento o de la compra o venta de una propiedad, y ganas dinero de esa manera.

En el caso de que andes buscando trabajo, las cosas tienden a continuar como están. Sólo el eclipse lunar del 28 de octubre las podría remover un poco; quizás un cambio de trabajo, o simplemente cambios en el lugar de trabajo. En el caso de que emplees a otros, tampoco habrá novedades. Es posible que el eclipse cause una reorganización en el personal.

Progreso personal

El principal aspecto para el progreso este año, como ha sido la tendencia desde hace muchos años, entraña el cuerpo, la imagen y la apariencia personal. Como hemos dicho, es como si naciera todo un nuevo tú, y un parto nunca es fácil. Muchos Sagitario tendréis la experiencia del «renacimiento». Muchos no sólo cambiaréis de imagen sino también el concepto que tenéis de vosotros mismos. Muchos incluso os cambiaréis el nombre; algunos mediante la numerología, otros por medio de un guru.

Muchas veces, cuando Plutón está en la primera casa, hay algún tipo de cirugía estética, porque el deseo es hacer un cambio rápido y radical. Podría ser una opción para algunos, pero no la mejor. El mensaje de tu carta es claro: efectúa la transformación por medios espirituales. Después de todo, Plutón es tu planeta de la espiritualidad. Entre las mejores opciones para ti están el yoga, una dieta correcta, la herbolaria, la Técnica Alexander, el método Feldenkrais, la meditación y la visualización (hay muchas otras técnicas, demasiado numerosas para citarlas todas aquí). Es cierto que estos métodos son más lentos, pues el cambio es acumulativo y progresivo, pero tienen un efecto mucho más profundo. Ten presente, no obstante, que este proceso rara vez es agradable, y tendrás que enfrentarte a muchas zonas inconscientes del interior. Comienzan a salir a la luz las pasiones, las pautas de pensamiento, las aversiones, animosidades, agravios y penas que te refrenan, y el proceso no es agradable. Pero si entiendes el proceso la experiencia será mucho más fácil.

Mientras se produce la transformación es normal que uno se sienta como si se «estuviera muriendo». De hecho, hay partes que se están muriendo. Pero este no es un proceso de muerte sino de renacimiento. Después de la supuesta muerte llega la resurrección. La oruga muere y nace la hermosa mariposa. La mariposa no tiene nada en común con la oruga. Solamente cuando la mariposa nace y vive su exaltada vida comprende por qué fueron necesarias las tribulaciones de la oruga. No pierdas la fe. Camina con la mirada bien alta.

Previsiones mes a mes

Enero

Mejores días en general: 9, 10, 18, 26, 27

Días menos favorables en general: 3, 4, 5, 11, 12, 24, 25, 31

Mejores días para el amor: 3, 4, 5, 9, 10, 13, 19, 20, 24, 25, 28, 29, 30, 31

Mejores días para el dinero: 1, 2, 6, 7, 11, 12, 15, 16, 19, 20, 24, 25, 28, 29, 30

SAGITARIO

El año comienza con la mayoría de los planetas en el sector oriental de tu carta, Sagitario, de modo que haces tu santa voluntad, sobre todo en el amor. Pero esto va a cambiar muy pronto. El 14 los planetas ya estarán distribuidos equitativamente entre los sectores oriental y occidental. Entonces no serás ni totalmente independiente ni totalmente dependiente. A veces la iniciativa personal hace que ocurran las cosas; otras veces no. A veces podrás cambiar las circunstancias y otras tendrás que adaptarte. Estás en una situación «cúspide» después del 14.

Aunque es un año profesional muy fuerte, en estos momentos los planetas están bajo el horizonte de tu carta. Así pues, si bien las ambiciones son potentes, también quieres «disfrutar del trayecto», triunfar sintiéndote a gusto emocionalmente. Esto complica un tanto la profesión. Se presentan oportunidades, pero no sabes muy bien qué efecto van a tener en tu armonía emocional si aceptas algo.

El amor te persigue en este periodo, pero hay confusión hasta el 6. Mercurio, tu planeta del amor, está retrógrado hasta esa fecha. Pero después reanuda su marcha una relación actual. Cuida mucho la forma de comunicarte con el ser amado (y con los amigos), ya que los malos entendidos pueden salirse de madre y complicar innecesariamente las cosas. El amor ahora es físico. La apariencia personal, el atractivo físico, parece ser lo más importante. Después parece que lo importante es la riqueza. Deseas a alguien que te apoye, que respalde tus objetivos financieros. Te enamoran los regalos materiales. Si estás soltero, después del 14 encuentras oportunidades románticas cuando estás atendiendo a tus objetivos financieros, o tal vez con personas involucradas en tus finanzas. Una visita al banco, a la agencia bursátil, a la gestoría financiera puede convertirse en mucho más que eso. También hay oportunidades de formar una sociedad de negocios este mes.

La prosperidad es fuerte, y ni siquiera el movimiento retrógrado de tu planeta del dinero (Saturno) puede impedir la entrada de ingresos. Pero introducirá retrasos y contratiempos, eso sí. Estudia más detenidamente toda compra o inversión importante. Da más tiempo que el habitual a las transacciones financieras.

Las oportunidades económicas se presentan en otros países o con extranjeros. Si eres inversor profesional te conviene investigar las industrias editorial, mensajería internacional (transporte y comunicación) y la de viajes. También se ven interesantes los bonos y obligaciones y su mercado. Después del 20 parece lucrativa la industria de alta tecnología.

Debes vigilar la salud todo el año, pero este mes está bastante pasable. Puedes favorecerla cuidando mejor de los tobillos y los pies; un masaje en los pies y en los tobillos será extraordinariamente eficaz.

Febrero

Mejores días en general: 5, 6, 14, 16, 22, 23, 24
Días menos favorables en general: 1, 7, 8, 20, 21, 27, 28, 29
Mejores días para el amor: 1, 4, 5, 9, 10, 11, 14, 15, 18, 19, 22, 23, 27, 28, 29
Mejores días para el dinero: 3, 4, 7, 8, 12, 13, 16, 17, 20, 21, 25, 26

Hasta el 19, los sectores oriental y occidental están equilibrados, pero después el poder planetario pasa al sector occidental. Estás, pues, en un periodo más social, un periodo en el que has de ejercitar tus dotes sociales. Se hace necesaria la adaptabilidad y la flexibilidad. La acción personal es menos eficaz pues tu bien te viene a través de otros. Las personas que conoces y lo bien que te llevas con ellas es más importante que tú o tu pericia y capacidades innatas.

Como el mes pasado, la mayoría de los planetas están bajo el horizonte de tu horóscopo. Aunque está fuerte tu décima casa, la de la profesión, no lo está tanto como tu cuarta casa, la del hogar y la familia. Mantén la mira en tus objetivos externos pero pasa parte de la atención a la situación familiar. Entre el 40 y el 50 por ciento de los planetas o bien están instalados en tu cuarta casa o pasan por ella, de modo que no podrás desatender los asuntos familiares y domésticos.

Este mes hay probabilidades de mudanza, y si no mudanza, hay cambios importantes en la casa, tal vez una renovación o redecoración. Recibes a más gente en casa. Es buen periodo también para mejorar las relaciones familiares.

Hay que vigilar la salud a partir del 19. Vigila tu tendencia natural a dispersar tus energías. Mantén fija la atención en las cosas realmente importantes. Invierte juiciosamente tus energías para aprovecharlas al máximo. Favorece la salud prestando más atención a los pies y la cabeza. El masaje del cuero cabelludo es extraordinariamente eficaz este mes. La armonía familiar y el equilibrio emocional (difíciles este mes, ya que las pasiones están o muy exaltadas o muy bajas) son más importantes para la salud ahora. Una buena dieta también lo es.

La vida amorosa se ve feliz en este periodo. Tu planeta del amor, Mercurio, avanza raudo y transita por tres signos y casas diferentes. Esto indica seguridad en ti mismo y mucho progreso. Cubres mucho terreno social. Tus necesidades en el amor cambian rápidamente. Si hasta el 7 te entusiasma la riqueza material de la persona que te atrae, del 7 al 25 te atraen la capacidad intelectual y la buena comunicación. Después del 25 deseas sentir el apoyo y sustento emocional en la relación.

La prosperidad continúa fuerte y aumentará después del 19. La familia y las conexiones familiares y sociales tienen un importante papel en tu prosperidad. También este mes se ve la posibilidad de una sociedad de negocios. El cónyuge o pareja te apoya. Podrían presentarse oportunidades de ganar dinero extra desde casa. Si buscas trabajo tienes oportunidades fabulosas después del 3; trabajos tipo «diversión»; trabajo del que puedes disfrutar.

La Luna nueva del 20 despeja la confusión familiar y doméstica aportándote buena información al respecto. En el aspecto puramente mundano, también llega información sobre reparaciones, muebles nuevos y redecoración de la casa. Sabrás lo bastante para tomar una buena decisión.

La Luna llena del 6 estimula tus intereses de formación. Te da energía extra para iniciar estudios superiores.

Marzo

Mejores días en general: 3, 4, 12, 13, 21, 22, 31
Días menos favorables en general: 6, 7, 19, 20, 26, 27
Mejores días para el amor: 1, 2, 4, 5, 11, 12, 14, 15, 21, 22, 23, 24, 26, 27, 31

Mejores días para el dinero: 1, 2, 7, 8, 10, 11, 14, 15, 19, 20, 23, 24, 28, 29

Hay que vigilar la salud este mes, Sagitario. Puedes mejorar la energía prestando más atención al corazón, la cabeza, cuello y garganta, brazos, hombros, pulmones e intestino. Hay muchas formas naturales, no medicamentosas, de hacerlo. Estarás activo y trabajarás mucho. Estáte atento a cuando sientas tensión en el cuello y tómate unos momentos para masajearlo y aflojar los músculos agarrotados. Las posturas de yoga van muy bien para esto, si encuentras el tiempo para hacerlas. Como siempre, concéntrate firmemente en las cosas verdaderamente importantes y deja estar las demás. No tienes energía para entregarte a actividades innecesarias. Lo bueno es que te importa la salud y le vas a dar la atención que necesita.

Después del 21 comienza a formarse una gran cuadratura celeste (es un aspecto insólito), que te afecta con más fuerza que a la mayoría de los otros signos. Indica que estás trabajando en materializar un gran proyecto. Hay muchos conflictos en torno a él; son muchos los factores que han de equilibrarse. Entraña muchos sacrificios de tu parte, pero pareces impulsado a hacerlo.

El amor es activo pero explosivo. Pareces estar metido en una lucha de poder, o con tu pareja o con una amistad. Hay desacuerdos entre tú y tu ser amado. Esta persona quiere ir al cine y tú al concierto; ella desea salir a cenar y tú quieres ver el partido de fútbol. Hace falta transigir más y llegar a acuerdos. Hay oportunidades amorosas extraconyugales que ponen a prueba el matrimonio; esto no significa que tengas una aventura sino sólo que la oportunidad está ahí.

Es un mes en el que el éxito llega con trabajo arduo; tienes que ganártelo. Habiendo tantos planetas en tu quinta casa, la de la diversión, procura encontrar tiempo para las «alegrías de la vida». Sólo trabajo y nada de diversión no es sano.

La Luna nueva del 20 (en Aries) es una ocasión excelente para lanzar nuevos proyectos o productos. Además, el 80 por ciento de los planetas están en movimiento directo. Dado el funcionamiento de tu dinámica, probablemente este es el mejor periodo del año para esto.

Como el mes pasado, la mayoría de los planetas están bajo el horizonte de tu carta, y hasta el 20 está fuerte tu cuarta casa, la del hogar y la familia. Aunque no puedes desatender la profesión, ahora dedícale más atención a la familia.

Trabajas más por tus ingresos este mes, pero se despejan las finanzas, pues Saturno retoma el movimiento directo el 7, después de estar muchos meses retrógrado. Cuida de no gastar demasiado en diversión y ocio. Evita la especulación bursátil.

Abril

Mejores días en general: 1, 8, 9, 17, 18, 27, 28
Días menos favorables en general: 2, 3, 15, 16, 22, 23, 29, 30
Mejores días para el amor: 2, 4, 5, 10, 13, 14, 17, 18, 22, 23, 27, 28
Mejores días para el dinero: 2, 6, 7, 8, 10, 11, 15, 16, 19, 20, 24, 25, 29, 30

La gran cuadratura de que hablamos el mes pasado está más potente este mes (durará unos cuantos meses más). Estás trabajando mucho en un proyecto muy importante; hay que superar muchísimos obstáculos, hacer muchos equilibrios; reconciliar muchos intereses conflictivos. No es un trayecto fácil. Pero es muy educativo. Con perseverancia y trabajo arduo llegarás al final. Si tienes fe en él, vale la pena sacrificarse y continuar.

Las emociones pueden estar explosivas en casa, de modo que trabaja por el equilibrio emocional.

Como el mes pasado, la mayoría de los planetas están en el sector occidental de tu carta, y tu séptima casa, la del amor y el romance, está fuerte y fortaleciéndose más día a día. La vida social es muy activa. Los demás y sus intereses son más importantes para ti, y deben serlo. Tu manera de hacer podría no ser la mejor en este periodo, ya que hay factores que desconoces. Esfuérzate en ser flexible, adaptable. Los actos independientes y arbitrarios pueden ser contraproducentes. Busca consenso en todo lo que hagas. Aunque es difícil complacer a todo el mundo, reduce al mínimo los desagrados.

La mayoría de los planetas continúan bajo el horizonte de tu carta, de modo que dedícale más atención a la familia. También será más difícil encontrar tu zona de agrado emocional (tu correcto estado interior), pero vale la pena trabajar por ello. Desde ese espacio armonioso puedes realizar más.

Las finanzas mejoran después del 19. Tu planeta del dinero, Saturno, está en movimiento directo, por lo tanto hay buen juicio financiero y más claridad. Se desbloquean los retrasos en transacciones y pagos. La presión planetaria negativa sobre tu planeta del dinero se alivia mucho después del 19 también. Los ingresos vienen del trabajo.

El eclipse solar del 19 ocurre en la cúspide de tus casas quinta y sexta. Este eclipse indica cambios a largo plazo en la vida creativa y en la relación con los hijos; también podría haber cambios laborales. Sin cambiar de puesto podrían cambiar espectacularmente las circunstancias en el lugar de trabajo. Si eres empleador espera alteraciones o revuelta entre el personal. Puesto que el Sol rige tu novena casa, todos los eclipses solares traen revelación religiosa y filosófica y cambio en estos planos. Se ponen a prueba las creencias religiosas; podría haber una crisis de fe. Tu visión metafísica de la vida (siempre importante para ti) se amplía mediante crisis y sacudidas. El desafío es ensanchar la mente para arreglártelas con apariencias que contradicen tus creencias.

El amor necesita mucha transigencia. Hay mucha confusión en la vida amorosa porque tu planeta del amor está retrógrado del 6 al 30. Evita tomar decisiones importantes en el amor durante este periodo.

Mayo

Mejores días en general: 6, 7, 14, 15, 24, 25
Días menos favorables en general: 12, 13, 19, 20, 27, 28
Mejores días para el amor: 2, 3, 6, 7, 10, 11, 15, 16, 19, 20, 27, 28, 29, 30
Mejores días para el dinero: 4, 5, 8, 9, 12, 13, 17, 18, 22, 23, 27, 28, 31

Tu planeta de la salud y el trabajo, Venus, inicia movimiento retrógrado el 17 (algo que sólo ocurre cada dos años), de modo que evita hacer cambios drásticos en tu programa de salud y dieta; analiza con más detenimiento estas cosas. Recela especialmente de la propaganda desmadrada y distorsionada de alimentos y suplementos milagrosos. Algunas de estas cosas son muy buenas, pero otras no. Algunas podrían irte bien en ciertos momentos, en otros, no. En el caso de que estés buscando trabajo también deberás estudiar más detenidamente las ofertas; las cosas no son lo que parecen.

Este mes los planetas hacen un importante traslado desde la mitad inferior de tu horóscopo a la superior. El 20 el traslado ya se habrá completado. Además, tu regente Júpiter retoma el movimiento directo el 5 en tu casa de la profesión, la décima. Esto significa que comienzas a estar más orientado a lo exterior. Los logros profesionales te complacen más que la armonía interior. Piensas: «Si triunfo me sentiré bien y en armonía». No puedes desatender a la familia, pero puedes prestar más atención a la profesión (un mayor porcentaje).

La gran cuadratura de que hemos hablado sigue muy en vigor. Trabajas mucho y tienes que superar muchos, muchísimos obstáculos. Esto no es un castigo, sino sólo un ejercicio para fortalecerte.

Necesitas vigilar la salud; esta debería ser la principal prioridad en este periodo. Evita hacer de la noche día. Modera tu ritmo todo lo posible. Presta atención a los brazos, hombros, pulmones e intestino. Es un mes con baches; si sales bien de él será todo un éxito.

En ocasiones como esta es muy útil una disciplina espiritual. Hay muchos atascos en tu vida ahora y son pocas las soluciones en el plano mundano, psíquico. Si logras elevarte por encima de la situación, en meditación, superarás fácilmente los obstáculos. Pero esto requiere trabajo interior y aguante.

El 4 hay un eclipse lunar en tu casa doce. Esto produce hiperactividad en la vida onírica (que se ha de tomar con mucha reserva) y cambios importantes en tu programa y estudios espirituales. Podría haber reestructuración o cambios en una organización espiritual a la que perteneces, tal vez tu iglesia u organismo de beneficencia; va a cambiar tu relación con dicha organización. Tu cónyuge o pareja hace importantes cambios en sus finanzas pues se revelan defectos conceptuales para que se corrijan. Este eclipse es fundamentalmente benigno contigo, Sagitario, pero, de todas maneras, no te hará ningún daño reducir tus actividades durante ese periodo.

Lo bueno de estas dificultades y crisis es que aclaran la mente.

Empiezas a ver qué es verdaderamente importante para ti y quiénes son tus verdaderos amigos. Habrá cambios positivos en tu vida una vez que se asiente el polvo.

El amor es más feliz que el mes pasado; hay más armonía. Entran nuevos amigos en el cuadro, y si estás soltero encuentras muchas oportunidades, tal vez en otro país, o con una persona extranjera. Entra una persona tipo mentor en tu esfera romántica.

Junio

Mejores días en general: 2, 3, 11, 12, 21, 22, 30
Días menos favorables en general: 8, 9, 16, 17, 23, 24
Mejores días para el amor: 6, 7, 16, 17, 25, 26, 27, 28,
Mejores días para el dinero: 1, 4, 5, 8, 9, 13, 14, 19, 23, 24, 28

Como el mes pasado, este es un periodo para desarrollar fuerza, aguante y poder. Los aspectos son difíciles la mayor parte del mes. Tienes una gran cuadratura formada sobre ti; o te ahogas o flotas. Habrá ocasiones en que podrías pensar que te están castigando por algo; pero no es así. Hay muchos deseos, anhelos, que no puedes hacer realidad mientras no estés preparado; es un periodo de preparación; te están preparando. Se ponen a prueba y se entrenan las facultades. Simplemente continúa, perseverante.

Es en ocasiones como esta, cuando todo se pone difícil, cuando hacemos nuestros mayores progresos, espiritual y psíquicamente.

Hay alegrías y alegrías. Hay alegrías claras y evidentes: un regalo bonito, un interludio romántico, un golpe de suerte financiera, un profundo anhelo satisfecho. Pero hay muchas alegrías que llegan disfrazadas: la alegría de la superación; la alegría que sentimos cuando resolvemos un problema de lógica muy difícil; la alegría que siente el atleta cuando supera una barrera personal y gana el premio, aunque el entrenamiento y la preparación haya sido duro; la alegría que siente el guerrero cuando se gana la batalla, aunque haya muchas bajas. La victoria se traga todas las dificultades cuando se mira en retrospectiva. Este mes es así. Llegar a la meta no es tan importante en estos momentos, ya que salir del periodo con la salud y la cordura intactas es en sí la victoria.

SAGITARIO

Un gran maestro dijo una vez: «El infierno (la falta de armonía) es la puerta del cielo». Sabes que enfrentando tus dificultades tomas realmente el atajo al cielo. Si lo miras desde este punto de vista las cosas se te harán más fáciles.

Sigues necesitando vigilar mucho la salud, sobre todo hasta el 21. Después habrá una notable mejoría. Continúa cuidando bien de los riñones, caderas, nalgas, brazos, hombros, pulmones e intestinos. Dado que tu planeta de la salud estará retrógrado hasta el 29, este periodo no es para hacer cambios radicales en el programa de salud. Analiza más las cosas. Pese a todas las dificultades, la prosperidad es extraordinariamente fuerte. Llegan fácilmente los ingresos. Aunque hay diferencias con el cónyuge o pareja, esta persona te apoya económicamente. Pero podría ser mejor el lado romántico de la relación. Si estás soltero, este mes tu vida amorosa es inestable, pero también más interesante. Puede aparecer el amor como salido de la nada, pero también puede acabar repentina y bruscamente. La idea ahora es estar libre, «sin compromiso», disfrutar de cada experiencia romántica en el momento.

Julio

Mejores días en general: 8, 9, 18, 19, 27, 28
Días menos favorables en general: 6, 7, 13, 14, 20, 21
Mejores días para el amor: 4, 8, 9, 13, 14, 18, 19, 23, 24, 29, 30, 31
Mejores días para el dinero: 2, 8, 9, 10, 11, 15, 16, 20, 21, 25, 26, 29, 30

Aunque continúa en vigor la gran cuadratura celeste, este mes está mucho más débil, participan menos planetas. Y como todavía hay presión planetaria sobre ti, las cosas son mucho más fáciles en general. Ya has pasado lo peor. Si has llegado hasta aquí, llegarás más lejos. Sal a celebrarlo y a dar las gracias; date una buena palmadita en la espalda. Eres una persona mucho más fuerte y mejor.

La mayoría de los planetas están sobre el horizonte de tu carta, y tu casa décima, la de la profesión, se va haciendo más poderosa día a día. Es un periodo para trabajar por tus objetivos externos, para tomar medidas osadas en la profesión. Puedes desatender tranquilamente los asuntos familiares y domésticos por un tiempo (en todo caso, están retrógrados los dos planetas relacionados con tu hogar y situación familiar, Neptuno y Urano; no es un buen momento para tomar decisiones familiares importantes; el tiempo enderezará las cosas).

La salud está muchísimo mejor, pero es necesario seguir vigilándola. Ten especial cuidado con las faltas de armonía en el amor; esto podría ser una causa de malestar físico; resuelve esas faltas de armonía antes de correr a ver a un profesional de la salud. Es posible que el problema desaparezca solo. Afortunadamente, la vida amorosa va mucho mejor y esto tiene un efecto positivo en tu salud.

La prosperidad fue fuerte el mes pasado y continúa fuerte este mes, sobre todo hasta el 22. El cónyuge o pareja prospera y se muestra generoso contigo. Tu trabajo en hacer prosperar a otros tiene éxito y retorna a ti en forma de mayores ingresos. Tienes buen tino para reducir costes y eliminar el despilfarro (causa principal de los problemas económicos para la mayoría de las personas). Se ve rentable una sociedad de negocios o empresa conjunta.

Como el mes pasado, la mayoría de los planetas están en tu sector occidental (aunque esto cambiará muy pronto). Sigue siendo un periodo de ponerte en un segundo plano y anteponer a otras personas, para conseguir los fines transigiendo, consensuando, estableciendo acuerdos siendo flexible y adaptable. La iniciativa personal y la voluntariedad no son tan importantes (a excepción tal vez, en la profesión). El encanto y el buen talante producirán el éxito. Tus casas octava y novena son las más poderosas este mes. Así que es un buen periodo para eliminar el exceso de posesiones (cosas que no necesitas) y rasgos de carácter o hábitos que te obstaculizan el camino. Otras tierras te llaman después del 22. Habrá oportunidades de viaje y se ven felices. Parece probable una cita romántica en tierra extranjera, y esto mejorará una relación actual. También es un buen periodo para dedicarse a objetivos educativos.

Agosto

Mejores días en general: 4, 5, 14, 15, 23, 24
Días menos favorables en general: 2, 3, 9, 10, 16, 17, 18, 30
Mejores días para el amor: 1, 7, 9, 10, 11, 12, 16, 21, 22, 24, 25, 30
Mejores días para el dinero: 2, 3, 7, 8, 12, 13, 17, 18, 21, 22, 25, 26, 30

Ahora empiezan a verse las recompensas de todo el arduo trabajo de los meses pasados; aunque no te dieras cuenta tu trabajo ha quedado registrado en los lugares correspondientes. Ahora llegan los honores y el reconocimiento. Este mes adquiere poder tu décima casa, la de la profesión; la llenan los planetas más benéficos. Hay avance profesional. Deja estar los asuntos familiares y domésticos por un tiempo (siguen retrógrados los dos planetas relacionados con el hogar) y concentra la atención en tu vida externa. La armonía emocional vendrá a consecuencia del éxito externo, no a la inversa.

Este es otro mes de trabajo arduo y de superación de obstáculos; un mes de «resolver problemas», aunque no serán tan serios como hace unos meses. La profesión es exigente pero placentera. No te importa trabajar mucho cuando ves los resultados positivos que esto produce. Hay mucho viaje relacionado con la profesión, y probablemente mucha diversión también.

Este mes los planetas se trasladan al sector oriental de tu carta; el traslado no es total, pero el porcentaje sube. Estás, entonces, más independiente y más al mando de tu vida y destino. A fin de mes estarás más en posición para cambiar las condiciones a tu gusto, para diseñarlas según tus especificaciones.

El amor se complica, ya que tu planeta del amor está retrógrado del 10 al 31. No te tomes muy en serio los reveses ni la confusión en este sentido. Se reevalúan las cosas. Es un buen periodo para perfeccionar una relación actual y la actitudes hacia ella. Las oportunidades amorosas se presentan cuando estás ocupado en tus objetivos profesionales, en otros países o con personas extranjeras. Los ambientes religiosos y educativos también ofrecen oportunidades románticas. Si estás soltero podrías tener un romance en la oficina, pero necesitas más reflexión y cautela.

También hay que vigilar la salud este mes, en especial después del 23; procura descansar siempre que te sea posible (será difícil) y programa tus actividades de modo que puedas hacer más con menos energía. Cuida la salud prestando más atención a los brazos, hombros, pulmones, intestinos, estómago y pechos. También es importante llevar una dieta adecuada. Este mes tu planeta de la salud, Venus, hace un importante tránsito por Cáncer, tu octava casa (ha estado unos cuatro meses en Géminis). Así pues, haces cambios importantes en tu programa de salud, y buenos. Los regímenes de desintoxicación van muy bien ahora.

La prosperidad sigue fuerte. El dinero viene del trabajo. Si eres inversor encontrarás buenas oportunidades en la industria de la salud. Si buscas trabajo, tienes éxito después del 7.

Septiembre

Mejores días en general: 1, 2, 10, 11, 12, 20, 28, 29
Días menos favorables en general: 5, 6, 7, 13, 14, 26, 27
Mejores días para el amor: 2, 5, 6, 7, 10, 12, 13, 17, 18, 23, 26, 27
Mejores días para el dinero: 3, 4, 8, 9, 13, 14, 17, 18, 22, 23, 26, 27

Mantén la atención en la salud este mes, sobre todo hasta el 22. Tu vigilancia valdrá la pena, porque después de esta fecha aumenta espectacularmente el grado de energía. Cuida de tu salud prestando más atención al estómago, los pechos y el corazón. Después del 7 obtienes resultados especialmente buenos de terapias de tipo metafísico: oración, meditación e invocación. El pensamiento positivo es extraordinariamente importante ahora.

Tus planetas del hogar y la familia continúan retrógrados, y tu casa de la profesión está muy poderosa la mayor parte del mes. Llegas a las cimas del año (tal vez de tu vida) en la profesión. A fin de mes deberías estar donde deseas estar profesionalmente, y tu atención pasa a la vida social, en especial a las amistades y actividades de grupo. Lo hermoso del éxito profesional es el tipo de personas que conoces y los amigos que haces. La buena amistad se considera la «recompensa» de hacer bien el trabajo de la vida. Las amistades y las actividades de grupo no sólo son importantes este mes sino también los doce próximos meses más o menos. Es una tendencia a largo plazo. La astrología, la astronomía, las ciencias y la tecnología también se vuelven importantes el año que viene.

La vida amorosa está mucho mejor que los seis últimos meses. Con la entrada de tu planeta regente en el romántico Libra el 25, te tornas más romántico, más receptivo al romance y más experto en él. Hay mucha más armonía con el cónyuge o amor actual. El amor te persigue; el cónyuge o pareja se desvive por complacerte. Alternas con personas poderosas y de prestigio. Si estás soltero, las oportunidades amorosas se presentan cuando estás trabajando en tu profesión o misión en la vida. Conocer a las personas adecuadas ayuda en la profesión; te atraen personas de elevada posición. Hay probabilidades de romances en la oficina. El exceso de críticas podría ser un problema en el amor del 10 al 28; procura moderar la crítica, incluso en tus pensamientos. Cuando se pueda mejorar algo, dilo, pero si no, piensa en cosas positivas. Afortunadamente esta tendencia ya habrá pasado a fin de mes.

La entrada de Júpiter en Libra anuncia cambios en tu imagen y apariencia. Te vestirás más elegante, con ropa más atractiva. Conjuntar los colores será casi una religión para ti. Aumentarás tu belleza personal.

Las finanzas son fuertes hasta el 22, pero después tendrás que trabajar más por los ingresos, superar más obstáculos. Es probable que tu activa vida social te distraiga. La amistad es algo maravilloso, pero tiene su precio, como comprenderás más avanzado el mes. Pero la verdadera amistad lo vale, págalo de buena gana.

Octubre

Mejores días en general: 8, 9, 17, 18, 25, 26
Días menos favorables en general: 3, 4, 10, 11, 23, 24, 30, 31
Mejores días para el amor: 2, 3, 4, 10, 11, 13, 14, 19, 20, 23, 24, 29, 30, 31
Mejores días para el dinero: 2, 3, 5, 6, 15, 16, 19, 20, 21, 23, 24, 30

Tu independencia se va reforzando día a día, Sagitario. Ah, todavía estás en la modalidad social y la vida amorosa es activa, pero ahora bajo tus condiciones. Puedes ser quien eres y atraer el amor. Hay menos necesidad de «complacer» a los demás; ser quien eres, tu yo natural y encantador, basta para complacerlos. Contempla tu vida, señala los puntos que quieres cambiar y procede a hacerlo. Ahora tienes el poder.

La salud está mucho mejor. Pero también te veo más interesado en asuntos de salud. Esto lo interpreto como un gusto por los programas de salud y la práctica de la medicina preventiva: un estilo de vida sano, etcétera.

Aunque la profesión es menos importante que en los meses pasados, sigue siendo importante. La mayoría de los planetas están sobre el horizonte de tu carta, y el 3 entra Venus en tu décima casa, la de la profesión. La profesión prospera por medio de las relaciones sociales: red de contactos y conocer a las personas adecuadas situadas en los puestos adecuados. Muchos Sagitario vais a ofrecer más fiestas relacionadas con la profesión. Los jefes, las figuras parentales, las mujeres jóvenes y los padres están bien dispuestos hacia tus aspiraciones profesionales. Te conceden sus favores.

Aunque estás en vena romántica, podrías atraerte críticas en el amor este mes; Venus está en Virgo. No te las tomes muy en serio; esto acabará el 29.

Este mes hay dos eclipses, los dos fundamentalmente benignos contigo. De todos modos, espera perturbaciones en el entorno y en muchas de las personas de tu vida. Pero para ti, estos cambios podrían generar más oportunidades que molestias.

El eclipse solar del 14 ocurre en tu casa once y probablemente va a poner a prueba tus amistades. Has estado muy activo en la amistad últimamente; han entrado nuevos amigos en tu vida y ahora esas amistades se ponen a prueba. El eclipse te hará ver cuáles son de verdad; eso es bueno.

Todos los eclipses solares influyen en tu vida religiosa y educativa, pues el Sol es el regente de tu novena casa. Si eres estudiante, esto significa que podría haber cambios en los planes educativas o cambio de la asignatura principal. Otra posibilidad sería que experimentaras una crisis de fe, pues ocurren cosas que contradicen tus creencias religiosas. Esto te exigirá o bien ver la realidad que hay tras las apariencias o revisar las creencias y la visión que tienes del mundo, que podrían ser erróneas.

El eclipse lunar del 28 ocurre en tu sexta casa, la de la salud y el trabajo. Por lo tanto o bien habrá cambio de empleo o cambios importantes en las condiciones del trabajo o del lugar de trabajo. También hay cambios en el programa de salud.

En cuanto a las finanzas, tendrás que trabajar más por tus ingresos hasta el 23; después se reanuda la prosperidad normal.

Noviembre

Mejores días en general: 4, 5, 13, 14, 22, 23
Días menos favorables en general: 7, 8, 19, 20, 26, 27, 28
Mejores días para el amor: 3, 4, 9, 10, 13, 14, 17, 18, 22, 23, 26, 27, 28, 29, 30
Mejores días para el dinero: 2, 3, 9, 10, 11, 12, 15, 16, 17, 18, 19, 20, 26, 27, 29, 30

Tu casa de la espiritualidad, la doce, está extraordinariamente fuerte todo el mes, Sagitario. Más avanzado el mes, también es estimulado tu planeta de la espiritualidad, Plutón. Es por lo tanto un buen periodo para hacer un retiro o buscar conocimiento espiritual. Tu capacidad ultrasensorial está especialmente potente y tal vez tengas muchas experiencias «de otro mundo»: sueños proféticos, coincidencias sincrónicas, aguzada intuición y la sensación de saber que tu vida está guiada por un Poder Superior. También es un buen periodo para participar en actividades benéficas y pastorales. Estás particularmente idealista.

Este mes piensas cómo has podido dejarte «atar» o limitar por cualquier circunstancia. Eres libre y siempre lo has sido. Tú tienes el poder. Haz que tu reino venga a la tierra. Los actos osados y decididos son importantes, y tendrán buenos resultados. Tu manera de hacer es la mejor, al menos para ti. Estando el 90 por ciento de los planetas en movimiento directo, puedes esperar mucho avance rápido en tu vida y hacia tus objetivos.

La profesión es menos importante este mes, aunque sigues prestándole atención. La mayoría de los planetas continúan sobre el horizonte de tu carta la mayor parte del mes; pero a fines de mes el porcentaje irá cambiando poco a poco; lenta pero inexorablemente, los planetas se van trasladando a la mitad inferior de tu horóscopo y entras en una nueva modalidad. Te llaman el hogar y la familia, los sencillos placeres hogareños. Después de haber estado mucho tiempo fuera, expuesto al sol agradeces la sombra y el frescor del anochecer; agradeces los encantos de la noche. Eso te ocurre a ti. Tras muchos meses (y todo un año) de intensa actividad externa, encuentras muy invitadores la casa y el hogar. Además, este mes reanudan el movimiento directo los dos planetas relacionados con el hogar y la familia, así que hay una nueva claridad a ese respecto y se pueden tomar decisiones importantes.

El amor ahora es feliz; sigue persiguiéndote y lo tienes según tus condiciones. El cónyuge o pareja está totalmente de tu lado. El amor es físico este mes. Si estás soltero, la apariencia y el atractivo sexual son lo principal. La persona amada es casi como un accesorio de moda que llevas puesto, quieres algo bello.

La prosperidad es fuerte, pero Saturno, tu planeta del dinero, inicia movimiento retrógrado el 8; esto quiere decir que hay que revisar y estudiar con más detenimiento las decisiones financieras, las compras o inversiones. Las transacciones o negocios importantes necesitan más tiempo para madurar. Ahora entras en un largo periodo (de unos seis meses más o menos) en el que deberás mejorar y perfeccionar tus productos o servicios en lugar de lanzarlos al mundo. Es un periodo de trabajo «interior» en los objetivos y progreso financieros.

La salud es fabulosa. Puedes favorecerla prestando más atención a los riñones, caderas, nalgas y órganos sexuales. Las terapias de tipo meditativo u oración son extraordinariamente potentes para ti después del 22.

Diciembre

Mejores días en general: 1, 2, 3, 11, 19, 20, 29, 30
Días menos favorables en general: 4, 5, 17, 18, 24, 25, 31
Mejores días para el amor: 1, 2, 8, 9, 11, 12, 19, 20, 24, 25, 29, 30

SAGITARIO

Mejores días para el dinero: 6, 7, 8, 9, 12, 13, 14, 15, 17, 18, 23, 24, 26, 27

El 16 la mitad inferior de tu horóscopo ya estará más fuerte que el mes pasado, y se refuerza el interés por el hogar y la familia. Es cierto que a los demás les pareces ambicioso, cultivas esa imagen y te vistes como tal, pero es sólo la imagen, la fachada, la superficie. La realidad es que ansías la armonía y el agrado emocionales. Y deberás esforzarte por encontrarlos y aumentarlos.

La mayoría de los planetas están en tu sector oriental, y tu signo está extraordinariamente poderoso. La autoestima y la seguridad en ti mismo son muy elevados (y se refuerzan más el 25, cuando Marte entra en tu signo). Así pues, puedes tener las cosas a tu gusto y manera, y el Universo dice que sí, lo aprueba. El mundo se adapta a ti en lugar de que tú te adaptes a él. Forja tu vida exactamente como la quieres. Tu trabajo y esfuerzo personales cuentan.

Es un mes feliz, Sagitario, disfrútalo al máximo. Es un mes para el placer personal y la realización de las fantasías sensuales; un mes para el buen beber y la buena comida (el exceso de complacencia en estas cosas es tal vez el principal peligro para la salud). Es un mes para mimarte y hacerte un buen regalo; un mes para viajar a lugares exóticos y hacer las cosas que te encanta hacer.

Te ves magnífico; tu luz resplandece; tu carisma es fuerte, y el sexo opuesto lo nota. El amor sigue persiguiéndote. Pero estando retrógrado tu planeta del amor, habrá contratiempos: tal vez faltas a las citas, mala comunicación, malos entendidos. Pero el amor esencial está ahí y eso es lo importante.

La salud también es fabulosa este mes; puedes favorecerla más cuidando bien de los órganos sexuales, el hígado y los muslos. Mantén en equilibrio la actividad sexual. Después del 16 la vanidad es un potente componente de la salud. Buena salud significa algo más que ausencia de enfermedad, significa verse bien, belleza y prestancia físicas.

Tu planeta del dinero continúa retrógrado, pero esto no basta para impedir que lleguen ingresos. Te irá bien dejar las compras navideñas para después del 20, cuando Mercurio retoma el movimiento directo. Tener al planeta del dinero y a Mercurio retrógrados al mismo tiempo puede conducir a errores.

AÑO 2004: TU HORÓSCOPO PERSONAL

La Luna nueva del 12 arrojará luz sobre los asuntos personales, relativos al cuerpo, imagen y apariencia personal. La Luna llena del 26 aumenta el impulso sexual y te da energía extra para hacer prosperar a otros, para pagar o refinanciar deudas, y también para ocuparte de los impuestos. Es una Luna llena próspera: puedes esperar algún beneficio inesperado ese día.

Capricornio

♑

La Cabra
Nacidos entre el 21 de diciembre y el 19 de enero

Rasgos generales

CAPRICORNIO DE UN VISTAZO
Elemento: Tierra

Planeta regente: Saturno
    Planeta de la profesión: Venus
    Planeta del amor: la Luna
    Planeta del dinero: Urano
    Planeta de la salud y el trabajo: Mercurio
    Planeta del hogar y la vida familiar: Marte
    Planeta espiritual: Júpiter

Colores: Negro, índigo
    Colores que favorecen el amor, el romance y la armonía social:
    Castaño rojizo, plateado
    Color que favorece la capacidad de ganar dinero: Azul marino

Piedra: Ónice negro

Metal: Plomo

Aromas: Magnolia, pino, guisante de olor, aceite de gualteria

Modo: Cardinal (= actividad)

Cualidades más necesarias para el equilibrio: Simpatía, espontaneidad, sentido del humor y diversión

Virtudes más fuertes: Sentido del deber, organización, perseverancia, paciencia, capacidad de expectativas a largo plazo

Necesidad más profunda: Dirigir, responsabilizarse, administrar

Lo que hay que evitar: Pesimismo, depresión, materialismo y conservadurismo excesivos

Signos globalmente más compatibles: Tauro, Virgo

Signos globalmente más incompatibles: Aries, Cáncer, Libra

Signo que ofrece más apoyo laboral: Libra

Signo que ofrece más apoyo emocional: Aries

Signo que ofrece más apoyo económico: Acuario

Mejor signo para el matrimonio y/o asociaciones: Cáncer

Signo que más apoya en proyectos creativos: Tauro

Mejor signo para pasárselo bien: Tauro

Signos que más apoyan espiritualmente: Virgo, Sagitario

Mejor día de la semana: Sábado

La personalidad Capricornio

Debido a las cualidades de los nativos de Capricornio, siempre habrá personas a su favor y en su contra. Mucha gente los admira, y otros los detestan. ¿Por qué? Al parecer esto se debe a sus ansias de poder. Un Capricornio bien desarrollado tiene sus ojos puestos en las cimas del poder, el prestigio y la autoridad. En este signo la ambición no es un defecto fatal, sino su mayor virtud.

A los Capricornio no les asusta el resentimiento que a veces puede despertar su autoridad. En su mente fría, calculadora y organizada, todos los peligros son factores que ellos ya tienen en cuenta en la ecuación: la impopularidad, la animosidad, los malentendidos e incluso la vil calumnia; y siempre tienen un plan para afrontar estas cosas de la manera más eficaz. Situaciones que aterrarían a cualquier mente corriente, para Capricornio son meros problemas que hay que afrontar y solventar, baches en el camino hacia un poder, una eficacia y un prestigio siempre crecientes.

Algunas personas piensan que los Capricornio son pesimistas, pero esto es algo engañoso. Es verdad que les gusta tener en cuenta el lado negativo de las cosas; también es cierto que les gusta imaginar lo peor, los peores resultados posibles en todo lo que emprenden. A otras personas les pueden parecer deprimentes estos análisis, pero Capricornio sólo lo hace para poder formular una manera de salir de la situación, un camino de escape o un «paracaídas».

Los Capricornio discutirán el éxito, demostrarán que las cosas no se están haciendo tan bien como se piensa; esto lo hacen con ellos mismos y con los demás. No es su intención desanimar, sino más bien eliminar cualquier impedimento para un éxito mayor. Un jefe o director Capricornio piensa que por muy bueno que sea el rendimiento siempre se puede mejorar. Esto explica por qué es tan difícil tratar con los directores de este signo y por qué a veces son incluso irritantes. No obstante, sus actos suelen ser efectivos con bastante frecuencia: logran que sus subordinados mejoren y hagan mejor su trabajo.

Capricornio es un gerente y administrador nato. Leo es mejor para ser rey o reina, pero Capricornio es mejor para ser primer ministro, la persona que administra la monarquía, el gobierno o la empresa, la persona que realmente ejerce el poder.

A los Capricornio les interesan las virtudes que duran, las cosas que superan las pruebas del tiempo y circunstancias adversas. Las modas y novedades pasajeras significan muy poco para ellos; sólo las ven como cosas que se pueden utilizar para conseguir beneficios o poder. Aplican esta actitud a los negocios, al amor, a su manera de pensar e incluso a su filosofía y su religión.

Situación económica

Los nativos de Capricornio suelen conseguir riqueza y generalmente se la ganan. Están dispuestos a trabajar arduamente y durante mucho tiempo para alcanzar lo que desean. Son muy dados a renunciar a ganancias a corto plazo en favor de un beneficio a largo plazo. En materia económica entran en posesión de sus bienes tarde en la vida.

Sin embargo, si desean conseguir sus objetivos económicos, deben despojarse de parte de su conservadurismo. Este es tal vez el rasgo menos deseable de los Capricornio. Son capaces de oponerse a cualquier cosa simplemente porque es algo nuevo y no ha sido puesto a prueba. Temen la experimentación. Es necesario que estén dispuestos a correr unos cuantos riesgos. Debería entusiasmarlos más lanzar productos nuevos al mercado o explorar técnicas de dirección diferentes. De otro modo el progreso los dejará atrás. Si es necesario, deben estar dispuestos a cambiar con los tiempos, a descartar métodos anticuados que ya no funcionan en las condiciones modernas.

Con mucha frecuencia, la experimentación va a significar que tengan que romper con la autoridad existente. Podrían incluso pensar en cambiar de trabajo o comenzar proyectos propios. Si lo hacen deberán disponerse a aceptar todos los riesgos y a continuar adelante. Solamente entonces estarán en camino de obtener sus mayores ganancias económicas.

Profesión e imagen pública

La ambición y la búsqueda del poder son evidentes en Capricornio. Es tal vez el signo más ambicioso del zodiaco, y generalmente el más triunfador en sentido mundano. Sin embargo, necesita aprender ciertas lecciones para hacer realidad sus más elevadas aspiraciones.

La inteligencia, el trabajo arduo, la fría eficiencia y la organización los llevarán hasta un cierto punto, pero no hasta la misma cima. Los nativos de Capricornio han de cultivar la buena disposición social, desarrollar un estilo social junto con el encanto y la capacidad de llevarse bien con la gente. Además de la eficiencia, necesitan poner belleza en su vida y cultivar los contactos sociales adecuados. Deben aprender a ejercer el poder y a ser queridos por ello, lo cual es un arte muy delicado. También necesitan aprender a unir a las personas para llevar a cabo ciertos objetivos. En resumen, les hacen falta los dones sociales de Libra para llegar a la cima.

Una vez aprendidas estas cosas, los nativos de Capricornio tendrán éxito en su profesión. Son ambiciosos y muy trabajadores; no tienen miedo de dedicar al trabajo todo el tiempo y los esfuerzos necesarios. Se toman su tiempo para hacer su trabajo, con el fin de hacerlo bien, y les gusta subir por los escalafones de la empresa, de un modo lento pero seguro. Al estar impulsados por el éxito, los Capricornio suelen caer bien a sus jefes, que los respetan y se fían de ellos.

Amor y relaciones

Tal como ocurre con Escorpio y Piscis, es difícil llegar a conocer a un Capricornio. Son personas profundas, introvertidas y reservadas. No les gusta revelar sus pensamientos más íntimos. Si estás enamorado o enamorada de una persona Capricornio, ten paciencia y tómate tu tiempo. Poco a poco llegarás a comprenderla.

Los Capricornio tienen una naturaleza profundamente romántica, pero no la demuestran a primera vista. Son fríos, flemáticos y no particularmente emotivos. Suelen expresar su amor de una manera práctica.

Hombre o mujer, a Capricornio le lleva tiempo enamorarse. No es del tipo de personas que se enamoran a primera vista. En una relación con una persona Capricornio, los tipos de Fuego, como Leo o Aries, se van a sentir absolutamente desconcertados; les va a parecer fría, insensible, poco afectuosa y nada espontánea. Evidentemente eso no es cierto; lo único que pasa es que a los Capricornio les gusta tomarse las cosas con tiempo, estar seguros del terreno que pisan antes de hacer demostraciones de amor o de comprometerse.

Incluso en los asuntos amorosos los Capricornio son pausados. Necesitan más tiempo que los otros signos para tomar decisiones, pero después son igualmente apasionados. Les gusta que una relación esté bien estructurada, regulada y definida, y que sea comprometida, previsible e incluso rutinaria. Prefieren tener una pareja que los cuide, ya que ellos a su vez la van a cuidar. Esa es su filosofía básica. Que una relación como esta les convenga es otro asunto. Su vida ya es bastante rutinaria, por lo que tal vez les iría mejor una relación un poco más estimulante, variable y fluctuante.

Hogar y vida familiar

La casa de una persona Capricornio, como la de una Virgo, va a estar muy limpia, ordenada y bien organizada. Los nativos de este signo tienden a dirigir a su familia tal como dirigen sus negocios. Suelen estar tan entregados a su profesión que les queda poco tiempo para la familia y el hogar. Deberían interesarse y participar más en la vida familiar y doméstica. Sin embargo, sí se toman muy en serio a sus hijos y son padres y madres muy orgullosos, en especial si sus hijos llegan a convertirse en miembros destacados de la sociedad.

Horóscopo para el año 2004

Principales tendencias

La salud y el trabajo fueron prioridades importantes el año pasado, Capricornio. Este año la atención pasa a la esfera social. Suenan campanas de boda para muchos Capricornio. Hablaremos más adelante de esto.

Las finanzas siempre son importantes para Capricornio, pero desde hace muchos años lo han sido aún más, casi una pasión arrolladora. Esta tendencia disminuye un poco, ya no es tan intensa como el año pasado.

La religión, la filosofía, la educación superior y los viajes al extranjero fueron intereses importantes (y felices) el año pasado, y esta tendencia continúa. Pero a partir del 25 de septiembre hay un renovado interés en la profesión y la posición social. La profesión va a las mil maravillas este periodo, se hace mucho progreso.

Pero el principal titular del año es el nuevo predominio de los intereses intelectuales en tu esquema de las cosas. Este año Urano inicia un importante tránsito por tu tercera casa, la de la comunicación, donde pasará los próximos siete años más o menos (el año pasado estuvo entrando y saliendo de esta casa, pero sin establecerse realmente; este año ya está establecido del todo) atrapando tu atención en los años venideros. Este año es para estudiar, hacer cursillos de los temas que te interesan: docencia, comercio y ventas. Un año para desarrollar la mente.

Plutón lleva muchos años en tu casa doce y este año continuará ahí. Por lo tanto estás experimentando un proceso de maduración espiritual; estás haciendo las paces no sólo con tu propio pasado sino también con el pasado de toda la especie humana. Muchos de los problemas psíquicos a los que te enfrentas, muchos enigmas intelectuales, sólo los podrás comprender cuando entiendas la evolución humana en toda su envergadura. Esta revelación te llega ahora; es un proceso de larga duración. Un estudio de historia y genealogía sería muy interesante y apropiado.

Los ámbitos de mayor interés este año serán: las finanzas; los intereses intelectuales y la comunicación; el amor y el romance; la religión, la filosofía, la formación superior, viajes al extranjero (hasta el 25 de septiembre); la profesión (después del 25 de septiembre); la espiritualidad.

Los caminos hacia la mayor satisfacción este año serán: los hijos, las aventuras amorosas, la creatividad, el placer personal, la alegría de la vida; la religión, la filosofía, la formación superior, y viajes al extranjero (hasta el 25 de septiembre); la profesión (después del 25 de septiembre).

Salud

La salud es bastante buena este año. Casi todos los planetas lentos o bien te forman aspectos hermosos o te dejan en paz. Tu sexta casa, la de la salud, no es casa de poder, lo cual lo interpreto como algo positivo: puedes dar más o menos por descontada la salud. Pero más avanzado el año (a partir del 25 de septiembre) Júpiter empezará a formarte un aspecto desfavorable, de modo que te convendrá actuar en conformidad y cuidarte más.

El principal peligro ahora son las exigencias de tus obligaciones sociales y profesionales. Estos dos impulsos son muy fuertes, y tu ardiente deseo de éxito social y profesional podría ser causa de que te sobrecargaras de actividades aun sabiendo que no es prudente.

Mercurio es tu planeta de la salud. Como los lectores fieles ya sabéis, es un planeta de movimiento rápido. Este año transitará por todos los signos y casas de tu horóscopo. Esto significa que tus necesidades en la salud variarán mes a mes. Terapias que irían bien un mes podrían no dar resultado otro, cuando Mercurio esté en otra posición y con diferentes aspectos. La curación puede llegarte de diversas formas y por diferentes medios. De estas tendencias a corto plazo hablaremos en las previsiones mes a mes.

Los movimientos retrógrados de Mercurio (cuatro este año) siempre son importantes en la salud. Son periodos para estudiar e investigar nuevos programas de salud, pero no para ponerlos por obra. Será mejor dejar todos los cambios y decisiones importantes respecto a la salud (por ejemplo operaciones quirúrgicas opcionales u otros tratamientos agresivos) para después de que haya acabado el movimiento retrógrado. Mercurio estará retrógrado del 1 al 5 de enero; del 6 al 29 de abril; del 10 de agosto al 1 de septiembre, y del 2 al 19 de diciembre.

Mercurio rige el sistema nervioso, los pulmones, los intestinos, los brazos y los hombros; estos órganos necesitan, pues, más atención que otros. Puesto que lo más probable es que los problemas de salud se originen en ellos, mantenerlos sanos y en forma es una potente medicina preventiva. Hay muchas maneras naturales, no medicamentosas, de lograrlo, y te conviene explorarlas.

Mercurio rige la mente y el intelecto; por lo tanto, la salud mental es tan importante para ti como la salud física; y hay una fuerte conexión entre tu salud mental y tu salud física. Así pues, necesitas prestar más atención a la mente (afortunadamente, parece que lo harás este año). La mente necesita tanto ejercicio como el cuerpo, y también necesita nutrirse. Esto significa que es muy importante que leas obras bien documentadas, en especial los mejores libros de todas las culturas. Te conviene alimentar tu mente con las mejores ideas, la sabiduría y las verdades más profundas que puede ofrecer la humanidad. Es necesaria una buena comunicación, ya que cuando ésta está bloqueada se resiente la salud en general. Si tienes amigos con los cuales puedas hablar de los intereses comunes, estupendo. Si no, lleva un diario y escribe en él tus pensamientos, ideas e impresiones.

Es necesario usar la mente, pero sin abusar. Hablar en exceso o sobreestimular la mente suele producir insomnio y otros problemas nerviosos. Peor aún, puede robar las energías que el cuerpo necesita para sanarse y rejuvenecerse. Afortunademente, por su propia naturaleza, Capricornio no es demasiado hablador. Pero sí tiene tendencia a preocuparse y angustiarse, debido a una visión excesivamente pesimista de las cosas. Has de guardarte de eso.

La salud de un progenitor o figura parental podría mejorar con métodos espirituales y meditativos. Lo mismo podemos decir de la salud de los hijos y nietos.

Hogar y vida familiar

Tu cuarta casa, la del hogar y la familia, no está poderosa este año, Capricornio, por lo tanto tienes mucha libertad en tu manera de llevar las cosas en esta esfera. El Cosmos no te impulsa en uno ni en otro sentido. Normalmente esto significa que las cosas tenderán a continuar como están. No hay mudanzas ni cambios importantes en la familia. Si la vida hogareña fue feliz el año pasado, esta tendencia continuará; si hubo problemas, también los habrá.

La profesión y el amor son mucho más importantes que los asuntos domésticos y las obligaciones familiares este año.

Aunque todo se ve en calma en el frente familiar, el eclipse solar del 19 de abril podría remover las cosas un poquito. Aflorarán defectos en la situación doméstica, en la casa o en las relaciones familiares para obligar a que se corrijan; por lo general estas cosas llevaban un buen tiempo fraguándose.

Los asuntos familiares y domésticos tendrán más importancia del 1 de enero al 3 de febrero y del 20 de marzo al 19 de abril.

Si quieres hacer remodelaciones u obras de construcción en la casa, el periodo comprendido entre el 1 de enero y el 3 de febrero se ve favorable para hacerlas. Si vas a redecorar la casa o comprar objetos decorativos, procura programar estas cosas del 8 de febrero al 5 de marzo; este periodo también es excelente para recibir a la gente en casa, para reuniones familiares y hacer las paces con la familia. También hay buenas probabilidades (y favorables) de reuniones familiares del 7 de mayo al 23 de junio.

Un progenitor o figura parental prosperará hacia fines de año, y podría mudarse o comprar nuevas propiedades. También podría ampliar la casa actual. Esta persona se vuelve más filantrópica también este año. Las relaciones con este progenitor son buenas la mayor parte del año, pero más adelante podrían volverse delicadas.

En las relaciones con los hijos no se ven novedades este año. Claro que siempre hay altibajos en esto, pero en general, prevalecerá el dejar las cosas como están. Del 17 de mayo al 29 de junio necesitarás tener más paciencia con tus hijos, porque podrían experimentar cierta confusión respecto a su dirección u objetivos. Ten especial cuidado en tu forma de comunicarte con ellos durante este periodo, porque hay más posibilidades de malos entendidos, y esto sólo agudizará los problemas ya existentes o generará nuevos. Este consejo también vale para la comunicación con los padres o figuras parentales.

Los nietos son causa de mucha felicidad este año.

Amor y vida social

Como ya hemos dicho es un año intenso socialmente. Tu séptima casa está fuerte, ocupada por tu planeta regente Saturno. El planeta regente de la persona siempre se considera «benéfico», una influencia positiva en los asuntos de la casa solar en que esté. Así pues, este es un mensaje muy positivo para el amor. Es fácil que ahora suenen campanas de boda o se inicie una relación seria. Tomas la iniciativa, tanto en el amor como en la amistad. Sales en busca de esa persona, la mujer o el hombre ideal. Si te gusta una persona, seguro que ella se enterará. No te quedas sentado en casa esperando a que suene el teléfono. Muchos Capricornio tomáis la iniciativa en organizar salidas sociales o tal vez dando fiestas en casa. Disfrutas reuniendo a personas este periodo.

La osadía social de un Capricornio no igualará jamás a la de un Aries o un Leo, pero esto ya es osadía para ti. Siempre cauteloso en todo, siempre alerta a los riesgos o a los aspectos negativos, tu osadía social se producirá con el mínimo de riesgo personal. De todos modos, un poquito de intrepidez en el amor sería un rasgo maravilloso para desarrollarlo este año.

Este año aumenta también tu popularidad social. Esto se debe a que te desvives por complacer a los demás, haciendo lo posible para cultivar su buena voluntad.

El peligro de esto, en especial para los Capricornio más jóvenes, es perder la esencia interior ética y de las creencias. A veces el deseo de aceptación social hace que las personas actúen en contra de lo que creen correcto en su interior. Prefieren la popularidad a la corrección y esto puede llevar a lamentables errores.

Si estás interesado en un segundo matrimonio, también tienes aspectos maravillosos este año. Ya está ahí la oportunidad de una relación muy seria. Esta persona parece estar orientada a la filantropía y la espiritualidad, tal vez pertenece al campo de la salud, o tal vez al campo de la ciencia y la tecnología. Es posible que la relación comience como amistad y a partir de ahí se desarrolle.

Si estás interesado en un tercer matrimonio, no verás novedades este año, aunque las cosas serán mucho más fáciles y armoniosas de lo que han sido estos dos últimos años. La situación tenderá a continuar como está. Lo mismo vale si andas buscando un cuarto matrimonio.

La amistad en general es feliz. El círculo social se expande. Lo pasas mejor haciendo las cosas en grupo. Entran nuevos e importantes amigos en el cuadro.

Para los hijos en edad casadera no hay novedades en el amor, aunque tendrán que tomar importantes decisiones románticas, obligados por el eclipse lunar de mayo, y tal vez por el del 28 de octubre.

Los nietos en edad casadera tienen un año fabuloso, tanto en lo social como en lo financiero. Se ven muy felices. Tienen varias aventuras amorosas seguidas y exploran el terreno. Pero no hay probabilidades de relaciones duraderas. Disfrutan más de la búsqueda que del resultado de la búsqueda.

Profesión y situación económica

La cuestión económica siempre es importante para ti, Capricornio, y lo ha sido extraordinariamente desde hace muchos años. Y si bien muchas de las principales tendencias de años anteriores continúan en vigor (has tenido planetas lentos en tu casa del dinero), este año vemos importantes cambios. Tu planeta del dinero, Urano, hace un importante cambio de signo (lo que ocurre cada siete años más o menos), al salir de Acuario y entrar en Piscis. Esto indica muchas cosas. Para los Capricornio inversores indica oportunidades en los sectores del petróleo, farmacia, navieras y compañías del agua; para otros indica que personas de estas industrias entran en vuestras vidas financieras u os hacen prosperar de alguna manera, ya sea como empleadores o clientes. Piscis es el más espiritual de todos los signos; esto significa que la intuición y la orientación espiritual tendrán un importante papel en la riqueza este año, y durante muchos años más. Esta será una lección muy interesante para ti, Capricornio, puesto que, tratándose de negocios, eres muy lógico y práctico; no tienes fama de dar saltos de fe ni de hacer caso a esas «vocecitas susurrantes» (y apuesto a que si lo hicieras no lo reconocerías jamás). Tu virtud (una gran virtud) es que ves las cosas tal como son y trabajas a partir de ahí. Pero la intuición no ve las cosas tal como son, sino lo que serán en el futuro. Esto podría desconcertarte. Pero en los próximos siete años aprenderás el poder de la intuición financiera. Un segundo de intuición vale años de arduo trabajo, de planear, calcular, etcétera.

La entrada de Urano en Piscis es también su salida de tu segunda casa y la entrada en la tercera, cambio muy importante también. Muchos Capricornio vais a hacer fuertes inversiones en equipos de comunicación y ordenador. Y vais a prosperar principalmente gracias a la buena comunicación, en actividades de venta, comercialización, publicidad e información. El aspecto comercialización de las cosas será un factor importante en la riqueza. Muchos conseguiréis trabajo en este campo y la aplicaréis más en el campo en que trabajéis, sea cual sea.

Por regla general, tener a Urano como planeta del dinero significa que las finanzas tienden a ser inestables. Siempre hay extremos en esto. Las subidas son espectaculares, pero las bajadas suelen ser igualmente espectaculares. Siendo Capricornio, siempre te has desafiado a generar más estabilidad en este ámbito. En los últimos siete años estas oscilaciones han sido aún más pronunciadas. Afortunadamente ahora las cosas se calman un poco, tendría que haber menos extremismo en ambos sentidos.

La profesión se dispara, pero más avanzado el año. Se ensanchan los horizontes profesionales. Hay honores y reconocimientos; hay más viajes relacionados con la profesión. Llegan aumentos de sueldo y ascensos. Y aunque normalmente te gusta la responsabilidad, este año te resultará fastidiosa porque chocará con tu muy activa vida social.

Si tienes algún asunto pendiente con el gobierno, deberías esperar hasta después del 25 de septiembre para tratarlo; entonces tendrás más posibilidades de obtener mejores resultados. En realidad, los funcionarios gubernamentales y las personas que tienen autoridad sobre ti, están más amables en muchos aspectos, no sólo financiero. Podría haber contactos o contratos lucrativos por ese lado.

Es un año para el «prestigio», que es diferente a sólo dinero.

Progreso personal

El año pasado el principal frente de progreso fue la salud. Muchos Capricornio seguisteis programas de dieta y de ejercicio. Muchos aprendisteis las leyes de la dieta, la salud y el ejercicio, el contenido nutritivo de los alimentos, qué alimentos evitar, los niveles de colesterol y esas cosas. Más importante aún, aprendisteis cosas de las peculiaridades de vuestro cuerpo y cómo respondía a diversas terapias y dietas. Todo esto ha sido bueno, pero ahora que ya has asimilado las lecciones pasas a la esfera social.

Es un año para desarrollar, mejorar y perfeccionar tus dotes sociales. Por muy bien que lo haga uno siempre hay sitio para aprender más y progresar. El ingrediente más importante del éxito es tu intenso interés. Este te capacitará para superar los normales altibajos de la actividad social. Haces un concienzudo esfuerzo por ver las cosas desde la perspectiva de los demás, por entender y valorar sus posiciones, por ponerte en su piel como si dijéramos. Y esa es una fabulosa cualidad social. Eres muy fiel a las obligaciones y responsabilidades que entrañan la amistad y el matrimonio. Este es uno de los rasgos más ennoblecedores de Capricornio. Pero comprende que no todo el mundo piensa así; muchas personas te considerarán demasiado frío y reservado. Si tú consideras el amor un asunto serio, otros lo consideran una diversión; muchas personas son más frívolas en esto que tú. Tendrás que mantener tu sentido del deber, pero también alegrarte y proyectar verdadera simpatía hacia los demás.

La formación también se ve muy prominente en el horóscopo de este año, tanto la secundaria o enseñanza media como la universitaria. Los estudiantes Capricornio que os estáis preparando para entrar en la universidad tendréis buenas noticias. Pero incluso los adultos tendréis muchas oportunidades para conseguir objetivos educativos, ya sea terminar la educación secundaria, universitaria o de posgrado. Muchos vais a optar por asistir a seminarios y talleres en calidad de oyentes, sin obtener título académico, en materias que os interesan. Puesto que la economía siempre es un tema interesante para este signo, veo a muchos Capricornio haciendo cursos en temas financieros, aprendiendo las habilidades prácticas que aumentarán su riqueza futura.

Previsiones mes a mes

Enero

Mejores días en general: 1, 2, 11, 12, 19, 20, 28, 29, 30
Días menos favorables en general: 6, 7, 13, 14, 26, 27
Mejores días para el amor: 1, 2, 3, 4, 5, 6, 7, 11, 12, 13, 20, 21, 24, 25, 31
Mejores días para el dinero: 1, 2, 6, 11, 12, 15, 19, 20, 21, 22, 23, 24, 28, 29, 30

Si bien este año es muy social, Capricornio, y trabajas activamente en enriquecer tu vida social y cultivar la buena voluntad de los demás, en este periodo tienes más independencia. La mayoría de los planetas están en el sector oriental de tu carta, y tu signo está fuerte. Tienes más capacidad de la que crees para cambiar las circunstancias. Muchos asuntos sociales y amorosos parecen estar en suspenso ahora, pues Saturno está retrógrado en tu séptima casa, la del amor. Es un periodo para pensar en ti, para complacerte tú. Si estás contento y complacido el mundo estará contento (siempre que respetes los derechos de los demás).

La mayoría de los planetas están bajo el horizonte de tu carta; está fuerte tu cuarta casa, la del hogar y la familia, mientras que tu décima casa, la de la profesión, está vacía; sólo recibe la visita de la Luna los días 13 y 14. Pon la profesión en piloto automático y centra la atención en la familia. Necesitas tomar medidas osadas en el hogar; tal vez haces renovaciones o reparaciones importantes en la casa. Un progenitor o figura parental está difícil y necesita más atención. Podría haber prontos de genio en el hogar.

Los principales intereses este mes son mundanos: el cuerpo, la imagen, el placer personal y las finanzas. Hacer dinero, tener bien la economía, te importa más que tu posición, gloria y prestigio. Dejas de lado esas cosas en favor de obtener mayores ingresos. Mides el éxito en función de las finanzas. Claro que si puedes tener ambas cosas, tanto mejor. Los jefes, padres y figuras parentales apoyan tus objetivos económicos (tal vez por eso es más difícil tratar con ellos ahora, no quieres hacer olitas).

La prosperidad es fuerte este mes; la intuición financiera es extraordinariamente buena. El acceso a capital ajeno mejora después del 20. Hay más generosidad también por parte del cónyuge o pareja. Es un buen periodo para pagar o refinanciar deudas y sanear la economía. Si buscas trabajo deberás ir con más cautela hasta el 6; hasta entonces está retrógrado tu planeta del trabajo. Pero después mejora mucho el juicio al respecto. En realidad no necesitas buscar mucho, el trabajo te busca a ti, en especial a partir del 14.

En cuanto a la imagen, acentúas el atractivo sexual hasta el 19; después te esfuerzas por parecer más «inteligente» que sexy.

Una cuadratura en T desfavorable indica que debes vigilar la salud todo el mes. Ves el efecto que tienen en tu físico las emociones descontroladas; una agotadora experiencia emocional te consume más energía que una semana de trabajos forzados. Cuida tu salud prestando más atención al hígado y los muslos hasta el 14, y después, a la columna, la alineación esquelética, las rodillas y los dientes. La vanidad es un fuerte componente de la salud después del 14: salud significa verse bien. Cualquier indisposición tiene un efecto inmediato en la apariencia. Así pues, es posible que la vanidad te espolee para seguir un programa de salud y régimen dietético.

El amor mejora después del 14, pero parece que le estás dando tiempo a tu relación, para ver qué pasa.

Febrero

Mejores días en general: 7, 8, 16, 17, 25, 26
Días menos favorables en general: 3, 4, 9, 10, 11, 22, 23, 24
Mejores días para el amor: 1, 2, 3, 4, 5, 9, 10, 11, 14, 15, 19, 22, 23
Mejores días para el dinero: 3, 7, 8, 12, 16, 17, 18, 19, 20, 25, 26

Aunque tal vez estés muy pesimista en el frente romántico (rasgo natural de Capricornio), están ocurriendo muchas cosas entre bastidores. La vida social prospera; eres más popular de lo que crees. Los vecinos, y tal vez los hermanos, hacen de Cupido y apoyan tus objetivos románticos.

Como el mes pasado, la mayoría de los planetas están bajo el horizonte de tu carta; continúa poderosa tu cuarta casa, la del hogar y la familia, y continúa vacía la décima, la de la profesión; sólo la visita la Luna los días 9, 10 y 11. Es, pues, un periodo para poner orden en el hogar y la familia; periodo para establecer la base hogareña y para hacer trabajo interior (visualización y planificación) en los objetivos profesionales futuros. Y del mismo modo que un día se compone de una fase nocturna y una fase diurna, el año también tiene una «etapa nocturna» y una «etapa diurna». Estás en la etapa nocturna de tu año. La noche es el periodo en que el cuerpo digiere y asimila las experiencias del día; en esta fase el cuerpo se regenera y renueva para funcionar bien al día siguiente; es la «madre» del día. Los sueños de la noche se convierten en las experiencias del día. La noche es para soñar; el día es para hacer. Si los sueños están bien, el hacer estará bien.

CAPRICORNIO

La mayoría de los planetas todavía están en tu sector oriental, de modo que tu iniciativa y actos personales son importantes y tienen un gran efecto. Es el momento de crear las condiciones o circustancias que deseas, pero la atención deberá estar en el hogar y la familia.

Mejora la vida familiar; las relaciones con un progenitor, figura parental o persona mayor son más armoniosas. Entra la armonía en el hogar. Sigue habiendo trabajos de decoración en la casa. Es un buen periodo para mejorar las relaciones con los familiares. Celebras más fiestas y reuniones en tu casa.

La salud también mejora, en especial después del 3, cuando Marte sale del aspecto desfavorable para ti. Estás más tranquilo y eso es de suyo muy sanador. Favorece más la salud prestando más atención a la columna, las rodillas, los dientes, la alineación esquelética y los tobillos (procura que los tobillos estén bien sujetos cuando hagas ejercicio o deporte). Este mes la salud económica te parece tan importante como la física. Los altibajos en las finanzas pueden afectarte indebidamente la salud, pero sólo si lo permites. Probablemente gastas más en salud este mes, y tal vez obtienes beneficios de ese campo también. Si eres inversor te conviene explorar la industria de la salud en busca de oportunidades.

Las finanzas y las actividades intelectuales son los intereses dominantes este mes. La prosperidad es fuerte y se producirá a rachas, de repente. Es un buen periodo para pagar o refinanciar deudas y acceder a capital ajeno.

Marzo

Mejores días en general: 6, 7, 14, 15, 23, 24
Días menos favorables en general: 1, 2, 8, 9, 21, 22, 28, 29
Mejores días para el amor: 1, 2, 4, 5, 10, 11, 14, 15, 19, 20, 23, 24, 28, 29
Mejores días para el dinero: 1, 7, 8, 10, 14, 15, 16, 17, 19, 23, 24, 28

Como el mes pasado, la mayoría de los planetas están bajo el horizonte de tu carta, pero tu casa del hogar y la familia está aún más fuerte; y aparte de la visita de la Luna el 8 y 9, está vacía tu décima casa, la de la profesión. Esto quiere decir que la tendencia familiar del mes pasado continúa en vigor. Los asuntos familiares te ocupan la mayor parte del tiempo y la energía. Puedes restar importancia a la profesión. Es un periodo para la «práctica de la noche», lo que ya hemos explicado el mes pasado.

Este mes los planetas se trasladan de tu sector oriental al occidental. Es menos importante la iniciativa personal y la independencia; ahora importan tus dotes sociales. Afortunadamente, pareces muy satisfecho con esta situación. Has estado esforzándote por conquistar la buena voluntad de los demás y estás un poco cansado de hacer las cosas solo. El amor se presenta variado este mes; hasta el 20 se ve muy armonioso, tierno e idealista. Después surgen ciertos conflictos, que podrían estar relacionados con las relaciones sexuales o con las finanzas. Pero estos problemas no duran mucho.

Las principales esferas de interés este mes son el hogar, la familia, los hijos, la diversión y los intereses intelectuales.

La prosperidad sigue intacta, aunque durante este periodo te interesa menos. No pareces interesado ni preocupado. Las actividades de venta, comercialización y comunicación impulsan la economía. Dar a conocer tu producto o servicio parece ser lo más importante. Después del 21 podrías gastar en exceso en la casa (o tal vez son los familiares los que incurren en esos gastos); es desagradable, pero te recuperarás.

Del 20 en adelante (y en especial para la Luna nueva del 20) estás en un periodo fabuloso para lanzar nuevos proyectos. Estás en un ciclo solar creciente, personal y universal. El 90 por ciento de los planetas están en movimiento directo, y Aries es la mejor energía inicial del zodiaco. Si estos proyectos tienen relación con la casa, la familia, un negocio familiar, o con bienes inmuebles o asuntos psíquicos, los aspectos son mucho más favorables.

La Luna nueva del 20 es muy bienvenida a la luz de tu intenso interés en la familia, porque esclarecerá todo ese sector de tu vida. A medida que crece la Luna, de una u otra manera te llegará toda la información que necesitas para tratar los asuntos familiares.

La Luna llena del 6 te da energía extra para ocuparte de los asuntos de salud y trabajo. También es un buen día para revisar o poner al día las cuentas y otros trabajos minuciosos o de detalle.

CAPRICORNIO

A partir del 20 necesitas vigilar más la salud. Puedes favorecerla prestando más atención a los pies y la cabeza (no olvides abrigarlos). Respondes muy bien al masaje de pies y del cuero cabelludo (los pies y la cabeza contienen zonas reflejas de todo el cuerpo y por eso el masaje tiene un efecto rejuvenecedor total).

Abril

Mejores días en general: 2, 3, 10, 11, 19, 20, 21, 29, 30
Días menos favorables en general: 4, 5, 17, 18, 24, 25, 26
Mejores días para el amor: 1, 4, 5, 8, 9, 13, 14, 18, 19, 20, 22, 23, 24, 25, 26, 29, 30
Mejores días para el dinero: 2, 6, 8, 10, 11, 13, 14, 15, 19, 20, 24, 29, 30

El eclipse solar del 19 afecta a los Capricornio nacidos en la última parte del signo (10 a 19 de enero), de modo que si te encuentras en este grupo reduce tus actividades durante este periodo. Este eclipse produce cambios a la larga en el hogar (tal vez una mudanza o una reparación importante) o en las relaciones familiares. Puesto que el Sol rige tu octava casa, todos los eclipses solares afectan las finanzas del cónyuge o pareja. Este no es diferente. Así pues, habrá cambios importantes en la vida financiera de tu pareja: ingresos, gestores o contables, o estrategias en general. Si tienes pendientes asuntos de bienes inmuebles o seguros verás importantes cambios decisivos durante este periodo.

Una gran cuadratura (que durará unos cuantos meses) es más benigna contigo que con la mayoría de las personas, pero de todos modos te afecta financieramente. Los ingresos llegan con más trabajo y superando más obstáculos. Persevera, que esto sólo te hará más fuerte.

Pese a todo lo que ocurre, no olvides divertirte un poco este mes. En realidad, deberías divertirte para compensar las dificultades. Evita la especulación bursátil, aunque sea fuerte la tentación.

Continúa vigilando la salud, sobre todo hasta el 20. Después retorna la vitalidad. Favorece la salud prestando más atención a la cabeza, cuello y garganta. Tu planeta de la salud estará retrógrado del

6 al 30. Procura no hacer cambios importantes en la dieta ni en el programa de salud durante ese periodo. Investiga y analiza más las cosas. Si tienes que ver a un profesional de la salud, calcula el doble del tiempo habitual.

El amor mejora enormemente después del 19. Si estás soltero tienes oportunidades para relaciones serias y del tipo diversión y juego. Acaban la mayoría de los conflictos con una relación actual.

Como el mes pasado, la mayoría de los planetas están bajo el horizonte de tu carta, de modo que resta importancia a la profesión y centra la atención en el hogar y la familia; de todos modos, no podrás evitarlo.

La mayoría de los planetas continúan en tu sector occidental. Así que consigue tus fines con buen humor y diplomacia, y no con actos independientes. La iniciativa personal influye poco en el éxito. El buen comportamiento social es mejor.

Mayo

Mejores días en general: 8, 9, 17, 18, 27, 28
Días menos favorables en general: 2, 3, 14, 15, 22, 23, 29, 30
Mejores días para el amor: 2, 3, 4, 5, 10, 11, 12, 13, 19, 20, 22, 23, 29, 30, 31
Mejores días para el dinero: 2, 3, 8, 9, 10, 11, 17, 18, 19, 20, 27, 28, 29, 30

El eclipse lunar del 4 pondrá a prueba el amor y la amistad, pero parece benigno contigo, Capricornio. En el caso de que estés soltero y sin compromiso, el eclipse podría señalar el inicio de una relación importante. Podría haber cambios en tu relación con una organización o grupo al que perteneces.

Los planetas continúan bajo el horizonte de tu carta (aunque hay un ligero traslado), por lo tanto puedes seguir desatendiendo un poco la profesión para centrarte en poner en orden tu vida hogareña y familiar.

Como el mes pasado, el poder planetario está en tu sector occidental; tu séptima casa, la del amor, está cada vez más fuerte. Continúa poniéndote en un segundo plano, moderando la voluntariedad

CAPRICORNIO

y el ego, no trates de imponerte, y esfuérzate en llevarte bien con los demás. Logra tus objetivos por consenso. Resuelve los conflictos transigiendo y adaptándote. Ahora no es el momento indicado para lanzarte solo.

Has sido osado en el amor todo el año, y éste lo serás más. La presencia de Marte en tu séptima casa indica que eres arriesgado en el amor, rasgo muy poco característico de Capricorno. La finalidad de esto es superar los miedos sociales. Es probable que estos miedos te hayan tenido bloqueado en lo social; ya es hora de que se marchen. Disfruta de la aventura; si hay rechazo, límpiate las heridas y vuelve a intentarlo.

Ahora hay más fiestas en casa y más vida social con los familiares. Estos podrían hacer de Cupido; las relaciones familiares también podrían conducir al romance.

La salud está maravillosa este mes y de todos modos le prestas mucha atención. Puedes favorecerla aún más cuidándote la cabeza, el cuello y la garganta. En este periodo obtienes buenos resultados dándote masajes en el cuero cabelludo y entonando mantras. El poder sanador del sonido en general no es bien conocido en el mundo, pero puedes probarlo.

En cuanto a las finanzas, requieren mucha paciencia. Tal vez estás trabajando en un gran proyecto financiero, algo delicado, algo que requiere mucho equilibrio. Esto va a llevar su tiempo. Los ingresos vienen de trabajar y esforzarte más.

La Luna nueva del 19 esclarecerá las relaciones con los hijos o problemas o asuntos que ocurren en sus vidas, de los que necesitas estar enterado. También se aclararán cuestiones creativas a medida que avanza el mes.

Junio

Mejores días en general: 4, 5, 13, 14, 23, 24
Días menos favorables en general: 11, 12, 18, 19, 25, 26
Mejores días para el amor: 6, 7, 16, 17, 18, 19, 25, 26, 27, 28
Mejores días para el dinero: 1, 4, 5, 6, 7, 8, 13, 14, 18, 23, 24, 27, 28

Tienes que vigilar más la salud después del 21, Capricornio. Ahora es importante la salud emocional. Busca la tranquilidad y el equilibrio. La salud de los hijos también parece preocupante. Favorece la salud prestando más atención al cuello y la garganta, los brazos, hombros, pulmones, estómago, pechos e intestino (tu planeta de la salud, Mercurio, transita por tres signos y casas este mes, de modo que cambiarán rápidamente tus necesidades de salud). El pensamiento positivo es extraordinariamente beneficioso para la salud después del 5. Hablar o pensar demasiado también puede ser un peligro para la salud este mes. Felizmente, Capricornio no es un gran hablador por naturaleza (aunque este mes lo serás más que de costumbre).

La gran cuadratura de que hemos hablado sigue muy en vigor este mes. Ten paciencia en las finanzas. Haz lo que puedas y luego déjalo estar para disfrutar de tu día (al parecer, el cónyuge o pareja hace un rápido progreso financiero este mes; de repente su generosidad contigo podría aumentar).

Como el mes pasado, la mayoría de los planetas están en tu sector occidental, y tu casa del amor y el romance, la séptima, está más poderosa aún. Es un periodo muy activo en lo social. Hay más fiestas e invitaciones. Estás insólitamente osado en el amor y has de evitar las luchas de poder en este frente. Quieres «hacer ocurrir el amor» y al parecer tienes éxito. Hay todo tipo de personas en tu esfera social en este periodo. Médicos o personas relacionadas con tu salud, compañeros de trabajo, empleadores, personas involucradas en las finanzas de tu cónyuge o pareja, familiares, ocultistas o terapeutas.

La entrada de Marte en tu octava casa (y la entrada del señor de tu octava casa en la séptima) indica una libido exaltada y activa. Hay más actividad sexual en este periodo.

La Luna nueva del 17 aclara asuntos laborales y de salud. Si buscas empleo tienes nuevas pistas (este mes son excelentes los aspectos para los Capricorno que buscan trabajo).

La Luna llena del 3 mejora la intuición y la capacidad ultrasensorial y te da energía extra para lograr objetivos de tipo espiritual y benéfico.

Venus inició movimiento retrógrado el mes pasado y continúa retrógrada la mayor parte de este mes; esto afecta a los hijos y los proyectos creativos; un proyecto creativo requiere más paciencia. Hay retrasos para que puedas mejorarlo. Los hijos podrían estar más difíciles también; pero esto pasará.

Julio

Mejores días en general: 2, 10, 11, 20, 21, 29, 30
Días menos favorables en general: 8, 9, 15, 16, 23, 24
Mejores días para el amor: 4, 6, 7, 13, 14, 15, 16, 23, 24, 25, 26, 31
Mejores días para el dinero: 2, 4, 6, 10, 11, 15, 20, 21, 25, 29, 30, 31

Como el mes pasado, la mayoría de los planetas están en el sector occidental de tu carta, y tu séptima casa, la del amor y el romance, está muy fuerte. Estás en uno de los mejores periodos sociales de tu año (si no de tu vida). A muchos Capricornio se os materializan relaciones importantes y duraderas. Aunque tiene sus peligros, estar metido en el torbellino social no es tan terrible en este periodo. Hay una potente lógica de vida tras esto: tu bien te viene de otros y no tanto de tus capacidades innatas ni de ser quien eres. Llevarte bien con los demás te trae el éxito, más que tu esfuerzo personal.

Se acaba una parte de la osadía en el amor. Ya no es necesaria.

El mes pasado los planetas hicieron un importante traslado de la mitad inferior de tu horóscopo a la superior. Cobran cada vez más importancia la profesión y los objetivos externos. En términos simbólicos, ahora estás en la «etapa diurna» de tu año. Ahora se precisa la actividad diurna; esto significa hacer realidad los sueños profesionales. Ahora brotan las semillas sembradas durante la etapa nocturna. Pero los asuntos profesionales están difíciles; quieres materializar algo grande y encuentras mucha resistencia. Tu planeta de la profesión (como también tu planeta del dinero) lleva unos meses encerrado en una gran cuadratura. Así pues, necesitas trabajar más; hay que superar obstáculos poco habituales. No trates de programar demasiado y evita el exceso de optimismo. Hay baches en el camino y has de viajar lento.

Necesitas vigilar la salud hasta el 22. Afortunadamente, parece que la salud es una prioridad para ti y estás en ello. No permitas que los altibajos financieros o profesionales te afecten la salud. Hazlo lo mejor que puedas y luego déjalo estar y disfruta de tu día. Favorece la salud prestando más atención al estómago, al corazón y los pechos. A los riñones, caderas y nalgas no les haría daño un poco más de cuidados. Los regímenes de desintoxicación son más eficaces después del 4.

Tu planeta de la familia está en tu octava casa todo el mes. A veces esto indica una muerte en la familia, pero no tiene por qué ser así. Puede indicar cambios en las costumbres y relaciones familiares, una transformación de los hábitos domésticos. Es un buen periodo para limpiar la casa, sobre todo de posesiones que no se necesitan y sólo ocupan espacio. Vende o regala los muebles, ropa, o trastos viejos que no necesitas. Haz sitio para lo nuevo y mejor que te va a llegar.

La Luna nueva del 17 ocurre en tu casa del amor; buena cosa. Con la vida social hiperactiva que has llevado te vendrá bien un poco de claridad en el amor.

Este mes tenemos dos Lunas llenas, raro fenómeno. La primera ocurre el 2 en tu signo, y te da energía extra para ocuparte de tu apariencia e imagen personal; no olvides mimarte un poco ese día. La segunda Luna llena ocurre el 31 en tu casa del dinero; ese día tendrás más energía para tratar tus objetivos financieros.

Agosto

Mejores días en general: 7, 8, 16, 17, 18, 25, 26
Días menos favorables en general: 4, 5, 12, 13, 19, 20
Mejores días para el amor: 1, 4, 5, 11, 12, 13, 15, 16, 21, 22, 25, 30
Mejores días para el dinero: 1, 2, 7, 8, 12, 17, 18, 21, 25, 26, 27, 28, 30

La actividad retrógrada aumenta considerablemente este mes, Capricornio. Del 10 al 30 estarán en movimiento retrógrado el 40 por ciento de los planetas. Aminoran la marcha los acontecimientos del mundo y de tu vida. Afortunadamente, son pocos los signos capaces

CAPRICORNIO

de sobrellevar los retrasos tan bien como Capricornio, el más paciente de todos los signos. En situaciones que desmoralizarían a otros, tú te manejas muy bien.

Tu planeta de la profesión sale de Géminis (donde ha estado alrededor de cuatro meses) y entra en Cáncer el 8. Importante tránsito. Indica el traslado de la atención a los asuntos amorosos y sociales. Podría indicar un romance serio que monopolizara la atención y la energía, de manera feliz. Este tránsito sitúa a Venus sobre el horizonte de tu carta, aumentando el porcentaje de planetas que están ahí (70-80 por ciento). La profesión, entonces, toma la prioridad sobre los asuntos familiares y domésticos. Es un periodo para poner por obra los planes profesionales, para realizarlos. La presencia del planeta de la profesión en la séptima casa, la del amor y las actividades sociales, indica que la profesión se ve favorecida por matrimonio, alianzas, sociedades y actividad social. Conocer a las personas adecuadas suele ser, aunque no siempre, una importante ruta hacia el éxito. Ofrecer fiestas o reuniones sociales, y también asistir a ellas, favorece la profesión. Muchas veces esto indica que la mayor parte de la actividad social del periodo está relacionada con la profesión y no tanto con consideraciones personales.

Estando la mayoría de los planetas en tu sector occidental, la actividad y las dotes sociales son aún más importantes. Tu bien te viene de los demás y de su buena voluntad. No es periodo para lanzarte solo.

Las finanzas están más complicadas ahora, porque tu planeta del dinero sigue retrógrado. Así pues, analiza con más detenimiento las inversiones y compras importantes. También se complican porque hasta el 23 necesitas anteponer los intereses financieros de otros a los tuyos, y piensas que tus finanzas sufren debido a esto. A la larga verás que no es así, pues la ley del karma es justa y te hará prosperar, pero mientras tanto eso es lo que sientes. Después del 23 debes trabajar más por tus ingresos. Los asuntos monetarios son menos importantes (y es posible que los desatiendas) porque estás más interesado en la formación y viajes. Los ideales religiosos y filosóficos parcen estar en contradicción con tu deseo de enriquecerte. En realidad no hay ninguna contradicción, pero así se ve en la superficie; tienes que ahondar más.

El amor se ve muy feliz. Alternas con el «grupo de poder», con personas de elevada posición. Muchos Capricornio os casaréis u os comprometeréis en matrimonio.

La salud en general es excelente y mejorará aún más después del 23. Tu planeta de la salud estará retrógrado a partir del 10, de modo que evita hacer cambios precipitados en tu programa de salud. Evita hacer inversiones fuertes en equipo o aparatos para la salud y alimentos o suplementos milagrosos en este periodo. Analiza más la situación; es posible que algo que parece fabuloso, o una oportunidad maravillosa, se vea superado el mes que viene.

Septiembre

Mejores días en general: 3, 4, 13, 14, 22, 23, 30
Días menos favorables en general: 1, 2, 8, 9, 15, 16, 28, 29
Mejores días para el amor: 3, 4, 8, 9, 10, 13, 14, 17, 18, 24, 26, 27
Mejores días para el dinero: 3, 4, 8, 13, 14, 17, 23, 24, 25, 26

Si bien has de vigilar la salud del 22 en adelante, este mes continúas en el cielo de Capricornio. Ocurren importantes cambios a largo plazo en tu profesión. Eres una nave espacial lanzada a la estratosfera. Tal vez esto se deba a tus buenas relaciones sociales, pero ciertamente el mérito personal tiene su papel. Las personas que conoces o con quienes estás aliado son los instrumentos, las herramientas de que se vale el Cosmos para propulsarte a las alturas.

Es un mes fabuloso en lo profesional; entre el 70 y el 80 por ciento de los planetas están sobre el horizonte de tu carta, y tu décima casa es la más poderosa del horóscopo. Sería comprensible que desatendieras tus obligaciones domésticas y familiares en este periodo. Pero incluso tu familia parece estar de tu parte; tu éxito tiene un efecto positivo en ellos. No sólo se eleva tu posición sino también la de tu familia en su conjunto.

Pero el éxito profesional no sale gratis; trabajas arduo; es posible que haya cierto dramatismo también, pues debes mantener a raya a competidores que ambicionan tu ideal. Pero tú ganarás.

Hay probabilidades de aumento de sueldo y ascenso en la empresa en que trabajas, o una mejor oferta en otra. Se ensanchan los horizontes profesionales. Te has elevado a un nuevo puesto, un «puesto más elevado», y la vista desde allí es mucho más amplia.

Aunque se elevan tu posición y prestigio, esto no penetra todavía en la situación económica; lo hará finalmente, pero no por el momento. Así que ten paciencia en las finanzas y analiza más atentamente las compras e inversiones importantes; si es posible retrásalas el mayor tiempo posible. Hay más obstáculos a los objetivos financieros hasta el 22; después hay mejoría.

Puedes favorecer la salud prestando más atención a la dieta y a los intestinos hasta el 28, y a los riñones y caderas después.

El amor es feliz en la primera mitad del mes, pero podría tornarse difícil cuando los intereses profesionales te dominen. Sencillamente hay menos tiempo para el amor. Es posible que procures integrar tu vida social con la profesión y eso podría ser una buena solución.

Aparte de la profesión, la formación y los viajes dominan la mayor parte del mes. Es un mes de revelación y expansión religiosa y filosófica, si optas por ello.

Octubre

Mejores días en general: 1, 10, 11, 19, 20, 28, 29
Días menos favorables en general: 5, 6, 12, 13, 25, 26
Mejores días para el amor: 3, 4, 5, 6, 10, 11, 12, 13, 14, 19, 20, 22, 23, 29, 30
Mejores días para el dinero: 2, 3, 5, 15, 21, 22, 23, 30

El mes pasado los planetas hicieron un importante traslado desde el sector occidental de tu carta al oriental. Ahora la mayoría de los planetas están en tu sector oriental. Esto te da mayor independencia y poder personal. Ya no necesitas adaptarte a las situaciones; estás más capacitado para cambiarlas a tu gusto. Las dotes sociales (aunque siguen importando) son menos importantes que en los últimos meses. Lo importante ahora eres tú, quién eres y lo que eres, no las personas que conoces. Tu destino está en tus manos. La iniciativa personal, la acción directa, ahora importa. Estando el 90 por ciento de los planetas en movimiento directo, el progreso personal debería ser rápido.

Como el mes pasado, la mayoría de los planetas (70-80 por ciento) están sobre la mitad superior de tu horóscopo; tu casa de la profesión, la décima, está superpoderosa (hay un congreso de planetas ahí), mientras tu cuarta casa, la del hogar y la familia, está vacía; sólo la visitará brevemente la Luna los días 24 y 25. Por lo tanto, este mes centras la atención en los objetivos profesionales y externos, y muy bien hecho. La profesión es exigente y trabajas mucho, pero todo esto produce éxito, honores, reconocimiento, ascenso y horizontes más amplios. Como el mes pasado vemos también apoyo de la familia a tus metas profesionales. Ellos también ascienden (en cuanto conjunto familiar).

Dado que el planeta de la familia también está en tu décima casa, procuras tener éxito estando en tu «zona de agrado emocional»: tratas que tu oficina se parezca más a tu hogar y tu hogar se parezca más a tu oficina.

Las finanzas van mucho mejor que en los meses anteriores. Aunque sigue retrógrado tu planeta del dinero, produciendo contratiempos en este sentido, han mejorado los aspectos que recibe. Los ingresos llegan con más facilidad; los objetivos financieros se consiguen con menos dificultad. Todo es relativo. El 23 aumentan aún más los ingresos; deberías acabar el mes más rico que cuando comenzó.

Dos eclipses sacuden las cosas este mes. El eclipse solar del 14 ocurre en tu décima casa, la de la profesión, por lo tanto anuncia cambios en la profesión, cambios drásticos. Pero serán positivos.

El eclipse lunar del 28 ocurre en tu quinta casa, la de las aventuras amorosas, los hijos, la diversión y la creatividad. Este eclipse también es amable contigo. Tal vez los hijos se marchan de casa para ir a la universidad, a un instituto, o se casan; se producen cambios graduales en tu relación con ellos, pero se deben a cosas normales y positivas. Los Capricornio creativos cambiáis el rumbo de vuestra creatividad. También podría ponerse a prueba un romance o aventura amorosa.

La salud en general es buena, pero hay que vigilarla más hasta el 23. Trata de descansar y relajarte más. Favorécela prestando más atención a los riñones, caderas y órganos sexuales. Los regímenes de desintoxicación son más eficaces después del 15.

CAPRICORNIO

Noviembre

Mejores días en general: 7, 8, 15, 16, 24, 25
Días menos favorables en general: 2, 3, 9, 10, 22, 23, 29, 30
Mejores días para el amor: 2, 3, 9, 10, 11, 12, 17, 18, 20, 21, 29, 30
Mejores días para el dinero: 2, 9, 10, 11, 17, 18, 19, 20, 26, 27

Los principales titulares de este mes son la profesión y las finanzas, Capricornio. La mayoría de los planetas continúan sobre el horizonte de tu carta, y tu décima casa sigue muy poderosa (aunque no tanto como el mes pasado). Pero aunque está menos fuerte, alberga a inquilinos de «alta calidad», principalmente benéficos. Júpiter y Venus proporcionan las recompensas y la dicha, pero Marte te obliga a trabajar mucho y a competir. El trabajo arduo compensa; ahora ves los frutos de tu labor. El mes pasado las finanzas dieron un importante viraje hacia mejor, y ahora mejoran aún más. En primer lugar, Urano, tu planeta del dinero, reinicia el movimiento directo el 11 (después de muchos meses retrógrado). En segundo lugar, ahora recibe aspectos maravillosos. Así pues, ahora ves los frutos del éxito profesional en tu economía. Tienes más prestigio y también sus símbolos tangibles: mayor riqueza. Ahora avanzan proyectos o transacciones detenidos mucho tiempo. Está claro el juicio financiero; sabes qué hacer y cómo hacerlo. Retorna tu confianza en ti mismo. Las decisiones financieras tomadas después del 11 serán buenas. Los cambios positivos ocurren con pasmosa rapidez.

Continúa próspera la profesión de miembros de la familia (y el prestigio de la familia en su conjunto).

Pero el interés en la profesión, si bien todavía fuerte, cede paso a los intereses sociales, en especial las amistades, las actividades de grupo y la participación en organizaciones. En general este aspecto es positivo pero tempestuoso. Se ponen a prueba algunas amistades; se crean nuevas; llegan nuevos amigos gracias a los contactos familiares o a intereses comunes como el deporte y la diversión.

La vida amorosa también ha mejorado. Tu magnetismo social es particularmente fuerte todo el mes, y atraes al sexo opuesto. Las oportunidades románticas se presentan cuando estás en actividades de grupo o a través de amigos.

La salud está mucho mejor que el mes pasado. Puedes mejorarla más cuidando más de los órganos sexuales (manteniendo el equilibrio en la actividad sexual), el hígado y los muslos. Las terapias de orientación espiritual son especialmente eficaces después del 4.

La mayoría de los planetas continúan en tu sector oriental, de modo que toma la iniciativa y construye tu reino personal del cielo en la tierra. Sabes qué es lo mejor para ti, sigue tu camino.

Un gran trígono en Agua que dura todo el mes no sólo trae más prosperidad sino también más placer personal, deleite sensual y la buena vida.

Aunque Capricornio es pragmático, realista, este mes hay más sensibilidad emocional y compenetración con los demás. Hay formas de ser práctico, organizado y responsable sin ser cruel ni herir a los demás, y este mes entiendes cómo hacerlo.

Diciembre

Mejores días en general: 4, 5, 13, 21, 22, 31
Días menos favorables en general: 6, 7, 19, 20, 26, 27
Mejores días para el amor: 1, 2, 8, 9, 11, 12, 19, 20, 21, 26, 27, 29, 30, 31
Mejores días para el dinero: 6, 7, 8, 14, 15, 17, 23, 24, 26

La mayoría de los planetas continúan en tu sector oriental (el 80-90 por ciento), y después del 21 adquiere poder tu signo. Así pues, eres independiente y haces tu voluntad. El desafío este mes será hacer las cosas a tu manera y mantener tu independencia sin pisotear a los demás. Una parte de ti ansía con todas sus fuerzas la popularidad y la buena opinión de los demás, y esto podría ser un obstáculo (o tal vez un freno muy necesario) para imponerte. Tienes que forjar tu bien ahora, de eso no cabe duda, pero hazlo de la manera más diplomática y menos hiriente posible.

La mayoría de los planetas siguen sobre el horizonte de tu carta, de modo que la profesión continúa siendo importante. Puedes restar importancia tranquilamente a las obligaciones familiares y domésticas en favor de la profesión. La profesión sigue feliz, pero ha disminuido su importancia en relación a los meses anteriores. Estás donde deseas estar. Siguen llegándote oportunidades. Tu posición y prestigio están probablemente por todo lo alto.

Este es un mes muy espiritual, Capricornio. Tu casa doce, la de la espiritualidad es la casa más importante del horóscopo este mes; el 50-60 por ciento de los planetas están instalados en ella o transitan por ella. Tu planeta de la espiritualidad, Júpiter, está situado en tu Mediocielo, reforzando esto aún más. Es un mes para hacer progresos en tu vida interior, para obras de beneficencia, para trabajos de voluntariado, y para conectar más íntimamente con tu Poder Superior interior. Es un periodo maravilloso para hacer un retiro espiritual o pasar más tiempo alejado del mundo. Un periodo para ir más a la iglesia, sinagoga, ashram o mezquita y estar con personas orientadas hacia lo espiritual.

Muchos pragmáticos Capricornio os quedaréis pasmados ante las experiencias ultrasensoriales, la nitidez de la vida onírica y las experiencias de tipo coincidencia sincrónica que os ocurren este mes. Has soñado esto y aquello y resulta que al día siguiente eso te llama; has hecho una pregunta al Universo por la noche y al día siguiente tienes la respuesta, tal vez por parte de un tendero o cajero del banco, que podría estar hablando de un tema totalmente distinto, pero te contesta la pregunta. Es un mes en que cambia tu concepto de «cómo funcionan las cosas». Por otro lado, esta atención a la espiritualidad podría tener un efecto negativo en las finanzas (de corta duración), porque este dominio es tan interesante que te distrae de los asuntos financieros. También podrían presentarse dificultades o retos financieros que te obligan a pedir «ayuda superior»; ten la seguridad de que llegará.

La salud es excelente este mes, pero procura no hacer cambios en tu dieta o programa de salud hasta el 20, ya que tu planeta de la salud está retrógrado hasta esa fecha. Continúa cuidando de tu salud prestando más atención al hígado y los muslos.

Acuario

El Aguador
Nacidos entre el 20 de enero y el 18 de febrero

Rasgos generales

ACUARIO DE UN VISTAZO
Elemento: Aire

Planeta regente: Urano
  Planeta de la profesión: Plutón
  Planeta de la salud: la Luna
  Planeta del amor: el Sol
  Planeta del dinero: Neptuno
  Planeta del hogar y la vida familiar: Venus

Colores: Azul eléctrico, gris, azul marino
  Colores que favorecen el amor, el romance y la armonía social:
    Dorado, naranja
  Color que favorece la capacidad de ganar dinero: Verde mar

Piedras: Perla negra, obsidiana, ópalo, zafiro

Metal: Plomo

Aromas: Azalea, gardenia

Modo: Fijo (= estabilidad)

Cualidades más necesarias para el equilibrio: Calidez, sentimiento y emoción

Virtudes más fuertes: Gran poder intelectual, capacidad de comunicación y de formar y comprender conceptos abstractos, amor por lo nuevo y vanguardista

Necesidad más profunda: Conocer e introducir lo nuevo

Lo que hay que evitar: Frialdad, rebelión porque sí, ideas fijas

Signos globalmente más compatibles: Géminis, Libra

Signos globalmente más incompatibles: Tauro, Leo, Escorpio

Signo que ofrece más apoyo laboral: Escorpio

Signo que ofrece más apoyo emocional: Tauro

Signo que ofrece más apoyo económico: Piscis

Mejor signo para el matrimonio y/o las asociaciones: Leo

Signo que más apoya en proyectos creativos: Géminis

Mejor signo para pasárselo bien: Géminis

Signos que más apoyan espiritualmente: Libra, Capricornio

Mejor día de la semana: Sábado

La personalidad Acuario

En los nativos de Acuario las facultades intelectuales están tal vez más desarrolladas que en cualquier otro signo del zodiaco. Los Acuario son pensadores claros y científicos; tienen capacidad para la abstracción y para formular leyes, teorías y conceptos claros a partir de multitud de hechos observados. Géminis es bueno para reunir información, pero Acuario lleva esto un paso más adelante, destacando en la interpretación de la información reunida.

Las personas prácticas, hombres y mujeres de mundo, errónea-mente consideran poco práctico el pensamiento abstracto. Es cierto que el dominio del pensamiento abstracto nos saca del mundo físico, pero los descubrimientos que se hacen en ese dominio normalmente acaban teniendo enormes consecuencias prácticas. Todos los verdaderos inventos y descubrimientos científicos proceden de este dominio abstracto.

Los Acuario, más abstractos que la mayoría, son idóneos para explorar estas dimensiones. Los que lo han hecho saben que allí hay poco sentimiento o emoción. De hecho, las emociones son un estorbo para funcionar en esas dimensiones; por eso los Acuario a veces parecen fríos e insensibles. No es que no tengan sentimientos ni profundas emociones, sino que un exceso de sentimiento les nublaría la capacidad de pensar e inventar. Los demás signos no pueden tolerar y ni siquiera comprender el concepto de «un exceso de sentimientos». Sin embargo, esta objetividad acuariana es ideal para la ciencia, la comunicación y la amistad.

Los nativos de Acuario son personas amistosas, pero no alardean de ello. Hacen lo que conviene a sus amigos aunque a veces lo hagan sin pasión ni emoción.

Sienten una profunda pasión por la claridad de pensamiento. En segundo lugar, pero relacionada con ella, está su pasión por romper con el sistema establecido y la autoridad tradicional. A los Acuario les encanta esto, porque para ellos la rebelión es como un juego o un desafío fabuloso. Muy a menudo se rebelan simplemente por el placer de hacerlo, independientemente de que la autoridad a la que desafían tenga razón o esté equivocada. Lo correcto y lo equivocado tienen muy poco que ver con sus actos de rebeldía, porque para un verdadero Acuario la autoridad y el poder han de desafiarse por principio.

Allí donde un Capricornio o un Tauro van a pecar por el lado de la tradición y el conservadurismo, un Acuario va a pecar por el lado de lo nuevo. Sin esta virtud es muy dudoso que pudiera hacerse algún progreso en el mundo. Los de mentalidad conservadora lo obstruirían. La originalidad y la invención suponen la capacidad de romper barreras; cada nuevo descubrimiento representa el derribo de un obstáculo o impedimento para el pensamiento. A los Acuario les interesa mucho romper barreras y derribar murallas, científica, social y políticamente. Otros signos del zodiaco, como Capricornio por ejemplo, también tienen talento científico, pero los nativos de

Acuario destacan particularmente en las ciencias sociales y humanidades.

Situación económica

En materia económica, los nativos de Acuario tienden a ser idealistas y humanitarios, hasta el extremo del sacrificio. Normalmente son generosos contribuyentes de causas sociales y políticas. Su modo de contribuir difiere del de un Capricornio o un Tauro. Estos esperarán algún favor o algo a cambio; un Acuario contribuye desinteresadamente.

Los Acuario tienden a ser tan fríos y racionales con el dinero como lo son respecto a la mayoría de las cosas de la vida. El dinero es algo que necesitan y se disponen científicamente a adquirirlo. Nada de alborotos; lo hacen con los métodos más racionales y científicos disponibles.

Para ellos el dinero es particularmente agradable por lo que puede hacer, no por la posición que pueda implicar (como en el caso de otros signos). Los Acuario no son ni grandes gastadores ni tacaños; usan su dinero de manera práctica, por ejemplo para facilitar su propio progreso, el de sus familiares e incluso el de desconocidos.

No obstante, si desean realizar al máximo su potencial financiero, tendrán que explorar su naturaleza intuitiva. Si sólo siguen sus teorías económicas, o lo que creen teóricamente correcto, pueden sufrir algunas pérdidas y decepciones. Deberían más bien recurrir a su intuición, sin pensar demasiado. Para ellos, la intuición es el atajo hacia el éxito económico.

Profesión e imagen pública

A los Acuario les gusta que se los considere no sólo derribadores de barreras sino también los transformadores de la sociedad y del mundo. Anhelan ser contemplados bajo esa luz y tener ese papel. También admiran y respetan a las personas que están en esa posición e incluso esperan que sus superiores actúen de esa manera.

Prefieren trabajos que supongan un cierto idealismo, profesiones con base filosófica. Necesitan ser creativos en el trabajo, tener acceso a nuevas técnicas y métodos. Les gusta mantenerse ocupados y disfrutan emprendiendo inmediatamente una tarea, sin pérdida de tiempo. Suelen ser los trabajadores más rápidos y generalmente aportan sugerencias en beneficio de su empresa. También son muy colaboradores con sus compañeros de trabajo y asumen con gusto responsabilidades, prefiriendo esto a recibir órdenes de otros.

Si los nativos de Acuario desean alcanzar sus más elevados objetivos profesionales, han de desarrollar más sensibilidad emocional, sentimientos más profundos y pasión. Han de aprender a reducir el enfoque para fijarlo en lo esencial y a concentrarse más en su tarea. Necesitan «fuego en las venas», una pasión y un deseo arrolladores, para elevarse a la cima. Cuando sientan esta pasión, triunfarán fácilmente en lo que sea que emprendan.

Amor y relaciones

Los Acuario son buenos amigos, pero algo flojos cuando se trata de amor. Evidentemente se enamoran, pero la persona amada tiene la impresión de que es más la mejor amiga que la amante.

Como los Capricornio, los nativos de Acuario son fríos. No son propensos a hacer exhibiciones de pasión ni demostraciones externas de su afecto. De hecho, se sienten incómodos al recibir abrazos o demasiadas caricias de su pareja. Esto no significa que no la amen. La aman, pero lo demuestran de otras maneras. Curiosamente, en sus relaciones suelen atraer justamente lo que les produce incomodidad. Atraen a personas ardientes, apasionadas, románticas y que demuestran sus sentimientos. Tal vez instintivamente saben que esas personas tienen cualidades de las que ellos carecen, y las buscan. En todo caso, al parecer estas relaciones funcionan; la frialdad de Acuario calma a su apasionada pareja, mientras que el fuego de la pasión de esta calienta la sangre fría de Acuario.

Las cualidades que los Acuario necesitan desarrollar en su vida amorosa son la ternura, la generosidad, la pasión y la diversión. Les gustan las relaciones mentales. En eso son excelentes. Si falta el factor intelectual en la relación, se aburrirán o se sentirán insatisfechos muy pronto.

Hogar y vida familiar

En los asuntos familiares y domésticos los Acuario pueden tener la tendencia a ser demasiado inconformistas, inconstantes e inestables. Están tan dispuestos a derribar las barreras de las restricciones familiares como las de otros aspectos de la vida.

Incluso así, son personas muy sociables. Les gusta tener un hogar agradable donde poder recibir y atender a familiares y amigos. Su casa suele estar decorada con muebles modernos y llena de las últimas novedades en aparatos y artilugios, ambiente absolutamente necesario para ellos.

Si su vida de hogar es sana y satisfactoria, los Acuario necesitan inyectarle una dosis de estabilidad, incluso un cierto conservadurismo. Necesitan que por lo menos un sector de su vida sea sólido y estable; este sector suele ser el del hogar y la vida familiar.

Venus, el planeta del amor, rige la cuarta casa solar de Acuario, la del hogar y la familia, lo cual significa que cuando se trata de la familia y de criar a los hijos, no siempre son suficientes las teorías, el pensamiento frío ni el intelecto. Los Acuario necesitan introducir el amor en la ecuación para tener una fabulosa vida doméstica.

Horóscopo para el año 2004

Principales tendencias

Durante muchos años has llevado una existencia nómada, Acuario. Has revoloteado de un lugar a otro, de clima en clima. Nadie podía seguirte la pista, con tantos cambios de dirección. Sentías una inmensa necesidad de libertad personal, de liberarte de todas las limitaciones. Ahora, algo de esto ha salido de tu organismo y pareces dispuesto a establecerte. Tu vida se torna más estable. Has aprendido las lecciones de la libertad y ahora te inclinas más hacia hacer dinero, adquirir riqueza. Porque la verdadera libertad significa tener los medios para ser libre. La riqueza ha sido importante desde hace muchos años y ahora se hace más importante aún durante este y los próximos años. Estás bien encaminado hacia su consecución. Ya hablaremos más adelante de esto.

La espiritualidad también ha sido muy importante desde hace años y esta tendencia se intensifica ahora y en los años siguientes. Tu regente se ha establecido en el espiritual signo Piscis, y Neptuno, el más espiritual de todos los planetas, está instalado en tu signo. Hay mucho éxito en este campo durante este periodo.

El año pasado fueron muy importantes los hijos y la creatividad. Ahora estás en un año de trabajo, un periodo más serio. Pero no temas, cuando Júpiter transite por Libra, a partir del 25 de septiembre, tendrás muchísimas oportunidades para disfrutar de la vida, y los medios para hacerlo.

Los aspectos de mayor interés este año que comienza serán: el cuerpo, la imagen y la apariencia personal; las finanzas; la salud y el trabajo; la transformación personal, la sexualidad, la muerte y el renacimiento, la vida después de la muerte y las cosas más profundas de la vida (hasta el 25 de septiembre); la religión, la filosofía, la metafísica, la formación superior y los viajes al extranjero (después del 25 de septiembre); las amistades, las organizaciones, las actividades de grupo.

Los caminos hacia la mayor satisfacción este año serán: el hogar, la familia y los asuntos domésticos; la transformación personal, la sexualidad, la muerte y el renacimiento, la vida después de la muerte y las cosas más profundas de la vida (hasta el 25 de septiembre); la religión, la filosofía, la metafísica, la formación superior y los viajes al extranjero (después del 25 de septiembre).

Salud

La salud fue buena el año pasado y debería serlo también este. Ningún planeta lento te forma aspectos desfavorables. Pero estará aún mejor después del 25 de septiembre, porque entonces Júpiter te formará aspectos armoniosos.

No obstante, pese a estos aspectos maravillosos, vemos muy fuerte tu sexta casa, la de la salud. Esto lo interpreto como un interés de mantenerte en forma, recurrir a la medicina de tipo preventivo, seguir una buena dieta, hacer ejercicio. Seguirás regímenes de salud (y disciplinados) no porque estés enfermo sino para prevenir, simplemente para mantenerte sano.

Saturno está en tu casa de la salud, la sexta, y permanecerá allí los próximos dos años más o menos. Esto indica muchas cosas. Una, es necesario prestar más atención a la columna, las rodillas, los dientes y la alineación esquelética. No hay nada malo en estos órganos, pero en el caso de que hubiera problemas, es probable que comiencen ahí. Son aconsejables visitas periódicas a un quiropráctico u osteópata. También son buenas las terapias como la de la Técnica Alexander, cuyo objetivo es mejorar la postura y la alineación esquelética.

La perspectiva de Saturno sobre las cosas siempre es a largo plazo, para que sean duraderas. Si bien eres muy dado a la experimentación y te gustan las cosas nuevas simplemente porque son nuevas, este año estás mucho más prudente en lo que a salud se refiere. Deseas terapias probadas y avaladas por el tiempo; no quieres arreglos rápidos o que sencillamente «están de moda». Te interesa una salud duradera.

Ocurre que Saturno es también tu planeta de la espiritualidad, es el señor de tu casa solar doce. Esto significa que también exploras terapias de tipo espiritual (probablemente las ya probadas, como la oración, la meditación, la imposición de manos y similares). Obtendrás buenos resultados con estos métodos.

La presencia del planeta de la espiritualidad en la casa de la salud indica que la principal lección es buscar la curación en el interior. Tu conexión con el Poder Superior es tu sanador más importante. Sí, hay un Médico Divino en tu interior al que tienes acceso, y la conexión con él te produce salud duradera.

La Luna es tu planeta de la salud; y puesto que la Luna rige el estómago y los pechos, estos órganos son extraordinariamente importantes para la salud en general. La Luna rige los estados de ánimo, las emociones y los sentimientos, por lo tanto la salud emocional forma parte de la salud física. Los estados de ánimo negativos no son sólo desagradables sino que tienen efectos directos en la salud en general. Esto es así en todo el mundo, y especialmente en ti.

Puesto que la Luna rige el estómago, una buena dieta es más importante para ti que para la mayoría de las personas. La nutrición correcta es importante, y es aconsejable consultar a un experto en estas cosas. Pero el cómo comes es tan importante como el qué comes. Has de hacer tus comidas de modo relajado y tranquilo. Evita comer cuando estés enfadado o molesto. Procura que tus pensamientos sean elevados; justamente por este motivo muchas prácticas religiosas hacen un rito del comer. La acción de gracias antes y después de la comida (con tus palabras y a tu manera) es algo más que una «práctica religiosa»: es beneficiosa para la salud también. En estudios científicos se ha comprobado el efecto de los pensamientos en la estructura molecular de los alimentos.

La Luna transita por todo el horóscopo cada mes; es el más rápido de todos los planetas. Así pues, la salud puede llegarte de muchas maneras y a través de muchos instrumentos. Las necesidades de tu salud pueden fluctuar semanal o diariamente, según en qué posición esté la Luna y qué aspectos reciba. De estas tendencias a corto plazo hablaremos en las previsiones mes a mes.

La salud de un progenitor o figura parental se ve muy mejorada respecto al año pasado. La salud de los hijos también. Los hijos y nietos se beneficiarán de terapias de orientación espiritual, lo cual podría explicar también por qué estás más interesado en estas cosas este año.

Hogar y vida familiar

Este año no está poderosa tu cuarta casa, la del hogar y la familia; por lo tanto, aunque tienes más libertad en esta esfera, te falta el interés para sacar partido de ella. Esencialmente, es un año en que tenderás a dejar las cosas como están. Sí vemos algunos cambios en el futuro causados por el eclipse lunar del 28 de octubre, pero lo más probable es que sólo signifique una obra de reparación en la casa o airear asuntos con la familia.

Aunque no estés interesado en los asuntos domésticos y familiares, la posición del nodo norte de la Luna en tu cuarta casa indica que estas cosas te procuran enorme alegría y satisfacción.

Tu planeta de la familia es Venus, y, como ya saben nuestros lectores, cada año transita por todo el zodiaco, pero este año sólo transitará por once de los doce signos y casas porque pasa casi dos meses en movimiento retrógrado). Las tendencias y relaciones familiares tienen un sabor a «corto plazo». Nada queda grabado, pues las cosas cambian muy rápido; la riña de hoy se convierte en fiesta mañana; la crisis de hoy es la solución del mes siguiente. Pero este año Venus estará retrógrada del 17 de mayo al 29 de junio. En este periodo habrá que evitar hacer cambios y tomar decisiones importantes respecto al hogar y la familia. Habrá que estudiar detenidamente estos asuntos y esperar que haya acabado el movimiento retrógrado para actuar en conformidad.

A causa de este movimiento retrógrado, Venus estará bastante tiempo en tu quinta casa (del 3 de abril al 7 de agosto, cuatro meses). En este periodo, pues, la atención se centra más en los hijos o en los niños. Los nativos de Acuario en edad de concebir estaréis más fértiles; e incluso los mayores desearéis más hijos, tal vez hasta llegaréis a considerar la adopción. Podría ocurrir que el hijo o la hija de un familiar estuviera en tu casa durante un largo periodo de tiempo. Habrá un enorme interés en hacer más placentera la vida hogareña, hacer del hogar un lugar para pasarlo bien. En este periodo comprarás (o recibirás) juguetes de adultos o de niños para la casa. Quizás adquieras una mesa de ping pong, por ejemplo, o una mesa de billar o cosas por el estilo, que sirven tanto para jugar y hacer deporte, como para decorar la casa, ya que son muebles muy atractivos.

Las relaciones con un progenitor o figura parental se vuelven más inestables este año. Te sientes más rebelde, mientras este progenitor te considera «excéntrico» o raro. La raíz del problema podría estar en el dinero o en algún asunto financiero. Las relaciones con los hijos variarán de un mes a otro, como también las relaciones con los hermanos.

La vida familiar y doméstica se ve particularmente activa del 19 de abril al 21 de junio. Las tareas de mejorar el aspecto de la casa, trabajos de decoración o compra de objetos para embellecerla, irán bien del 5 de marzo al 3 de abril y del 19 de abril al 21 de mayo. Las obras de renovación o construcción irán mejor desde el 3 de febrero al 21 de marzo (el periodo del 5 al 21 de marzo también es bueno para obras de decoración, reparación y construcción).

Amor y vida social

Este año no está poderosa tu séptima casa, la del amor, romance, matrimonio y actividades sociales. Puesto que el año pasado fue fabuloso en el amor, esto lo interpreto como una buena señal. La mayoría de los nativos de Acuario estáis satisfechos con la vida amorosa que ya tenéis, por lo que no hay ninguna necesidad de hacer cambios ni de prestar mucha atención a este sector de la vida. La tendencia será dejar las cosas como están. Si estás casado, continúas casado; si estás soltero, continúas soltero. Si mantienes una relación seria, la relación continúa.

La vida es un círculo; los indígenas norteamericanos la llaman «bucle sagrado». Y, como en todo círculo, diferentes aspectos de ella cobran mayor importancia en diferentes años. Este año es más de dinero y profesión que de amor. Ciertamente tendrás vida social, pero será menos prioritaria en este periodo.

De todos modos, si naciste en la última parte del signo (del 5 al 19 de febrero aproximadamente) todavía tienes maravillosos aspectos sociales y amorosos, y podrías casarte o entrar en una relación seria. Para este grupo de nativos de Acuario, continúan entrando amigos nuevos e importantes en el cuadro.

Este año la amistad es más importante que el amor y el romance. Acuario siempre está interesado en la amistad, pero este año ese interés aumentará. Tu casa once está fuerte, y lo ha estado desde hace muchos años. Todo este sector de la vida está experimentando una profunda transformación, y este proceso continúa este año. Mueren viejas amistades y nacen otras nuevas. Mueren viejas actitudes sociales y nacen otras nuevas. Exploras a fondo el significado de la amistad y haces una criba para eliminar actitudes malas o falsas.

La vida social y amorosa será más activa del 22 de julio al 22 de agosto y del 6 de septiembre al 3 de octubre.

Si estás interesado en un segundo matrimonio, tienes aspectos fabulosos después del 25 de septiembre; podrían repicar campanas de boda. Pero aun en el caso de que no haya boda, la nueva relación será parecida al matrimonio. Esta relación comienza como amistad y después va a más. Conoces a esta persona a través de una organización a la que perteneces, colegio, iglesia, sinagoga, mezquita o ashram.

Si estás casado en terceras nupcias, hay crisis en la relación; su supervivencia depende de la seriedad del compromiso mutuo. Si deseas casarte por tercera vez, podrías tener algunos inicios que luego terminarán en nada.

La vida amorosa de los hijos en edad casadera es tempestuosa este año. Vemos grandes sacudidas y cambios en las actitudes y necesidades amorosas. Con la experiencia del amor ven, como si se miraran en un espejo, lo que necesitan cambiar en sí mismos.

Los nietos en edad casadera prosperan y se divierten, pero el matrimonio no está en sus horizontes.

Profesión y situación económica

El dinero y los ingresos han sido importantes para ti desde hace muchos años, Acuario, y este año eso se intensifica aún más. Durante años has estado ocupado en tu imagen, concepto de ti mismo y satisfacción personal. Ahora te haces cargo de tus finanzas. Tu destino financiero está en tus manos y no vas a delegar a nadie esos asuntos.

Como en años anteriores, inviertes en ti, medida juiciosa puesto que esa suele ser la mejor inversión a la larga. Inviertes en hacerte una persona mejor, formándote, desarrollando la personalidad, etcétera, y mejorando y modernizando tu imagen. Gastas en ti pródigamente; vistes ropa cara; te mimas; usas joyas y accesorios caros. Sigues todas las tendencias de la última moda. En resumen, adoptas la imagen de la riqueza y el éxito. Y al adoptar esta imagen los demás te ven rico y en tu aura aumenta la vibración de la riqueza. Seas o no rico en la realidad, te vistes como si lo fueras.

Esto tiene su lógica, porque al parecer tu apariencia cumple un papel extraordinariamente importante en tus ingresos. Es como si «te comercializaras», vendieras imagen. No son tanto tus capacidades las que te aportan ingresos como tu apariencia y porte en general. Muchas veces vemos estos aspectos en las cartas de modelos, actores y actrices y personajes de los medios de comunicación. Es la imagen la que trae los ingresos.

Llevas muchos años cultivando la intuición financiera, y esta tendencia se refuerza este año. Ahora (después de unos siete años de hacerlo) eres más capaz de distinguir entre instinto visceral y verdadera intuición. La verdadera intuición es siempre tranquila, jamás se apresura, jamás codicia, jamás se mezcla con ninguna de las pasiones humanas corrientes. Simplemente te dices: «Esta es la manera, adelante».

En general, la riqueza aumenta este año. Tienes una excepcional combinación de deseo de riqueza con los buenos aspectos que pueden que ocurra. Si bien es posible que un Acuario no sea jamás un Bill Gates o un Warren Buffet (este tipo de personas son excepcionales en cualquier época), lo lógico es que este año disfrutes de un notable aumento de riqueza personal.

Los aspectos para la salud son buenos todo el año, pero aún serán mejores a partir del 25 de septiembre, ya que Júpiter, el planeta de la abundancia, comienza a formarle aspectos sensacionales a tu Sol. Entonces es favorable la especulación bursátil; hay más viajes al extranjero; hay aumentos y ascensos en el trabajo; recibes reconocimiento e incluso honores; aumenta tu confianza en ti mismo. Y las personas ricas de tu mundo cobran simpatía hacia tu imagen y aspiraciones.

La mayor parte del año tienes aspectos fabulosos si deseas pagar deudas, refinanciar deudas ya existentes, o buscas capital ajeno. Este es un año para conseguir ese tipo de objetivos. Si tuvieras que contender con problemas de impuestos, seguros o propiedades, tendrías buenas noticias.

Las oportunidades económicas llegan gracias a una pasmosa capacidad para ver valor donde otros sólo ven extinción, pudrición o basura. Empresas con problemas, propiedades con problemas (tal vez incluso personas con problemas a las que todos han abandonado), basura que flota alrededor de áticos o garajes, todo eso son indudables oportunidades de beneficios siempre que estés alerta y tengas los ojos bien abiertos.

Progreso personal

Este año hay progreso en muchos ámbitos de la vida, Acuario. Los principales son la espiritualidad, las finanzas, la salud y el trabajo. La formación también será importante.

Tienes un aspecto muy interesante ahora: una «recepción mutua» entre tu planeta personal y Neptuno, tu planeta del dinero. Ocurre que Neptuno es también el más espiritual de todos los planetas. La conexión entre espiritualidad y finanzas siempre ha sido clara en ti, pero ahora esa conexión es más fuerte que nunca. No te hará ningún daño estudiar y dominar las leyes de la abundancia. Hay unos cuantos principios fundamentales que no son difíciles de aprender, pero que a veces resultan difíciles de aplicar. Conoce la fuente de aprovisionamiento: el espíritu. Da el diezmo de tus ingresos a una obra benéfica o iglesia. Recibirás en la misma medida que das. Ten pensamientos de abundancia, una integridad total en tus asuntos y tratos financieros. Sigue tu orientación interior y aprende a discernir entre lo que es orientación y lo que viene de otras fuentes. En sentido espiritual, la riqueza no se mide por el tamaño de la cuenta bancaria ni por el grosor de la cartera de acciones; es un «estado interior de suficiencia», un estado interior de «no carencia». Si logras ese estado interior puedes considerarte rico y próspero, al margen de lo que opine el mundo.

La salud también es un aspecto importante del progreso personal. Y aquí también vemos una fuerte conexión espiritual. Saturno, tu planeta de la espiritualidad, está en tu casa de la salud, la sexta. Como hemos dicho, esto indica un intenso interés en los aspectos espirituales de la salud y la curación este año. Aprende cuanto puedas acerca de todo esto. Hay muchos, muchísimos libros a tu disposición. La presencia de Saturno en tu sexta casa, la de la salud y el trabajo, indica que este año vas a ser un trabajador más organizado y productivo. Es posible que hagas menos (y tal vez debes hacer menos), pero entre el 23 de julio y el 23 de agosto, el trabajo que hagas ha de estar bien hecho. Además, si analizas tus hábitos laborales descubrirás que desperdicias en frivolidades gran parte del tiempo y productividad: descansos para comer, conversaciones inútiles, etcétera. Si eliminas esas frivolidades de inmediato harás más con menos esfuerzo.

Las oportunidades de formación llegan después del 25 de septiembre. Si eres estudiante y deseas entrar en la universidad o escuela de posgrado, este es un periodo afortunado. Pero también los Acuario adultos tendréis oportunidades de formación superior, y deberéis aprovecharlas porque son felices y buenas.

Previsiones mes a mes

Enero

Mejores días en general: 3, 4, 5, 13, 14, 22, 23, 31
Días menos favorables en general: 1, 2, 9, 10, 15, 16, 28, 29, 30
Mejores días para el amor: 1, 2, 3, 4, 5, 9, 10, 11, 12, 13, 20, 21, 24, 25, 31
Mejores días para el dinero: 1, 2, 3, 4, 5, 11, 12, 13, 14, 19, 20, 21, 22, 24, 25, 28, 29, 30

El año comienza, Acuario, con la mayoría de los planetas (70-80 por ciento) en el sector oriental de tu carta. Está muy fuerte tu primera casa, la del yo, mientras que tu casa séptima, la de las actividades sociales está vacía; sólo recibirá la visita de la Luna los días 9 y 10. Esto quiere decir que eres independiente e impones tu manera de hacer las cosas. La iniciativa y esfuerzo personal importan más que la buena voluntad de otras personas (aunque presta también atención a eso). Este es un periodo para cambiar las condiciones o circunstancias desagradables o indeseables. Es un periodo para dejar que el mundo se adapte a ti, y no al contrario. En estos momentos piensas que la opinión que tú tienes de ti mismo es más importante que la opinión que tenga el mundo. Ves que el mundo es sencillamente el reflejo de tus pensamientos. Cuando piensas bien de ti y te sientes a gusto contigo mismo, ves eso reflejado en el mundo. Es un periodo fabuloso para el progreso personal, para invertir en ti (y no sólo dinero sino también el tiempo y atención que te dedicas a ti mismo), para poner tu cuerpo e imagen como los deseas, y para lanzar nuevos proyectos al mundo (aunque será mejor que esperes hasta después de tu cumpleaños para hacerlo). También es un mes maravilloso para satisfacer tus fantasías sensuales, siempre que sean legales y lícitas. Las tentaciones de la carne ahora son particularmente fuertes.

La mayoría de los planetas están bajo el horizonte de tu carta, y el 20 ya habrá aumentado el porcentaje; con el paso del tiempo aumentará más el porcentaje. Así pues, estás más interesado en el trabajo «nocturno» que en el trabajo «diurno». Los asuntos emocionales, interiores y familiares te atraen más que la profesión y las actividades externas. Es un periodo para encontrar tu zona de agrado emocional, para funcionar desde ahí.

La salud es maravillosa. Con el tránsito del Sol y Venus por tu signo, te ves fabuloso. Mejora tu sentido de la elegancia y de la belleza en general. También tienes más energía y estás más «carismático». No es de extrañar que el amor te persiga. No es mucho lo que has de hacer, aparte de dejar que ocurra. El amor parece «inevitable» este mes; es difícil eludirlo. Estando Venus y tu planeta del amor, el Sol, en tu signo, tu pareja o cónyuge se desvive por complacerte. Tienes el amor que tú quieres.

Favorece la salud prestando más atención a la columna, las rodillas, los dientes y la alineación esquelética. Así será todo el año. Saturno está retrógrado en tu casa de la salud, por lo tanto cuida de no hacer cambios en tu dieta o programa de salud. Analiza más detenidamente estas cosas.

Las finanzas son súper este mes. Estarán bien todo el año, pero este mes van viento en popa. Es difícil imaginarse a un Acuario carente de las cosas necesarias. Te llegan accesorios personales, probablemente caros. Y ropa nueva tal vez. Los familiares apoyan tus objetivos financieros, sobre todo después del 14. Si eres inversor profesional te conviene ver oportunidades en los sectores inmobiliario, cosmética, perfumería, modas y cobre. La intuición financiera es excepcional, y te guían sueños y visiones.

Muchos Acuario trabajáis en los campos de periodismo y comunicación; todas estas actividades irán mejor después del 6, pues en esta fecha Mercurio retoma el movimiento directo. La capacidad intelectual está extraordinariamente fuerte; haces valer tu posición con enorme fuerza e intensidad, tal vez mayor de la que crees, y has de tener cuidado de no ofender. También hay más probabilidades de discusiones o riñas innecesarias.

Siempre rápido para aprender, este mes lo eres más, Acuario. La Luna nueva del 21 ocurre en tu signo, y arrojará claridad en asuntos relativos al cuerpo y apariencia personal (es un buen mes para comprarte cosas de moda ya que tienes buen ojo para ello). La Luna llena del 7 ocurre en tu sexta casa, la de la salud y el trabajo; te da energía extra para conseguir objetivos laborales y de salud.

En general este es un mes próspero y feliz, Acuario; disfrútalo.

Febrero

Mejores días en general: 1, 9, 10, 11, 18, 19, 27, 28, 29
Días menos favorables en general: 5, 6, 12, 13, 25, 26
Mejores días para el amor: 1, 2, 4, 5, 6, 9, 10, 11, 14, 15, 19, 22, 23
Mejores días para el dinero: 1, 7, 8, 9, 10, 11, 16, 17, 18, 19, 20, 21, 25, 26, 27, 28

Continúa aumentando el poder planetario bajo el horizonte de tu carta. Puedes restar atención tranquilamente a la profesión en favor de los asuntos familiares y domésticos. Una profesión sana es algo rítmico, como una danza o una buena pieza de música; hay momentos para actuar en el exterior y momentos para trabajar en el interior. Es un periodo para actuar interiormente, para visualizar los futuros objetivos profesionales y verlos manifestarse en la mente. Estas visiones interiores se manifiestan mejor cuando se goza de armonía emocional, en el estado correcto. Sentirse bien es el preludio de actuar bien.

Como el mes pasado, la mayoría de los planetas están en tu sector oriental, de modo que te encuentras en un periodo de independencia y poder personal. Es un periodo para hacer que ocurran las cosas en lugar de dejar que ocurran. Tus actos y tu iniciativa personal te traen el bien.

Tu primera casa está fuerte, como el mes pasado, por lo que están elevadas tu autoestima y confianza en ti mismo. Tienes fe en ti, y por lo tanto los demás tienen fe en ti. También como el mes pasado, están extraordinariamente fuertes tu magnetismo y carisma personales. El amor continúa persiguiéndote, y lo único que has de hacer es estar presente. Los demás se conforman a ti, y no a la inversa. Tu pareja o cónyuge está firmemente de tu parte y alerta a tus intereses. Como el mes pasado, te resultará difícil evitar el amor, aunque lo intentes.

El sentido estético y de atractivo personal también es extraordinariamente bueno. Así pues, este periodo es bueno para comprar ropa y accesorios. Te vistes elegante, con ropa cara, y estando tan fuerte tu casa del dinero, puedes permitírtelo.

Los principales intereses del mes son el cuerpo, la imagen, el placer personal y las actividades intelectuales. También es un periodo para mimarte y disfrutar de la buena vida. Se hacen realidad las fantasías sensuales.

El amor puede presentarse de forma súbita y espectacular del 19 al 21. Las cotas románticas pueden ser insólitamente altas, pero ten presente que lo que sube tiende a caer; el equilibrio es el mejor criterio en el amor. Durante este periodo estás en modalidad «flechazo», y el amor se expresa de modo tangible. Te chiflan la apariencia física, el atractivo sexual y los regalos materiales. Así es como demuestras el amor y eso es lo que esperas a cambio. Te atraen personas ricas o personas que apoyan tus objetivos económicos, y las conoces.

Las cosas se ven ajetreadas en el frente hogareño después del 3, ya que en esa fecha entra Marte en tu cuarta casa. Este tránsito suele indicar reparaciones o renovaciones en la vivienda. Las emociones pueden ser explosivas en el hogar, puede haber prontos de genio. Se airean los trapos sucios con los familiares. Felizmente, este mes estás en vena diplomática y no empeoras las cosas.

Es un mes próspero también. Entre el 40 y el 50 por ciento de los planetas están en tu casa del dinero. Esto indica un intenso interés en los asuntos financieros, interés que siempre conduce a mayor riqueza. También recibes más apoyo del cónyuge o pareja, relaciones sociales, de los hijos y familiares, en tus objetivos financieros. Los objetivos se logran con facilidad y tienes más capacidad financiera para superar los obstáculos. Y más importante aún, la intuición está en su punto y es acertada. Tienes grandes visiones financieras en este periodo (las has tenido desde hace unos años, pero ahora son más fuertes), y muchos podrían pensar que estás demasiado «en la luna», que eres poco realista. Será mejor, entonces, que te guardes estas cosas para ti y no se las cuentes a nadie. Cuando se materialicen tus sueños, el mundo se enterará. Antes de eso, guarda silencio; diles solamente lo que deben saber.

La situación laboral se ve más difícil. Es posible que haya un jefe muy exigente; o tal vez las condiciones del trabajo son demasiado limitadoras para tu naturaleza amante de la libertad. Pero persevera. El trabajo arduo y los verdaderos logros prevalecerán al final.

La salud es excelente este mes; la vitalidad es elevada.

Marzo

Mejores días en general: 8, 9, 16, 17, 26, 27
Días menos favorables en general: 3, 4, 10, 11, 23, 24, 31
Mejores días para el amor: 1, 2, 3, 4, 5, 10, 11, 14, 15, 20, 21, 23, 24, 30, 31
Mejores días para el dinero: 7, 8, 9, 14, 15, 16, 17, 19, 20, 23, 24, 26, 27

El poder planetario se está preparando para trasladarse al sector occidental de tu carta, pero todavía está principalmente en el sector oriental, aunque no en un porcentaje abrumador. La iniciativa personal y la independencia aún cuentan y pueden llevar al éxito. El 90 por ciento de los planetas están en movimiento directo la mayor parte del mes, y en ningún momento el porcentaje bajará a menos de 80. El progreso personal debería ser rápido. Las cosas avanzan rápido en tu mundo y en el mundo en general.

Desde tu cumpleaños has estado en periodo favorable para iniciar nuevos proyectos, para lanzar nuevas empresas al mundo. Del 20 al 24 los aspectos son aún más favorables en este sentido. Si es posible, lanza tu nuevo proyecto para la Luna nueva del 20, que ocurrirá en Aries, el signo de los nuevos comienzos. Tendrás mucho respaldo. Muchas veces, con determinados productos o servicios, es el momento oportuno el que trae el éxito.

Después del 21 se forma una gran cuadratura en el firmamento, un aspecto desfavorable. Por lo tanto hay mucha confusión en el mundo y entre las personas que te rodean, pero a ti te afecta menos que a la mayoría. Parece que no te toca, e incluso todo este alboroto podría beneficiarte.

Como en los meses anteriores, la mayoría de los planetas están bajo el horizonte de tu carta; tu décima casa, la de la profesión (sólo la visita la Luna los días 10 y 11), está vacía. En cambio, tu cuarta casa, la del hogar y la familia, está fuerte todo el mes, y se fortalecerá aún más los próximos meses. Sigue, pues, esforzándote en encontrar tu punto de armonía emocional. Trabaja en establecer una base hogareña estable y relaciones familiares sanas. Pronto llegará el momento para la actividad profesional, pero necesitas cimientos estables para ella.

Las finanzas son el principal interés todo el año (como lo ha sido en años anteriores y continuará siéndolo en los venideros), pero este mes este interés es más intenso. Sigue siendo un periodo muy próspero de tu vida. Cuentas con el apoyo financiero de tu cónyuge o pareja, de tus contactos sociales y de los hijos. Aunque nadie tiene que morir, alguien podría recordarte en su testamento. El dinero viene de la devolución de impuestos, seguros, derechos de patente o préstamos. Aumenta la línea de crédito. Hacer prosperar a otros es la clave de la prosperidad, ahora y en años venideros.

Si bien la vida hogareña continúa tempestuosa la mayor parte del mes, las cosas están más calmadas comparadas con el mes pasado. La entrada de Venus en tu cuarta casa (y la salida de Marte el 21) significa más armonía en el hogar. Las iniciativas por la paz dan más frutos. También es un buen periodo para hacer renovaciones, embellecer o comprar objetos de adorno para la casa.

El amor sigue feliz, pero hay más distanciamiento entre tú y la persona amada. No es antagonismo, sino simplemente deseo de «dejar espacio», como si cada uno llevara su propia vida, cada uno dedicado a sus intereses. Disminuye la comunión extrema que hemos visto en los meses anteriores. Siguen gustándote las cosas materiales en el amor; pero después del 20 deseas comunicación y armonía intelectual. El apoyo material ya no es un factor tan importante. Deseas amar los procesos de pensamiento de la persona además de su cuerpo. Antes del 20 el amor es muy tierno. Después del 20, con el tránsito de tu planeta del amor, el Sol, por el fiero signo Aries, los Acuario solteros podríais ser muy impulsivos en los asuntos amorosos. Habrá tendencia a precipitarse hacia donde los ángeles temen pisar. La pasión inicial puede ser muy fuerte, pero ¿se puede mantener ese ardor?

La salud es buena este mes. Saturno retoma el movimiento directo el 7 en tu sexta casa, la de la salud. Esto significa que ahora se aclaran asuntos de salud y dieta. Si has estado revisando tu dieta o programa de salud, este es un buen periodo para poner por obra los planes. También debería disolverse la confusión o caos en el lugar de trabajo.

La Luna nueva del 20 clarifica proyectos de comunicación (y necesitan mucha clarificación, se ve mucha confusión en este frente), campañas de publicidad, proyectos de mercadotecnia, etcétera. Si eres estudiante has de estudiar más de lo normal para poder aprobar; quizá sólo se trate de que hay demasiadas distracciones.

La Luna llena del 6 aumenta la libido y te da energía extra para hacer prosperar a otros y eliminar lo indeseable de tu vida. Es un buen día para las finanzas de tu cónyuge o pareja.

Abril

Mejores días en general: 4, 5, 13, 14, 22, 23
Días menos favorables en general: 1, 6, 7, 19, 20, 21 27, 28
Mejores días para el amor: 1, 4, 5, 8, 9, 13, 14, 18, 19, 20, 22, 23, 27, 28, 29, 30
Mejores días para el dinero: 2, 4, 5, 8, 10, 11, 13, 14, 15, 16, 19, 20, 22, 23, 29, 30

Este mes hay una gran cuadratura en el cielo (aspecto desfavorable) y un eclipse solar por añadidura. Habrá muchas sacudidas en el mundo en general y en tu mundo en particular. Este eclipse será más fuerte en los Acuario nacidos en la primera parte del signo (19 a 25 de enero). Si has nacido después de estas fechas no deberías sentirlo tan fuerte.

Este eclipse ocurre el 19 en la cúspide de tus casas tercera y cuarta, por lo tanto tendrá efectos en esos sectores de la vida. Las posibilidades son muchas. Podría haber alteraciones en las relaciones con hermanos y vecinos; tal vez haya cambios importantes en sus vidas que afectan la relación; los vecinos podrían mudarse. Si eres estudiante, cambias tus planes educativos o cambias de escuela. Una decisión importante podría afectar al barrio o vecindario, tal vez una obra de construcción o alguna nueva ordenanza. Podrían averiarse coches y equipos de comunicación; salir a luz defectos en la vivienda para que se puedan corregir. Tal vez te mudas de casa, o te trasladas. Cambia la relación familiar; se airean los trapos sucios entre familiares. Un progenitor o figura parental hace un cambio importante.

El eclipse solar, como todos los eclipses solares, pone a prueba tus relaciones, ya sea tu matrimonio, relación amorosa actual, o las amistades. Si la relación es defectuosa, o camina por el borde del precipicio, las energías del eclipse la harán caer por él. Muchas veces ocurre lo contrario; si estás en una relación que hasta el momento no lleva a ninguna parte, el eclipse podría obligarte a tomar una decisión: o bien profundizarla y dar el paso siguiente, o disolverla totalmente.

Necesitas vigilar más la salud después del 20; reduce tus actividades si es posible. Si no, intenta centrar tus energías en las cosas verdaderamente importantes. Lo principal es que mantengas la vitalidad lo más elevada posible. Cuida la dieta y continúa prestando más atención al estómago, los pechos, la columna, las rodillas, los dientes y la alineación esquelética.

Aparte del alboroto causado por la gran cuadratura y el eclipse, los planetas hacen un importante traslado desde el sector oriental de tu horóscopo al occidental. Esto representa un cambio de marcha psíquica en ti. Disminuye tu independencia; el esfuerzo y la iniciativa personal no son tan potentes para ti como antes. La buena voluntad de los demás marca la diferencia entre éxito y fracaso. Tienes menos poder para cambiar las circunstancias o condiciones y más necesidad de adaptarte a las condiciones existentes. Es un periodo para ejercitar la flexibilidad y las dotes sociales.

La mayoría de los planetas están bajo el horizonte de tu carta (como el mes pasado); está muy fuerte tu cuarta casa, la del hogar y la familia, mientras que tu casa de la profesión está vacía; sólo recibe la visita de la Luna los días 6 y 7. Y como si esto no fuera suficiente, tu planeta de la profesión, Plutón, está retrógrado todo el mes. La profesión necesita más tiempo para desarrollarse; no ocurre mucho en ese ámbito. Puedes centrar la atención en construir una base hogareña fuerte y consolidar las relaciones familiares.

Las finanzas van bastante bien este mes, aunque no son tan importantes como en meses pasados. Podría haber unas pocas conmociones y sobresaltos, pues Marte está en alineación desfavorable con tu planeta del dinero, pero esto no dura mucho. Diviértete pero no gastes demasiado en ocio. Evita la especulación bursátil.

La Luna llena del 5 ocurre en tu novena casa, y te da energía extra para triunfar en empresas de orientación educativa y religiosa. Consigue tus objetivos de formación si es posible.

Tus principales intereses este mes son las actividades intelectuales, la comunicación, el hogar y la familia, los hijos, la creatividad personal y las actividades de entretenimiento y diversión.

Tus caminos hacia la mayor satisfacción este mes son las cosas más profundas de la vida, la transformación personal, el hogar y la familia (aunque esto podría requerir más trabajo), los hijos y la creatividad personal.

Mayo

Mejores días en general: 2, 3, 10, 11, 19, 20, 29, 30
Días menos favorables en general: 4, 5, 17, 18, 24, 25, 31
Mejores días para el amor: 2, 3, 8, 9, 10, 11, 18, 19, 20, 24, 25, 29, 30
Mejores días para el dinero: 2, 3, 8, 9, 10, 11, 12, 13, 17, 18, 19, 20, 27, 28, 29, 30

La gran cuadratura celeste de que hemos hablado continúa en vigor (y más fuerte). Y tenemos un eclipse, un eclipse lunar, el 4. Otro mes de cambios y alboroto. Si no pierdes la cabeza, todo este cambio puede producir interesantes oportunidades para ti.

Este eclipse lunar ocurre en tu décima casa, la de la profesión, y anuncia cambios profesionales. Esto podría significar cambio de trabajo, ya sea otro puesto en la misma empresa o uno nuevo en otra. Puede indicar una reorganización en la jerarquía de tu empresa (cese del gerente o un cambio en el equipo directivo), que cambia las reglas básicas de la profesión. Un progenitor o figura parental podría hacer cambios importantes en su vida. Vemos cambios profesionales preparándose de otras maneras también; tu planeta de la profesión forma parte de la gran cuadratura. Ahora bien, estos cambios podrían producirse con efecto retardado (Plutón está retrógrado, así que hay retrasos en este frente). Además, estás más en armonía emocional y te sientes bien, y esto podría inducirte a pensar de una manera diferente respecto a tu profesión. Algunos Acuario haréis algo más que cambiar de puesto o trabajo, podríais cambiar totalmente el rumbo profesional.

Lo que complica la profesión (y tal vez tus finanzas también) es tu deseo de diversión y creatividad. Ahora deseas disfrutar de la vida, y el exceso de ambición te parece una molestia.

Todos los eclipses lunares producen efectos en los asuntos de salud, y este no es diferente. Esto no significa que te vayas a poner enfermo, sino cambios en tu régimen de salud o dieta, o cambios relacionados con los profesionales de la salud que visitas. Cada seis meses más o menos, el Cosmos te da la oportunidad de reevaluar tu salud y programas de salud.

Necesitas vigilar la salud hasta el 20; después la vitalidad mejora espectacularmente. Además de prestar más atención al estómago, la columna, los pechos y rodillas, el ejercicio vigoroso después del 7 te será beneficioso.

El amor es tempestuoso este periodo, en especial después del 20. Si tu relación logra sobrevivir al eclipse del mes pasado y a los tránsitos de este, sobrevivirá muy bien a cualquier cosa. Si estás soltero tendrás más dificultades para encontrar oportunidades románticas, y si las encuentras, no te parecerán bien. Buscas amor tipo «diversión» este mes (sobre todo después del 20), pero hay muchas complicaciones para encontrarlo.

Las finanzas son tormentosas, y tienes que trabajar más para conseguir tus objetivos económicos. Como el mes pasado, evita la especulación bursátil. Si trabajas en proyectos creativos procura no perder de vista el aspecto económico. Es fabuloso ser creativo, pero no querrás hacerte daño con eso.

La Luna nueva del 19 ocurre en tu cuarta casa, la del hogar y la familia, y a medida que avanza el mes clarifica estos asuntos (que lo necesitan). Te llegará de forma muy natural toda la información que necesitas para tomar decisiones acertadas en la casa o con la familia.

Junio

Mejores días en general: 6, 7, 16, 17, 25, 26
Días menos favorables en general: 1, 13, 14, 21, 22, 28
Mejores días para el amor: 6, 7, 16, 17, 21, 22, 25, 26, 27, 28
Mejores días para el dinero: 4, 5, 6, 7, 8, 9, 13, 14, 16, 17, 23, 24, 25, 26

La mayor actividad retrógrada (el 40 por ciento de los planetas) recomienda paciencia y tomarte las cosas con filosofía. Tómate más tiempo para hacer las cosas, el doble de lo habitual. Evita cargarte de actividades también.

Tu planeta del dinero inicia movimiento retrógrado el 10, y tu planeta de la profesión lleva varios meses retrógrado. Hay, por lo tanto, muchas complicaciones y retrasos en el frente financiero. Llegarán ingresos, por supuesto, pero tendrás que ser ingenioso e intuitivo. También llegarán con más dificultad, sobre todo hasta el 21. Tendrás que trabajar más cuando sea necesario. Como en los meses anteriores, has de evitar la especulación bursátil. La creatividad personal está muy potente, y muchos Acuario estáis involucrados en proyectos creativos, pero los resultados no son aparentes todavía.

Estando retrógrado tu planeta de las finanzas tienes que estudiar las inversiones y compras importantes con mucho más detenimiento que de costumbre. Algo que parece una ganga en un momento podría no serlo tanto a los cuatro o cinco meses de rodaje. En caso de duda, no hagas nada. La mayoría de los planetas continúan bajo el horizonte de tu carta, y tu planeta de la profesión está retrógrado, por lo tanto, continúa centrando la atención en el hogar y la familia, y sobre todo en conseguir paz y interior y serenidad. Pronto llegará el momento de pasar la atención a la profesión.

Este mes continúan las probabilidades de cambios en la profesión, ya que tu planeta de la profesión (y el del dinero) forma parte de la gran cuadratura celeste. Hay muchas alteraciones y sacudidas donde trabajas.

La salud es buena este mes y pareces centrado en ella; la dieta, el ejercicio y los regímenes de salud son lo que más te interesa; atraen tu atención.

Aunque trabajas mucho, tienes muchas compensaciones. Si estás soltero hay importantes oportunidades amorosas en el lugar de trabajo. La vida social en la oficina se ha puesto interesante. Si buscas trabajo te interesa uno que también te ofrezca posibilidades sociales; eso te parece casi tan importante como la paga y los beneficios.

El amor sigue tempestuoso y desconcertante. Haz lo que puedas. Venus está retrógrada hasta el 29, y tu planeta del amor recibe aspectos difíciles hasta el 21. Cuando experimentamos dificultades en el amor es importante no empeorar las cosas enfadándonos o desquitándonos. Mantén lo más amorosa posible tu energía. Afortunadamente, el amor mejora después del 21.

Julio

Mejores días en general: 4, 13, 14, 23, 24, 31
Días menos favorables en general: 10, 11, 18, 19, 25, 26
Mejores días para el amor: 4, 6, 7, 13, 14, 15, 16, 18, 19, 23, 24, 25, 26, 31
Mejores días para el dinero: 2, 4, 6, 7, 10, 11, 13, 14, 20, 21, 23, 24, 29, 30, 31

Los planetas están ahora en su posición occidental máxima; tu séptima casa, la del amor y las actividades sociales, está muy poderosa, mientras tu primera casa está relativamente débil. Este es, por lo tanto, un periodo en el que conviene subordinar la voluntad y poner en primer lugar a los demás y sus intereses. La iniciativa, las dotes y pericia personales no son un factor importante en tu felicidad y éxito. Caer bien lo es más. Claro que no has de subordinarte hasta el punto de acabar siendo una víctima o ir en contra de tus principios. Pero aparte de eso, déjate llevar y el bien te llegará a su manera y a su tiempo. Adáptate a las situaciones difíciles en lugar de intentar cambiarlas.

En todo caso, estando retrógrados tres planetas importantes, tu manera de hacer las cosas no se ve muy clara. Es hora de que aclares estas cosas.

Estás en uno de los periodos sociales más importantes de tu año. Asistes a más fiestas, bodas y reuniones sociales; recibirás más invitaciones en este sentido. Si estás soltero tienes oportunidad de atraer un amor serio, comprometido. Hacer cosas en compañía es mucho más interesante que hacerlas solo. Con la presencia de Marte en tu séptima casa, estás más osado en lo social. Vas en pos de lo que deseas y no esperas sentado a que suene el teléfono. Procura evitar las luchas de poder en una relación actual, no tienes probabilidades de ganar en estos momentos

Las finanzas están complicadas. Están retrógrados dos importantes indicadores financieros, además de tu planeta de la profesión. Este también es un periodo para mejorar, poner al día, tus planes financieros, productos y servicios. Los retrasos son normales; calcula de manera que puedas salvar estos retrasos. No gastes dinero pensando que dentro de unos días llegará ese cheque; ese cheque podría llegar dentro de unas semanas, no de unos días. Como el mes pasado, analiza más concienzudamente todas las inversiones y compras importantes. Después del 25 llegan interesantes ideas u oportunidades de riqueza, pero concreta bien los detalles.

La salud en general es buena, pero descansa y relájate más después del 22. Afortunadamente sigues pendiente de la salud, de la dieta y de programas de salud en general; o sea que estás en ello.

La Luna nueva del 17 ocurre en tu sexta casa, la de la salud, y a medida que avanza el mes irá aclarando estos asuntos.

La Luna llena del 2 ocurre en tu casa doce, la de la espiritualidad, trayendo revelaciones, experiencias ultrasensoriales y más energía para conseguir los objetivos de naturaleza espiritual y benéfica. La Luna llena del 31 (la Luna azul) ocurre en tu signo. Mímate ese día y logra objetivos relativos al cuerpo y la apariencia personal.

Agosto

Mejores días en general: 1, 9, 10, 19, 20, 27, 28
Días menos favorables en general: 7, 8, 14, 15, 21, 22
Mejores días para el amor: 1, 4, 5, 11, 12, 14, 15, 16, 21, 22, 25, 30
Mejores días para el dinero: 1, 2, 3, 7, 8, 9, 10, 17, 18, 19, 20, 25, 26, 27, 28, 30

Hay importantes novedades profesionales, Acuario. En primer lugar, el mes pasado el poder planetario se trasladó a la mitad superior de tu horóscopo; tu planeta de la profesión, Plutón, se está preparando para reiniciar el movimiento directo (lo hará el 30), después de muchos meses retrógrado. Si has hecho bien tus «actividades nocturnas» estos últimos meses, ahora deberías tener claras las cosas con respecto a la profesión. Estás preparado para actuar y para actuar con fuerza. Puedes restar tranquilamente importancia a los asuntos familiares y domésticos y centrar la atención en tus objetivos externos.

El poder planetario continúa instalado principalmente en tu sector occidental, y sigue fuerte tu séptima casa, la del amor y las actividades sociales. Siguen en pie los intereses sociales del mes pasado. Igual que el mes pasado, ponte en un segundo plano, subordina tu voluntad y antepón a los demás. Tu buen talante social triunfará donde fracasa el esfuerzo personal. Adáptate a las situaciones difíciles lo mejor que puedas y deja que los demás se impongan. Tu bien te llegará de forma natural y fácil, casi sin esfuerzo (podrías tener que hacer algunos movimientos físicos, por ejemplo ir al banco a cobrar tu cheque, etcétera).

El amor es muy romántico hasta el 23; tú y tu ser amado disfrutáis de cenas a la luz de candelas, os gustan las flores, las cartas y los sentimientos de amor. Pero después del 23, el amor se expresa física y sexualmente; la pasión y la intensidad te importan más que los sentimientos puramente románticos. Deseas consagración y atención indivisa (y tal vez tu pareja también). Y si bien estas cosas te llevan a alturas increíbles, si son negativas podría haber exceso de celos y posesividad, y destruir una buena relación. Este es un buen periodo para «purificar» tu relación actual, para limpiarla de motivos indeseables, de pensamientos o sentimientos despiadados o no constructivos.

Las finanzas continúan complicadas. Muchas de las tendencias que explicamos el mes pasado siguen en vigor. Tus planetas financieros continúan retrógrados, causando retrasos y tal vez juicio erróneo o poco realista. Será mejor que trabajes en hacer prosperar a otros y dejes que la ley del karma te traiga tu bien a su manera. Hasta el 23 tienes que trabajar más por tus ingresos; pero el trabajo arduo compensa finalmente, tal vez con efecto retardado. En los asuntos financieros ten presente el principio de lo posible. Aunque en la superficie las cosas parezcan confusas o bloqueadas, siempre hay ciertos pasos positivos que se pueden dar en cualquier momento; y esos son los pasos que das. Mañana o la próxima semana quizá puedas dar otros pasos más y ese será el momento de darlos. Una vez que hayas dado cualquier paso positivo en cualquier sentido, relájate confiado en un Poder Superior, y disfruta de tu día. Derrotar al miedo y a la precupación es una de las grandes victorias de la vida.

La salud mejora después del 23; mientras tanto, descansa y relájate más.

Septiembre

Mejores días en general: 5, 6, 7, 15, 16, 24, 25
Días menos favorables en general: 3, 4, 10, 11, 12, 17, 18, 30
Mejores días para el amor: 3, 4, 10, 11, 12, 13, 14, 17, 18, 24, 26, 27
Mejores días para el dinero: 3, 4, 5, 6, 7, 13, 14, 15, 16, 23, 24, 25, 26, 27

Te espera un mes muy feliz, aunque debes prepararte para él. Es un buen periodo para librarte del exceso de posesiones (cosas que no necesitas), rasgos de carácter o hábitos indeseables (mentales o emocionales) y toxinas del cuerpo. Te llegan nuevos y abundantes bienes hacia fin de mes y debes hacerles espacio. Sea cual sea el tamaño de tu copa, el Universo la llenará, pero primero has de vaciarla.

Empezarás a ver recompensada tu paciencia en las finanzas. Verás que las sombras del miedo son expulsadas por una danzarina llama de prosperidad; estabas mirando las sombras, no la llama. Ahora cambiará toda tu vida, y para mejor.

Mientras tanto continúa teniendo paciencia en el frente financiero. Tus dos planetas de las finanzas continúan retrógrados; sigue perfeccionando y poniendo a punto tus productos o servicios y evita hacer compras o inversiones importantes (siempre que sea posible). Tu situación económica actual no es lo que crees, está mucho mejor de lo que piensas. Así pues, no hagas gestiones precipitadas basándote en suposiciones erróneas. La entrada de Júpiter en Libra el 25 te hace entrar en un año de prosperidad y abundancia.

La salud también mejora, sobre todo después del 22.

La mayoría de los planetas continúan en el sector occidental de tu horóscopo, de modo que las tendencias de que hemos hablado los meses pasados siguen en vigor. Continúa manteniéndote en un segundo plano; evita el exceso de voluntariedad o de hacerte valer. Cultiva el buen talante social y adáptate lo mejor que puedas a las situaciones difíciles.

Como el mes pasado, la mayoría de los planetas se hallan sobre el horizonte de tu carta, y tu planeta de la profesión está en movimiento directo. Así pues, centra la atención en la profesión y deja de lado los asuntos familiares y domésticos por un tiempo. En lugar de acompañar a tu hijo a un partido de fútbol, experiencia efímera, demuéstrale más amor triunfando en el mundo y siendo un buen proveedor (como nuestros lectores saben, el partido de fútbol podría ser la prioridad, pero no lo es ahora). Además, si cumples tu misión en la vida, la finalidad de tu actual reencarnación, todos se benefician, entre ellos tus familiares.

El amor continúa sexual y apasionado; la libido y las hormonas están extraordinariamente activas. Parece que tienes abundancia de ocasiones de expresar esas cosas. Del 20 al 23 se presentan oportunidades amorosas felices; también podrían comenzar nuevas amistades.

Después del 22 adquiere mucho poder tu novena casa, la de la religión, la formación superior y los viajes. Si estás en una senda espiritual haces mucho progreso. Llegan oportunidades educacionales y deberías aprovecharlas.

Octubre

Mejores días en general: 3, 4, 12, 13, 21, 22, 30, 31
Días menos favorables en general: 1, 8, 9, 15, 16, 28, 29
Mejores días para el amor: 3, 4, 8, 9, 10, 11, 12, 13, 14, 19, 20, 22, 23, 29, 30
Mejores días para el dinero: 2, 3, 4, 12, 13, 21, 22, 23, 24, 30, 31

ACUARIO

Dos eclipses sacuden el mundo este mes, Acuario, pero al parecer tú sales ileso. En realidad, estás en uno de los mejores periodos de tu año (si no de tu vida).

El eclipse solar del 14 ocurre en tu novena casa, la de la religión, formación superior y visión personal del mundo. Es posible que este eclipse haga entrar a muchos Acuario en una nueva fase de vuestra vida religiosa. Subes otro peldaño de la escalera, hacia un nivel superior. Esto irá acompañado de una «crisis de fe»: acontecimientos o circunstancias parecen estar en contradicción con tus creencias acerca del mundo y la vida. Se vindican las creencias que se conforman con la realidad; las erróneas o falsas habrá que cambiarlas, modificarlas o descartarlas. Si eres estudiante haces cambios en los planes de estudios a largo plazo. Muchas veces este tipo de eclipse señala el ingreso en la universidad, término de los estudios, graduación, cambio de asignatura principal o cambio de escuela. Podría haber cambios o reorganización en tu iglesia, sinagoga, ashram o mezquita. También podrías cambiar de afiliación religiosa.

El eclipse lunar del 28 ocurre en tu cuarta casa, la del hogar y la familia. Muchas veces esto indica una mudanza o traslado, o una reparación importante en la casa. Salen a la superficie defectos ocultos para obligar a corregirlos (esto puede ocurrir en la familia también).

Aunque estos eclipses son benignos contigo, no te hará ningún daño reducir tus actividades esos días.

El eclipse solar pondrá a prueba una relación o amistad actual. A veces señala una boda o divorcio. Hay un cambio en la situación. Problemas que llevan tiempo soterrados afloran a la superficie para que se los trate; nada de meter la basura debajo de la alfombra, nada de aplazar las decisiones importantes.

Las finanzas mejoran enormemente respecto a los meses anteriores. Tus dos planetas financieros están en movimiento directo, después de muchos meses retrógrados. Tu planeta del dinero, Neptuno, recibe aspectos armoniosos y potentes. Los ingresos llegan con facilidad; se te presentan oportunidades afortunadas. Se abren nuevos horizontes. El juicio financiero es bueno, acertado. Ha retornado la claridad.

Si estás soltero encuentras oportunidades románticas en otros países o con personas extranjeras. Te atrae lo exótico. Te gusta la persona de la que puedes aprender. También se presentan oportunidades románticas en la iglesia, sinagoga o cuando estás en un acto religioso.

La salud es maravillosa la mayor parte del mes, pero descansa y relájate más después del 22.

Noviembre

Mejores días en general: 9, 10, 17, 18, 26, 27, 28
Días menos favorables en general: 4, 5, 11, 12, 24, 25
Mejores días para el amor: 2, 3, 4, 5, 9, 10, 11, 12, 17, 18, 20, 21, 29, 30
Mejores días para el dinero: 9, 10, 17, 18, 19, 20, 26, 27, 28

La mayoría de los planetas están sobre el horizonte de tu carta, y tu décima casa, la de la profesión, está realmente fuerte este mes (adquirió poder a fines del mes pasado); tu casa del hogar y la familia, en cambio, está vacía, aparte de la visita de la Luna los días 24 y 25. El mensaje es claro. Concéntrate en la profesión y deja estar los asuntos familiares por un tiempo. Las consecuciones llevarán al agrado emocional, y no a la inversa.

Aunque trabajas mucho y la profesión se ve ajetreada, hay mucho progreso. Tus conexiones sociales y tu capacidad de comunicación son un gran factor en tu éxito. Los pasos osados ahora dan sus frutos. Hay una intrépida confianza que arrasa con todos los obstáculos. El miedo es tu peor enemigo y lo derrotarás. Los riesgos profesionales calculados dan resultado. La tendencia será a caer de pie.

El amor, como la profesión, ocupa el primer lugar en tus prioridades. Tus dotes sociales, caer bien y ser popular, ciertamente impulsan la profesión y marcan la diferencia entre un trabajo bueno y uno no tan bueno. Te codeas con personas de posición elevada, personas de más categoría que tú. Si estás soltero, hay oportunidades amorosas en el lugar de trabajo, con superiores, y cuando estás atendiendo a tus objetivos profesionales. Ofrecer y asistir a fiestas, las adecuadas, favorece la profesión.

Pero la principal alegría este mes está en la novena casa, la de la religión y formación superior. Hay alegría en aprender, en abrir la mente, en comprender cosas que pocos experimentan. Esta es una de las grandes alegrías de la vida, y te llega. Se expande tu conocimiento y comprensión de la vida en general, su sentido y finalidad, tu lugar en ella. Las oportunidades educativas traen alegría, y las románticas también.

Hacia fin de mes (el 22) los planetas hacen un importante traslado de tu sector occidental al oriental. Así, poco a poco vas siendo más independiente y activo. A medida que pasen los meses irás teniendo más control de tu vida y circunstancias. Ahora es el periodo para centrarte en lo que «tú» deseas en la vida y prestar atención a tus deseos.

Aunque la salud está bien, descansa y relájate más hasta el 21. Será difícil, debido a las intensas exigencias de la profesión, pero puedes intentarlo. Busca tiempo para relajarte y mimarte.

La prosperidad es muy fuerte todo el mes.

Diciembre

Mejores días en general: 6, 7, 15, 24, 25
Días menos favorables en general: 1, 2, 3, 8, 9, 21, 22, 29, 30
Mejores días para el amor: 1, 2, 3, 8, 9, 11, 12, 19, 20, 21, 29, 30, 31
Mejores días para el dinero: 6, 7, 14, 15, 17, 18, 23, 24, 25

Como el mes pasado, la mayoría de los planetas están sobre el horizonte y tu casa de la profesión está fuerte (aunque no tanto como el mes pasado); pero Plutón, tu planeta de la profesión, recibe intensos estímulos positivos este mes, por lo tanto progresarás más en lo profesional. No sería extraño que hubiera un aumento de sueldo, bonificaciones, honores, reconocimiento y cosas por el estilo. Las exigencias de la profesión son más intensas este mes, pero las recompensas también son mayores. Incluso la familia te apoya en tus objetivos profesionales. La posición de la familia se eleva por propio derecho, o tal vez debido a tu éxito. Los contactos con el mundo de los negocios, una de tus principales fuerzas naturales, es ahora el camino hacia el éxito profesional. Los amigos y contactos sociales tienen también un importante papel; bastante parecido al mes pasado.

Tu casa once, la de los amigos y actividades de grupo, está poderosa todo el mes. Estás, por lo tanto, en el cielo de Acuario, obligado a hacer lo que más te gusta. Siempre participas en grupos y organizaciones, pero este mes aún lo haces más. Se hacen realidad los deseos y esperanzas más acariciados.

La prosperidad continúa fuerte, pero es posible que estés gastando en exceso. Lo importante es que el juicio financiero es bueno y la intuición acertada.

Como el mes pasado, la mayoría de los planetas están en el sector oriental de tu horóscopo, así que tienes más libertad, independencia y control personal de tu vida y circunstancias. Buscas la satisfacción y realización personal, y así debes hacerlo. Los demás son importantes, no cabe duda, pero ahora es el momento de pensar en el número uno. Si las condiciones o circunstancias te fastidian, tienes el poder y la energía para cambiarlas. La iniciativa personal importa más que las dotes sociales en este periodo.

El amor es feliz, aunque tal vez caro. Si estás soltero encuentras oportunidades románticas con o a través de amistades, grupos y organizaciones. Deseas amistad en el amor, no sólo pasión y deseo físicos. Después del 21 se vuelve muy importante la compatibilidad espiritual. Necesitas sentir que tu ser amado comparte tus ideales y viaja por el mismo camino. Después de esta fecha las oportunidades amorosas se presentan cuando estás dedicado a actividades espirituales e idealistas, benéficas, cuando ofreces tus servicios como voluntario a una causa en la que crees, en retiros espirituales, seminarios de meditación o encuentros de oración. Cuando el planeta del amor está en la espiritual casa doce, éxito social significa dejar que el Poder Superior haga su voluntad en tu vida. Tienes que dejar que él dirija las cosas, no tu ego ni tus deseos personales.

La salud está maravillosa todo el mes.

Piscis

Los Peces
Nacidos entre el 19 de febrero y el 20 de marzo

Rasgos generales

PISCIS DE UN VISTAZO
Elemento: Agua

Planeta regente: Neptuno
   Planeta de la profesión: Júpiter
   Planeta del amor: Mercurio
   Planeta del dinero: Marte
   Planeta del hogar y la vida familiar: Mercurio

Colores: Verde mar, azul verdoso
   Colores que favorecen el amor, el romance y la armonía social:
      Tonos ocres, amarillo, amarillo anaranjado
   Colores que favorecen la capacidad de ganar dinero: Rojo, escarlata

Piedra: Diamante blanco

Metal: Estaño

Aroma: Loto

Modo: Mutable (= flexibilidad)

Cualidad más necesaria para el equilibrio: Estructura y capacidad para manejar la forma

Virtudes más fuertes: Poder psíquico, sensibilidad, abnegación, altruismo

Necesidades más profundas: Iluminación espiritual, liberación

Lo que hay que evitar: Escapismo, permanecer con malas compañías, estados de ánimo negativos

Signos globalmente más compatibles: Cáncer, Escorpio

Signos globalmente más incompatibles: Géminis, Virgo, Sagitario

Signo que ofrece más apoyo laboral: Sagitario

Signo que ofrece más apoyo emocional: Géminis

Signo que ofrece más apoyo económico: Aries

Mejor signo para el matrimonio y/o las asociaciones: Virgo

Signo que más apoya en proyectos creativos: Cáncer

Mejor signo para pasárselo bien: Cáncer

Signos que más apoyan espiritualmente: Escorpio, Acuario

Mejor día de la semana: Jueves

La personalidad Piscis

Si los nativos de Piscis tienen una cualidad sobresaliente, esta es su creencia en el lado invisible, espiritual y psíquico de las cosas. Este aspecto de las cosas es tan real para ellos como la dura tierra que pisan, tan real, en efecto, que muchas veces van a pasar por alto los aspectos visibles y tangibles de la realidad para centrarse en los invisibles y supuestamente intangibles.

De todos los signos del zodiaco, Piscis es el que tiene más desarrolladas las cualidades intuitivas y emocionales. Están entregados a vivir mediante su intuición, y a veces eso puede enfurecer a otras personas, sobre todo a las que tienen una orientación material, científica o técnica. Si piensas que el dinero, la posición social o el éxito mundano son los únicos objetivos en la vida, jamás comprenderás a los Piscis.

Los nativos de Piscis son como los peces en un océano infinito de pensamiento y sentimiento. Este océano tiene muchas profundidades, corrientes y subcorrientes. Piscis anhela las aguas más puras, donde sus habitantes son buenos, leales y hermosos, pero a veces se ve empujado hacia profundidades más turbias y malas. Los Piscis saben que ellos no generan pensamientos sino que sólo sintonizan con pensamientos ya existentes; por eso buscan las aguas más puras. Esta capacidad para sintonizar con pensamientos más elevados los inspira artística y musicalmente.

Dado que están tan orientados hacia el espíritu, aunque es posible que muchos de los que forman parte del mundo empresarial lo oculten, vamos a tratar este aspecto con más detalle, porque de otra manera va a ser difícil entender la verdadera personalidad Piscis.

Hay cuatro actitudes básicas del espíritu. Una es el franco escepticismo, que es la actitud de los humanistas seculares. La segunda es una creencia intelectual o emocional por la cual se venera a una figura de Dios muy lejana; esta es la actitud de la mayoría de las personas que van a la iglesia actualmente. La tercera es no solamente una creencia, sino una experiencia espiritual personal; esta es la actitud de algunas personas religiosas que han «vuelto a nacer». La cuarta es una unión real con la divinidad, una participación en el mundo espiritual; esta es la actitud del yoga. Esta cuarta actitud es el deseo más profundo de Piscis, y justamente este signo está especialmente cualificado para hacerlo.

Consciente o inconscientemente, los Piscis buscan esta unión con el mundo espiritual. Su creencia en una realidad superior los hace muy tolerantes y comprensivos con los demás, tal vez demasiado. Hay circunstancias en su vida en que deberían decir «basta, hasta aquí llegamos», y estar dispuestos a defender su posición y presentar batalla. Sin embargo, debido a su carácter, cuesta muchísimo que tomen esa actitud.

Básicamente los Piscis desean y aspiran a ser «santos». Lo hacen a su manera y según sus propias reglas. Nadie habrá de tratar de imponer a una persona Piscis su concepto de santidad, porque esta siempre intentará descubrirlo por sí misma.

Situación económica

El dinero generalmente no es muy importante para los Piscis. Desde luego lo necesitan tanto como cualquiera, y muchos consiguen amasar una gran fortuna. Pero el dinero no suele ser su objetivo principal. Hacer las cosas bien, sentirse bien consigo mismos, tener paz mental, aliviar el dolor y el sufrimiento, todo eso es lo que más les importa.

Ganan dinero intuitiva e instintivamente. Siguen sus corazonadas más que su lógica. Tienden a ser generosos y tal vez excesivamente caritativos. Cualquier tipo de desgracia va a mover a un Piscis a dar. Aunque esa es una de sus mayores virtudes, deberían prestar más atención a sus asuntos económicos, y tratar de ser más selectivos con las personas a las que prestan dinero, para que no se aprovechen de ellos. Si dan dinero a instituciones de beneficencia, deberían preocuparse de comprobar que se haga un buen uso de su contribución. Incluso cuando no son ricos gastan dinero en ayudar a los demás. En ese caso habrán de tener cuidado: deben aprender a decir que no a veces y ayudarse a sí mismos primero.

Tal vez el mayor obstáculo para los Piscis en materia económica es su actitud pasiva, de dejar hacer. En general les gusta seguir la corriente de los acontecimientos. En relación a los asuntos económicos, sobre todo, necesitan más agresividad. Es necesario que hagan que las cosas sucedan, que creen su propia riqueza. Una actitud pasiva sólo causa pérdidas de dinero y de oportunidades. Preocuparse por la seguridad económica no genera esa seguridad. Es necesario que los Piscis vayan con tenacidad tras lo que desean.

Profesión e imagen pública

A los nativos de Piscis les gusta que se los considere personas de riqueza espiritual o material, generosas y filántropas, porque ellos admiran lo mismo en los demás. También admiran a las personas dedicadas a empresas a gran escala y les gustaría llegar a dirigir ellos mismos esas grandes empresas. En resumen, les gusta estar conectados con potentes organizaciones que hacen las cosas a lo grande.

Si desean convertir en realidad todo su potencial profesional, tendrán que viajar más, educarse más y aprender más sobre el mundo real. En otras palabras, para llegar a la cima necesitan algo del incansable optimismo de Sagitario.

Debido a su generosidad y su dedicación a los demás, suelen elegir profesiones que les permitan ayudar e influir en la vida de otras personas. Por eso muchos Piscis se hacen médicos, enfermeros, asistentes sociales o educadores. A veces tardan un tiempo en saber lo que realmente desean hacer en su vida profesional, pero una vez que encuentran una profesión que les permite manifestar sus intereses y cualidades, sobresalen en ella.

Amor y relaciones

No es de extrañar que una persona tan espiritual como Piscis desee tener una pareja práctica y terrenal. Los nativos de Piscis prefieren una pareja que sea excelente para los detalles de la vida, porque a ellos esos detalles les disgustan. Buscan esta cualidad tanto en su pareja como en sus colaboradores. Más que nada esto les da la sensación de tener los pies en la tierra.

Como es de suponer, este tipo de relaciones, si bien necesarias, ciertamente van a tener muchos altibajos. Va a haber malentendidos, ya que las dos actitudes son como polos opuestos. Si estás enamorado o enamorada de una persona Piscis, vas a experimentar esas oscilaciones y necesitarás mucha paciencia para ver las cosas estabilizadas. Los Piscis son de humor variable y difíciles de entender. Sólo con el tiempo y la actitud apropiada se podrán conocer sus más íntimos secretos. Sin embargo, descubrirás que vale la pena cabalgar sobre esas olas, porque los Piscis son personas buenas y sensibles que necesitan y les gusta dar afecto y amor.

Cuando están enamorados, les encanta fantasear. Para ellos, la fantasía es el 90 por ciento de la diversión en la relación. Tienden a idealizar a su pareja, lo cual puede ser bueno y malo al mismo tiempo. Es malo en el sentido de que para cualquiera que esté enamorado de una persona Piscis será difícil estar a la altura de sus elevados ideales.

Hogar y vida familiar

En su familia y su vida doméstica, los nativos de Piscis han de resistir la tendencia a relacionarse únicamente movidos por sus sentimientos o estados de ánimo. No es realista esperar que la pareja o los demás familiares sean igualmente intuitivos. Es necesario que haya más comunicación verbal entre Piscis y su familia. Un intercambio de ideas y opiniones tranquilo y sin dejarse llevar por las emociones va a beneficiar a todos.

A algunos Piscis suele gustarles la movilidad y el cambio. Un exceso de estabilidad les parece una limitación de su libertad. Detestan estar encerrados en un solo lugar para siempre.

El signo de Géminis está en la cuarta casa solar de Piscis, la del hogar y la familia. Esto indica que los Piscis desean y necesitan un ambiente hogareño que favorezca sus intereses intelectuales y mentales. Tienden a tratar a sus vecinos como a su propia familia, o como a parientes. Es posible que algunos tengan una actitud doble hacia el hogar y la familia; por una parte desean contar con el apoyo emocional de su familia, pero por otra, no les gustan las obligaciones, restricciones y deberes que esto supone. Para los Piscis, encontrar el equilibrio es la clave de una vida familiar feliz.

Horóscopo para el año 2004

Principales tendencias

Urano, el planeta del cambio repentino y revolucionario, estuvo coqueteando con tu signo el año pasado, Piscis. Esto sólo fue un anticipo de los próximos siete años. Este año ya está establecido en tu signo. Esto quiere decir que entras en un periodo de cambio revolucionario y desmadrado. La vida se pone emocionante, aunque también muy agitada. El pasado es pasado; llegan a su fin costumbres y rutinas establecidas. Vas a romper con todas las tradiciones y adentrarte en el allende salvaje y azul para experimentar por tu cuenta. La astrología se vuelve más importante que nunca en tu vida; la espiritualidad, siempre importante, ahora lo es aún más. Si estos últimos años has estado en un ambiente represivo, ahora la liberación va a ser espectacular. Tal vez seas excesivamente rebelde. Llega un nuevo sentido de libertad personal. Pero no exageres, procura que todo sea constructivo.

El año pasado fue fabuloso en lo amoroso y social, y esta tendencia continúa la mayor parte de este año. Se ve matrimonio, relaciones importantes y nuevos amigos; también se inicia una sociedad de negocios.

Este es un año para pagar deudas, reducir los gastos y sanear la economía. Ya hablaremos más adelante de esto.

Saturno entró en tu quinta casa solar en junio del año pasado, y ahí se quedará todo este año. Así pues, sientes la necesidad de aprender a disciplinar mejor a tus hijos y a hacer más práctica y útil tu creatividad en el mundo. Probablemente acaba una aventura amorosa (extraconyugal); esto podría deberse a que ahora entras en algo mucho más serio.

La salud es buena, pero mejorará aún más después del 25 de septiembre. Durante este periodo sentirás un renovado interés por las cosas más profundas de la vida, la reencarnación, la vida después de la muerte, la muerte y el renacimiento.

Los principales intereses este año son: la espiritualidad; el hogar y la familia; la creatividad, los hijos, las aventuras amorosas y la diversión; el amor y el romance (hasta el 24 de septiembre); las deudas y pago de deudas; impuestos; hacer prosperar a otras personas; asuntos de bienes inmuebles; las cosas más profundas de la vida (después del 25 de septiembre).

Los caminos hacia la mayor satisfacción este año que comienza son: la comunicación y los intereses intelectuales; el amor y el romance; la sexualidad, la muerte y el renacimiento, el pago de las deudas, las vidas pasadas, la reencarnación, la vida después de la muerte (después del 25 de septiembre); el hogar y la familia (del 17 de mayo al 7 de agosto).

Salud

Este año necesitarás vigilar más la salud, pues algunos planetas lentos estarán en alineación desfavorable. Y estando vacía tu casa de la salud durante gran parte del año, existe el peligro de que no hagas caso de tu salud.

La salud y la vitalidad mejoran después del 25 de septiembre, pero de todos modos habrá que vigilarla.

Por lo tanto, este año procura descansar y relajarte más. Aprovecha al máximo la energía centrando la atención en tus prioridades, delegando tareas siempre que te sea posible y trabajando con ritmo.

Llevar los colores, piedras y metales de tu signo te ayudará en niveles sutiles.

Todos los nativos de Piscis debéis prestar atención a los pies. Los zapatos han de ser cómodos, que no os desequilibren. El masaje y los baños de pies son excelentes terapias preventivas.

Siendo el Sol tu planeta de la salud, siempre deberás tener especial cuidado de tu corazón. Como muchos ya sabéis, hay muchas maneras naturales, no medicamentosas, de hacerlo.

Puesto que el Sol transita por todos los signos y casas de tu horóscopo cada año, las necesidades y las terapias útiles pueden variar de mes en mes. La curación puede provenir de diversos medios y campos. Una terapia que dio resultados un mes podría no darlos otro, porque tus necesidades habrán cambiado. Trataremos esto con más detalle en las previsiones mes a mes.

Durante la mayor parte del año habrá tres potentes planetas lentos conectados en una cuadratura en T; es un aspecto desfavorable, flojo, pero está en vigor de todos modos. Estos planetas rigen los tobillos, los órganos sexuales, el hígado y los muslos; por lo tanto, no te hará ningún daño prestar más atención terapéutica a estos órganos también. Puedes darte masajes periódicos en los tobillos y los muslos; los tobillos deberás llevarlos bien sujetos cuando hagas ejercicio o deportes vigorosos. La actividad sexual ha de ser equilibrada, ni mucha ni poca; sólo tú sabes, escuchando a tu cuerpo, cuál es ese equilibrio. El hígado, como el corazón, se puede fortalecer de muchas maneras naturales: reflexología podal y de manos, fisioterapia, shiatsu, acupuntura y digitopuntura, reiki, hierbas, etcétera.

Todos los eclipses solares suelen tener consecuencias en tu sa-

lud, aunque no necesariamente malas. De todos modos será prudente que reduzcas tus actividades durante este periodo: el 19 de abril
y el 14 de octubre, ya que la energía no estará a la altura acostumbrada.

Parece que sigues muy involucrado en la salud de tu cónyuge,
pareja o novia/novio. Los métodos de orientación espiritual no son
los más eficaces.

La salud de los padres, figuras parentales e hijos se ven sin novedad, aunque se beneficiarían de regímenes de desintoxicación.
Hay que prestar más atención a la columna, rodillas, dientes y alineación esquelética de los hijos.

La salud de los nietos también se ve sin novedad.

Hogar y vida familiar

Este año Venus estará un tiempo insólitamente largo en tu cuarta
casa, cuatro meses, del 3 de abril al 7 de agosto (su tránsito suele
durar un mes). Esto es algo importante y hay que tenerlo en cuenta.
En general, esto indicaría más comunicación con los familiares,
intentos de resolver distanciamientos y disputas familiares, más
reuniones y fiestas familiares en casa. También indicaría un «embellecimiento» de la vivienda, la compra de objetos bellos o remodelación desde una perspectiva estética.

Ahora bien, no sería extraño que este año hubiera muchos cambios o traslados; pero estos cambios estarán relacionados contigo
personalmente, no con tu familia. A veces, con el tránsito de Urano
por el propio signo, hay cambio o redecoración de la propia habita-
ción u oficina, del espacio personal, del lugar donde pasas la mayor
parte del tiempo. Muchas veces indica que la persona viaja mucho,
pasa largos periodos de tiempo en diferentes lugares, aunque no
sean traslados propiamente dichos. Pero el efecto es como si se tras-
ladara muchas veces.

Puesto que este año «te liberas», sería comprensible que de tanto en tanto hubiera altercados con la familia, sobre todo si encuentras onerosas tus obligaciones. Pero este año estos conflictos son de
poca importancia y de corta duración. Pero esto lo veremos más fácilmente en las previsiones mes a mes.

Desde que Saturno entró en tu quinta casa en junio del año pasado, ha habido dificultades en el trato con los hijos. La dificultad podría deberse a que te sientes «atado» por ellos, son una restricción a tu libertad; también podría deberse a que te ves obligado a aplicar una disciplina equilibrada y armoniosa con ellos, ni demasiado permisiva (lo que sólo genera problemas después, tanto para la sociedad como para ti) ni demasiado represiva (lo que podría ser una crueldad). Te ves obligado a caminar por un sendero de delicado equilibrio. Los niños necesitan orden y límites, pero no crueldad (tu tendencia natural es hacia la permisividad, pero este año se te revelará la falacia de eso).

También te esfuerzas más en crear un espíritu de equipo entre tus hijos, de enseñarles a trabajar por el «equipo» y no sólo por sus intereses que podrían considerarse egoístas. Para esto necesitarás tener más paciencia.

Tratar con los hijos será una importante experiencia de aprendizaje este año.

Los padres o figuras parentales se mudan de casa, tal vez unas cuantas veces. Los hijos adultos se mudan después del 25 de septiembre; esta mudanza se ve muy feliz. Se mudan a casas más grandes y mejores; tal vez ganan dinero con propiedades o hacen una afortunada compra de una casa.

Amor y vida social

Como dijimos el año pasado, el tránsito de Júpiter por tu séptima casa, la del amor y el matrimonio, indica una gran expansión social; este año será feliz (y lucrativa) la vida social y habrá matrimonio u oportunidades de matrimonio.

Ciertamente hay posibilidades de matrimonio o de una relación seria para ti, pero la pregunta es si es aconsejable. La presencia de Urano en tu primera casa complica la vida social, porque inspira enormes deseos de «libertad personal», inspira aversión al compromiso. Además, suele desestabilizar la vida personal y social. Es difícil mantener una relación seria si uno nunca está mucho tiempo en un lugar y no sabe dónde va a estar de un mes a otro o de una semana a otra. Es difícil mantener una relación seria cuando se está cambiando constantemente de imagen, de concepto de uno mismo y adoptando nuevos y mejores modelos. Podría ocurrir que la pareja se hubiera enamorado de una versión y luego descubriera que está tratando con otra versión totalmente distinta.

Para muchos Piscis, esto podría indicar que tendrán una relación amorosa tras otra, pero serias. Para otros indica una sola relación pero con muchos altibajos. Las personas relacionadas con nativos de Piscis deberán esperar mucho cambio, pero también mucha emoción.

Muchas veces estas tendencias contradictorias (libertad personal, liberación, y el deseo de una relación seria) indica el fin de una larga relación y el comienzo de una nueva.

Este año habrás de tomar decisiones difíciles, Piscis. ¿Optas por la libertad personal y dejas de lado la profesión? ¿Te liberas del amor comprometido? ¿O tal vez eliges la profesión y el amor y dejas de lado parte de tu libertad personal?

Este año alternas con los altos y poderosos, con personas de prestigio y poder, con personas de categoría social o profesional superior a la tuya. En realidad, tu nueva relación parece ser con una persona muy prominente; podría ser tu jefe en el trabajo o alguien de posición muy elevada en la escala social.

Te atraen románticamente personas ricas y poderosas, personas que pueden ayudarte profesional y económicamente. Este año el matrimonio podría ser una «gestión profesional», un atajo a la cima.

Puesto que tu planeta del amor es Mercurio, y avanza rápido, el romance y las oportunidades románticas se te presentarán de diversos modos y a través de diversos medios, todo dependerá de dónde esté Mercurio ese día en concreto y de los tipos de aspectos que reciba. Estas tendencias a corto plazo las trataremos en las previsiones mes a mes.

Aunque tendrás amigos y les dedicarás tiempo, ese no es tu interés principal este año; tu interés estará en el amor y el romance.

Si te has casado por segunda vez, hay crisis en la relación conyugal. Los motivos de la crisis son los que hemos expuesto: libertad personal reñida con la profesión y el compromiso.

Si te has casado por tercera vez o estás interesado en hacerlo, lo tendrás fácil. Pero las cosas tenderán más a continuar como están. Si estás casado continuarás casado y si estás soltero continuarás soltero.

El matrimonio de los padres o figuras parentales parece estar pasando por una crisis. Pero esto lleva así mucho tiempo.

Un hijo en edad casadera podría oír campanas de boda este año. Una persona de antigua y buena familia lo persigue. El amor lo persigue.

En la vida amorosa de los nietos en edad casadera no se ven novedades.

Profesión y situación económica

Este año no está especialmente prominente tu segunda casa, la del dinero, Piscis, por lo tanto los asuntos financieros no tienen prioridad entre tus intereses. El Cosmos no te impulsa en uno ni otro sentido, y tienes más libertad en este frente. No habrá novedad en los ingresos. Si prosperas, continuarás prosperando; si tienes dificultades, es posible que continúes así.

Este año habrá periodos en que los ingresos te lleguen con más facilidad y otros en que la dificultad será mayor, pero esto se deberá a los planetas en tránsito del momento y no a ninguna tendencia del año.

Aun así, la profesión es extraordinariamente importante este año, y esto no parece estar relacionado con los ingresos. En este contexto, la profesión significa categoría, prestigio y posición profesional y social.

Este año preferirás un trabajo peor pagado pero más prestigioso a uno mejor pagado pero de menos prestigio.

Muchos Piscis vais a progresar profesionalmente por medios sociales, conociendo a las personas adecuadas y cultivando su amistad. Tal vez ofreciendo fiestas y reuniones sociales, y, en muchos casos, mediante matrimonio y/o una alianza o sociedad de negocios con una persona de prestigio.

Tu deseo de éxito profesional está motivado por el tipo de vida social que lleva al éxito, no por el éxito en sí mismo.

Pero, como hemos dicho, la profesión se complica debido a tus intensos deseos de libertad personal. Y es posible que este deseo sea causa de un repentino cambio profesional. Te gusta el éxito, sí, pero no te gusta el compromiso y la responsabilidad que comporta.

La mejor situación profesional y la más satisfactoria sería aquella en que pudieras obtener categoría y prestigio manteniendo al mismo tiempo la máxima libertad personal. Este año no desees «tener un jefe a tu espalda». Una profesión que te permita hacer muchos viajes y diversas misiones o tareas sería interesante. No quieres estar clavado a un lugar o rutina mucho tiempo.

El benéfico Júpiter entra en tu octava casa el 25 de septiembre. Este tránsito trae prosperidad para el cónyuge o pareja. Esta persona será generosa contigo. Indica la capacidad para contraer y pagar deudas; aumento en la línea de crédito y la fácil disponibilidad de capital ajeno. Si eres inversor deberías buscar oportunidades de beneficio en el mercado de obligaciones y bonos.

A partir del 25 de septiembre será un buen periodo para ocuparse de los asuntos de impuestos y propiedades. Los Piscis mayores probablemente estáis haciendo algo más que planear qué hacer con las propiedades. Los más jóvenes podríais heredar dinero o ser nombrados en el testamento de alguien (sin que se muera nadie).

Progreso personal

Este año es de cambio radical y revolucionario. Así pues, una de las grandes lecciones de este año y los siete siguientes será aprender a fluir con el cambio, hacerlo tu amigo y disfrutarlo.

Los dos planetas que rigen la religión y la educación superior, Júpiter (el regente genérico) y Plutón (el regente real, de tu novena casa), reciben aspectos desfavorables de Urano. Si eres estudiante, esto indica cambios importantes en los planes de estudios superiores: muchos Piscis cambiaréis de asignatura principal; otros cambiaréis de escuela; algunos incluso podríais desear retrasar esos estudios por un tiempo, o seguir otros estudios académicos menos exigentes, relajaros e imaginaros libres. El deseo de libertad también influye en esto.

En la vida religiosa, estos aspectos producen «crisis de fe». El conocimiento místico o las experiencias interiores parecen contradecir las creencias religiosas en que te educaron. Esta contradicción también podría provenir de los últimos descubrimientos científicos o las novedades e innovaciones modernas. Tus creencias religiosas experimentan un ajuste. Evita la trampa de la «rebelión a ciegas», aunque la tentación será fuerte, y trata de ver si estas creencias no tendrán algo más profundo detrás que explique las contradicciones. Normalmente es así.

Ya hemos hablado de la necesidad de disciplinar a los hijos de manera correcta y equilibrada. Aparte de esto, si eres artista (y muchísimos Piscis lo sois) sentirás una necesidad especial de hacer prácticos y útiles tus productos o creaciones. Es fabuloso ser creativo, pero una creatividad sin sentido, que no sirve a ninguna necesidad de la sociedad, es simple autocomplacencia. Por eso vas a reestructurar y reorganizar tu creatividad. Lo bueno es que si lo logras tu trabajo tendrá más valor en el mercado.

También hay una necesidad de ser más detallista en las producciones creativas. A Piscis le gusta ver el cuadro grande, pero puede debilitarse en los detalles. En este periodo se fortalecerá eso.

Tu vida espiritual llega a nuevas mesetas este año. Las comprensiones espirituales no van a ser simples «nadas de ensueño». Tus visiones e intuiciones se materializarán rápidamente en tu realidad. Tendrás una capacidad increíble para materializar lo que sea que visualices, de modo que pon cuidado en visualizar solamente lo mejor.

Previsiones mes a mes

Enero

Mejores días en general: 6, 7, 15, 16, 24, 25
Días menos favorables en general: 3, 4, 5, 11, 12, 18, 31
Mejores días para el amor: 3, 4, 5, 9, 10, 11, 12, 13, 19, 20, 24, 25, 28, 29, 30
Mejores días para el dinero: 1, 2, 9, 10, 11, 12, 18, 19, 20, 26, 27, 28, 29, 30

El año comienza con la mayoría de los planetas en el sector oriental de tu horóscopo, Piscis. Estás más voluntarioso e independiente. Te encuentras en un periodo en que puedes hacer tu voluntad y cambiar las condiciones o circunstancias si te son molestas (estando Urano en tu signo eres más voluntarioso de todos modos, esto sólo amplifica las cosas). Tu trabajo e iniciativa personales son importantísimos para tu felicidad y éxito. Coge el toro por los cuernos y construye tu reino del cielo en la tierra.

El amor es feliz ahora, pero hay muchas complicaciones. Las cosas se ponen algo más fáciles después del 6, cuando tu planeta del amor retoma el movimiento directo; pero seguirá retrógrado Júpiter en tu séptima casa, la del amor y el matrimonio; podría haber faltas a citas, retrasos, indecisión, etcétera. Parte de la confusión podría deberse también a un exceso de lo bueno: demasiadas perspectivas amorosas, demasiados compromisos sociales, estar demasiado solicitado en el círculo social, etcétera. Porque este es un año social muy intenso.

Venus entra en tu signo el 14. Esto también intensifica la vida amorosa. Te ves magnífico, vistes muy bien, con estilo; te pones ropa hermosa y tal vez llamativa; destacas en medio de la multitud.

Este es un mes espiritual de un año espiritual de una era espiritual de tu vida. Te atraen especialmente los retiros espirituales, las actividades benéficas, los seminarios de meditación. Siempre tienes experiencias sincrónicas, esas coincidencias raras e inexplicables que ocurren en tu vida, y que este mes aumentan.

La mayoría de los planetas están sobre el horizonte de tu carta, pero esto cambiará pronto. Continúa centrado en la profesión, pero comienza a relajar un poco la marcha. Tu planeta de la profesión inicia movimiento retrógrado el 3, y el mes que viene la mayoría de los planetas estarán bajo el horizonte. Es un mes para cambiar de marcha (o prepararse para hacerlo).

Las finanzas son fuertes este mes; estás osado, haces ocurrir la riqueza y corres riesgos. Podrías tener unas cuantas aventuras debido a esto antes del 20; pero después los riesgos te compensan. Lo importante ahora es superar el miedo, pero esto no significa que debas desviarte de tu camino para hacer cosas temerarias.

La salud es buena este mes. Puedes favorecerla más prestando más atención a la columna, las rodillas, los dientes, la alineación esquelética y los tobillos.

Febrero

Mejores días en general: 3, 4, 12, 13, 20, 21
Días menos favorables en general: 1, 7, 8, 14, 15, 27, 28, 29
Mejores días para el amor: 4, 5, 7, 8, 9, 10, 11, 14, 15, 18, 19, 22, 23
Mejores días para el dinero: 7, 8, 16, 17, 22, 23, 24, 25, 26

Como el mes pasado, la mayoría de los planetas están en tu sector oriental, y puesto que tu signo y primera casa está poderoso todo el mes, estás aún más independiente y voluntarioso. Tu necesidad de libertad personal es extraordinariamente fuerte. Y si bien tienes muchas oportunidades sociales y amorosas, rehúyes el compromiso. No aceptas ninguna intromisión. Estás desasosegado y no puedes estarte quieto. Se ven muchos viajes este mes, tal vez locales. Este mes tu reino del cielo significa un estilo de vida «libre», con el mínimo de ataduras. Tienes la capacidad de hacerlo.

Estás tan magnético y carismático como el mes pasado; el atractivo sexual es intenso. Las oportunidades sociales abundan, pero deseas un cambio constante. Encuentras limitador tener un amor. Eres un misterio para la persona amada o pareja, que se esfuerza valientemente por entenderte. Las personas enamoradas de Piscis han de leer más acerca de los efectos del planeta Urano.

El 25 la mayoría de los planetas ya estarán bajo el horizonte de tu carta, y tu planeta de la profesión continúa retrógrado. Los asuntos profesionales necesitan más reflexión y estudio. Es posible que los proyectos importantes elaborados ahora no sean realistas. Claro que no puedes desatender totalmente las actividades profesionales, pero sí pasar gran parte de tu atención al hogar y la familia y a conseguir armonía y tranquilidad emocional. Estás en un periodo en que es mejor planear las actividades profesionales futuras que hacerlas.

El amor te persigue este mes, te será difícil eludirlo. No es mucho lo que necesitas hacer, simplemente estar presente. Pero la estabilidad en el amor es muy dudosa.

Las finanzas son fuertes todo el mes. Las actividades de venta, comercialización, enseñanza y comunicación son el camino hacia los beneficios. Si tienes un producto o servicio, es importante que lo des a conocer. Los proyectos de comercialización se ven exitosos. Si eres inversor profesional te conviene explorar los sectores del cobre, de la agricultura y de los productos agrícolas y el inmobiliario. Después del 19 llega una repentina oferta de trabajo.

Los intereses espirituales siguen muy importantes hasta el 19 (son importantes todo el año y todo el mes, pero en particular hasta el 19). Relee nuestros comentarios del mes pasado.

La Luna nueva del 20 te trae mucha iluminación espiritual si la deseas o necesitas. También aclara asuntos relativos al cuerpo y la apariencia personal.

La Luna llena del 6 te da energía extra para tratar asuntos de salud y trabajo.

Marzo

Mejores días en general: 1, 2, 10, 11, 19, 20, 28, 29
Días menos favorables en general: 6, 7, 12, 13, 26, 27
Mejores días para el amor: 1, 2, 4, 5, 6, 7, 11, 12, 14, 15, 21, 22, 23, 24, 31
Mejores días para el dinero: 6, 7, 8, 14, 15, 21, 22, 23, 24, 25, 26

Como el mes pasado, la mayoría de los planetas están en tu sector oriental, y tu primera casa (y tu signo) está muy fuerte. Tienes mucho poder y magnetismo. Empléalo en forjarte la vida de tus sueños. No estás de humor para intromisiones ni para aceptar control ajeno. Lo que de verdad deseas es ser controlado por el Espíritu, pero los demás no lo comprenden; lo consideran una excentricidad. Lo que temes es quedarte encerrado en una relación duradera. Durante este periodo estás muy en la modalidad «espíritu libre». Comprende, Piscis, que verdadera libertad significa renunciar al «libre albedrío»; sé que comprenderás lo que quiero decir.

La mayoría de los planetas están bajo el horizonte de tu carta (como el mes pasado), y tu planeta de la profesión continúa retrógrado. Esto quiere decir que las tendencias de que hablamos el mes pasado siguen en vigor. Pese a tu falta de atención a la profesión, hay avance. Tal vez un aumento de sueldo. Como el mes pasado, tu verdadero trabajo consiste en lograr armonía emocional, estabilidadad y agrado, comodidad. También es importante una base hogareña estable. En ella tendrás los «sueños» de tu éxito profesional futuro. Si buscas trabajo tienes buenos aspectos hasta el 20. Es posible que un buen empleo te aterrice en el regazo; esto no significa que no debas trabajar como siempre, pero lo más probable es que suceda.

Las finanzas son excelentes todo el mes. El dinero llega de la manera normal: del trabajo, del apoyo familiar y de contactos sociales. Como el mes pasado, las ventas y las actividades de comercialización y comunicación son importantes en las finanzas. Después del 21 parece que inviertes en la vivienda; tal vez en una renovación o mejora.

El amor es físico a comienzos del mes; te entusiasma la apariencia, la imagen y la química personal. Después del 12 pareces más interesado en la riqueza; los regalos y el apoyo material son un atractivo. Te atraen personas que pueden ayudarte económicamente. Es posible que el amor sea impulsivo después del 12; se enciende al instante y con enorme ardor. Muchos Piscis os precipitaréis en relaciones que después podríais lamentar; pero así se aprende. Si estás soltero encuentras oportunidades amorosas cuando estás dedicado a tus objetivos económicos: tal vez en un seminario o reunión sobre finanzas; tal vez en una fiesta de inauguración o en tu banco o agencia bursátil. También te resultan atractivas personas involucradas en tus finanzas.

La salud es excelente todo el mes. Puedes mejorarla aún más dando más importancia a los pies (siempre importantes para ti) y a la cabeza. Los masajes del cuero cabelludo son especialmente beneficiosos después del 20.

Abril

Mejores días en general: 6, 7, 15, 16, 24, 25, 26
Días menos favorables en general: 2, 3, 8, 9, 22, 23, 29, 30
Mejores días para el amor: 2, 3, 4, 5, 10, 13, 14, 17, 18, 22, 23, 27, 28, 29, 30
Mejores días para el dinero: 2, 4, 5, 8, 10, 11, 13, 14, 17, 18, 19, 20, 22, 23, 29, 30

El 19 hay un eclipse solar que es fundamentalmente benigno contigo, Piscis, pero no te hará ningún daño reducir las actividades durante ese periodo. Además, debido a tu enorme capacidad ultrasensorial tal vez sientas vibraciones raras (sin ningún motivo aparente) unas semanas antes de que ocurra el eclipse. Esto es normal, ya que el plano emocional del planeta está agitado. Este eclipse ocurre en la cúspide de tus casas segunda y tercera, de modo que es probable que produzca efectos en asuntos de ambas casas. Harás cambios financieros importantes en los próximos seis meses; tal vez cambies tus inversiones o estrategias de inversión. Con este tipo de eclipse muchas veces el banco o agencia bursátil se vende o se fusiona con otro y tienes que adaptarte a todos los nuevos procedimientos y reglas. A veces el contable se jubila y hay que buscarse otro. Por seguridad, conviene hacer revisar los coches y equipos de comunicación. Pero lo más probable es que salgan a la superficie defectos ocultos para que puedas corregirlos. Todos los eclipses solares afectan a tu programa de salud y dieta, y este no es diferente. Muchos Piscis haréis cambios importantes en este frente.

Además del eclipse, hay una gran cuadratura en el cielo todo el mes, y te afecta fuertemente. Te vemos metido en un importante proyecto financiero/profesional, algo que, al parecer, escapa a tu capacidad. Podría ser una obra benéfica. Tienes que equilibrar muchas fuerzas conflictivas. Aunque sin duda es una buena causa, podrían verse desafiados tus ideales espirituales.

Hay que vigilar la salud este mes. Concéntrate en las prioridades y deja estar lo menos importante. Favorece la salud prestando, más atención a la cabeza, cuello y garganta. Recitar mantras y el masaje del cuero cabelludo y el cuello serán extraordinariamente útiles en este periodo.

La mayoría de los planetas están bajo el horizonte de tu carta, y tu cuarta casa está poderosa; por lo tanto, es comprensible que necesites un «buen estado» emocional para funcionar desde allí. Tu estado interior es lo más importante; tampoco te resultará fácil encontrar ese estado mental y emocional adecuado. Requerirá un gran esfuerzo por tu parte. El humor está explosivo en casa, y parece que ocurren muchas cosas ahí: reparaciones, renovaciones, traslado de muebles, etcétera.

Las finanzas son más difíciles. Tienes que trabajar más por tus ingresos. Estos sin duda llegarán, pero el trayecto será bastante movido.

Podría haber cambios en el trabajo también.

En el amor ten más paciencia, pues tu planeta del amor está retrógrado del 6 al 30. Se reevalúa una relación actual.

Mayo

Mejores días en general: 4, 5, 12, 13, 22, 23, 31
Días menos favorables en general: 6, 7, 19, 20, 27, 28
Mejores días para el amor: 2, 3, 6, 7, 10, 11, 15, 16, 19, 20, 27, 28, 29, 30
Mejores días para el dinero: 1, 2, 8, 9, 12, 13, 14, 15, 17, 18, 22, 23, 27, 28, 31

Este es un mes difícil, Piscis; es un mes para desarrollar los músculos espirituales y mentales, para desarrollar vigor y resistencia; y para dejarte guiar por un Poder Superior. La gran cuadratura de que hemos hablado se refuerza este mes; entran en ella más planetas. Olvida lo de hacer millones, llegar a presidente o primer ministro. Sólo pasar este mes (y salir de él con la salud y la cordura intactas) deberás considerarlo un éxito.

Lo bueno es que tienes los recursos espirituales, el conocimiento y el método, para apechugar con este tipo de situaciones. Ahora te será más que valiosísima tu capacidad natural para trascender los acontecimientos y circunstancias, para elevarte por encima de ellas y verlas desde una perspectiva superior. Y si bien podrían ser difíciles las cosas en el plano material, tienes un «lugar secreto» de retiro, donde no pueden entrar jamás las cosas del mundo material.

Como si no fuera suficiente esta gran cuadratura (en que participan el 60-70 por ciento de los planetas), hay un eclipse lunar el 4, por añadidura. Este eclipse ocurre en tu novena casa, la de la religión, la filosofía, la educación superior y los viajes al extranjero. Este eclipse producirá una crisis de fe (sobre todo si consideramos los aspectos difíciles que tienes encima). Acontecimientos y circunstancias estarán en «aparente» contradicción con tus creencias más profundas. Podrías comenzar a dudar del Poder Superior; podrías comenzar a poner en duda tus creencias. Pero si mantienes tu fe, finalmente serás justificado, y tendrás una perspectiva más amplia de las cosas. Podría haber cambios o reorganización en la institución religiosa a la que perteneces; tal vez cambias de iglesia, sinagoga, mezquita o ashram. Igual te embarcas en otro curso de estudios sagrados. Si eres estudiante, este eclipse anuncia cambios en tus planes educativos; esto puede indicar graduación, cambio de escuela, cambio de la asignatura principal, etcétera (muchas de estas cosas serán las normales).

La crisis puede ser algo maravilloso si se lleva en un plano espiritual (que es lo que debes hacer ahora). No es agradable, seguro, pero es maravillosa de todos modos. Muchas veces es la respuesta a tus oraciones, tus deseos no pueden materializarse a menos que ocurran ciertos cambios o sacudidas. Siempre es «el atajo hacia el cielo». Detrás de la crisis hay algo grande y maravilloso para ti. Las crisis son también muy reveladoras. Descubres quiénes son tus verdaderos amigos; descubres en quién puedes y en quién no puedes confiar. Te ves obligado a dejar de lado lo no esencial y a asirte a la realidad. Crisis significa que está ocurriendo el cambio, y cuando las cosas se calman se manifiesta una nueva forma en tu vida, una más agradable.

La salud deberá ser la principal prioridad ahora. Trata de descansar y relajarte más, aunque esto será difícil porque pareces muy ocupado y activo. Pero tómate unos descansos cortos siempre que te sea posible. Presta más atención al corazón, el cuello, la garganta, los brazos, hombros y pulmones.

Junio

Mejores días en general: 1, 8, 9, 18, 19, 28
Días menos favorables en general: 2, 3, 16, 17, 23, 24, 30
Mejores días para el amor: 6, 7, 16, 17, 23, 24, 25, 26, 27, 28
Mejores días para el dinero: 1, 4, 5, 8, 9, 10, 11, 12, 13, 14, 19, 20, 23, 24, 29, 30

Las tendencias difíciles del mes pasado continúan en vigor, Piscis, de modo que ten presente lo que acabamos de decir. Cuando hay tempestad en el mar y las olas agitan el barco embravecidas, el marinero experimentado sabe que la situación es temporal y no durará eternamente; toma las medidas necesarias para aguantar la tormenta; si eres muy experimentado incluso puedes disfrutar de la tempestad, ya que para ti es como un trayecto en la montaña rusa de un parque de atracciones.

Como el mes pasado, la salud debe ser la principal prioridad. Descansa y relájate más siempre que sea posible. Presta más atención a los brazos, hombros, pulmones, estómago y pechos.

Las cosas se ponen más fáciles después del 21. De ninguna manera serán «fáciles» del todo, pero sí menos difíciles de lo que lo han sido hasta ahora. Lo peor ya ha pasado.

La mayoría de los planetas están bajo el horizonte de tu carta, y está muy fuerte tu cuarta casa, la del hogar y la familia. Esto significa que has de cultivar la armonía emocional y el equilibrio este mes, tarea nada fácil. Ve progresando poco a poco, por grados, paso a paso. Conseguir equilibrio emocional en estas circunstancias es una de las grandes victorias que puedes lograr ahora: desarrollarás una facultad que te será útil toda la vida. Tal vez te convenga leer libros sobre el Arte de la Relajación.

Ocurren cambios de todo tipo en tu vivienda, en la familia, en la profesión y en tu vida espiritual; gran parte de esto es inevitable. Se trata de llevar las cosas del modo más eficaz. Haz todo lo posible por vivir en el momento presente. Los deberes del momento son los que debes atender; los deberes de mañana pertenecen al mañana. En cada momento presente hay algo positivo o constructivo que hacer. Si es en el plano físico, da esos pasos físicos. Pero muchas veces no hay nada «físico» que hacer. Entonces puedes descansar, orar o visualizar el resultado que deseas. Da los pasos que puedas y luego disfruta de tu día. Lo imposible no es asunto tuyo (es interesante cómo muchas veces las imposibilidades de hoy son las posibilidades de mañana).

El amor es tempestuoso hasta el 19; pero tú no eres el único elegido para experimentar dificultades. Venus está retrógrada hasta el 29, y es posible que muchas personas de tu mundo estén experimentando dificultades amorosas. Muchas relaciones se reevalúan en este periodo. El amor será más fácil después del 19 porque tu planeta del amor sale de su alineación con la gran cuadratura y entra en Cáncer.

PISCIS

Esto indica una aventura amorosa, una relación de tipo juego y diversión. Si estás soltero, deseas apoyo emocional y cariño en el amor; así demuestras tu amor y eso es lo que te hace sentirte amado. El amor puede parecerse a una luna de miel después del 19.

Julio

Mejores días en general: 6, 7, 15, 16, 25, 26
Días menos favorables en general: 13, 14, 20, 21, 27, 28
Mejores días para el amor: 4, 8, 9, 13, 14, 18, 19, 20, 21, 23, 24, 29, 30, 31
Mejores días para el dinero: 2, 8, 9, 10, 11, 18, 19, 20, 21, 27, 28, 29, 30

Puesto que estás leyendo esto, has logrado superar estos dos meses; sabíamos que lo harías. Date una palmadita en la espalda o sal a celebrarlo en un restaurante de lujo. Te mereces muchos elogios. En los dos meses pasados descubriste fuerzas y facultades que no sabías que poseías. Te hiciste una persona más fuerte y mejor. Salió mucha escoria de tu vida. Tienes una visión más clara de tus prioridades.

La tempestad llega a su fase final; está amainando; lo notas. La gran cuadratura sigue ahí, pero ha disminuido mucho su poder. Los vientos de 100 nudos ahora sólo son de 50 nudos. Casi placenteros.

Habiendo tanto poder en tu quinta casa, puedes empezar a disfrutar de nuevo. Y el placer que experimentes, ya provenga de la creatividad personal, deportes, cine, teatro u otra diversión, será más intenso que nunca. Y más valorado.

La salud está mucho mejor. Puedes favorecerla cuidando mejor del estómago, corazón y pechos. La salud emocional también es un factor importantísimo este mes en la salud en general. La mayoría de los planetas están bajo el horizonte de tu carta, tu cuarta casa continúa poderosa (aunque no tanto como los meses pasados), y tu planeta de la salud pasa buena parte del mes en el emotivo signo Cáncer. Esto significa que los problemas de salud pueden deberse a falta de armonía en la familia; esto hay que solucionarlo del todo antes de acudir a un profesional de la salud.

Felizmente, este mes estás más interesado en la salud, sobre todo después del 22; por lo tanto, estás en ello, alerta. Tienes más interés en la salud, en los programas de salud, nutrición y dieta y ejercicios. Si surge un problema, lo solucionarás rápidamente.

Las finanzas también están mucho mejor este mes. El dinero viene del trabajo, de la manera habitual. Si buscas trabajo, tienes buenos aspectos para encontrarlo. Ahora que tienes más energía eres más productivo en el trabajo y tal vez ganas más. Si eres inversor te conviene ver oportunidades de beneficio en los sectores de la salud, oro, servicios públicos y empresas de juego.

El amor también mejora mucho. Mercurio, tu planeta del amor, transita raudo por tres signos y casas de tu horóscopo este mes. Esto indica muchas citas amorosas y mucha confianza social (hasta podrías caer en un exceso). Hasta el 4 las oportunidades románticas se presentan en los sitios habituales: fiestas, lugares de diversión, eventos deportivos, etcétera. Después del 4, el lugar de trabajo se convierte en escenario de la acción romántica; hay probabilidades (u oportunidades) de un amor de oficina. Después del 25 podría entablarse una relación seria, puesto que tu planeta del amor entra en tu séptima casa, la del amor y el matrimonio. Se ensancha el círculo social en general. Podría haber boda, ciertamente, pero ¿estás dispuesto a comprometer tu libertad personal? Esa es la pregunta del millón de dólares.

Agosto

Mejores días en general: 2, 3, 12, 13, 21, 22, 30
Días menos favorables en general: 9, 10, 16, 17, 18, 23, 24
Mejores días para el amor: 1, 7, 11, 12, 16, 17, 18, 21, 22, 24, 25, 30
Mejores días para el dinero: 4, 5, 6, 7, 8, 16, 17, 18, 25, 26

La mayoría de los planetas están en tu sector occidental este mes; tu séptima casa, la del amor y las actividades sociales, está muy poderosa, más poderosa que tu primera casa, la del yo. Este es pues un mes para cultivar las dotes sociales y obtener las cosas utilizando el encanto, y no por la iniciativa personal ni los actos independientes.

Manténte en un segundo plano y pon en primer lugar a los demás. El éxito viene de caer bien y no del mérito personal. Estando retrógrado tu regente Neptuno, ahora no es el momento de forzar cambios en las situaciones. Mejor que te adaptes temporalmente y esperes el periodo más propicio para hacer cambios. La flexibilidad es tu principal virtud ahora.

La vida social es muy activa. Podrían sonar campanas de boda. Pero el movimiento retrógrado de tu planeta del amor (del 10 al 31) puede introducir unos cuantos contratiempos. Tal vez hay tantas oportunidades amorosas que te sientes confundido; tal vez estás reevaluando una relación seria. Disfruta del torbellino social, pero no tomes ninguna decisión importante de futuro hasta pasado el 31. Alternas con personas de poder y prestigio, personas de elevada posición social y profesional. La oficina o lugar de trabajo sigue siendo escenario de romances. Hay oportunidades románticas con superiores. Una boda o relación puede ser un buen paso profesional en este periodo. La entrada de Marte, tu planeta del dinero, en tu séptima casa sugiere que está en marcha una sociedad de negocios.

Necesitas vigilar la salud después del 23; procura descansar y relajarte más. Presta más atención al corazón y los intestinos. Hacer una dieta correcta también es importante para la salud en general este mes.

Las finanzas se ponen más difíciles después del 10. Tu bien financiero depende de otros y no tanto de tu trabajo. Las buenas conexiones sociales son muy importantes. Como hemos dicho, caer bien es quizás más importante que tu producto, servicio o trabajo. Gastas más en actividades sociales, tal vez lo consideras «inversiones». Si eres inversor profesional deberías continuar buscando oportunidades de beneficios en el campo de la salud.

Venus entra en tu quinta casa el 7, de modo que muchos Piscis os veis enfrentados a opciones, tenéis que decidiros, o bien por aventuras amorosas temporales, o por relaciones serias y duraderas.

La Luna nueva del 16 ocurre en tu sexta casa, la de la salud y el trabajo, por lo tanto, a medida que avanza el mes se te aclaran estos asuntos.

La Luna llena del 30 ocurre en tu signo, y te da energía extra para conseguir objetivos relativos a tu cuerpo e imagen. Es un día para mimarte y divertirte.

Septiembre

Mejores días en general: 8, 9, 17, 18, 26, 27
Días menos favorables en general: 5, 6, 7, 13, 14, 20
Mejores días para el amor: 2, 10, 12, 13, 14, 17, 18, 23, 26, 27
Mejores días para el dinero: 1, 2, 3, 4, 13, 14, 23, 28, 29

A fines del mes pasado los planetas se trasladaron desde la mitad inferior de tu horóscopo a la superior; tu planeta de la profesión está en movimiento directo (y recibe aspectos mucho mejores también) y este mes cambia de signo. El mensaje es claro. Ocurren cambios profesionales importantes y felices; te necesitan. Puedes restar importancia a los asuntos familiares y domésticos; ha llegado el periodo para poner por obra los planes de los meses pasados.

El paso de tu planeta de la profesión de tu séptima casa a la octava indica que el éxito y el reconocimiento te vendrán al hacer prosperar a otros. Indica un profundo cambio transformador en tu profesión y en tu vida laboral personal. Mueren viejas imágenes y formas de éxito (que tú considerabas éxito) y nacen otras nuevas. Aunque sigas en la misma empresa, tu trabajo y posición cambiarán tanto que será «como» otra profesión.

La mayoría de los planetas continúan en tu sector occidental, de modo que sigue mostrándote flexible (esto no es problema para ti) y centrado en los demás. Tu encanto, simpatía y buen talante social son los ingredientes esenciales del éxito ahora.

Como el mes pasado, el amor es activo, pero mucho más feliz. Mercurio, tu planeta del amor, retoma el movimiento directo el 2, y pasa gran parte del mes en tu séptima casa, la del amor. Hay una nueva claridad en los asuntos sociales. Las oportunidades siguen abundantes, pero ya no estás confundido. Si quedara algún residuo de confusión, la Luna nueva del 14 se encargará de eliminarlo. El matrimonio podría ser muy feliz para muchos Piscis (y aunque no os caséis, muchos pensáis en ello). Estás en uno de los mejores periodos sociales de tu año.

Tu planeta del dinero pasa gran parte del mes en tu séptima casa, la del amor (como el mes pasado). Así pues, los ingresos también dependen de lo bien que caes a los demás. A veces este tránsito indica mayor apoyo por parte del cónyuge, pareja o novio/novia y de los contactos sociales en general. A veces indica la formación de una sociedad de negocios. Otras, que gran parte de la actividad social (no toda) está relacionada con los negocios y finanzas. Si estás soltero encuentras el amor mientras estás dedicado a tus objetivos profesionales y financieros; también ocurre a la inversa: la búsqueda del amor lleva asimismo al progreso financiero y profesional.

Hay mucho poder en tu octava casa después del 22. Aparte de exaltar las hormonas, este periodo es bueno para acabar con adicciones, viejos hábitos, hacer régimen para adelgazar y eliminar viejas posesiones que ya no necesitas.

Hay gran prosperidad para la pareja, cónyuge o amor actual. Y esta persona es generosa contigo.

Octubre

Mejores días en general: 5, 6, 15, 16, 23, 24
Días menos favorables en general: 3, 4, 10, 11, 17, 18, 30, 31
Mejores días para el amor: 2, 3, 10, 11, 13, 14, 19, 20, 23, 24, 29, 30
Mejores días para el dinero: 2, 3, 12, 13, 21, 22, 25, 26, 30, 31

Como el mes pasado, la mayoría de los planetas están en el sector occidental de tu horóscopo, Piscis. El signo Libra (amor y actividades sociales) se halla extraordinariamente poderoso este mes, entre el 50 y el 60 por ciento de los planetas transitan por él. Es un mes en que las cosas se hacen por consenso y no por actos arbitrarios. Tus virtudes esenciales (aunque fuertes) no te llevan tan lejos como la «simpatía», el caer bien. Continúa en un segundo plano y poniendo primero a los demás. Este es otro mes para ejercitar las dotes sociales, otro mes para dejar que el bien te ocurra en lugar de intentar forzarlo.

El signo Libra está muy fuerte, y el 3 entra Venus en tu casa del amor, la séptima (tu planeta del amor también está en Libra, hasta el 15). Es un mes muy romántico; hay más fiestas e invitaciones. Tanto tú como las personas que te rodean estáis de ánimo para el romance.

Dos eclipses sacuden el mundo que te rodea, pero parecen benignos contigo. El eclipse solar del 14 ocurre en tu octava casa. Esto indica cambios importantes en los ingresos, o en las estrategias de inversión del cónyuge o pareja. Si tienes asuntos pendientes con Hacienda, o propiedades, o compañía de seguros, verás una resolución decisiva en torno a este periodo. En el plano psíquico, muchos Piscis trataréis de asuntos relativos a la muerte. Esto no significa que se vaya a morir alguien, pero ocurren incidentes que te obligan a enfrentar tus sentimientos y miedos respecto a la muerte. Todos los eclipses solares entrañan cambios en el programa de salud y dieta, y este no es diferente. Los Piscis mayores podríais hacer cambios en el testamento en este periodo. Si ha habido problemas de deudas, también habrá una resolución decisiva alrededor de este periodo; das pasos para arreglarlo.

El eclipse lunar del 28 ocurre en tu tercera casa. Esto indica cambios a largo plazo en los planes educativos (si eres estudiante) y en tu barrio o vecindario. Tal vez tus vecinos se mudan o trasladan; tal vez hay una obra de remodelación importante en el barrio, o se toman decisiones importantes para el barrio: calidad de vida, reglamentaciones, etcétera. Las relaciones con los hermanos podrían cambiar, probablemente debido a problemas soterrados que se remueven. Podrían producirse averías en el equipo de comunicación o coche, para que puedas tomar medidas correctivas.

La salud es buena, pero no te hará ningún daño reducir tus actividades alrededor de los periodos en que se producen esos eclipses. Favorécela prestando más atención a los riñones, caderas y órganos sexuales (equilibrar la actividad sexual, ni mucha ni poca, es importante para la salud).

Noviembre

Mejores días en general: 2, 3, 11, 12, 19, 20, 29, 30
Días menos favorables en general: 7, 8, 13, 14, 26, 27, 28
Mejores días para el amor: 3, 4, 7, 8, 9, 10, 13, 14, 17, 18, 22, 23, 29, 30
Mejores días para el dinero: 9, 10, 17, 18, 19, 20, 22, 23, 26, 27, 29, 30

Como el mes pasado, la mayoría de los planetas están sobre el horizonte de tu horóscopo; está muy fuerte tu décima casa, de la profesión, mientras que la cuarta, la del hogar y la familia, está vacía; sólo la visita la Luna los días 26, 27 y 28. No cabe la menor duda, este es el periodo para centrar la atención en la profesión e intereses externos. Puedes desatender los asuntos emocionales durante un tiempo. Hacerlo bien, la buena consecución, te llevará a la armonía emocional.

Este mes progresas profesionalmente. A partir del 26 estás en una cima anual en tu profesión. El principal reto será triunfar en el mundo sin violentar tus valores espirituales, cosa nada fácil de conseguir.

El poder planetario está predominantemente en tu sector occidental, pero esto ya habrá cambiado el 21. Mientras tanto, continúa ejercitando tus dotes sociales y manten la flexibilidad. Deja que ocurra tu bien. Los actos arbitrarios podrían empeorar las cosas.

Hay tres casas especialmente poderosas este mes: la octava, la novena y la décima. La octava casa está relacionada con el impulso sexual, los ingresos del cónyuge o pareja, la transformación personal, deudas, impuestos y asuntos de propiedades. La novena casa rige la religión, la fomación superior y la filosofía. La décima casa se relaciona con la profesión y el trabajo de la vida. Por lo tanto estos serán los ámbitos que dominarán tu tiempo, atención y energía este mes.

En cuanto a las finanzas, todavía estás en el periodo de hacer prosperar a otros: la pareja, socios, accionistas, amigos. El cónyuge o pareja prospera (y al parecer tú estás involucrado en eso) y es generoso contigo. Después del 11 las oportunidades financieras vienen de extranjeros o de otros países. Si eres inversor profesional te convendrá explorar los sectores transporte internacional, energía nuclear, tratamiento de aguas servidas/residuales y editorial. La metafísica de la riqueza adquiere importancia después del 11. Necesitas una visión orientadora para conseguir tus objetivos de riqueza; los principios directrices son importantes. También es probable que la prosperidad venga por médodos de orientación espiritual, como la oración y la meditación.

El amor es una prioridad este mes, y se ve fundamentalmente feliz. Alternas (como todo el año) con personas poderosas y de elevada posición; mejora tu posición social. Pero claro, la vida amorosa se complica debido a tu necesidad de libertad y a la renuencia a atarte. El amor puede empezar repentinamente y acabar de la misma forma. Hay discordia con un familiar al principio del mes.

La salud es buena hasta el 21, pero después procura descansar y relajarte más. Favorécela prestando más atención a los muslos e hígado.

Diciembre

Mejores días en general: 8, 9, 17, 18, 26, 27
Días menos favorables en general: 4, 5, 11, 24, 25, 31
Mejores días para el amor: 1, 2, 4, 5, 8, 9, 11, 12, 19, 20, 29, 30, 31
Mejores días para el dinero: 6, 7, 8, 9, 14, 15, 17, 18, 19, 20, 23, 24, 29

Este es un mes profesional muy potente y próspero, Piscis, acaso el mejor de tu año. No sólo la mayoría de los planetas se hallan sobre el horizonte de tu carta sino que también entre el 50 y 60 por ciento están en tu décima casa o transitan por ella. Tus ambiciones son intensas y trabajas con entusiasmo y fervor por ellas. Se eleva tu categoría social y profesional; incluso tu familia apoya tus objetivos profesionales. La única pega es que todo el trabajo que entraña esto podría fastidiarte la salud. Hasta el 21 trata de descansar y relajarte siempre que te sea posible (o tomar más vitaminas).

La Luna nueva del 12 también favorece la profesión arrojando nueva luz sobre estos asuntos. Te llega toda la información que necesitas para tomar buenas decisiones.

Parece que hay un viaje al extranjero relacionado con la profesión. En realidad, el dinero parece provenir de extranjeros u otros países. Tu buena fama profesional también es un factor importante en los ingresos. Llegan aumento de sueldo y ascenso, y tal vez bonificaciones. Este mes puedes conseguir posición y dinero. Ganancias de sectores prestigiosos. Algunos Piscis podríais ganar dinero del gobierno o de contratos con el gobierno. Las figuras parentales, padres y jefes te apoyan financieramente.

PISCIS

El amor está complicado y tal vez confuso este mes, pues tu planeta del amor, Mercurio, está retrógrado hasta el 20. Ten paciencia en estos asuntos. Lo bueno del amor este mes es que lo tienes sin comprometer demasiado tu libertad. Esta es una consideración importante ahora y en años venideros. Se presentan oportunidades amorosas con personas de elevada posición, tal vez jefes o supervisores; quizá personas que están en el gobierno o proceden de familias de elevada posición social. También se presentan oportunidades amorosas cuando estás trabajando por tus objetivos profesionales.

El 25 el poder planetario ya estará instalado decididamente en tu sector oriental, y de nuevo te encuentras con independencia y poder. Tienes la capacidad para conformar y generar los acontecimientos o circunstancias, y no limitarte a adaptarte a ellos. Puedes, y debes, comenzar a crear tus circunstancias o condiciones como las deseas. La iniciativa personal vuelve a ser importante.

Favorece la salud prestando más atención al hígado, la columna, los muslos, rodillas, dientes y alineación esquelética en general.

Otras obras publicadas por Urano

Los signos del zodiaco y su carácter

La autora describe con gran sentido del humor las características de las personas según el signo solar al que pertenecen. Cada signo del zodiaco aparece retratado en sus aspectos positivos y negativos, con sus afinidades e incompatibilidades.

Al estudiar los signos solares aprenderá algo muy útil e importante: cómo reconocer los sueños ocultos de las personas, sus esperanzas secretas, su verdadera naturaleza... Y el mundo se transformará cuando sea capaz de descubrir el arco iris que cada uno esconde tan celosamente.

Los signos del zodiaco y el amor

Un sorprendente y perspicaz estudio de la influencia de los signos del zodiaco en nuestras relaciones con los seres que amamos.

Con un estilo ameno, Linda Goodman ofrece un fascinante análisis sobre las compatibilidades en general, una exploración en profundidad de las combinaciones zodiacales de cada signo y una interesante explicación de los Doce Misterios del Amor.

En este libro, el lector encontrará todo lo referente a las tensiones y armonías inherentes a los diversos tipos de relaciones que puede establecer con personas nacidas bajo su mismo signo o bajo cualquiera de los otros once.

Los nuevos signos del zodiaco

A través del relato de algunos mitos de la Grecia y la Roma anti-
guas, la autora presenta las características de los doce signos del
zodiaco con los que están vinculados. Susan Miller nos enseña
también que cada signo solar cuenta con un planeta regente que
influye poderosamente en la personalidad de los nacidos dentro
de sus límites. Como en el caso del optimista y confiado Sagitario, por ejemplo, gobernado por Júpiter, el planeta de la prosperidad y la buena fortuna. La astrología puede ayudarte a descubrir tus talentos latentes, confirmar tus intuiciones, darte el valor
para correr riesgos, fortalecer tu confianza y aprovechar las
oportunidades. También te puede ofrecer una penetrante visión
de las personalidades de la gente que te rodea. Vive tu vida intensamente y desarrolla al máximo tu potencial. Es posible, te lo
ofrece este libro.